fit fürs abi

Abiwissen in Bestform

Mit **Fit fürs Abi** hast du das **optimale Rundum-Sorglos-Paket** für deine **Abiturvorbereitung**.

Bücher

Das **Fit fürs Abi Oberstufenwissen** gibt es für Biologie, Chemie, Deutsch, Englisch, Erdkunde, Erziehungswissenschaften, Geschichte, Mathematik, Physik, Musik, Politik und Wirtschaft.

Nutze auch das **Fit fürs Abi Klausur-Training**. Es bietet realistische Klausuraufgaben mit Lösungen zu wichtigen Prüfungsthemen der Fächer Biologie, Chemie, Mathematik und Physik.

Als Lernskript für den Endspurt empfehlen wir **Fit fürs Abi Express.**

Apps

In unserer **Glossar-App** findest du viele Fachbegriffe leicht verständlich erklärt. In unserer **Express-App** warten pro Fach 100 interaktive Test-Aufgaben auf dich.

Lernzettel

Die praktischen **Lernzettel** enthalten die wichtigsten Inhalte aus jedem Kapitel. Du kannst sie zum Lernen ausdrucken oder auf deinem Handy nutzen, wenn du das Buch nicht dabei hast.

Alexa Skill

Teste dein Wissen mit dem **Fit fürs Abi Alexa Skill:** In den Fächern Biologie, Deutsch, Mathematik sowie Politik und Wirtschaft warten über 200 Fragen auf dich.

Videos zur mündlichen Prüfung

Das Abitur ist eine Ausnahmesituation – speziell die mündliche Prüfung. **Julias Videos** helfen dir dabei, den bestmöglichen Auftritt hinzubekommen.

Unser vielfältiges und kostenloses digitales Angebot zu den Büchern findest du auf **www.fit-fuers-abi.de**

fit fürs abi Glossar westermann

fit fürs abi westermann

fit fürs abi

fit fürs abi

Oberstufenwissen

Deutsch

fit fürs abi Oberstufenwissen
Deutsch

Autor:
Thorsten Zimmer ist Deutschlehrer am Gymnasium. Außerdem arbeitet er in der Lehreraus- und weiterbildung. Er hat zahlreiche Lernhilfen und Unterrichtsmodelle veröffentlicht und arbeitet als Autor und Herausgeber an verschiedenen Unterrichtswerken mit.

Druck A[1] / Jahr 2024
Alle Drucke der Serie A sind im Unterricht parallel verwendbar.

Redaktion: imprint, Zusmarshausen; Alexander Eberle
Kontakt: lernhilfen@westermanngruppe.de
Umschlaggestaltung und Layout: Janssen Kahlert Design und Kommunikation GmbH, Hannover
Umschlagfoto: iStockphoto.com, Calgary, vgajic
Druck und Bindung: Westermann Druck GmbH, Georg-Westermann-Allee 66, 38104 Braunschweig

ISBN 978-3-07-**003144**-0

Liebe Abiturientin, lieber Abiturient,

das Abitur rückt näher und du möchtest dich auf deine Prüfungen vorbereiten? *Fit fürs Abi* hilft dir dabei. Du findest hier alle Inhalte, die du für dein Abitur brauchst. Du musst dazu aber nicht das ganze Buch von vorne bis hinten durchlesen.

- Finde zunächst heraus, welches die **Prüfungsthemen** für deinen Jahrgang sind. Frage dazu deine Lehrkraft oder schaue im Internet die aktuellen Prüfungsvorgaben deines Bundeslandes nach.
- Wähle dann die **Kapitel im Buch** aus, die du bearbeiten möchtest. Du könntest so vorgehen:
  - Welche Themen sind besonders wichtig?
  - Wo hast du die größten Lücken?
- Mache einen **Plan** und teile dir die Zeit gut ein, wann du welches Kapitel durcharbeiten möchtest.
- Arbeite die **Inhalte** dann nach deinem Plan durch.
- Am Ende des (Teil-)Kapitels findest du praktische **Lernzettel**, auf denen das Wichtigste noch einmal zum Lernen zusammengefasst ist. Die Lernzettel gibt es auch als **Download** auf www.fit-fuers-abi.de. Du kannst sie auf dein Handy laden oder ausdrucken und auch dann damit lernen, wenn du dein Buch nicht dabeihast.
- Begriffe, die hinter einem Pfeil stehen, (→ Endreime) findest du im Glossar erläutert.
- Alle wichtigen **Fachbegriffe** findest du am Ende des Buchs im **Glossar** zum Nachschlagen und zum Lernen. Das Glossar gibt es auch als **kostenlose App**. Einfach im *Apple Store* oder bei *Google Play* „Fit fürs Abi“ eingeben!
- Auf www.fit-fuers-abi.de findest du noch weitere hilfreiche Informationen und Tipps zum Thema Abi.

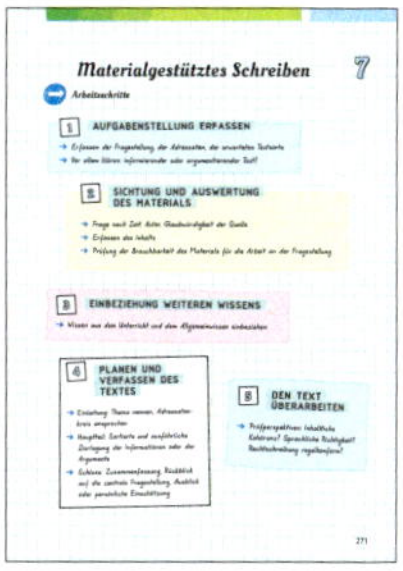

Lernzettel

Glossar, als gratis App

So gehst du perfekt vorbereitet in die Prüfung.
Wir wünschen dir viel Erfolg!

Dein Fit-fürs-Abi-Team

Inhalt

1 Hinweise zu den Prüfungen

Bei den Prüfungen zum Abitur handelt es sich um ganz besondere Prüfungssituationen. Natürlich wird erwartet, dass du ein gewisses Maß an Wissen und Können unter Beweis stellst.
Darüber hinaus aber sind diese Prüfungssituationen von einer Reihe von Faktoren mitbestimmt, die wesentlich am Ergebnis beteiligt sind.
Wir wollen hier zunächst auf diese Faktoren eingehen, um es dir zu erleichtern, die Prüfungssituation gut zu bewältigen.

1.1 *Schriftliche Prüfung*

Die Tasche packen

Natürlich kennst du die Situation „Prüfungsklausur" bzw. „Klassenarbeit" seit vielen Jahren. Aber einiges ist im Abitur doch anders und darauf solltest du dich einstellen. Du wirst über fünf Zeitstunden arbeiten. Da wird einiges an Energienachschub notwendig. Aber wichtiger sind vielleicht doch die Arbeitsutensilien, die du bereithalten solltest.

- Du wirst vermutlich mit Texten zu tun haben, die zu bearbeiten sind. Dafür brauchst du **Textmarker** in verschiedenen Farben.
- Du wirst dir viele Notizen machen. Das notwendige Papier wird dir zur Verfügung gestellt, nicht aber das **Schreibgerät**. Wir empfehlen für diesen Zweck den guten, alten Bleistift. Für die „Reinschrift", das heißt für die ausgearbeitete Fassung deiner Arbeit, empfehlen wir den Füller oder einen geeigneten Faserschreiber. Vermeide den Kugelschreiber!

Smartwatch und Smartphone zu Hause lassen, bzw. eine Uhr mitnehmen, die während der Prüfung benutzt werden darf!

Mehr solltest du nicht in deine Tasche packen. Denke daran, dass dein Smartphone und deine Smartwatch nicht bei dir tragen darfst. Nimm eine Uhr oder einen Wecker mit, die *nicht* mit dem Internet verbunden sind.

Zeitmanagement

In der schriftlichen Abiturprüfung wirst du sehr lange und sehr konzentriert an einem einzigen Thema arbeiten. Deshalb solltest du mindestens einmal übungshalber ein Thema „durchspielen". Vielleicht machst du sogar Ernst und hältst die vollen fünf Zeitstunden durch, die dir im Abitur zur Verfügung stehen?
Eine so lange Zeit bringt Vorteile mit sich: Man kann mit mehr Ruhe nachdenken, kann verschiedene Formulierungen durchprobieren, man muss sich nicht sofort für ein Thema entscheiden usw. Aber sie kann auch zum „Trödeln" verführen und ehe man sich's versieht, gerät man doch noch unter Zeitdruck. Deshalb findest

du in der folgenden Tabelle Hinweise zur Zeiteinteilung, die du für dich selbst erproben und gegebenenfalls auf deine Bedürfnisse zurechtschneiden solltest.

ÜBERBLICK

Zeitmanagement während der Prüfung

15 Minuten	Texte überfliegen, Wahl des Themas
25 Minuten	erste Arbeitsversuche (kurze Notizen)
5 Minuten	Überprüfung: Lässt sich das Thema Erfolg versprechend weiterbearbeiten? Gegebenenfalls neue Themenwahl. Wir gehen davon aus, dass du beim ersten Mal schon richtig gewählt hast. Ist das nicht der Fall, so musst du im Anschluss umso zügiger arbeiten.
15 Minuten	Über die weitere Arbeitsmethodik nachdenken; mögliche Arbeitsschritte konzipieren, Ideen sammeln. Hier wirst du immer wieder mal einen Blick auf den Text bzw. auf das Thema werfen. Im Übrigen aber solltest du ruhig „kreuz und quer" denken und auch auf den ersten Blick „verrückte" Einfälle notieren. Am Ende solltest du deine Einfälle ordnen und dein weiteres Vorgehen fixieren. Notiere ruhig deinen Arbeitsplan auf einem Blatt!
60 Minuten	Intensive Textarbeit: Jetzt kannst du dich an den Arbeitsschritten orientieren, die wir in den Kapiteln 4 bis 7 den einzelnen Aufgabenarten entsprechend vorschlagen.
15 Minuten	„schöpferische Pause"
15 Minuten	Überprüfung des bisher Zusammengetragenen
30 Minuten	erneute bzw. vertiefte Bearbeitung, nochmaliges Durchlaufen der Arbeitsschritte
30 Minuten	Erstellen einer ausführlichen, detaillierten Gliederung
90 Minuten	Ausformulieren der Arbeit

Wir halten nichts vom **„Konzipieren"**, das heißt vom schriftlichen Fixieren des Endtextes, der dann nochmals ins Reine geschrieben werden muss. Du solltest dich um eine einigermaßen lesbare Handschrift bemühen, dann ist auch dein erster Entwurf akzeptabel, sofern du dir vorher die Mühe gemacht hast, eine ausführliche Gliederung zu erstellen. Sollten allerdings deine Lehrerin oder dein Lehrer auf einer **„Reinschrift"** bestehen, so musst du den Plan entsprechend straffen. Auf keinen Fall aber solltest du die Zeit im Bereich „Erstellen einer ausführlichen, detaillierten Gliederung" einsparen! Am ehesten kannst du wohl auf die zweite Arbeitsphase nach der Pause verzichten, falls du in Zeitnot gerätst.

Wichtig: ausführliche Gliederung

Spare beim Konzipieren deiner Gliederung nicht an Papier. Sieh für jedes Großkapitel eine eigene Seite vor, auf der du dann die Teilkapitel notiert, denen du die einzelnen Abschnitte zuordnest. So hast du die Möglichkeit, durch einfaches Verschieben der Blätter die Gesamtgliederung flexibel zu handhaben oder doch verschiedene Anordnungen erst einmal zu „erproben".

TIPP

So kannst du erproben, ob die einzelnen Kapitel im thematischen Rahmen verbleiben: Formuliere das Thema als Frage und überprüfe, ob das Kapitel als Antwort auf diese Frage gelesen werden kann. (Dieses Verfahren lässt sich – entsprechend verändert – auch für die Abschnitte in ihrem Bezug zum jeweiligen Teilkapitel und die Teilkapitel im Bezug auf die Kapitel anwenden!)

Pause machen

Zur „schöpferischen Pause“: Du solltest dich nie so sehr unter Druck setzen, dass du darauf verzichtest. Wir können dir nur empfehlen, diese Zeit unbedingt einzuplanen, in der du deine Arbeit ganz unterbrichst, um etwas Abstand zu gewinnen und so der Gefahr zu entgehen, sich zu verbohren, zu „verrennen“ oder Ähnliches.

Das abschließende Korrekturlesen

Neben den inhaltlichen Qualitäten spielen auch formale Kriterien bei der Bewertung der Abiturarbeiten eine Rolle. Schon während der Ausformulierung der Arbeit sollte möglichst darauf geachtet werden, den formalen Anforderungen gerecht zu werden. Einige Fehler lassen sich auch in einer abschließenden Korrekturphase noch verbessern. Die folgende Hinweisliste berücksichtigt typische Fehler von umfangreichen Klassenarbeiten.

Checkliste: Fehler im Gesamttext/Gliederung

- Die Arbeit sollte einen **„Kopf“** haben, der mindestens das Datum und die übergeordnete Themenstellung enthält.
- Eine **klare Gliederung** erleichtert das Lesen der Arbeit und verbessert den Gesamteindruck erheblich. Es ist wichtig, auf klare Gliederungssignale wie Zwischenüberschriften, Zusammenfassungen und Überleitungen zu achten. Die Zwischenüberschriften dürfen auch sauber unterstrichen werden.

  Klare Gliederungssignale setzen
- **Eigene Thesen und Interpretationsansätze** müssen unbedingt begründet werden. Eine Aufzählung unbegründeter Aussagen wirkt zu spekulativ und genügt nicht den Anforderungen an eine Abiturarbeit.
- Alle Thesen und Aussagen sollten klar formuliert werden. Dafür ist es wichtig, **lange Schachtelsätze zu vermeiden**. In der Regel genügt es, einem Hauptsatz nur einen Nebensatz unterzuordnen. Zu lange und unübersichtliche Sätze sollten nachträglich noch zerteilt werden.
- Jeder wichtigen Aussage sollte **ein eigener Textabschnitt** zugestanden werden, in welchen neben der These auch die Argumente und Beispiele aufgenommen werden. Mehrere unterschiedliche Aussagen in einen einzigen Aussagesatz zu packen, sollte unbedingt vermieden werden.

  Jeden Abschnitt mit neuer Zeile beginnen

- Bei Interpretationen und Stellungnahmen sollte die **Unterscheidung zwischen Thesen, Argumenten und Beispielen** durch die üblichen Formulierungen – vor allem die Konjunktionen – deutlich werden.
- Abschnitte, die sich mit speziellen Themen und Aussagen befassen, sollten durch Einleitungen und Zusammenfassungen ausdrücklich und deutlich an die **Gesamtthematik rückgebunden** werden.

Checkliste: Fehler auf der Satzebene

- Natürlich ist auf eine korrekte Interpunktion zu achten. Folgenden typischen Fehlern sollte besonderes Augenmerk geschenkt werden:
  Konjunktionalsätze (Adverbialsätze) werden durch ein Komma vor der Konjunktion vom Hauptssatz getrennt. Bei eingeschobenen Konjunktionalsätzen steht auch am Ende ein Komma.
  Infinitivgruppen mit „zu" sollten generell durch ein Komma abgetrennt werden. Verpflichtend ist die Abtrennung, wenn der Infinitiv von einem Nomen oder einem Verweiswort (meist „es" oder „darauf" im Hauptsatz) abhängt. Beispiele: *„Die Schüler bedankten sich für die Mühe, die Klassenfahrt zu organisieren. Es ist ihre Absicht, der Lehrerin dafür ein Geschenk zu machen. Diese freut sich darauf, das Geschenk entgegenzunehmen."*
  Auch **Infinitivgruppen**, die **mit „um", „ohne", „statt", „anstatt", „als" und „außer"** eingeleitet sind, müssen durch ein Komma abgetrennt werden.

Auf Grammatik und Rechtschreibung achten

- Ein häufiger Fehler ist die **Wortstellung bei Konjunktionalsätzen**. Die korrekte Schriftsprache setzt das Prädikat des Nebensatzes an den Schluss und nicht – wie es sich in der Umgangssprache immer mehr verbreitet – hinter das Subjekt des Nebensatzes.
  Es heißt also: *„Er zitterte, weil er zu wenig für die Arbeit gelernt hatte."* Falsch ist: *„Er zitterte, weil er hatte zu wenig für die Arbeit gelernt."*
- Eine **indirekte Rede** wird ebenfalls durch ein Komma abgetrennt. Die Konjunktion „dass" wird immer mit „ss" geschrieben (Relativpronomen, Demonstrativpronomen und der Artikel: „das").

Checkliste: Fehler auf der Wortebene

- In Textabschnitten, in denen es nicht um eine persönliche Stellungnahme geht, sollte das Personalpronomen **„ich"** möglichst vermieden werden.
- Man sollte eine angemessene **Fachsprache** benutzen und vor allem die Fachbegriffe, die im Unterricht angesprochen wurden, verwenden. Falscher Fremdwortgebrauch ist tunlichst zu vermeiden. Ein Blick in ein Rechtschreibwörterbuch kann manchmal auch bei der Erklärung von Fremdwörtern helfen.

Fachbegriffe verwenden

- Dass auf eine angemessene **Orthografie** geachtet wird, ist äußerst wichtig. Auch hierbei hilft natürlich ein Blick in das Rechtschreibwörterbuch.

1.2 *Mündliche Prüfung*

Häusliche Vorbereitung

Auf **www.westermann.de/fit-fuers-abi** findest du kostenlose Videos mit Tipps zur mündlichen Prüfung. Klicke einfach mal rein!

Je nachdem, in welchem Bundesland du lebst, ist es erlaubt und üblich, Prüfungsbereiche abzusprechen, auf die du dich gezielt vorbereiten kannst. So wird ein Prüfungsgespräch möglich, das über ein oberflächliches „Abfragen von Faktenwissen“ hinausgeht. **Kläre, welche Formen der Absprache an deiner Schule üblich und erlaubt sind**. Bitte deine Lehrerin oder deinen Lehrer dann gegebenenfalls um ein entsprechendes Vorgespräch.

Als Vorbereitung auf ein solches Gespräch oder auf die Prüfung kannst du einen Blick in die **Bildungsstandards** für das Abitur werfen, die seit der Prüfung 2017 gelten. Diese Dokumente sind im Internet zugänglich. Auch zum Ablauf und zu den formalen Vorgaben für die mündliche Abiturprüfung findest du hier Informationen.

Wenn es möglich ist, ein bis zwei „Spezialgebiete“ festzulegen, so solltest du dich von deiner Lehrkraft beraten lassen. Natürlich wirst du selbst den einen oder anderen Vorschlag zu machen haben und dabei auf die Bereiche zurückgreifen, die dir besonders „liegen“. du solltest aber auch auf den Rat deiner Lehrerin bzw. deines Lehrers hören. Sie bzw. er kennt dich recht gut und weiß, was man dir in der Prüfung zumuten kann. Versuche, den Umfang des Prüfungsgebiets bzw. der -gebiete klar zu bestimmen. Dabei geht es nicht darum, das Gebiet möglichst eng zu halten. Bedenke: Ein ganz enges Prüfungsgebiet lässt dem Prüfenden selbst kaum noch Chancen auszuweichen, falls Lücken oder Schwächen auftreten. Allerdings sollten die Gebiete auch nicht zu umfangreich sein. Man könnte etwa sagen: Ein Roman ist zu wenig, eine Epoche ist zu viel.

Inhaltliche Vorbereitung der mündlichen Prüfung

Deine Lehrerin/dein Lehrer wird bestimmt konkrete Hinweise darauf geben, was du alles als Vorbereitung auf die Prüfung in einem „Spezialgebiet“ tun kannst, was du lesen solltest, worüber du nachdenken solltest, womit du dich beschäftigen kannst. Ist das nicht der Fall, so solltest du von dir aus zumindest die Primärwerke (Romane, Dramen ...) noch einmal ansehen. Darüber hinaus könnte es nicht schaden, wenn du einen Blick in eine Literaturgeschichte wirfst und das eine oder andere zum Autor und zur jeweiligen Epoche nachliest. Wichtige Interpretationshinweise geben auch Standardwerke (Kindlers Literaturlexikon usw.). Natürlich wirst du dir auch das, was im Unterricht zum entsprechenden Autor, Thema usw. gesagt wurde, in Erinnerung rufen. Hier könntest du auch noch einmal durchgehen, was zu verwandten Themen gesagt wurde.

Falls es bei dir nicht üblich ist, Prüfungsgebiete abzusprechen, musst du dich auf das einstellen, was im Unterricht behandelt wurde. Natürlich wirst du dabei zunächst einmal auf die beiden letzten Halbjahre zurückgreifen. Aber vernachlässige die Themen der vorausgehenden Jahrgangsstufen nicht ganz.

Auch in diesem Fall ist es empfehlenswert, die im Unterricht behandelten Epochen in einer knapp und übersichtlich angelegten **Literaturgeschichte** noch einmal durchzugehen. Die Hinweise, die wir in diesem Band zu den Epochen geben, werden dir dabei schon etwas weiterhelfen. Auch wenn du ein oder zwei Prüfungsgebiete vereinbart hast, solltest du diesen Hinweis beherzigen. Deine Lehrerin bzw. dein Lehrer muss auch über die engen Grenzen des abgesprochenen Prüfungsgebiets hinaus übergreifende Fragen stellen. Und da bieten sich eben „Ausflüge" in epochale oder auch epochenübergreifende Zusammenhänge geradezu an.

Rückgriff auf die Literaturgeschichte

Du kannst davon ausgehen, dass dir in der mündlichen Prüfung in aller Regel ein Text vorgelegt wird. Dabei können prinzipiell alle Textarten infrage kommen, die auch für die schriftliche Prüfung herangezogen werden. Du solltest deshalb die Einübung verschiedener Verfahren der **Texterschließung und -interpretation** als wichtigen Teil der Vorbereitung der mündlichen Prüfung betrachten. In diesem Zusammenhang solltest du die Hinweise zurate ziehen, die wir anlässlich verschiedener Aufgabenstellungen für die schriftliche Prüfung zusammengestellt haben.

Verfahren der Texterschließung auch in der mündlichen Prüfung nutzen

Natürlich wirst du nicht alle Arbeitsschritte in den verfügbaren Minuten der Vorbereitung durchführen können, wohl aber musst du schnell entscheiden können, welche Schritte du durchführst, und in der Prüfung selbst musst du auf Rück- bzw. Zusatzfragen des Prüfenden richtig und sachangemessen reagieren können und die entsprechenden Zugriffe beherrschen. Wir empfehlen daher, als Einübung die vorgeschlagenen Arbeitsschritte *alle* durchzuführen. Dann wirst du in der Prüfungssituation die nötige Sicherheit haben und du kannst gezielt auswählen.

- Versuche nicht am Tag unmittelbar vor der Prüfung all das nachzuholen, was du in den Jahren vorher versäumt hast. Ein solches Unterfangen würde scheitern und dich nur unnötig verwirren.
- Rekapituliere noch einmal die wesentlichen Punkte, die du im Laufe deiner Vorbereitungen zusammengetragen haben.
- Präge dir die Grundzüge des Textbearbeitungsrasters ein.
- Überfliege, was du in deiner Literaturgeschichte als besonders wichtig markiert hast.
- Versuche, möglichst ausgeruht und ausgeschlafen in die Prüfung zu gehen.

Die Vorbereitungsphase nutzen

Bevor du vor die Prüfungskommission trittst, hast du in der Regel ca. 20 Minuten Zeit, um dich auf das Prüfungsgespräch vorzubereiten. In den meisten Fällen wird man dir einen Text samt zugehöriger Aufgabenstellungen vorlegen. Die Vorbereitungszeit solltest du nutzen, um den Text zu erfassen, möglichst auch zu verstehen und dir Notizen zu den Aufgaben zu machen. In den meisten Bundesländern ist es so, dass die ersten Aufgaben in einem freien Vortrag erörtert und besprochen werden müssen. Erst danach – nach rund zehn Minuten – greift die Prüferin oder der Prüfer ein und führt ein weiterführendes Prüfungsgespräch mit dir durch.

Wir empfehlen dir, **während der Vorbereitungszeit** in vier Schritten vorzugehen:

1. Sichte zunächst das Material und die Aufgaben in einem **ersten Überblick**. Mache dir bewusst, um welchen Themenbereich es geht. Im Idealfall fällt dir ein, welche Inhalte und Materialien aus der häuslichen Vorbereitung zu den Anforderungen der Prüfung passen.
2. Erfasse die **Arbeitsaufträge** und mache dir bewusst, was erwartet wird. In der Regel werden dich die Arbeitsaufträge an die Aufgaben aus den schriftlichen Klausuren oder auch an einzelne Aufträge aus dem Unterricht erinnern.
3. Lies dann den **Text** und behalte die Arbeitsaufträge als Schwerpunktsetzungen schon im Blick. Lies den Text ruhig auch ein zweites Mal. Markiere dir unverständliche Passagen mit einem Fragezeichen und notiere dir gegebenenfalls Fragen, die sich stellen.
4. Notiere nach dem Lesen, mit welchem **zentralen Thema** sich der Text befasst. Unterscheide zwischen der Inhaltsebene und einer ersten Deutung. Bereite den Einleitungssatz deines späteren Vortrags im Sinne der folgenden Formulierungshilfe vor: *„Inhaltlich geht es in dem Text um … Meiner Meinung nach wird daran deutlich, dass/wie …“*

Um einen (literarischen) Text in kurzer Zeit zu durchdringen und zu erfassen, kann es hilfreich sein, auf einige der folgenden Aspekte zu achten:

- **Hilfsfrage für die Inhaltsumschreibung:** Wer erlebt was, wann, wo, in welcher Stimmung, mit wem und mit welcher Konsequenz?
- **Hilfsfragen zu einzelnen Aspekten:**
  Welche *Figuren* kommen im Text vor?
  Aus wessen *Sicht* ist das Geschehen erzählt?
  Wer sind die Figuren und welche *Charakterzüge* werden deutlich?
  In welchen *Beziehungen* stehen die Figuren und wie verändern sich die Beziehungen eventuell?
  Welche Form der *Kommunikation* findet statt?
  Gelingt diese Kommunikation?

Kommen Orte oder *zeitliche Veränderungen* vor, die von Bedeutung sind? Kommen *symbolische Gegenstände* oder Farben und Geräusche vor, die interpretiert werden können?
- **Hilfsfragen zur Formbeschreibung:** Arbeitet der Text eher mit *Hauptsätzen* („Parataxe“) oder verwendet er viele „verschachtelte“ Satzgefüge („Hypotaxe“); bei Gedichten: Wie sind die *Strophen*, das *Metrum* und eventuell die *Reime* gestaltet?

Bereite dich am Ende der Vorbereitungszeit – ca. fünf Minuten lang – auf den freien Vortrag vor: Notieren die Gliederung dieses Vortrags und mache dir Notizen zu den Aspekten, die du ansprechen willst. An der folgenden Gliederung kannst du das Prüfungsgespräch orientieren. Am besten lernst du die folgenden Arbeitsschritte im Sinne einer Gliederung auswendig und notierst sie stichwortartig als Orientierungshilfe auf deinem Vorbereitungspapier. Formuliere nacheinander …
- eine Deutungshypothese
- eine Textwiedergabe/Inhaltsangabe
- eine Formbeschreibung des Texts
- eine Deutung einzelner Aspekte (chronologisch oder an den Aspekten orientiert)
- eine Zusammenfassung und einen Rückbezug auf die Deutungshypothese
- eventuell einen Bezug zu passenden Unterrichtsinhalten, Epochen und/ oder anderen Werken aus den letzten Schuljahren

Verhalten während der Prüfung

Folgende Vorgehensweise ist üblich und wird von uns als sinnvoll empfohlen:
- **Begrüße** die Prüfungskommission und warte dann, bis du aufgefordert wirst, mit deinen Ausführungen zu beginnen.
- Frage zunächst nach Begriffen, Sätzen usw., die du **nicht verstanden** hast. Scheue dich nicht, entsprechende Fragen zu stellen. Bedenke, dass auch deine Fähigkeit, gezielt und verbindlich Informationen einzuholen, bewertet werden kann.
- Nachdem du aufgefordert wurdest, mit deinen Darlegungen zu beginnen, solltest du den **Text vorstellen**. Gib den Autor, den Titel und die Textart an und lies dann den Text, falls dies gewünscht wird, angemessen vor. Achte dabei auf eine saubere Artikulation. Achtung: Falls dieses Vorlesen nicht ausdrücklich gewünscht ist, verzichte darauf! Es kostet viel Zeit, die „nicht viele Punkte einbringt.“
- Schließe die **Textwiedergabe/Inhaltsangabe** an.
- Stelle dann die Ergebnisse deiner **Textuntersuchung** und -interpretation vor. Stütze dich auf deine Aufzeichnungen und bilde zu den Stichwörtern

nach Möglichkeit ganze Sätze. Entscheide, ob du den Text Schritt für Schritt durcharbeiten oder ob du einzelne Aspekte zusammenfassend besprechen willst. Kündige an, wie du vorgehen wirst:
- **Chronologische Vorgehensweise:** *„Um meine Deutungshypothese zu überprüfen, werde ich den Text nun durchgehen und wichtige Textstellen deuten. Ich beginne mit der Überschrift: Schon hier wird deutlich, dass …"*
- **Aspektorientierte Vorgehensweise:** *„Um meine Deutungshypothese zu überprüfen, lohnt es sich, auf* [ca. 3-4 Aspekte nennen] *einzugehen. Ich beginne mit* [Aspekt 1]. *Da finde ich in Vers 3/Zeile 3 eine aussagekräftige Textstelle. Wenn dort nämlich geschrieben wird, dass …, lässt sich ableiten, wie …".*

➲ **Fasse** deine Deutungsergebnisse mindestens am Ende der Ausführungen noch einmal **zusammen**.
➲ Man wird dich auf das Ende der Vortragszeit hinweisen. Falls du das Gefühl hast, wesentliche Aspekte noch nicht angesprochen zu haben, gib – wenn man dir das erlaubt – einen kurzen **Ausblick**, was noch hätte berücksichtigt werden sollen.

Nach diesen zusammenhängenden Darlegungen werden die Prüfer ein **Prüfungsgespräch** führen.
➲ Achte genau auf die Fragen.
➲ Weiche nicht aus, aber frage ruhig zurück, wenn dir die Fragen nicht klar sind. Du hast ein Recht auf klar gestellte Fragen.
➲ Du kannst auch versuchen, unklar formulierte Fragen selbst umzuformulieren. Lasse dir deine Formulierung dann bestätigen *(„Meinen Sie damit …?")*.

Im weiteren Verlauf werden die Prüfer den Horizont ausweiten und vielleicht auf Dinge zu sprechen kommen, die nicht so ganz in das vorbereitete Gebiet gehören. Achte in solchen Fällen auf die Richtung, die sich abzeichnet. Ist dir etwas unklar, frage so, dass deutlich wird: Ich bemühe mich darum mitzudenken. *(„Ihre Frage geht, so vermute ich einmal, in die Richtung …")*

Solltest du etwas definitiv nicht wissen, bleiben dir zwei Möglichkeiten:
➲ Gib eine Antwort, die zumindest überzeugend klingt.
➲ Erkläre ruhig und offen: „Das weiß ich nicht."

Hinweise zu den Prüfungen

1

SCHRIFTLICHE PRÜFUNG

In die Tasche packen:

- Schreibgeräte, auch: Textmarker
- analoge Uhr/Wecker
- Verpflegung

Wichtigste Schritte während der Prüfung:

- Thema wählen
- Aufgabenstellung exakt klären: Welche Arbeitsmethode wird erwartet/gefordert?
- Gliederung erstellen
- Ausformulieren
- Korrektur lesen

HILFREICHE LINKS

- Eine Downloadmöglichkeit der Bildungsstandards im Fach Deutsch findet sich zum Beispiel auf der Seite der Kultusministerkonferenz: https://www.kmk.org/themen/qualitaetssicherung-in-schulen/Bildungsstandards.html (zuletzt am 22.04.2024)
- Weitere Hinweise, eine Liste mit vereinbarten Operatoren (das sind die handlungsanweisenden Verben innerhalb der Aufgabenstellungen) und Beispielaufgaben zu den einzelnen Anforderungsbereichen finden sich auf der Seite des Instituts für Qualitätssicherung im Bildungswesen IQB: https://www.iqb.hu-berlin.de/abitur/dokumente/deutsch (zuletzt am 22.04.2024)

MÜNDLICHE PRÜFUNG

Vor der Prüfung

- Schwerpunktthemen vorbereiten: inhaltlich und methodisch
- Zu literaturgeschichtlichen Themen z. B. klären: Welches Menschenbild ist typisch für die Zeit/die Epoche? Welche Form von Literatur galt als „gute" Literatur? Welcher (gesellschaftlichen) Aufgabe hat sich die Literatur evtl. angenommen?

Während der Vorbereitungsphase

- Themengebiet und Aufgabenstellung exakt erfassen (Frage: Welche meiner gelernten Aspekte/Themen kann und muss ich hier einbringen?)
- Text(e) gründlich im Zusammenhang mit der Fragestellungen lesen und präparieren
- Vorbereiten des Vortrags, Notizen zu: Thema und Inhalt, Deutungsaspekte, auf die du eingehen wirst

Ablauf der Begrüßung

- Begrüßung der Prüfungskommission
- Unklares evtl. noch klären
- Frage und Text vorstellen
- Textthema und Inhalt nennen
- Deutungshypothese bzw. Deutungsschwerpunkt nennen
- Text chronologisch oder aspektorientiert interpretieren
- Ergebnisse zusammenfassen
- Deutungshypothese noch einmal reflektieren und prüfen

Frageteil

- Auf die Prüfungsfragen achten
- Präzise antworten: Immer wieder auf konkrete Textstellen blicken und diese auf die Fragestellung beziehen

2 Tendenzen der Literaturgeschichte

Manches Werk lässt sich nur schwer in „Epochenschubladen" einordnen, sodass die Gliederung der Literaturgeschichte nach Epochen oft kritisiert wird. Dennoch ist es gerade in der Schule hilfreich, die vielen Informationen des Literaturunterrichts in einer einfachen Struktur zu ordnen. Die folgende Übersicht stellt die gängigen Epochen mit ihren zeitgeschichtlichen Hintergründen und typischen Kunstvorstellungen vor.

2.1 Höfische Literatur im Mittelalter

Zeitgeschichte

Kulturelle Blüte

Die Zeit ist geprägt von der Herrschaft der staufischen Könige, unter welchen es trotz wiederholter und intensiver Machtstreitigkeiten mit dem welfischen Adelshaus und dem politisch ebenfalls sehr einflussreichen Papsttum zu einer kulturellen Blüte des damaligen Deutschland kommt. Namentlich Friedrich I. Barbarossa, sein Sohn Heinrich VI. und sein Enkel Friedrich II. stehen für eine Zeit politischer Konstanz und hohen Kulturbewusstseins, wie es sich zum Beispiel 1184 auf dem „Hoftag zu Mainz" konkretisiert. Zahlreiche Geistliche, Fürsten, Gesandte fremder Länder, Dichter und Sänger treffen sich zu einem prächtigen mehrtägigen Fest, auf welchem auch die Söhne des Kaisers zu Rittern geschlagen werden.

Weltbild, Menschenbild, Einstellungen

Rittertum als Kulturträger

Finden sich Schriftkultur und Literaturschaffen im frühen Mittelalter vor allem im geistlichen Bereich der Klöster, so avanciert ab der Mitte des 12. Jahrhunderts der weltliche Adel – das Rittertum – zum neuen Kultur- und Literaturträger in Europa. Durch spezifische Vorstellungen von Rechten und Pflichten, von Moral und Ehre sowie von weltlicher und geistlicher Bewährung prägt diese Gesellschaftsschicht das öffentliche und kulturelle Leben maßgeblich und elitär. Der Ritter definiert sich im Wesentlichen durch seinen Aufgabenbereich, seine kriegerische Tätigkeit. Schwert und Rüstung werden zu seinen Standessymbolen, bei der sogenannten „Schwertleite" erfolgt die feierliche Initiation in den ritterlichen Stand.

Höfische Tugenden: triuwe, êre, staete, mâze, zucht, milte

Insgesamt sieht sich das Rittertum integriert in das mittelalterliche Lehnswesen als umfassendes Konzept vielfältiger hierarchischer Beziehungen und gegenseitiger Verpflichtungen, wie es sich im mittelalterlichen Treuebegriff (mhd. *triuwe*) manifestiert. Die Erfüllung der militärischen und ständischen Verpflichtungen gehören zur unbedingten Lebenseinstellung des Ritters (mhd. *êre*), die sich weiterhin an den höfischen Tugenden wie Charakterfestigkeit (mhd. *staete*), Bescheidenheit und Selbstdisziplin (mhd. *mâze* und mhd. *zucht*) oder Barmherzigkeit (mhd. *milte*) orientiert. Erst der Adlige, der sich diese Tugenden zu eigen macht, kann als höfisch bezeichnet werden. Die literarisch überlieferte Idealkultur des Hohen Mittelalters wird vor diesem Hintergrund auch als **höfische Kultur** bezeichnet.

Auch wenn das Stadtbürgertum in der Stauferzeit einen merklichen politischen und wirtschaftlichen Aufschwung erlebt, bleibt es in der Kultur des Hohen Mittelalters relativ einflusslos und in der literarischen Überlieferung kaum erwähnt. Erst im ausgehenden Mittelalter nimmt der Einfluss dieser Gesellschaftsschichten mit dem allmählichen Aufgaben- und Prestigeverlust des Rittertums zu.

Kunstvorstellungen

Das Kunstkonzept des Hohen Mittelalters ist eng verbunden mit den höfisch-ritterlichen Wertvorstellungen. Kunstschaffende und Rezipienten gehören in der Regel zur adligen Gesellschaftsschicht. Die Kunst des Mittelalters ist weniger ein individuelles Bekenntnis ihres Dichters als die teilweise idealisierende Darstellung und Reflexion des ritterlichen Lebens in verschiedenen Bereichen.

Sprache

Mit dem Erwachen eines nationalen kulturellen Selbstbewusstseins etabliert sich die Verwendung der deutschen Volkssprache als Literatur- und Schriftsprache, sodass die deutsche Sprache des Hohen Mittelalters – das Mittelhochdeutsche – zu einer gleichberechtigten Literatursprache neben das Lateinische tritt. Stellte letzteres die Sprache der Geistlichen an den klösterlichen Schreiborten dar, so benutzt das nun selbstbewusst gewordene Rittertum mit dem höfischen Mittelhochdeutsch seine eigene Sprachform. Militärischer und kultureller Austausch führt dabei zu merklichen Ausgleichstendenzen zwischen den bis dato sehr unterschiedlichen deutschen Dialekten. Der Wortschatz des damaligen Mittelhochdeutsch ist geprägt von Begriffen aus dem Umfeld des ritterlichen Lebens, die oft aus dem Französischen entlehnt werden.

Literatursprache Mittelhochdeutsch

Themen, Motive, Gattungen

Die Gattungen, mit denen sich die hochmittelalterliche Literaturepoche im Wesentlichen definieren lässt, sind der **Minnesang** und die **höfische Epik**, die sich auf je verschiedene Art und Weise mit der Lebenswelt und den Tugendvorstellungen der ritterlichen Gesellschaft befassen. Beweis und Bewährung

Weltliche Literatur

des ritterlichen Lebens, Akzeptanz zugewiesener gesellschaftlicher Rollen und das Beherrschen von damit verbundenen Konventionen sind gängige Themen der damaligen Literatur. In diesen beiden Gattungen – ergänzt um die mittelalterliche **Heldenepik** – werden zum ersten Mal umfangreiche und ernst zu nehmende Werke der deutschen Literatur greifbar, deren Themen nicht religiös-geistlicher Natur, sondern weltlich orientiert sind.

Begriffe, die auf den Pfeil → folgen, findest du im Glossar anäher erläutert.

Die **Minnelyrik** begegnet als eine spezifische, kunstvolle und vielgestaltige Form der Liebesdichtung, bei welcher das auftretende → lyrische Ich, dessen Angebetete und die Beschreibung der Beziehung zwischen Liebendem und Geliebter sich ganz anders gestalten als in der modernen Liebesdichtung. Angelehnt an die französische Troubadourlyrik wird die hohe Minnelyrik von einer typischen Werbesituation bestimmt, bei welcher der Mann die angebetete, königlich verehrte Dame als unerreichbar erfährt, die unvermeidbare Ablehnung durch eine Beteuerung der ritterlichen Tugenden kompensiert und sich damit als sittlich gereift und ritterlich erweist. **Kreuzlieder**, in welchen die Minnesituation mit der Kreuzzugsthematik verbunden wird, und **Tagelieder**, die den Abschied der Liebenden bei Tagesanbruch beschreiben, sind andere Ausprägungen der Gattung.

Beweis ritterlicher Tugendhaftigkeit

Man geht davon aus, dass die Minnelieder mündlich vorgetragen – sicherlich auch gesungen – wurden. Selbst wenn die Dichter ihre Lieder aufschrieben, waren diese zunächst nicht für ein Lesepublikum vorgesehen. Erst mit dem allmählichen Abklingen der höfischen Kultur entstanden im städtisch-patrizischen Milieu schriftliche Sammlungen der Minnelyrik, die prächtig und aufwendig ausgestattet und mit kostbaren Illustrationen – sogenannten Miniaturen – versehen waren und wohl als Statussymbole fungierten. Die umfangreichste und bekannteste dieser Handschriften ist der *Codex Manesse*, die große *Heidelberger Liederhandschrift*, die Anfang des 14. Jahrhunderts entstanden ist und sich heute in der Universitätsbibliothek in Heidelberg befindet.

Liederhandschriften

Auch das **höfische → Epos** – oder der **höfische Roman** – transportiert die Rollenvorstellungen der höfisch-ritterlichen Gesellschaft und idealisiert deren Verfechter. Die höfischen Epen bedienen sich antiker, orientalischer und vor allem keltischer Legenden- und Erzähltraditionen, wobei die Artusromane des französischen Dichters Chrétien de Troyes zu gattungsprägenden Vorbildern der deutschen höfischen Epik werden. Hierin geht es meist um die ritterlichen Helden aus dem Umfeld des sagenumwobenen britannischen Königs Artus, welche sich in zahlreichen Abenteuern als Ritter bewähren und ihre Fähigkeit, am Leben des Hofes teilnehmen zu können, beweisen müssen. Auch wenn die Werke teils in der Lebenswelt ihrer Rezipienten – also dem ritterlich-höfischen Milieu – angesiedelt

Vermittlung ritterlicher Werte durch den höfischen Roman

sind, spiegeln sie keine wahren Begebenheiten, sondern dienen der Idealisierung und Bestätigung der als überlegen empfundenen ritterlichen Wertvorstellungen.

Die Motive der mittelhochdeutschen **Heldenepik** reichen zurück in die Ereignisse der Völkerwanderungszeit und greifen die Stoffkomplexe alter germanischer Heldensagen auf. Die bekanntesten Beispiele dieser Gattung sind das *Nibelungenlied* (um 1200) und das *Kudrunlied* (13. Jahrhundert).

Nibelungenlied (ca. 1200)

Autoren und Werke

Gottfried von Straßburg (2. Hälfte 12. bis Anfang 13. Jahrhundert) gilt – obwohl nicht aus dem hohen Adel stammend – als äußerst gebildet. Er schuf das literarisch anspruchsvolle höfische Epos *Tristan und Isolde*, das sich im thematischen Rahmen einer außerhöfischen Liebesbeziehung kritisch mit den Wertvorstellungen der Minne und des Rittertums befasst.

Hartmann von Aue (um 1165 bis um 1215) war ein ritterlich-adliger Minnesänger und Verfasser höfischer Epen. Seine Epen *Erec*, *Gregorius* und *Iwein* befassen sich im Umfeld des Artussagenkreises mit höfischen Idealen und der Bewährung ritterlicher Tugenden.

Der wohl aus niederem Adel stammende Wanderdichter **Walther von der Vogelweide** (um 1170 bis um 1230) gilt wegen der Formkunst seiner Gedichte, seinen hohen ethischen Ansprüchen und dem großen Themenspektrum seiner Werke als der bedeutendste mittelalterliche Lyriker. Sehr bekannt ist die Anfangszeile einer seiner Reichston-Strophen: *Ich saz ûf eime steine*.

Walther von der Vogelweide im *Codex Manesse* (um 1300)

Wolfram von Eschenbach (um 1170 bis nach 1220), Minnedichter und bedeutender Autor höfischer Epik, kontrastiert in seinem höfischen Roman *Parzival* die höfischen Ideale mit christlichen Wertvorstellungen, indem er die stufenweise Entwicklung des Toren Parzival zu christlicher Ritterlichkeit und seinen Aufstieg zum vorbildlichen König der Gralsgesellschaft beschreibt.

2.1 Höfische Literatur im Mittelalter

Begriff und Eingrenzung	Die Dichter und Rezipienten der Literatur waren meist Adlige, die am Hofe lebten.
Zeitgeschichte	kulturelle Blüte zur Zeit der staufischen Könige
Kunstvorstellungen	Kunst dient zur Idealisierung des ritterlichen und höfischen Lebens
Weltbild, Menschenbild und Einstellungen	→ erste deutsche und weltliche Schreibkultur → gesellschaftliche Ordnung im Lehenswesen → Entstehung des Adelsstandes der Ritter mit bestimmten Moralprinzipien
Sprache	Die mittelhochdeutsche Schreibsprache löst das Lateinische ab.
Gattungen	→ Minnelyrik → Höfische Epen → Heldenepen

AUTOREN UND WERKE

- Gottfried von Straßburg (um 1170 bis ca. 1215): Tristan und Isolde (um 1210)
- Hartmann von Aue (12./13. Jhd.): Erec, Gregorius, Iwein
- Walther von der Vogelweide (um 1170 bis ca. 1230): Minnelyrik
- Wolfram von Eschenbach (um 1170 bis ca. 1220): Parzival (um 1210), Nibelungenlied (um 1200)

ZITATE UND SPRÜCHE

Uns ist in alten maeren, wunders vil geseit/von helden lobebaeren, von grôzer arebeit/von fröuden, hôchgezîten, von weinen und von klagen/von küener recken strîten, muget ir nu wunder hoeren sagen.
Übertragung: In alten Erzählungen ist uns viel Bewundernswertes überliefert: Von lobenswerten Helden, von großen Mühen, von Freuden und Festlichkeiten, auch von Weinen und Klagen und von Kämpfen kühner Krieger werdet ihr nun Wunderbares sagen hören. [...] (Beginn des Nibelungenlieds)

[...] diu zwei sint êre und varnde guot,/daz dicke ein ander schaden tuot:/daz dritte ist gotes hulde,/der zweier übergulde./die wollte ich gerne in einen schrîn. [...]
Übertragung: [...] Die zwei sind Ehre und zeitliches Gut, wobei die oft einander schaden, das Dritte, das ich mir wünsche, ist Gottes Gnade, sie ist mir noch wichtiger als die beiden anderen. Die drei Schätze hätte ich gerne in einem Schrein. [...] (Walther von der Vogelweide)

2.2 Die Zeit des Barock

Politische Zustände der Epoche

Die Epoche ist geprägt vom Dreißigjährigen Krieg (1618 – 1648), in dem die religiöse Auseinandersetzung zwischen Reformation und Restauration ihren Höhepunkt erreicht. Der religiöse Fanatismus, der am Beginn des Krieges stand, wird ausgehöhlt. Am Ende geht es um politische Interessen einzelner Länder, entsprechend sind die jeweiligen Allianzen nicht mehr durch Religionszugehörigkeit geprägt.

Dreißigjähriger Krieg

Das alte Kaiserreich zerfällt, die entstehenden Länder werden absolutistisch regiert. Im deutschen Sprachraum profilieren sich einzelne Herrschergestalten und verschaffen ihren Ländern größere Bedeutung (der Große Kurfürst, Brandenburg; August der Starke, Sachsen; Kaiser Leopold I., Österreich). In der Folge der Kriegswirren entwickelt sich die städtische Bevölkerung zum wichtigen Kulturträger. Der Adel zerfällt bzw. wird durch den Hofadel (Verwaltung) ersetzt. Das Modell eines absolutistischen Zentralstaates bestimmt die gesellschaftliche Organisationsform.

Weltbild, Menschenbild, Einstellungen

Mehr und mehr gewinnt die **Bildung** an Bedeutung. Die **Freien Künste** werden zum zentralen Unterrichtsstoff der Gymnasien wie auch der nun entstehenden Universitäten. Die Kriegswirren führen oft zum Studium im Ausland, aber auch zu einer verstärkten Tätigkeit der Jesuiten (**Gegenreformation**) in Schulen und Universitäten.

Das Weltbild ist geprägt durch zwei gegensätzliche Pole: Einerseits durch die Hinwendung zum Jenseits als der eigentlichen Bestimmung des Menschen (die Erde wird so zum „Jammertal“, in dem sich der Mensch bewähren muss); andererseits findet sich die Hinwendung zum Lebensgenuss *(carpe diem)*, solange die Wirren des Krieges das zulassen. In dieser Spannung muss der Mensch sein Leben gestalten, man verzichtet aber letztlich auf ein Aushalten der möglichen Dialektik zugunsten der Hoffnung auf einen Ausgleich im Jenseits.

carpe diem = nutze den Tag

Die Einheit von Gott und Welt wird als ein geordnetes Ganzes gesehen. Die **analogia entis** gilt immer noch: Man sieht in der irdischen Ordnung einen (unvollkommenen) Spiegel der göttlichen Heilsordnung. Unter diesem Aspekt erscheint dann das Diesseits als **Vanitas**. Trotz allem aber beginnt sich ein neues Selbstbewusstsein zu manifestieren: Zwar spielte die Empirie noch kaum eine Rolle, doch beginnen gerade im naturwissenschaftlichen Bereich erste Arbeiten, vorläufig noch in dubiosen Umfeldern (Alchemisten, Astrologen …).

analogia entis, lat. etwa: das Verhältnis, in dem alles Existierende zueinander steht

vanitas = Nichtigkeit

Kopernikus (1473–1543) bringt die entscheidende Wende: Er schafft die Basis für naturwissenschaftliches Denken. Die Erde und der Mensch stehen nicht mehr im Mittelpunkt, damit kann die Aufmerksamkeit wissenschaftlichen Denkens sich auf die „Dinge" konzentrieren.

Nikolaus Kopernikus, Kupferstich (koloriert)

Kunstvorstellungen

Die ästhetische Theorie der Zeit wird zum einen bestimmt durch die **Zweipoligkeit** (eine der Grundstrukturen stellt die Ellipse mit zwei Mittelpunkten dar). Grundsätzlich aber gilt für die Welt wie für die Kunst: Menschliche Ordnung ist als **Spiegel der Heilsordnung** zu sehen. Der Ordnungsrahmen wird ungefragt akzeptiert. Diesem Ordnungsprinzip entspricht die **Strenge der Form**, wie sie in der Literatur gefordert wird. Die *Regelbücher* (Opitz, Harsdörfer) geben Anweisungen; Beispielsammlungen liefern Vorbilder, die nachgeahmt werden sollen. Zu besonderer Bedeutung gelangen die Bilder, die nun als Embleme symptomatisch sind für die gleichnishafte Interpretation von Wirklichkeit.

Feste Regeln für die Literatur

Dichtung war öffentlich, keineswegs Ausdruck individueller Bedürfnisse. Sie diente der Repräsentation, der Huldigung, der Geselligkeit. Lediglich das Kirchenlied wendet sich in Ansätzen der individuellen seelischen Situation zu.

Sprache

Vom Lateinischen zum Deutschen

Zu Beginn dominiert noch das Lateinische (als Sprache der Gebildeten). Zunehmend erwacht ein nationales Sprachbewusstsein und profiliert sich gegenüber dem **A-la-mode-Sprechen**, wie es Gryphius im *Horribilicribrifax* kritisiert. Es entstehen Sprachgesellschaften, die sich die Pflege der deutschen Sprache wie der deutschen Literatur zur Aufgabe machen. So geht mit dem ersten Bemühen um eine patriotisch orientierte „Nationalliteratur" auch das Bemühen um eine nationalsprachliche Identität einher. Charakteristisch in diesem Zusammenhang sind die Arbeiten von Schottel, dessen 1661 erschienene *Teutsche Sprachkunst* eine Sammlung von Lobreden auf die deutsche Sprache darstellt, wobei ein erstes Bemühen erkennbar wird, die deutsche Sprache und ihre Gesetzmäßigkeiten beschreibend zu erfassen.

Themen, Motive, Gattungen

Immer wieder tauchen die thematischen Reihen auf, die sich durch die Motive Krieg, Leid, Not, Tod ergeben. Heldentum wird in seiner Brüchigkeit erkennbar, die Flüchtigkeit und Vergänglichkeit aller menschlichen Bestrebungen treten in den Vordergrund. Die Gegenreihe wird bestimmt durch die Themen Lust, Lebensgenuss, Sinnenfreude.

Leid versus Lust

Die drei wesentlichen Gattungen finden gleichermaßen Berücksichtigung. Sowohl die **Lyrik** (hier insbesondere Sonett und Ode) als auch das **Drama** (Trauerspiel und Komödie) und schließlich die ersten großen Romane sind zu finden.

Die Reihe der **Romane** wird eröffnet durch die „Schäferey", eine Übernahme italienischer Vorbilder. Spanischer Einfluss wird deutlich im Schelmenroman. In Deutschland wird „Der abenteuerliche Simplicissimus" zum prägenden Muster der Gattung.

Schelmenroman

Das **Drama** setzt ein mit dem Jesuitendrama in lateinischer Sprache. Unter dem Einfluss des Fastnachtsspiels entwickelt sich ein umfassendes Spielkonzept, das in die Oper mündet. Die Oster-/Passions- und Märtyrerspiele werden weiterentwickelt und es entsteht im Anschluss an Seneca und die römische Tragödie das Trauerspiel (Gryphius, Lohenstein). Die Helden sind geprägt durch eine christlich-stoische Grundhaltung, wobei die Tragik aufgehoben wird durch die Heilsgewissheit, die den Helden zum Märtyrer macht. Unter dem Einfluss der umherziehenden Theatergruppen entwickelt sich eine Theatertradition im Anschluss an Shakespeare, die sich mit Namen wie Christoph Blümel verbindet.

In der **Lyrik** dominieren das → Sonett und die → Ode. Die bestimmenden Themen sind einerseits der **Vanitas-Gedanke** (wie ihn die Zerstörungen des Krieges nahelegen), der **Fortuna-Gedanke** (Zufälligkeit des Schicksals) und andererseits die **Lebenslust** und Sinnenfreude.

Vanitas-Gedanke: Es ist alles nichtig und vergänglich.

Autoren und Werke

Martin Opitz (1597 – 1639) gilt als der wichtigste „Theoretiker" der Epoche. Sein *Buch von der deutschen Poeterey* wird zur Orientierung für seine Zeitgenossen. Er verhilft dem → Alexandriner zum Durchbruch und liefert für die einzelnen relevanten Gattungen die entscheidenden Definitionen.

Paul Gerhardt (1607 – 1676) gilt als Dichter des Kirchenlieds *(Nun ruhen alle Wälder; O Haupt voll Blut und Wunden; Wach auf, mein Herz und singe)*.

Simon Dach (1605 – 1659) löst sich vom gelehrten Ballast und greift zur schlichten Form. Er versucht, Stimmungen zu vermitteln, und wendet sich dem Lied zu. Er gilt als der Dichter des *Ännchen von Tharau*.

Paul Fleming (1609 – 1640) ist wohl der bedeutendste Opitz-Schüler, wird bereits mit 22 Jahren „poeta laureatus" (zum Dichter gekrönt). Er beginnt mit lateinischer Dichtung, übersetzt Psalmen und schafft dann erste Möglichkeiten, sich im deutschen Gedicht freier zu äußern.

Andreas Gryphius (1616 – 1664) beginnt seine Dichterkarriere in lateinischer Sprache, wendet sich dann entschieden der deutschen Sprache zu, hält sich aber an die klassischen Regeln, die er im Ausland kennengelernt hat. In seinen Dramen gibt es zwar den tragischen Konflikt, am Ende aber siegt immer die Moral *(Catharina von Georgien, Cardenio und Celinde).* Zeitkritisch äußert er sich in seinen Komödien *(Herr Peter Squentz, Horribilicribrifax).* In seiner Lyrik setzt er sich mit Zeitproblemen, aber auch mit zeitlosen, die menschliche Existenz betreffenden Fragen auseinander *(Tränen des Vaterlandes, Vanitas …).*

Märtyrerdrama

Angelus Silesius (Johannes Scheffler; 1624 – 1677), in Breslau geboren, schreibt den *Cherubinischen Wandersmann*. Seine alexandrinischen Zweizeiler können angesehen werden als Bindeglied zwischen Lyrik, religiöser Spruchdichtung und Philosophie. Es geht Silesius um die Beziehung zwischen Gott und den Menschen, wobei es ihm gelingt, abstrakte Gedanken in knappe, fast aphoristische Formen zu fassen.

Porträt oder Selbstporträt von H. J. Chr. von Grimmelshausen

Grimmelshausen (1621/22 – 1676) legt den ersten großen deutschen Roman vor, *Der Abenteuerliche Simplicissimus Teutsch*, der seine Zeit deutlich überdauert, einen Zeit- und Kriegsroman, dessen Held alle Höhen und Tiefen menschlicher Existenz in den Kriegswirren des Dreißigjährigen Kriegs durchlebt und schließlich sein Leben als Einsiedler beendet. Die aneinandergereihten Episoden umfassen den gesamten Lebenskreislauf und geben immer wieder Anlass zur Reflexion über Sinn und Ziel menschlichen Lebens und Handelns.

Catharina Regina von Greiffenberg (1633 – 1694) schreibt vornehmlich religiöse Lyrik und legt besonderen Wert auf strenge Formen (Sonett). Ihre eindringliche Sprache schafft Raum für Gefühl (religiöse Empfindungen, aber auch neues Naturgefühl).

BEISPIEL

Analyse eines Sonetts

Andreas Gryphius

Abend

Der schnelle Tag ist hin / die Nacht schwingt ihre Fahn /
Und führt die Sternen auff. Der Menschen müde Scharen
Verlassen Feld und Werck / Wo Thir und Vögel waren
Traurt itzt die Einsamkeit. Wie ist die Zeit verthan!

Der Port naht mehr und mehr sich zu der Glider Kahn.
Gleich wie diß Licht verfil / so wird in wenig Jahren
Ich / du / und was man hat / und was man siht / hinfahren
Diß Leben kömmt mir vor als eine Renne-Bahn.

Laß höchster Gott / mich doch nicht auff dem Lauffplatz gleiten /
Laß mich nicht Ach / nicht Pracht / nicht Lust nicht Angst verleiten!
Dein ewig-heller Glantz sey vor und neben mir /

Laß / wenn der müde Leib entschläfft / die Seele wachen /
Und wenn der letzte Tag wird mit mir Abend machen /
So reiß mich aus dem Thal der Finsternüß zu dir.

Fünfzig Gedichte des Barock. Ausgewählt von Dietrich Bode. Stuttgart: Philipp Reclam jun. S. 30.

Deutungshypothese

In Andreas Gryphius' Sonett *Abend*, das im Jahr 1650 zum ersten Mal veröffentlicht wurde, lösen die Atmosphäre und einzelne Ereignisse des beginnenden Abends bei der Sprecherin oder dem Sprecher ein Nachdenken über die Vergänglichkeit des irdischen Lebens und die religiöse Hoffnung auf ein Weiterleben der Seele nach dem Tod aus.

Schwerpunktsetzung in der Interpretation

Indem auf die Vergänglichkeit und den Sinn des irdischen Lebens und die Hoffnung auf eine religiös-jenseitige Erlösung geblickt wird, enthält das Sonett wiederkehrende Motive der Barockzeit, die im Folgenden genauer beschrieben und gedeutet werden sollen. Darüber hinaus können die klare Strukturiertheit der Sonettform und die Sprache des Gedichtes in die Deutung einbezogen werden.

Inhaltswiedergabe

Die beiden Quartette schildern jeweils in den ersten Versen konkrete Phänomene und Einzelheiten, die sich am Ende eines Tages beobachten lassen: Es wird dunkel und der Arbeitstag geht zu Ende. Hiervon ausgehend werden Gedanken über die Einsamkeit des Menschen, den Sinn des Lebens und die Vergänglichkeit des Irdischen angestellt. Das lyrische Ich gelangt am Ende des zweiten Quartetts

>>

>> **BEISPIEL**

zu dem bildhaften Fazit, dass das Leben wie ein Lauf auf einer Rennbahn sei, bei dem der Mensch alle irdischen Errungenschaften immer wieder hinter sich lassen müsse.

Die beiden Terzette erscheinen daraufhin als gebetshafte Ansprache an Gott. Die/der Sprechende erbittet einerseits ein gelingendes Leben auf der Laufbahn des Irdischen und – damit verbunden – eine jenseitige Erlösungsperspektive nach dem Tod.

Formbeschreibung und -analyse

Die Gedichtform Sonett ist eine wiederkehrende, häufig verwendete Form der barocken Dichtung. Bekannte und verbreitete Motive und Gedanken – etwa die Auseinandersetzung mit dem Tod (Motiv des *memento mori*) und der Vergänglichkeit (Motiv der *vanitas*) – innerhalb der definierten Formvorgaben des Sonetts immer wieder neu zu durchdenken und darzustellen, definiert den Anspruch an dichterische Qualität und Originalität der Barockzeit. Auch das Gedicht *Abend* ist hierfür ein Beispiel.

Formale und inhaltliche Struktur sind in diesem Gedicht eng miteinander verbunden. Wie beschrieben stellen die beiden Quartette gleichsam die Situation nach, in der der Mensch einzelne Beobachtungen des zu Ende gehenden Tages aufgreift, um sich mit dem Sinn des Lebens und dessen Endlichkeit auseinanderzusetzen. Dass es sich hier nicht wirklich um Ereignisse handelt, die die Sprecherin bzw. der Sprecher des Gedichtes in einem konkreten Moment wahrnimmt, sieht man an der Vielfalt des Geschilderten und den verschiedenen Orten, die in den Blick geraten: Menschen, die ihre Feldarbeit oder ihr Handwerk beenden, sind ebenso benannt wie Schiffe, die in den Hafen zurückkehren. Die Aufzählung kann als Anspielung auf die Unausweichlichkeit und Umfassendheit des Wahrgenommen gedeutet werden. Die Ansprache der vermeintlichen Adressaten der entstehenden Gedanken als „Ich, du" im dritten Vers des zweiten Sonetts und die → polysyndetische Auflistung der menschlichen Errungenschaften als „und was man hat und was man sieht" unterstreicht die Universalität der Darstellungen und Reflexionen weiterhin.

In Form eines Vergleichs des irdischen Lebens, der alltäglichen Abläufe und der Geschäftigkeit der Arbeit auf dem Feld, in der Werkstatt und auf Handelsreisen mit einer „Rennbahn" wird die Beschreibung des Ist-Zustandes am Ende des zweiten Quartettes mit einem bildhaften Fazit beendet. Das Bild der „Rennbahn" dient dabei gleichermaßen auch als Überleitung und inhaltliche Verknüpfung mit dem zweiten Teil des Sonetts – den beiden Terzetten: Die erste imperativische „Laß"-Ansprache an Gott im ersten Terzett setzt das Bild fort. In der Bitte, vor einem Sturz auf der Laufbahn des Lebens bewahrt zu werden, ersucht die bzw. der Sprechende um ein gelingendes Leben, das im Laufe der folgenden Verse noch

>>

>> **BEISPIEL**

weiter charakterisiert wird. Insgesamt erscheint der Aufbau des Sonetts dadurch als äußerst kunstvoll ausgestaltet. Die Quartette unterscheiden sich sowohl durch den Blick auf unterschiedliche Sphären als auch durch die verschiedenen verwendeten Sprechakte von den Terzetten. Dennoch sind sie durch das Bild der Rennbahn miteinander verbunden. Auch die Klammer, die durch die Verweise auf den Abend in den beiden ersten Versen und den beiden letzten Versen gebildet wird, belegt die formal kunstvolle Verbindung der unterschiedlichen Bereiche und Sprechweisen und lässt die gedanklichen Darstellungen des Sonetts gleichsam als Weg der Wahrnehmung und der Reflexion erscheinen: Ausgehend von den Ereignissen am Ende jeden Tages gelangt der Mensch zur Sorge um sein Lebensende, das – metaphorisch – im letzten Vers eben auch als „Abend" wahrgenommen wird. In der Hoffnung, die Tage vor dem Lebensabend sinnvoll und gottgefällig gefüllt zu haben, und in der Bitte um Beistand und Erlösung schließt sich der Kreis. Als weitere Belege für die sprachliche und stilistische Qualität des Gedichtes lassen sich zum Beispiel die Kontraste zwischen der – nur angedeuteten und nicht ausgesprochenen – Dunkelheit des Abends und der Nacht (Str. 1, V. 1) und dem „ewighelle[n] Glantz" (Str. 3, V. 3) Gottes als Veranschaulichung der Antithetik zwischen den Herausforderungen des Diesseits und der Erfüllung im Jenseits deuten. Der Kontrast zwischen „Leib" und „Seele" (Str. 4, V. 1) greift diese auf und konkretisiert sie im Sinne christlichreligiöser Vorstellungen. Personifikationen – etwa die Fahnen schwingende „Nacht" (Str. 1, V. 1) oder die trauernde „Einsamkeit" (Str. 1, V. 4) – unterstützen die Bildhaftigkeit und die Wirkung des Gedichtes weiterhin, wobei es über die Metaphern der Rennbahn und des Lebensabends und die angesprochenen Personifikationen hinaus keine weiteren Metaphern gibt. Die Bedeutung der benannten Sprachbilder wird dadurch unterstrichen.

Das Sonett weist mit der Reimfolge abba – abba – ccd – eed – also zwei umarmenden Reimen in den → Quartetten, den → Paarreimen und dem → Schweifreim in den → Terzetten – eine typische Reimfolge auf, die die künstlerische Qualität des Texts weiterhin unterstreicht. Die Verwendung des → Alexandriners samt der → Zäsuren in den Versmitten kann in diesem Zusammenhang ebenfalls erwähnt werden.

Weitere Deutung nach Aspekten

Dass das Gedicht die Ereignisse des beginnenden Abends aufgreift, um über die Vergänglichkeit des irdischen Lebens und die religiöse Hoffnung auf ein Weiterleben der Seele nach dem Tod nachzudenken, wurde in der Deutungshypothese formuliert und durch die formale Analyse bestätigt. Die benannten zentralen Metaphern bestätigen, dass die Vergänglichkeit des Lebens und die Hoffnung auf eine Nähe zu Gott – im Diesseits und im Jenseits, während des irdischen Lebens und danach – als Themenschwerpunkte des Gedichtes verstanden werden können. Aspekte, die weiterhin in den Blick zu nehmen sind, sind verschiedene

>>

>> BEISPIEL

antithetisch einander gegenübergestellte Gegensätze und die Aussagen zu den Wertvorstellungen, die ein gelingendes menschliches Leben ausmachen können.

Antithesen: Einander gegenübergestellt sind – wie schon beschrieben – das diesseitige Leben und das jenseitige Sein bei Gott als verschiedene Orte („Thal der Finsternüß“ vs. „zu dir“, Str. 4, V. 3) und als verschiedene Zeiten. Dass die beiden Sphären zeitlich voneinander unterschieden werden, ergibt sich etwa aus dem Vergleich des zu Ende gehenden Tages mit dem vergehenden Leben. Kann man den Hinweis: „Wie ist die Zeit verthan“ am Ende des ersten Quartetts zunächst noch auf den verflossenen Arbeitstag beziehen, zeigt sich in den Darstellungen am Ende des zweiten Quartetts, dass sich die Aussage genauso auch als Charakterisierung des gesamten Lebens verstehen lässt. Auch die Lebenszeit läuft ab und die Gefahr, sie zu verschwenden, wird als sehr groß wahrgenommen.
Die beiden temporalen Wenn-Konjunktionen im letzten Terzett unterstreichen, dass die Gegensätze zwischen welt- und gottbezogenem Leben als ein zeitliches Nacheinander verstanden werden können. Wie eng der weltliche und der göttliche Bereich trotz der erkennbaren Antithetik allerdings auch miteinander verbunden sind, zeigt der Gebetswunsch des ersten Terzetts: Die sprechende Person bittet Gott darum, bereits während des diesseitigen Lebens präsent zu sein und den Lebensweg beschützend zu begleiten. Gott wird hier nicht als zukünftige Präsenz angesprochen, sondern erweist sich auch schon während des Lebens als örtlich anwesend, wenn gebetet und erbeten wird, dass er – zumindest repräsentiert durch seinen ewig hellen Glanz (vgl. Str. 3, V. 3) „vor“ und „neben“ (Str. 3, V. 3) dem Betenden anwesend sein solle.

Weitere Gegensätze, die antithetisch aufgeführt werden, sind der Tag und die Nacht (Str. 1, V. 1), Zusammengehörigkeit in „Scharen“ (Str. 1, V. 2) und „Einsamkeit“ (Str. 1, V. 4), menschliches Tätigsein (Str. 1, V. 2–3) und Müdigkeit (vgl. Str. 1, V. 2), ebenso Besitz (Str. 2, V. 3) und Verlust (Str. 2, V. 3). Alle Gegensätze unterstreichen die empfundene Widersprüchlichkeit des menschlichen Lebens und die Gewissheit der Vergänglichkeit.

Menschenbild: Der Mensch an sich erscheint als ein Gegenüber Gottes. Sein Alltag ist geprägt durch die Tätigkeiten des Arbeitens in verschiedenen Bereichen, sei es auf dem Feld, in der Werkstatt des Handwerkers (vgl. Str. 1, V. 3) oder auf dem Schiff unterwegs als Händler (vgl. Str. 2, V. 1). Um der Vergänglichkeit seines Lebens und der vermeintlichen Sinnlosigkeit dieser Alltagstätigkeiten zu entgehen, benötigt er die Unterstützung Gottes.
Dass sein langfristiges Wohl aber nicht ausschließlich von dessen Wohlwollen – die Kirche spricht von der „Gnade“ – abhängt, zeigt der kurze Moralkodex im zweiten Vers des ersten Terzetts: Nicht „Ach“, nicht „Pracht“, nicht „Lust“ und nicht „Angst“

>>

sollen das Leben bestimmen. Konkrete Einstellungen und Wertvorstellungen, auf die sich die Aufzählung bezieht, lassen sich vielleicht beschreiben als Zufriedenheit, Bescheidenheit, Vernunft und Tatkraft.

>> BEISPIEL

Zwar ist zur Umsetzung dieser Tugenden der Beistand des göttlichen Glanzes offenbar vonnöten, sie verweisen den Menschen aber dennoch auch auf eine eigene Verantwortung für die Gestaltung eines langfristig gottgefälligen und damit ertragreichen Lebens. Die barocke Formel des *carpe diem* wird hier durch die gegensätzliche Formulierung „Wie ist die Zeit verthan" (Str. 1, V. 4) aufgegriffen und durch das gesamte Gedicht neu gefüllt: Die Lebenszeit ist eben nicht dann gut genutzt, wenn die eigenen Tätigkeiten auf einfache Alltagszufriedenheit und wirtschaftliche Erträge ausgerichtet sind, sondern erfährt nur dann eine nachhaltige Aufwertung, wenn das Leben verantwortlich, bescheiden und moralisch geführt wird.

Rückbezug zur Deutungshypothese

So erweist sich das Gedicht – wie in der ersten Deutungshypothese formuliert – in der Tat als Auseinandersetzung mit der Vergänglichkeit und der Hoffnung auf ein Leben nach dem Tod. Die beschriebenen Hinweise auf die Möglichkeit und die Verantwortlichkeit des Menschen, auch sein diesseitiges Leben bereits an den benannten Tugenden auszurichten und eben darin die lohnenden Tätigkeiten des Alltags zu sehen, können als weitere Deutungsaspekte ergänzt werden.

(Mögliche) Einordnung in die Epoche

Andreas Gryphius' Gedicht *Abend* zeugt von der tiefgreifenden Unsicherheit und vom Vergänglichkeitsbewusstsein, die für die Menschen der Barockzeit charakteristisch sind. Die Wahrnehmung des Menschen, der seine Alltagstätigkeit als sinnlos und ihre Ergebnisse als vergänglich erfährt, ist ein zentrales Thema des Gedichts. Diese Erkenntnis führt zu einer ethisch und religiös fundierten Sinnsuche, die die Stimmungen der Epoche treffend widerspiegelt.
Die zahlreichen Antithesen, die das Gedicht enthält, etwa zwischen Tag und Nacht, Leben und Tod, oder zwischen irdischem Tun und himmlischer Bestimmung, illustrieren das Ausmaß der Zerrissenheit und Unsicherheit, die die Menschen in dieser Zeit empfanden. Sie spiegeln das barocke Weltbild wider, das von einem starken Dualismus zwischen Diesseits und Jenseits geprägt ist.
Die kunstvolle Form, in der die Gedanken lyrisch verarbeitet werden, ist dabei als zeittypischer Stil zu erkennen. Die strenge, formvollendete Ausdrucksweise des Sonetts und seine reiche Bildsprache sind charakteristisch für die barocke Dichtung. Sie dienen nicht nur der ästhetischen Gestaltung, sondern auch der Verdeutlichung der thematischen Kontraste und der emotionalen Intensität.
Insgesamt lässt sich *Abend* als ein typisches Beispiel für die barocke Lyrik betrachten, das die zentralen Themen und Stilmerkmale der Epoche sehr anschaulich verkörpert.

2.2 Die Zeit des Barock

Begriff und Eingrenzung	Die Bezeichnung wurde ursprünglich als abschätzige Benennung verwendet (portugiesisch barrocco = schiefrunde Perle) und bezeichnete verzerrte, übertriebene Erscheinungen der Kunst. Erst am Ende des 18. Jahrhunderts wurde der Begriff als Epochenbezeichnung für die Kunst des 17. Jahrhunderts gebraucht.
Zeitgeschichte	Aus den Glaubenskämpfen (Reformation, Gegenreformation) entwickelt sich der Dreißigjährige Krieg, der weite Teile Deutschlands verwüstet; Zerfall des alten Reiches, Beginn zentral gelenkter Staaten (Brandenburg, Sachsen, Österreich).
Kunstvorstellungen	→ Klare Regeln bestimmen das künstlerische Schaffen. → Kunst ist eine „öffentliche Angelegenheit". → In der Kunst spiegeln sich gesellschaftliche Gegebenheiten.
Weltbild, Menschenbild und Einstellungen	Die Weltordnung ist Spiegel der göttlichen Ordnung; das Diesseits ist Bewährungsraum für das Jenseits; Vanitas-Gedanke.
Sprache	→ Zunächst Latein als Sprache der Wissenschaft (Theologie, Philosophie) und der Kunst. Das Deutsche wird populärer. → Sprachgesellschaften bemühen sich um die Sprache, erste wissenschaftliche Sprachuntersuchungen.
Gattungen	Lyrik (Sonett, Ode, Lied), Roman (Schäferroman, Schelmenroman) und Drama (Trauerspiel, Komödie) sind vertreten.

AUTOREN UND WERKE

- → Fleming, Paul (1609 – 1640), Lyrik
- → Grimmelshausen, Hans Jakob Christoffel von (um 1622 – 1676): Der Abenteuerliche Simplicissimus Teutsch
- → Gryphius, Andreas (1616 – 1664): Lyrik, Trauerspiele (Catharina v. Georgien)
- → Opitz, Martin (1597 – 1639): Theorie (Buch von der deutschen Poeterey), Lyrik

ZITATE UND SPRÜCHE

- → Du siehst, wohin du siehst, nur Eitelkeit auf Erden (Gryphius)
- → Der Mensch, das Spiel der Zeit (Gryphius)
- → Ich trage Gottes Bild, wenn er sich will besehn, so kann es nur in mir, und wer mir gleicht, geschehn. (Cherubinischer Wandersmann)
- → Die Wollust bleibet doch der Zucker dieser Zeit. (Hoffmannswaldau)

2.3 Literatur der Aufklärung

Begriff

Im allgemeinen Sinn versteht man unter „Aufklärung“ eine Geisteshaltung, die sich zum Ziel gesetzt hat, mittels der Vernunft alle Fragen der Welt- und Selbstdeutung zu klären, mit Vorurteilen aufzuräumen, Autoritäten, die sich nicht der Vernunft stellen, infrage zu stellen. Vernunft, Erkenntnis und wissenschaftlich-naturwissenschaftliches Denken bestimmen das Weltbild.

Aufklärung: Vernunft als zentrale Größe

Im engeren Sinn versteht man unter „Aufklärung“ eine Epoche der Menschheitsgeschichte, die im 16. Jahrhundert schon in Ansätzen zu finden ist, die sich dann im 18. Jahrhundert im gesamten europäischen Raum etabliert und jegliche Bevormundung des Denkens ablehnt, stattdessen ein Weltkonzept entwickelt, das auf den Säulen Vernunft (Rationalismus), sinnliche Wahrnehmung (Sensualismus) und Erfahrung (Empirismus) ruht.

Politische Zustände der Epoche

Nach dem Dreißigjährigen Krieg existiert das „Heilige Römische Reich Deutscher Nation“ nur noch „symbolisch“. Das Reichsgebiet ist in über dreihundert souveräne Einzelstaaten zerfallen, Deutschland erholt sich nur langsam von den Folgen des Krieges. Alle wichtigen Entscheidungen in Politik, Wirtschaft und Gesetzgebung, aber auch die kulturellen Entscheidungen werden souverän von den Einzelstaaten und ihren absolutistischen Machthabern getroffen. Neben Österreich (Maria Theresia als Herrscherin) profiliert sich mehr und mehr Preußen (Schlesische Kriege 1740 – 1742 und 1744 – 1745 und Siebenjähriger Krieg 1756 – 1763) unter Friedrich dem Großen als Großmacht, die die europäische Politik mitbestimmt.

Das Bürgertum gewinnt mehr und mehr an Bedeutung, vor allem in geistiger und ökonomischer Hinsicht. Die großen Handelsstädte Hamburg, Zürich und Leipzig werden zu kulturellen Mittelpunkten. Allerdings bleibt zu beachten, dass sich infolge der Aufsplitterung in Kleinstaaten der politische und wirtschaftliche Einfluss des Bürgertums kaum entfalten kann. Der Dritte Stand, die akademisch Gebildeten (hier zunächst die Theologen und Philosophen), kann sich politisch nicht entfalten, bleibt machtlos und konzentriert sich mehr und mehr auf die Entfaltung der intellektuellen Fähigkeiten. Viele deuten diesen Prozess als ein Ausweichen in eine Ersatzwelt aus Idealismen.

Politische Ohnmacht des dritten Standes führt zur Konzentration auf die Entfaltung intellektueller Fähigkeiten.

Weltbild, Menschenbild, Einstellungen

Der Mensch ist wesentlich geprägt durch die Vernunft.

Der Mensch wird neu definiert als ein Wesen, das geprägt ist durch die Vernunft. Die Kräfte des Verstandes werden positiv gewertet, die Bindung an eine jenseitige Größe wird ersetzt durch eine selbstbewusste Mündigkeit (Kant: *„Sapere aude!“*). Aus dem neu gewonnenen Selbstbewusstsein heraus wird Kritik geübt an der Offenbarungsreligion. Die Existenz Gottes als Weltschöpfer wie auch als Garant einer höheren Moralität wird zwar nicht angetastet, aber irdisches Glück, so wird nun behauptet, lässt sich durch Befolgen der dem Verstand zugänglichen Tugendregeln erreichen. (Konsequent wird nun auch dem Geburtsadel ein Tugendadel gegenübergestellt, zu welchem der Zugang jedem möglich ist.)

Der Mensch ist „bildbar“.

Der menschliche Geist wird gesehen als erkenntnisfähige und bildbare Größe. Damit fällt der Erziehung und Bildung eine ganz besondere Aufgabe zu, sodass schließlich Aufklärung nichts anderes bedeutet als Bildung/Ausbildung (= Erziehung) des menschlichen Geistes gemäß seinen Anlagen. So werden dem Menschen dann selbstverantwortliche Entscheidungen möglich (Stichwort: Mündigkeit!).

Der Philosoph Christian Wolff versucht, das Leibniz’sche Denken in ein vernunftgemäßes System zu gießen und eine praktikable Philosophie auszuformulieren, deren Ideal, der gesunde Menschenverstand, als die wesentliche Quelle menschlichen Glücks und menschlicher Moral gesehen wird. Kant schließlich führt das Aufklärungsparadigma „Rationalität“, wie es von Descartes *(Cogito, ergo sum.)* kam, und das von Hume entwickelte Paradigma „Erfahrung und Skepsis“ zusammen, betont einerseits die Notwendigkeit der Erfahrung (Empirie), sieht aber andererseits auch das Erkenntnisvermögen, das mit dem Menschsein gegeben ist. So kann Kant dann zu der Forderung gelangen: „*Sapere aude! Habe Mut, dich deines eigenen Verstandes zu bedienen.*“

Kunstvorstellungen

Kunst steht im Dienst einer Erziehung zur Mündigkeit.

Kunst steht ganz im Dienste der „Aufklärung“, das heißt, einer Erziehung zur Mündigkeit. Es entstehen immer mehr Zeitungen und Zeitschriften, die die Gedanken der Aufklärung im Bürgertum verbreiten. Das vernunftgeprägte Menschenbild impliziert die Idee der Toleranz, was sich insbesondere auf die Einschätzung anderer Religionen auswirkt und zum Gedanken des Weltbürgertums führt.

Belehrende Funktion von Literatur

Literatur hat erklärtermaßen eine didaktische, belehrende Funktion. Sie bestimmt sich in ihrer Zielsetzung: Oberstes Ziel ist Aufklärung des Publikums, wobei unter „Aufklärung“ die Anleitung zum optimalen Gebrauch der Vernunft zu verstehen ist. Damit ist zwangsläufig eine ethisch-moralische Erziehung des Publikums verbunden, sodass sich ethische und ästhetische Zielsetzungen verbinden.

Kunst versucht, Natur nachzuahmen. Damit werden vernünftige Regeln möglich, die die Kunstproduktion zu steuern vermögen. Es wird nun möglich, Kunstregeln rational zu erschließen (Natur und Vorbilder) und für die gegenwärtige Produktion zu nutzen. Ganz im Sinne dieses Konzepts verfährt Johann Christoph Gottsched, wenn er mit seinem *Versuch einer Critischen Dichtkunst* Regeln für die Dichtung entwirft.

Vernünftige Regeln steuern die Kunstproduktion.

Themen, Motive, Gattungen

Da die Dichtung der Aufklärung zunächst und vor allem belehren will (natürlich will sie das auf unterhaltsame Art und Weise!) sind ihre bevorzugten Formen diejenigen, die entweder selbst in ihrer Struktur schon belehrend sind (Lehrgedicht, Fabel), oder die eine Belehrung durch ausführliche Demonstration am exemplarischen Fall erlauben (Roman und Drama).

Die → Fabel zeigt das „fabula docet" unmittelbar auf; das **Lehrgedicht** versteht sich als Belehrung, die in eine wohlgefällige Form gebracht wurde. Das **Drama** will (mimetischer Grundzug) die Wirklichkeit nachahmend (und das heißt auch: modellbildend) darstellen und damit besonders interessante Phasen und Ausschnitte der Wirklichkeit (Konflikte, Konfigurationen) vorführen und musterhaft durchführen. Der **Roman** gestattet demgegenüber eine breite Darstellung von Zuständen, Entwicklungen und Zusammenhängen. Insbesondere in England (Swift: *Gullivers Reisen*; Defoe: *Robinson Crusoe*) und Frankreich (Rousseau: *Émile*) wird der Roman zum Instrument, mittels dessen das Schicksal einzelner Individuen, ihre Entwicklung und die Einflüsse auf diese vorgeführt werden können, nicht zuletzt, um die Leser zu instruieren, wie im konkreten Fall des Erziehens zu verfahren sei.

Genres:
Fabel (fabula docet)
Drama (mimetischer Grundzug)
Roman (Entwicklungen und Zusammenhänge)

Schließlich sind noch die Formen zu nennen, die sich sozusagen von Natur aus als kritische verstehen: → Satire und → Epigramm.

Als Thema tritt immer wieder der Mensch auf, der in die Gesellschaft finden muss, der aber auch in Konflikte gerät mit Mächtigen, denen er nichts außer seiner „Tugend" entgegenzusetzen hat, oder mit verbohrten Verfechtern von Ideologien, die stur ihre Ziele verfolgen.

Autoren und Werke

Johann Christoph Gottsched (1700 – 1766): In Juditten bei Königsberg (Ostpreußen) geboren, studiert Theologie, Philosophie und konzentriert sich mehr und mehr auf die Ästhetik. Nach dem Magisterexamen geht er nach Leipzig, wo er ab 1725 Vorlesungen zu philosophischen und literarisch-ästhetischen

Problemen hält. 1730 wird er außerordentlicher Professor der Poesie, vier Jahre später ordentlicher Professor (Logik und Metaphysik). Zu den Aufgaben des Professors für Poesie gehört es, bei Gelegenheit auch Gedichte zu verfassen, und so erscheinen vom ihm drei Bücher mit Oden und ein Buch mit Gedichten (1736). Bleibende Verdienste erwirbt er sich im Bereich der Theaterreform. Er kümmert sich zunächst um Übersetzungen aus dem Französischen (Racine) und legt dann (1731) auch selbst eine Tragödie gewissermaßen als „Muster“ für seine theoretischen Überlegungen vor, den *Sterbenden Cato*. Nur etwa ein Zehntel der Verse stammt von Gottsched selbst, alles andere übernimmt er von Addison und Deschamps, doch hat das Stück Erfolg, da es als Modell für das poetologische System Gottscheds angesehen wird. In Zusammenarbeit mit der Neuber'schen Truppe (Schauspieler) konzipiert er ein neues Theater. Im Mittelpunkt seines Konzepts steht das französische Theater als Muster. Die bisherigen Formen werden abgelöst: Die Haupt- und Staatsaktion wird durch die regelmäßige Tragödie ersetzt, die Oper durch das Schäferspiel, die Hanswurstposse durch das neue Lustspiel. 1730 erscheint sein *Versuch einer Critischen Dichtkunst vor die Deutschen*. Orientiert an den französischen Vorbildern entwickelt er ein rationalistisches Konzept, das an die Machbarkeit des Ästhetischen, an konstruierendes Zusammensetzen glaubt. Die Grundsätze der Dichtung lassen sich als Regeln vernunftgemäß und mit Mitteln der Vernunft entwickeln.

Gottsched: Mustertragödie

Französisches Theater als Muster

Das Ästhetische ist machbar nach den Regeln der Vernunft.

Christian Fürchtegott Gellert (1715 – 1769) ist besonders bekannt für seine in wirkungsvoller Form vorgelegten Fabeln.

Immanuel Kant (1724 – 1804): In Königsberg geboren, aus einer Handwerkerfamilie kommend und im Sinne des Pietismus erzogen, studiert Kant Mathematik, Naturwissenschaften und Philosophie, wird 1770 Professor der Logik und Metaphysik, kommt in seinem Leben nie aus Königsberg heraus und stirbt dort 1804. Seine bedeutendsten Werke sind die *Kritik der reinen Vernunft* (1781), die *Prolegomena zu einer künftigen Metaphysik* (1783), die *Grundlegung einer Metaphysik der Sitten* (1785) und die *Kritik der praktischen Vernunft* (1788), schließlich die *Kritik der Urteilskraft* (1790). 1784 unternimmt er es, die in einer Zeitschrift aufgeworfene Frage „Was ist Aufklärung?“ zu beantworten und liefert die gültige Definition und Erläuterung des Begriffs: *„Aufklärung ist der Ausgang des Menschen aus seiner selbstverschuldeten Unmündigkeit“*. Gleichzeitig formuliert er den zentralen Appell der Epoche: *„Sapere aude. Habe Mut, dich deines eigenen Verstandes zu bedienen!“*

Gotthold Ephraim Lessing (1729 – 1781): Er stammt aus einem lutherischen Pfarrhaus in Kamenz (Oberlausitz), ist Schüler der Fürstenschule St. Afra in Meißen und erhält so eine fundierte Bildung, studiert in Leipzig Theologie, gibt das Studium auf und wendet sich der Philologie zu, ehe er mit der Neuberin zusammenkommt und sich mit dem Theater beschäftigt. Er lebt längere Zeit als Schriftsteller und Rezensent, gelegentlich arbeitet er an Zeitschriften mit, ist Sekretär und dann in Hamburg als Kritiker und Dramaturg am Nationaltheater tätig, ehe er (1770) als Bibliothekar in Wolfenbüttel eine feste Stellung übernimmt. Lessing wirkt auf drei Ebenen: Als Kritiker setzt er sich vor allem mit Gottsched und den von ihm initiierten Tendenzen auseinander. Gleichfalls kritisch nimmt er zu theologischen Fragen Stellung. Als Theoretiker konzipiert er ein deutsches Nationaltheater nach shakespeareschem Vorbild und als Schriftsteller versucht er, sein in der Theorie entworfenes Konzept praktisch umzusetzen und gleichzeitig die Kunst in den Dienst der Aufklärung zu stellen. Mit seinen Dramen *Miss Sara Sampson* (1755) und *Emilia Galotti* (1772) (der Tugendadel stellt die bürgerliche Antwort auf den moralisch heruntergekommenen Geburtsadel dar) schafft er Modelle, die seine Theorie belegen sollen. Im Zuge seiner theologischen Auseinandersetzungen (er engagierte sich als Herausgeber textkritischer Schriften) wird ihm ein Schreibverbot erteilt und er zieht sich auf seine „alte Kanzel", die Bühne, zurück und schreibt das Drama *Nathan der Weise* (1779), in dem er ein vernunftgemäßes Menschen- und Weltbild entwickelt und seine Vorstellung von Humanität unter dem Leitbegriff der Toleranz entfaltet. In der Fabel sieht Lessing ein Instrument der Erziehung und Belehrung. In ihr ist es möglich, auch abstrakte Gedanken konkret ins Bild zu setzen.

Lessing: Auseinandersetzung mit Gottsched

Kunst im Dienst der Aufklärung

Humanität unter dem Leitbegriff der Toleranz

Christoph Martin Wieland (1733 – 1813): Als Pfarrersohn im schwäbischen Oberholzheim bei Biberach geboren. Er ist nach seinem Studium in Zürich bei verschiedenen Schweizer Familien Hauslehrer, ab 1760 Kanzleidirektor in Biberach, 1769 geht er als Professor der Philosophie und der schönen Wissenschaften nach Erfurt, 1772 geht er nach Weimar als Erzieher der beiden Söhne von Herzogin Anna Amalia. Nicht nur Shakespeares Werke überträgt er ins Deutsche, sondern auch Werke der Antike. Mit seiner *Geschichte des Agathon* steht er am Anfang des deutschen Erziehungs- und → Bildungsromans, in dem der Weg des nachdenkenden Individuums von versponnener, realitätsferner Idealität hin zu Realität dargestellt wird, wobei sich am Ende die Widersprüche von Natur und Geist in einer höheren Einheit aufheben. Der Held des Romans, der verschiedene philosophische Konzepte erprobt und überprüft, gelangt schließlich zur Erkenntnis, dass *„wahre Aufklärung zu moralischer Besserung das Einzige ist, worauf sich die Hoffnung besserer Zeiten, das ist: besserer Menschen gründet."*

Wieland: erster deutscher Erziehungs- und Bildungsroman

Georg Christoph Lichtenberg (1742 – 1799): Er ist Professor für Mathematik und Physik in Göttingen. Er tritt nicht als Dichter in Erscheinung, wohl aber als Aphoristiker, der in knappster Form grundlegende Erkenntnisse so formuliert, dass Zeitfragen und -probleme scharf pointiert und erhellt, gegebenenfalls auch polemisch kritisiert werden.

BEISPIEL

Interpretation eines Dramas

Emilia Galotti

Siebenter Auftritt

Emilia. Odoardo.

Emilia Wie? Sie hier, mein Vater? – Und nur Sie? – Und meine Mutter? nicht hier? – Und der Graf? nicht hier? – Und Sie so unruhig, mein Vater?

Emilias Ruhe fällt auf. Ihre Antwort lässt auf eine gewisse Entschlossenheit schließen.

Odoardo Und du so ruhig, meine Tochter? –

Emilia Warum nicht, mein Vater? – Entweder ist nichts verloren: oder alles. Ruhig sein können und ruhig sein müssen: kömmt es nicht auf eines?

Odoardo Aber, was meinest du, daß der Fall ist?

Bewusstsein, dass alles verloren ist

Emilia Daß alles verloren ist – und daß wir wohl ruhig sein müssen, mein Vater.

[...]

Emilia ... wenn der Graf tot ist, wenn er darum tot ist – darum! was verweilen wir noch hier? Lassen Sie uns fliehen, mein Vater!

Odoardo Fliehen? – Was hätt' es dann für Not? – Du bist, du bleibst in den Händen deines Räubers.

Emilia Ich bleibe in seinen Händen?

Odoardo Und allein, ohne deine Mutter, ohne mich.

Einsetzendes Selbstbewusstsein – Wandlung

Emilia Ich allein in seinen Händen? – Nimmermehr, mein Vater. – Oder Sie sind nicht mein Vater. – Ich allein in seinen Händen? – Gut, lassen Sie mich nur, lassen Sie mich nur. – Ich will doch sehn, wer mich hält – wer mich zwingt – wer der Mensch ist, der einen Menschen zwingen kann.

[...]

Odoardo ... Denke nur: unter dem Vorwande einer gerichtlichen Untersuchung – o des höllischen Gaukelspieles! – reißt er dich aus unsern Armen und bringt dich zur Grimaldi.

Betonung des eigenen Willens

Emilia Reißt mich? bringt mich? – Will mich reißen, will mich bringen: will! will! – Als ob wir, wir keinen Willen hätten, mein Vater!

Odoardo Ich ward auch so wütend, daß ich schon nach diesem Dolche griff *(ihn herausziehend)*, um einem von beiden – beiden! – das Herz zu durchstoßen.

Emilia Um des Himmels willen nicht, mein Vater! – Dieses Leben ist alles, was die Lasterhaften haben. – Mir, mein Vater, mir geben Sie diesen Dolch.

Hinweis auf die „letzte Konsequenz" Unschuld wird – als Tugend – höher bewertet

Odoardo Kind, es ist keine Haarnadel.

Emilia So werde die Haarnadel zum Dolche! – Gleichviel.

Odoardo Was? Dahin wäre es gekommen? Nicht doch; nicht doch! Besinne dich. – Auch du hast nur ein Leben zu verlieren.

>>

>> BEISPIEL

Emilia Und nur eine Unschuld!

Odoardo Die über alle Gewalt erhaben ist. –

Emilia Aber nicht über alle Verführung. – Gewalt! Gewalt! wer kann der Gewalt nicht trotzen? Was Gewalt heißt, ist nichts: Verführung ist die wahre Gewalt. – Ich habe Blut, mein Vater, so jugendliches, so warmes Blut als eine. Auch meine Sinne sind Sinne. Ich stehe für nichts. Ich bin für nichts gut. Ich kenne das Haus der Grimaldi. Es ist das Haus der Freude. Eine Stunde da, unter den Augen meiner Mutter – und es erhob sich so mancher Tumult in meiner Seele, den die strengsten Übungen der Religion kaum in Wochen besänftigen konnten! – Der Religion! Und welcher Religion? – Nichts Schlimmers zu vermeiden, sprangen Tausende in die Fluten und sind Heilige! – Geben Sie mir, mein Vater, geben Sie mir diesen Dolch.

Tugend ist gefährdet durch Verführung (= wahre Gewalt)

Vorbild der Märtyrer

Odoardo Und wenn du ihn kenntest, diesen Dolch! –

Emilia Wenn ich ihn auch nicht kenne! – Ein unbekannter Freund ist auch ein Freund. –Geben Sie mir ihn, mein Vater, geben Sie mir ihn.

Odoardo Wenn ich dir ihn nun gebe – da! *(Gibt ihr ihn.)*

Emilia Und da! *(Im Begriffe, sich damit zu durchstoßen, reißt der Vater ihr ihn wieder aus der Hand.)*

Odoardo Sieh, wie rasch! – Nein, das ist nicht für deine Hand.

Emilia Es ist wahr, mit einer Haarnadel soll ich – *(Sie fährt mit der Hand nach dem Haare, eine zu suchen, und bekommt die Rose zu fassen.)* Du noch hier? – Herunter mit dir! Du gehörtest nicht in das Haar einer – wie mein Vater will, daß ich werden soll!

Motiv der Rose (vom Negativen her gedeutet: Rose ist nichts für eine Dirne)

Odoardo Oh, meine Tochter! –

Emilia Oh, mein Vater, wenn ich Sie erriete! – Doch nein, das wollen Sie auch nicht. Warum zauderten Sie sonst? – *(In einem bittern Tone, während daß sie die Rose zerpflückt.)* Ehedem wohl gab es einen Vater, der seine Tochter von der Schande zu retten, ihr den ersten, den besten Stahl in das Herz senkte – ihr zum zweiten Male das Leben gab. Aber alle solche Taten sind von ehedem! Solcher Väter gibt es keinen mehr!

Erinnerung an die Virginia der Antike (Deutung: Durch Tötung ein zweites Leben gebend)

Odoardo Doch, meine Tochter, doch! *(Indem er sie durchsticht.)* – Gott, was hab ich getan! *(Sie will sinken, und er faßt sie in seine Arme.)*

Emilia Eine Rose gebrochen, ehe der Sturm sie entblättert. – Lassen Sie mich sie küssen, diese väterliche Hand.

Rose-Motiv als Selbstdeutung Emilias

Text nach: http://gutenberg.spiegel.de

In Szene V, 7 tötet Odoardo Galotti seine Tochter mit einem Dolch, nachdem diese die tragische Ausweglosigkeit ihrer Situation erkannt hat: Sie kann sich der Gewalt des Prinzen zwar bewusst und rational entgegenstellen, sieht sich seinen

Deutungshypothese

>>

>> **BEISPIEL**

Verführungskünsten aber emotional ausgeliefert. Allein im Tod sieht Emilia die Möglichkeit, ihre Tugenden zu bewahren.

Kontextuierung und Inhaltsangabe

Nachdem die Hochzeitsgesellschaft überfallen, Emilias Verlobter – der Graf Appiani – getötet und die gesamte Familie auf das Lustschloss des Prinzen „gerettet" wurde, treffen Odoardo Galotti und seine Tochter in dieser Szene zum ersten Mal wieder aufeinander. Odoardo ist nach einem Gespräch mit der Gräfin Orsina, der früheren Geliebten des Prinzen, argwöhnisch. Er ist sich nicht sicher, ob Emilia die Nähe zum Prinzen nicht sogar gesucht hat und gutheißt. Als er Emilias selbstbewusste Ablehnung des Prinzen wahrnimmt, ist er allerdings beruhigt und zeigt Emilia den Dolch, den er von der Gräfin Orsina bekommen hat und mit dem er den Prinzen töten will. Emilia erklärt, dass ihr Wille zwar stark genug sei, sich gegen den Prinzen und seine Übergriffe aufzulehnen, dass sie aber ihre Gefühle nicht in einem angemessenen Maße unter Kontrolle halten könne. Aus Angst, den Verführungskünsten des Prinzen und ihren eigenen Sehnsüchten doch noch zu erliegen, deutet sie an, sich selbst das Leben zu nehmen. Nur so könne sie – in einer Art Märtyrertod – die Tugenden und Wertvorstellungen bewahren, die ihr wichtig sind. Odoardo will sie zunächst davon abhalten, tötet seine Tochter allerdings, nachdem ihn diese an die Virginia-Legende erinnert: Nach dieser hat ein römischer Offizier seine Tochter ebenfalls ermordet, um sie den Begehrlichkeiten des Konsuls zu entziehen. So stirbt Emilia, ohne der Verführung des Prinzen erlegen zu sein.

Auszug aus einer Interpretation

Die Szene zeigt, wie sich Emilias Charakter und Selbstbewusstsein im Laufe des Stücks entwickelt haben, wie sie andererseits aber nicht in der Lage ist, mit ihren Gefühlen umzugehen und sie mit den rigorosen Moralvorstellungen, die sie von ihren Eltern übernommen hat, in Einklang zu bringen. Emilia war in ihrem bisherigen Leben durchgehend fremdbestimmt: Im Rahmen der familiären Strukturen war sie als Frau und Tochter dem Willen des Vaters untergeordnet. Neben dem Gehorsam spielt eine zweite Größe eine wichtige Rolle: der bürgerliche Tugendbegriff, für den Odoardo steht, dem aber auch Claudia und nicht zuletzt Emilia verpflichtet sind. Emilia reagiert in allen Situationen recht ängstlich und kennt keine größere Angst, als die, den Willen des Vaters zu verfehlen bzw. ihre Tugend infrage stellen zu lassen.

Erst im siebten Auftritt des 5. Aktes zeigt sich Emilia selbstbewusster. Spätestens als sie ahnt, dass ihr Verlobter ermordet wurde, positioniert sie sich ausdrücklich gegen den Willen des Prinzen und des Vaters. Als Odoardo ihr vor Augen stellt, dass sie in den Händen ihres Räubers bleiben müsse, formuliert sie entsprechend: „Ich will doch sehen, wer mich hält ... Wer der Mensch ist, der einen Menschen zwingen kann." Noch deutlicher werden ihre Veränderung und ihr

>>

>> **BEISPIEL**

neu entstandenes Selbstbewusstsein, wenn sie dem Wollen des Prinzen ihre eigene Entscheidungsfähigkeit entgegenstellt: „Als ob wir, wir keinen Willen hätten, mein Vater!“ Emilia trifft selbst die Entscheidung, sich den Erwartungen des durch seine Unmoral definierten Adels – sie bezeichnet den Prinzen und Marinelli als die „Lasterhaften“ – entgegenzustellen und ihre „Unschuld“ zu bewahren. Diese „Unschuld“ hat für sie denselben hohen Stellenwert wie das Leben selbst, sie definiert sich gleichsam darüber. In der weiteren Reflexion ihrer Situation erkennt Emilia allerdings, wie schwer es ihr fallen wird, wirklich moralisch und „unschuldig“ zu bleiben. Ihre Erfahrungen aus der Begegnung mit dem Prinzen und frühere Besuche im Haus des Kanzlers Grimaldi, wo sie nun untergebracht werden soll, verunsichern Emilia. So sicher sie vorher war, ihren eigenen „Willen“ äußern und verteidigen zu können, so klar wird ihr nun, dass sie ihr „jugendliches, [...] warmes Blut“ – gemeint sind ihre Emotionen und Leidenschaften – nicht wird zügeln und steuern können. Emilia ist sich sicher, das gerade erst gewonnene, auf Selbstbestimmung und moralische Überlegenheit aufzubauende Selbstbewusstsein langfristig nicht wird bewahren können. Nur im Tod sieht sie die Möglichkeit, ihren Ansprüchen an die eigene Lebensführung und Lebensdefinition gerecht zu werden.

Fazit/Epochenbezug

Emilias Entwicklung lässt sich als tragisches Dilemma des aufgeklärten Bürgertums deuten. Im Sinne Immanuel Kants entwickelt man den Mut, sich seines eigenen Verstandes zu bedienen, und – wie Emilia Galotti – sich seines eigenen Willens bewusst zu werden und diesen auch durchzusetzen zu versuchen. Als Gegengewicht zur gleichsam „angeborenen“ gesellschaftlichen Überlegenheit des Adels werden eine übertriebene Moralvorstellung und Tugendhaftigkeit ausgebildet. Nur in der rigorosen Einhaltung des bürgerlichen Moralkodex – in Emilia Galotti konkretisiert sich dieser zum Beispiel in den Rollenbildern von Mann und Frau – glaubt man, eine bürgerliche Überlegenheit entwickeln zu können. Dieser Rigorosität fällt Emilia zum Opfer: Sie kennt die „äußerlichen“ Regeln, deren Einhaltung von ihr erwartet wird, kann ihre davon abweichenden Gefühle aber nicht mit diesen in Einklang bringen. Sie hat nicht gelernt, dass Unsicherheiten und widersprüchliche Erfahrungen ein unvermeidbarer und legitimer Teil der menschlichen Entwicklung sind. Daran scheitert sie und sieht nur noch im Tod die Möglichkeit, den bürgerlichen Erwartungen, die sie für unumstößlich hält, gerecht zu werden.

2.3 Literatur der Aufklärung

Begriff und Eingrenzung	„Aufklärung ist die Maxime, jederzeit selbst zu denken." (Kant) Der Begriff bedeutet somit: mittels des Verstandes Klarheit schaffen.
Zeitgeschichte	Kleinstaaterei; Preußen und Österreich sind auf dem Weg, Großmächte zu werden; Bürgertum gewinnt an Bedeutung (vor allem in ökonomischer und kultureller Hinsicht)
Kunstvorstellungen	Kunst hat die Aufgabe, an der Bildung des Menschen mitzuwirken.
Weltbild, Menschenbild und Einstellungen	→ Die Welt ist durchschaubar, wissenschaftliche Erkenntnis schafft mehr und mehr Klarheit. → Der Mensch ist ein vernunftbegabtes Wesen und als solches auch fähig, eigenverantwortlich zu handeln. → Der Mensch ist bildbar, er kann sich in die Lage versetzen, sich seines Verstandes ohne fremde Hilfe zu bedienen. → Mittels der Vernunft ist es möglich, ethische Normen zu entwickeln.
Sprache	Infolge der philosophischen Bemühungen wird die Sprache geschmeidiger, es werden viele neue Begriffe geprägt.
Gattungen	Im Vordergrund stehen die didaktischen Gattungen (Fabel, lehrhafte Erzählung, Lehrgedicht), aber auch die Gattungen, die es erlauben, Entwicklungen darzustellen (Roman), sowie die von Natur aus kritischen Textarten (Satire, Epigramm, Aphorismus). Das Drama wird gewissermaßen für den deutschen Kulturraum neu entdeckt und entwickelt.

AUTOREN UND WERKE

- → Johann Christoph Gottsched (1700 – 1766): Gedichte, Übersetzungen, *Der sterbende Cato*
- → Immanuel Kant (1724 – 1804): *Kritik der reinen Vernunft*, *Kritik der praktischen Vernunft*, *Kritik der Urteilskraft*
- → Gotthold Ephraim Lessing (1729 – 1781): Theaterkritiken, *Miss Sara Sampson*, *Emilia Galotti*, *Nathan der Weise*, Fabeln
- → Christoph Martin Wieland (1733 – 1813): *Geschichte des Agathon*
- → Georg Christoph Lichtenberg (1742 – 1799): *Aphorismen*

ZITATE UND SPRÜCHE

- → „Sapere aude! Habe Mut, dich deines eigenen Verstandes zu bedienen!"
- → „Aufklärung ist der Ausgang des Menschen aus der selbstverschuldeten Unmündigkeit" (Kant)

2.4 Dichtung des Sturm und Drang

Begriff und Eingrenzung

Die Strömung, die – in Anlehnung an den Titel eines Dramas von Friedrich Maximilian Klinger – in der Literaturgeschichte als „Sturm und Drang" bezeichnet wird, ist im Wesentlichen in den 70er- und frühen 80er-Jahren des 18. Jahrhunderts greifbar. Namentlich das Aufeinandertreffen von Johann Gottfried Herder und Johann Wolfgang Goethe in Straßburg im Jahr 1770 gilt als hypothetischer Anfangspunkt dieser – auf den deutschen Sprachraum beschränkten – Bewegung, deren Aufbruchsstimmung keinen langfristigen Einfluss auf die Gesellschaft hat und infolgedessen bei vielen ihrer Vertreter in Resignation endet.

Goethe und Herder in Straßburg

Zeitgeschichte

Der Sturm und Drang steht in unmittelbarer zeitlicher Nähe zur Aufklärung, die polit-historisch vor allem durch die allmähliche Ablösung des Absolutismus durch den aufgeklärten Absolutismus zu charakterisieren ist. Friedrich II., der Große, erkämpft im Siebenjährigen Krieg (1756 – 1763) eine Österreich ebenbürtige Stellung für Preußen und fördert die Entstehung einer nationalen Identifikation in Deutschland. In Amerika kommt es zum Unabhängigkeitskrieg gegen England (1774 – 1783), von welchem Deutschland insofern tangiert ist, als sich einzelne Territorialfürsten darauf einlassen, ihre Untertanen als Soldaten an die kriegstreibenden Parteien zu verkaufen. Obwohl die Ideen der Aufklärung allmählich Einfluss auf das politische Leben nehmen, wird die Herrschaft vieler Fürstentümer durch Machtgier und Prunksucht ihrer Herren bestimmt.

Aufgeklärter Absolutismus

Weltbild, Menschenbild, Einstellungen

Das Verhältnis des Sturm und Drang zur Aufklärung ist ambivalent und wird in der Literaturgeschichtsschreibung unterschiedlich eingeschätzt. Die jungen Dichter und Intellektuellen gruppieren sich in kleinen Kreisen – zum Beispiel in Straßburg – und setzen sich kritisch mit den Ideen und der Lebenswirklichkeit ihrer Zeit auseinander. Mit der Aufklärung teilen sie die Forderung nach Individualisierung, Selbstverwirklichung und Selbstständigkeit. Hierbei wird der Mensch allerdings nicht als Teil eines geordneten Systems gesehen, sondern als autonomes Zentrum einer je eigenen Welt.

Ambivalentes Verhältnis zur Aufklärung

Die Vernunftbetontheit und die reine Zweckorientierung der Aufklärung lehnen die Stürmer und Dränger als einseitig ab. Sie kritisieren die Vernachlässigung der Gefühlsebene und propagieren in Anlehnung an die Gedanken des französischen Philosophen Jean Jacques Rousseau (1712 – 1778) die Orientierung an dem Ideal eines natürlichen, von negativen menschlichen Einflüssen unberührten

Vernunft und Gefühl

Menschen und damit die Wertschätzung der menschlichen Ursprünglichkeit und alles Individuellen und Intuitiven. Die Vernunftidee der Aufklärung wird dabei zwar nicht abgelehnt; als Ideal gilt allerdings die ganzheitliche Verbindung des Rationalen mit dem subjektiven Gefühl.

Göttlichkeit der Natur

Ein zentraler Gegenstand der Auseinandersetzung ist infolgedessen die **Natur**. Man interpretiert sie als kreative Größe, die selbst göttlichen Charakter besitzt. In ihr sieht man eine Manifestation der schöpferischen Kraft schlechthin. Die Natur ist gerade nicht das vernünftig Geordnete, ihr Wert, ihre Wahrheit und Wahrhaftigkeit liegen in der Verkörperung des ursprünglich Lebendigen.

Selbstverwirklichung

Auch wenn der Begriff der **Freiheit** zur Terminologie des Sturm und Drang gehört, ist die Bewegung zunächst kaum ausdrücklich politisch. Die Freiheitsidee bezieht sich weniger auf politische Konzepte als auf die Gewährung einer persönlichen Freiheit mit möglichst großem Spielraum zur Selbstverwirklichung.

Kunstvorstellungen

Orientierung an Shakespeare

Kreativität, Schöpfertum, Ursprünglichkeit und Genialität werden zu Schlagworten der Kunst, die sich gegen jeglichen Manierismus und vor allem gegen die starre Normenorientierung der französischen Klassik wendet. Der englische Dramatiker Shakespeare (1564 – 1616) und seine Stücke werden zu Exempeln einer natürlichen Kunst, die ihre Regeln aus sich selbst heraus gewinnt, und die sich in der Orientierung an inneren Notwendigkeiten und individueller Intuition als echt und nachahmenswert erweist. Es gilt nicht, durch Kunstwerke die Natur nachzuahmen, der Künstler soll selbst schöpferisch tätig sein. Das Kunstwerk wird mit einem natürlichen Organismus verglichen, die Grenzen zwischen Natur und Kunst werden als fließend angesehen.

Genie

Das Künstlerbild des Sturm und Drang ist eng verbunden mit dem **Geniekult**. Das schaffende Künstlergenie wird mit dem Schöpferischen der Natur gleichgesetzt. Es ist allen äußeren Regeln enthoben und trägt die organischen Regeln in sich, es drängt nach schrankenloser Selbstverwirklichung. Der Dichter des Sturm und Drang ahmt nicht nach, sondern ist selbst eine „naturhafte“ Kraft.

Sprache

Volkssprache

Die Betrachtung der Sprache wird in den Kontext der Suche nach Ursprünglichkeit und Natürlichkeit gestellt. Herder charakterisiert die unverstellte Sprache des Volkes als Möglichkeit, dem göttlichen Geheimnis der Welt, des Menschen und der Völker auf den Grund zu gehen. Intensiv beschäftigt er sich mit der Volkssprache und -dichtung.

Die Sprache der Sturm-und-Drang-Dichter selbst ist geprägt von Vokabeln aus dem Umfeld von Schöpfertum, Natürlichkeit, Individualität und Freiheit. Wortneuschöpfungen werden zu einem typischen Symptom der individuell verstandenen Kreativität.

Themen, Motive, Gattungen

Natur, Individualität, Kreativität, Freiheit und unmittelbares Erlebnis sind entsprechend der gesamten Weltdeutung und -anschauung der jungen Dichter die prägenden Motive des Sturm und Drang. Eine effiziente Möglichkeit zur Umsetzung und weiteren Verbreitung der neuen Ideen sieht man in den Theaterbühnen, sodass das **Drama** zur bevorzugten Gattung des Sturm und Drang wird. Schon formal zeigen die Theaterstücke der Zeit den Drang nach Freiheit und die Auflehnung gegen zu enge traditionelle Konventionen. Das Figureninventar, die → Akt-Einteilung, die vorkommenden Sprachebenen und die Vernachlässigung der Drei-Einheiten-Regel sind häufige Kennzeichnen der Sturm-und-Drang-Dramatik. Inhaltlich thematisieren die Stücke häufig Standes- und Familienkonflikte. Sozialkritische Aspekte, die Zerrissenheit des Menschen zwischen Gefühl und Verstand und die Auflehnung eines nach Freiheit strebenden Individuums gegen einengende gesellschaftliche Normen sind ebenfalls gängige Motive.

Ablehnung von Konventionen

Romane und Erzählungen spielen im Sturm und Drang quantitativ kaum eine Rolle, obwohl es sich bei einem der bekanntesten und exemplarischsten literarischen Werke der Epoche um einen **Roman** handelt: Goethes Briefroman *Die Leiden des jungen Werthers.*

Charakteristisch ist auch eine neue Form der Erlebnisdichtung. Wiederum als Umsetzung der gesamten Weltanschauung begegnet sie als intensiver Ausdruck subjektiver Erfahrungen, emphatischen Lebensgefühls und inniger Naturerlebnisse. Volkstümliche Lieder, → Balladen und vereinzelte politische Gedichte finden sich im Sturm und Drang ebenfalls.

Autoren und Werke

Johann Gottfried Herder (1744 – 1803) bildet mit Goethe in Straßburg den Kopf der dortigen Dichtergemeinschaft. Er ist Theologe, Philosoph, Dichter und Autor verschiedener (kunst-)theoretischer Schriften. Herder hat großen Einfluss auf Goethes Frühwerk und weckt dessen Begeisterung für Shakespeare. Er selbst befasst sich mit der Volkssprache, in der er Natürlichkeit und Ursprünglichkeit vermutet. Seine Werke wie *Fragmente über die neuere deutsche Literatur* (1767/1768) oder *Kritische Wälder oder Betrachtungen die Wissenschaft und Kunst des Schönen betreffend* (1769) bilden eine wichtige Grundlage der Sturm-und-Drang-Bewegung.

Der junge **Johann Wolfgang von Goethe** (1749 – 1832) beginnt, nachdem eine schwere Krankheit seinen ersten Studien-Anlauf in Leipzig beendet hat, im Jahre 1770 in Straßburg mit einem Jura-Studium. Vor allem seine Begegnung mit Herder, der ihn für seine Vorstellungen von Schöpfertum, Genialität und Originalität begeistern kann, prägen die Denkweise des jungen Studenten maßgeblich. Während seiner Zeit in Straßburg schafft Goethe – inspiriert durch seine Liebesbeziehung zur Sesenheimer Pfarrerstochter Friederike Brion – mit den *Sesenheimer Liedern* (entstanden 1771) charakteristische emotionale und unmittelbare Erlebnisgedichte. Seine eigene Shakespeare-Begeisterung formuliert er nach seiner Rückkehr nach Frankfurt in der Rede *Zum Schäkespears Tag* (1771), ebenfalls in dieser Zeit entstehen die hymnischen Dichtungen wie *Prometheus* und *Ganymed* (1774), nachdem schon vorher das Drama *Götz von Berlichingen* (1773) fertiggestellt worden war. Den publikumswirksamen → Briefroman *Die Leiden des jungen Werthers* verfasst Goethe im Frühjahr 1774 und verarbeitet darin seine unglückliche Liebe zu Charlotte Buff, die er in Wetzlar kennengelernt hat.

Jakob Michael Reinhold Lenz (1751 – 1792) ist mit Goethe in Straßburg befreundet und eifert diesem nach. Er verfasst Gedichte im Stil des Sturm und Drang, die teilweise auch Goethe selbst zugeschrieben wurden. Mit *Die Soldaten* (1776) und *Der Hofmeister* (Uraufführung 1778) verfasst Lenz Theaterstücke, die den Stil der Strömung durchaus prägten. Lenz – inzwischen mit Goethe zerstritten – litt zunehmend an einer psychischen Erkrankung. Der Dichter Georg Büchner hat ihm in der Novelle *Lenz* ein Denkmal gesetzt.

Weitere Autoren
- **Friedrich Maximilian Klinger** (1752 – 1831)
- **Heinrich Leopold Wagner** (1747 – 1779)
- **Gottfried August Bürger** (1747 – 1794)
- **Ludwig Hölty** (1748 – 1776)

BEISPIEL

Motive des Sturm und Drang

Goethes Briefroman *Die Leiden des jungen Werthers* vermittelt einen anschaulichen Eindruck von den Gedanken und Empfindungen der Sturm-und-Drang-Dichter. Anknüpfend an seine unglückliche Liebe zu Charlotte Buff zeigt Goethe im *Werther* einen jungen Mann, dessen hochgesteigerte Leidenschaften und Kunstvorstellungen an derart schmerzhafte Grenzen stoßen, dass der Selbstmord zum scheinbar letzten Ausweg wird.
Der Brief vom 10. Mai stammt aus dem ersten Teil Buches. Werther hat sich gerade aus seinem früheren Umfeld gelöst und ist verreist. Lotte hat er noch nicht kennengelernt.

>>

Johann Wolfgang von Goethe

Die Leiden des jungen Werthers (1774)

Am 10. Mai

Eine wunderbare Heiterkeit hat meine ganze Seele eingenommen, gleich den süßen Frühlingsmorgen, die ich mit ganzem Herzen genieße. Ich bin allein und freue mich meines Lebens in dieser Gegend, die für solche Seelen geschaffen ist wie die meine. Ich bin so glücklich, mein Bester, so ganz in dem Gefühle von ruhigem Dasein versunken, daß meine Kunst darunter leidet. Ich könnte jetzt nicht zeichnen, nicht einen Strich, und bin nie ein größerer Maler gewesen als in diesen Augenblicken. Wenn das liebe Tal um mich dampft, und die hohe Sonne an der Oberfläche der undurchdringlichen Finsternis meines Waldes ruht, und nur einzelne Strahlen sich in das innere Heiligtum stehlen, ich dann im hohen Grase am fallenden Bache liege, und näher an der Erde tausend mannigfaltige Gräschen mir merkwürdig werden; wenn ich das Wimmeln der kleinen Welt zwischen Halmen, die unzähligen, unergründlichen Gestalten der Würmchen, der Mückchen näher an meinem Herzen fühle, und fühle die Gegenwart des Allmächtigen, der uns nach seinem Bilde schuf, das Wehen des Alliebenden, der uns in ewiger Wonne schwebend trägt und erhält; mein Freund! Wenn's dann um meine Augen dämmert, und die Welt um mich her und der Himmel ganz in meiner Seele ruhn wie die Gestalt einer Geliebten – dann sehne ich mich oft und denke: ach könntest du das wieder ausdrücken, könntest du dem Papiere das einhauchen, was so voll, so warm in dir lebt, daß es würde der Spiegel deiner Seele, wie deine Seele ist der Spiegel des unendlichen Gottes! – mein Freund – aber ich gehe darüber zugrunde, ich erliege unter der Gewalt der Herrlichkeit dieser Erscheinungen.

Goethes Werke Band VI. Romane und Novellen I. Textkritisch durchgesehen von E. Trunz. Kommentiert von E. Trunz und B. von Wiese. 13. durchgesehene und erweiterte Auflage. München, Verlag C. H. Beck 1981. Seite 9.

>> BEISPIEL

Die Stimmung („Seele“) wird mit einem Naturereignis („Frühlingsmorgen“) verglichen.

Häufung von Personalpronomen der 1. Person Singular

Subjektives Empfinden als Qualitätskriterium der Kunst

Stimmungsvolle Naturbeschreibung: vom Makrokosmos („Tal“, „Sonne“) bis zum Mikrokosmos („Halme“, „Würmchen“)

Nähe des Individuums zur Natur, Sakralisierung der Natur und des persönlichen Empfindens, biblisches Vokabular.

Mystische Nähe des Individuums zur Natur

Kunst als authentischer Ausdruck des subjektiv Empfundenen

Sturm und Drang – Motive im Brief vom 10. Mai

Der frühe Werther-Brief greift sehr anschaulich einige Motive des Sturm und Drang auf. Diese werden genutzt, um die positive Stimmung auszudrücken, von der Werther seinen Neuanfang am neuen Wirkungsort begleitet sieht. Wie der Frühling für das Lebendigwerden der Natur am Jahresanfang steht, so hofft auch Werther auf ein Erwachen, auf neue Kraft und Lebendigkeit.

Der Brief liefert in erster Linie eine **Naturbeschreibung**. Werther beschreibt das morgendliche Tal, die aufgehende Sonne, den Wald und den Bach und bezieht schließlich auch die Details der „kleinen Welt“, Grashalme, Würmer und Mücken in seine Beschreibung ein. Werthers Naturverständnis erscheint dabei umfassend, Makrokosmos und Mikrokosmos sind gleichwertig, sie gehören zusammen und bilden gemeinsam seine Umwelt.

>>

>> **BEISPIEL**

Im Zentrum der umfassenden Naturbeschreibung steht Werther selbst. Die Anhäufung von Pronomen der 1. Person Singular (ich, mir usw.) unterstützt den Eindruck der **subjektiven Schilderung**. Werther empfindet und schildert sich in der beschriebenen Einsamkeit als einen Teil der Natur, er erlebt sich in ihrer unmittelbaren Nähe (vgl. „Wenn das liebe Tal um mich dampft" oder „an der Finsternis meines Waldes ruht"). Die Naturschilderung ist aus diesem Grunde auch nicht deskriptiv-naturwissenschaftlich, sondern deutlich emotional und persönlich. Werther sieht seine Umwelt nicht nur, er empfindet sie, wobei es Goethe durch Verwendung einer **poetischen – fast lyrischen – Sprache** gelingt, dieses Empfinden auf den Leser zu übertragen, ohne es explizit zu benennen. Die beschriebenen Einzelphänomene, etwa das dampfende Tal oder die ruhende Sonne, werden durch passende Attribute und Personifizierungen dezent charakterisiert, sodass sie sich mit den Natur- und Frühlingserfahrungen des Lesers verbinden und wiederum Stimmungen auslösen können.

Die euphorische Naturbeschreibung wird schließlich noch gesteigert, indem **mystische und religiöse Motive aufgegriffen werden**. Werther vergleicht die Natur mit der „Gestalt der Geliebten" und sieht in ihr eine Manifestation Gottes – des „Allmächtigen", des „Allliebenden", des „unendlichen Gottes". Die sprachlichen Anlehnungen an die Schöpfungserzählungen der Bibel sind deutlich, haben aber an dieser Stelle eher eine poetische als eine religiöse Funktion. In späteren Briefen wird Werther sich entsprechend auf andere Traditionstexte – etwa Homer oder Ossian – beziehen.

Werther beobachtet und empfindet die Natur auch als Maler und offenbart dabei seine zum Sturm und Drang passende **Kunstvorstellung**. Der eigentlichen Produktivität vor- und übergeordnet muss das echte Empfinden der Natur, das Einswerden von Stimmung und Natur stehen. Werther sieht die vergöttlichte Natur als Spiegel seiner Seele und wünscht sich eine Kunst, die wiederum zum authentischen Spiegel der Natur wird. Gott, Schöpfung, künstlerische Empfindung und künstlerischer Ausdruck sollen in unmittelbarem Zusammenhang stehen und eine Einheit bilden.

In aller positiven Stimmung und Zufriedenheit deutet sich der **weitere Verlauf des Briefromans** hier allerdings leitmotivisch an. Schon der Vergleich der Natur mit der „Geliebten" nimmt Werthers Begegnung mit Lotte vorweg und vor allem die Reihung der Konditionalsätze, deren schlussendliche Feststellung ja gerade das Ungenügen des Künstlers Werther aufzeigt, spielt bereits auf sein Scheitern am Ende des Romans an.

Dichtung des Sturm und Drang

2.4

Begriff und Eingrenzung	Von der Nachwelt in Anlehnung an das Drama Sturm und Drang (ursprünglich: Wirrwar) zur Bezeichnung der Geniebewegung benutzt
Zeitgeschichte	Unmittelbare zeitliche Nähe zur europäischen Aufklärung. Nach dem Siebenjährigen Krieg (1756 – 1763) entstand allmählich ein deutsches Nationalbewusstsein. Die Aufgeklärtheit, die sich allmählich in Herrschaftsformen konkretisiert („Aufgeklärter Absolutismus"), ist in den zahlreichen Territorialfürstentümern kaum verwirklicht. Unterdrückung und Ausbeutung der Untertanen zur Finanzierung fürstlicher Prunksucht und Machtgier bestimmen in vielen Gebieten die politische Realität.
Kunstvorstellungen	→ Genialität und subjektive Schöpferkraft ersetzen jegliche Regelhaftigkeit.
Weltbild, Menschenbild und Einstellungen	→ Ablehnung einer reinen und einseitigen Vernunft-Orientierung → Ideal: Verbindung des Rationalen mit dem Emotionalen → Orientierung an der Natürlichkeit des Menschen → Streben nach individueller Freiheit und Selbstverwirklichung
Sprache	Hinwendung zur Natürlichkeit und Ursprünglichkeit der Volkssprache
Gattungen	→ Dramen → Erlebnisdichtung/politische Dichtung → Briefroman

AUTOREN UND WERKE

- → Johann Gottfried Herder (1744 – 1803): Fragmente über die neuere deutsche Literatur, Kritische Wälder oder Betrachtungen die Wissenschaft und Kunst des Schönen betreffend
- → Johann Wolfgang Goethe (1749 – 1832): Sesenheimer Lieder, Frankfurter Hymnen, Götz von Berlichingen, Die Leiden des jungen Werthers
- → Friedrich Maximilian Klinger (1752 – 1831): Sturm und Drang
- → Heinrich Leopold Wagner (1747 – 1779): Die Kindesmörderin
- → Jakob Michael Reinhold Lenz (1751 – 1792): Der Hofmeister, Die Soldaten
- → Gottfried August Bürger (1747 – 1794): Balladen, Leonore

ZITATE UND SPRÜCHE

- → „Das Gefühl ist mehr als die Vernunft!" (Rousseau)
- → „Ich! Der ich mir alles bin, da ich alles nur durch mich kenne! So ruft jeder, der sich fühlt." (Goethe, Rede Zum Schäkespears Tag)

2.5 Die Weimarer Klassik

Begriff

Schon die Herkunft des Begriffes lässt mehrere Bedeutungen vermuten. Der lateinische Begriff „classicus" bezeichnet einen Bürger, der der höchsten Steuerklasse angehört, also schon deutlich herausragt aus dem Feld des „Durchschnitts". Daneben bezeichnet „scriptor classicus" einen Schriftsteller sozusagen der „Spitzenklasse". Entsprechend mehrdeutig wird auch heute noch der Begriff verwendet: „klassisch" bedeutet neben „der Klassik zuzurechnen" auch „zeitlos gültig", „vollkommen", vorbildlich" (besonders im künstlerischen Bereich). Mit „Klassik" wiederum bezeichnet man eine zeitlich fixierte Epoche, in der, so formuliert es der Theologe und Dichter Johann Gottfried Herder, ein Volk das *Maximum seiner Bildung* erreicht, in der dann Kunstwerke von einmaligem Rang (eben im Rahmen dieser Nation) entstehen. Im deutschen Kulturraum spricht man von der „**Weimarer Klassik**" und meint damit den Zeitraum, der begrenzt wird vom Beginn der Italienreise Goethes (1786) einerseits und dem Tod Schillers andererseits (1805) bzw. dem Tod Goethes (1832).

klassisch = vollkommen, zeitlos gültig

Zeitgeschichte

Die Weimarer Klassik entfaltete sich vor dem Hintergrund einer bewegten Zeitgeschichte und großer Veränderungen in Europa. Im Jahr 1789 begann die **Französische Revolution** mit dem Sturm auf die Bastille. Die **Erklärung der Menschen- und Bürgerrechte** durch die französische Nationalversammlung vom 26. August 1789 griff das Menschenbild der Aufklärung auf und verankerte die „natürlichen, unveräußerlichen und heiligen Rechte der Menschen in einer feierlichen Erklärung". Dennoch sind die folgenden Jahre in Frankreich und den Nachbarländern durch politische Unruhen – unter anderem durch die Schreckensherrschaft der radikalen Jakobiner unter Robespierre – geprägt.

Danach erlebt Europa durch **Napoleon** tiefgreifende politische, soziale und kulturelle Veränderungen. Napoleon Bonaparte stieg 1799 zur Macht auf und krönte sich 1804 zum Kaiser der Franzosen, wobei sein Einfluss über Frankreich hinausreichte. Er versuchte, Europa nach seinen Vorstellungen zu formen. Im Rahmen seiner Expansionspolitik löste er 1806 das **Heilige Römische Reich** auf, was einen geopolitischen Wandel bedeutete. Der **Wiener Kongress** von 1815 sollte nach den napoleonischen Kriegen Europa neu ordnen und Frieden schaffen. Napoleon führte während seiner Herrschaft umfassende Reformen durch, unter anderem führte er mit dem *Code Civil* ein bis heute beachtetes modernes Zivilrechtsystem ein. Gleichzeitig verbreitete Napoleon die Ideen der Französischen Revolution in Europa, was zu verschiedenen Reaktionen und politischen

Umwälzungen führte. Die verheerenden Auswirkungen der napoleonischen Kriege, insbesondere des Russlandfeldzugs von 1812, und die Befreiungskriege ab 1813 führten zur Niederlage Napoleons bei Waterloo 1815 und legten den Grundstein für eine neue politische Ordnung in Europa.

In diesem historischen Kontext erblühte **Weimar als deutscher Kleinstaat** mit einem aufgeklärten Herzog an der Spitze. Herzog Carl August von Sachsen-Weimar-Eisenach zeigte ein starkes Interesse an Kunst und Wissenschaft und lud namhafte Intellektuelle seiner Zeit in sein Herzogtum ein. Johann Wolfgang von Goethe, der 1775 als Ratgeber und Vertrauter am Hof Einzug hielt, avancierte bald zum Minister. Trotz seiner politischen Verantwortung fand er ausreichend Zeit für naturwissenschaftliche Studien, Dichtung und die Leitung des Hoftheaters. Der Weimarer Hof selbst mag keine bedeutende politische Größe gewesen sein, aber gerade diese Unauffälligkeit ermöglichte die ungehinderte Aufnahme übergreifender Ideen. Innerhalb dieses geistigen Horizonts tauchte erstmals der Begriff „Weltbürger“ auf, der die Offenheit und Vielfalt der geistigen Strömungen in der Weimarer Klassik widerspiegelte.

Weltbild, Menschenbild, Einstellungen

Man wendet sich von den Grausamkeiten der Französischen Revolution ab und befasst sich nur noch „philosophisch“ mit den blutigen Ereignissen. So bleibt die Weimarer Klassik gewissermaßen unpolitisch.
Der Mensch nimmt nach Meinung der Klassiker zunächst eine Mittelstellung ein: Durch seinen Geist hat er teil an der „Gottheit“, seine Natur lässt ihn an der „Tierheit“ teilhaben. Goethe sucht die Einheit (Harmonie) in der Natur, Schiller wendet sich mehr der Geschichte zu.

In der Nachfolge der Aufklärung geht man von der Bildbarkeit des Menschen, von seiner Erziehbarkeit zum Guten aus. Dabei geht es nicht um die Erziehung zu einzelnen Tugenden (wie etwa der Toleranz), sondern um die Ausbildung einer harmonischen Gesamtpersönlichkeit, die Gefühl und Verstand umgreift.

Der Mensch ist autonom und frei; Harmonie in allen Bereichen

Sittlichkeit wird nicht mehr von einer Transzendenz her motiviert, sondern dem Menschen als Vernunftwesen unterstellt (kategorischer Imperativ). Der Mensch, der in seinem Geist die moralischen Gebote entwirft und in seinen Willen aufnimmt, wird so autonom und frei, er ist in der Lage, alle Zwänge (selbst den Tod) dem Begriff nach aufzuheben. So wird die „reine Menschlichkeit“ zum humanistischen Ideal, das den Ausgleich, die Harmonie in allen Bereichen verfolgt, nicht nur den Ausgleich zwischen Geist und Gefühl, sondern auch den Ausgleich von Natur und Mensch und nicht zuletzt auch den Ausgleich von Individuum und

Gesellschaft. Zwar befinden sich auch Pflicht und Neigung meist im Einklang („schöne Seele"), doch kann es zu Diskrepanzen kommen. Dann wird der Mensch seine „Würde" wahren, die Neigung überwinden und seine „Erhabenheit" unter Beweis stellen.

Kunstvorstellungen

Verwirklicht sieht die Klassik ihre Ideale in der griechischen Antike. Hier folgt man Winckelmann, der in seinem Buch über die *Nachahmung der griechischen Werke in der Malerei und Bildhauerkunst* (1755) das Konzept der Antike in eine griffige Formel gießt und von „edle Einfalt, stille Größe" spricht, wobei er besonders betont, dass „der Ausdruck in den Figuren der Griechen bei allen Leidenschaften eine große und gesetzte Seele" zeigt. Damit wird der Kunst eine entscheidende Funktion zugewiesen: Sie verarbeitet die Wirklichkeit und zeigt das Ideal, sie gestaltet nicht Wirklichkeit, sondern zeigt Wahrheit. Sie kann den Ausgleich zwischen Geist und Sinnlichkeit, zwischen Pflicht und Neigung, zwischen sinnlichem Trieb und dem Gesetz der Vernunft im Rahmen einer höheren Harmonie schaffen. So stellt nach Schiller der „Spieltrieb" den humanen Ausgleich zwischen „Formtrieb" und „Stofftrieb" her und lässt den Menschen zum Menschen werden.

Kunst zeigt das Ideal

Sprache

Der gehobene Gegenstand fordert die gehobene Form. Das betrifft nicht zuletzt auch die Sprache. Die Klassik bemüht sich um eine Überhöhung auch auf der sprachlichen Ebene. Davon betroffen ist nicht nur die Wortwahl, sondern auch die Syntax.

Themen, Motive, Gattungen

Die grundsätzliche Ausrichtung des klassischen Konzepts führt zu einer gleichfalls grundsätzlich orientierten Themenwahl. Der Alltag tritt zurück, die großen Stoffe, die eine grundsätzliche Bedeutung erkennen lassen, werden bevorzugt. So geht es um Fragen der Humanität *(Iphigenie)*, Freiheit und Zwang *(Wallenstein)*, Genie und Gesellschaft *(Torquato Tasso)*, Einbindung des Individuums in die Gesellschaft *(Wilhelm Meister)*, Ideen und geschichtliche Wirklichkeit *(Don Carlos)*.

Humanität, Freiheit, Gesellschaft und Individuum, Idee und Wirklichkeit

Als Gattung steht das **Drama** im Vordergrund, aber auch Gedankenlyrik findet sich und nicht zuletzt der → Bildungsroman. Eine besondere Form stellen die → Balladen dar. Goethe glaubt in ihnen das „Urei" der Dichtung gefunden zu haben, da sie Elemente der drei Gattungen (Lyrik, Epik, Dramatik) in sich vereinigen.

Autoren und Werke

Der „Weimarer Klassik“ im engeren Sinn rechnet man nur die beiden Autoren Johann Wolfgang von Goethe (1749 – 1832) und Friedrich von Schiller (1759 – 1805) zu. Im erweiterten Sinn wird man auch Johann Gottfried Herder (1744 – 1803) noch einmal nennen müssen. Friedrich Hölderlin (1770 – 1843) und Heinrich von Kleist (1777 – 1811) werden oft als „Dichter des Übergangs von der Klassik zur Romantik“ bezeichnet. Die wichtigsten Werke sind:

Vgl. zu Herder auch Seite 151 – 152.

Goethe-Schiller-Denkmal in Weimar

Johann Wolfgang von Goethe, 1784 *Iphigenie auf Tauris*, auf dem Weg nach Italien umgearbeitet. Im Zentrum der Handlungsmotivik steht das „verteufelt Humane“, wie es Goethe selbst nennt; 1788 *Egmont*; 1790 *Torquato Tasso*: Der Dichter/Künstler in seiner Auseinandersetzung mit gesellschaftlichen Restriktionen/Verpflichtungen; 1795/96 *Wilhelm Meisters Lehrjahre:* das umfassende (Aus-)Bildungskonzept: über Irrtum zum Tätigsein, humanistische Grundtendenzen, der Einzelne auf dem Weg zum Ausgleich mit der Gesellschaft; 1798: *Herrmann und Dorothea*: Beförderung der Humanität, Engagement des Einzelnen für das Gemeinwesen als Ausdruck der Humanität.

Friedrich von Schiller, 1787 *Don Carlos:* der Mensch zwischen Idealen und Geschichte; 1795 *Briefe über die ästhetische Erziehung des Menschen*: Funktion der Kunst für den Menschen und seine „kulturelle Entwicklung“; 1795/96: *Über naive und sentimentalische Dichtung:* Voraussetzungen und Merkmale der Kunst, der moderne Dichter im Vergleich mit der Antike; 1798/99: *Wallenstein*-Trilogie; 1804 *Wilhelm Tell*

Beispielhaft zeigt die Figur Maria Stuart in Schillers gleichnamigen Stück, wie sich der Ausgleich zwischen „Pflicht“ und „Neigung“, also dem, was sich ein Mensch zunächst wünscht und dem, was von ihm aufgrund seines Eingebundenseins in die Gesellschaft und in die Geschichte erwartet wird: Maria Stuart, die Königin von Schottland, wird von der amtierenden englischen Königin Elisabeth I. als Konkurrentin auf ihren Thron angesehen und letztlich zum Tode verurteilt. Schiller lässt Maria Stuart ihr Schicksal am Ende des Stücks akzeptieren. Sie sieht ein, dass sie selbst auch Fehler gemacht hat und akzeptiert das Todesurteil gleichsam aus freiem Willen. So kann sie – nach Schillers Menschenbild – ihre Freiheit und ihr Menschsein bewahren. Kritiker werfen Schiller freilich vor, dass seine Vorstellungen von einem allzu idealisierten Menschenbild ausgehen bzw. auch als Legitimierung fehlenden Durchsetzungsvermögens und unguter Angepasstheit gedeutet werden können.

Johann Gottfried Herder, *Briefe zur Beförderung der Humanität*: Es wird versucht, auf theoretische Weise zu klären, wie Humanität begründet und entwickelt werden kann.

Friedrich Hölderlin war ein einflussreicher deutscher Dichter und Philosoph, dessen Werke die Weimarer Klassik und Romantik prägten. Sein Briefroman *Hyperion* oder *Der Eremit in Griechenland* aus den Jahren 1797 bzw. 1799 erzählt die Geschichte des jungen Griechen Hyperion, der nach Harmonie zwischen Mensch und Natur, Individuum und Gesellschaft, Gefühl und Verstand sucht. Ein weiteres bedeutendes Werk Hölderlins ist das Dramenfragment *Der Tod des Empedokles*, in dem der Konflikt zwischen individuellem Streben und gesellschaftlichen Erwartungen thematisiert wird. Hölderlin verfasste zahlreiche Gedichte, die sich äußerst kunstvoll an der Formen der griechischen und lateinischen Dichtung orientieren und insofern der Epoche der Klassik zugeordnet werden können. In seinen späten Jahren litt Hölderlin unter psychischen Problemen und verbrachte die letzten 36 Jahre seines Lebens in einem Turmzimmer in Tübingen, das heute als Hölderlinturm bekannt ist.

Heinrich von Kleist war ein deutscher Dramatiker, Lyriker und Erzähler. Seine Werke gelten als tiefgründig und psychologisch intensiv. Das Drama *Der zerbrochne Krug* ist eine Gerichtskomödie, die das Thema Recht und Unrecht auf humorvolle Weise behandelt, während die Novelle *Michael Kohlhaas* die Geschichte eines Pferdehändlers erzählt, der nach einem Unrecht zu radikalen Mitteln greift. Beide Werke zeugen von Kleists meisterhafter Erzählkunst und seiner Fähigkeit, tief in die menschliche Seele zu blicken. Geboren in Frankfurt (Oder), trat Kleist zunächst in die preußische Armee ein, bevor er sich ganz der Literatur widmete. Der Dichter lebte ein bewegtes Leben, das von persönlichen Krisen und finanziellen Schwierigkeiten geprägt war. Er starb 1811 in einem gemeinsamen Suizid mit seiner Freundin Henriette Vogel am Wannsee in Berlin.

Die Weimarer Klassik 2.5

Begriff und Eingrenzung	→ Das lateinische Wort „classicus" bezeichnet einen Bürger, der der höchsten Steuerklasse angehört. → „Weimarer Klassik" meint den Zeitraum vom Beginn der Italienreise Goethes (1786) bis zum Tod Schillers (1805) bzw. zum Tod Goethes (1832).
Zeitgeschichte	→ 1789 Französische Revolution (Sturm der Bastille, Menschen- und Bürgerrechte) → 1792 Jakobiner, Zeit des Terrors; 1794 wird Robespierre gestürzt, 1799 gelangt Napoleon an die Macht. 1804 wird er französischer Kaiser, 1806 wird das Heilige Römische Reich aufgelöst, 1812 zieht Napoleon gegen Russland, 1813 beginnen die Befreiungskriege, die in der Schlacht bei Waterloo ihr Ende finden. → Im Wiener Kongress 1815 beginnt man, Europa neu zu ordnen. → Weimar ist ein deutscher Kleinstaat mit einem aufgeklärten Herzog mit Interesse an Kunst und Wissenschaft. → 1775: Goethe kommt an den Hof als Ratgeber. Der Hof selbst stellt keine bedeutende politische Größe dar.
Kunstvorstellungen	→ Ideale in der griechischen Antike (Winckelmann) → Kunst verarbeitet die Wirklichkeit und zeigt das Ideal. → Kunst schafft den Ausgleich zwischen Geist und Sinnlichkeit, zwischen Pflicht und Neigung, zwischen sinnlichem Trieb und dem Gesetz der Vernunft im Rahmen einer höheren Harmonie.
Weltbild, Menschenbild und Einstellungen	→ Bildbarkeit des Menschen (Nachfolge der Aufklärung), Erziehbarkeit zum Guten, Ausbildung einer harmonischen Gesamtpersönlichkeit, die Gefühl und Verstand umgreift. → Sittlichkeit: Mensch als Vernunftwesen, autonom und frei, in der Lage, alle Zwänge (selbst den Tod) dem Begriffe nach aufzuheben
Sprache	gehobene, durchgeformte Sprache
Gattungen	Drama, Ballade, Gedankenlyrik; (Bildungs-)Roman

AUTOREN UND WERKE

→ Goethe: Iphigenie auf Tauris, Wilhelm Meister, Balladen

→ Schiller: Don Carlos, Wallenstein, Über die ästhetische Erziehung des Menschen, Wilhelm Tell, Balladen

ZITATE UND SPRÜCHE

→ „Edle Einfalt, stille Größe" (Winckelmann)

→ „Edel sei der Mensch, hilfreich und gut" (Goethe)

2.6 Die Romantik

Begriff und Eingrenzung

Noch zu Lebzeiten Goethes etablieren sich Ideen, die sich von den kalten, als philisterhaft bezeichneten Idealen einer einseitig aufklärerischen Gesellschaft und Kunst abwenden und dabei zu einer neuen, „romantischen" Sicht und Bewertung der Wirklichkeit gelangen. Das Adjektiv „romantisch" meint zunächst „im Roman vorkommend" und damit – abschätzig – „fantastisch", „unwirklich" und „überspannt". Werden derartige Tendenzen vor dem Hintergrund der Weltdeutung von Aufklärung und Klassik zunächst als unangemessen und krank bewertet, kommt es im Laufe der Epoche zu einer immer größeren Akzeptanz. Schließlich sieht man in der Betonung des Gefühlvollen, des Fantastischen und Irrationalen eine zeitgemäße Antwort auf die einseitige Weltsicht des Rationalismus. Orientiert an freundschaftlichen und verwandtschaftlichen Bindungen, an gemeinsamen Ideen und geographischen Gegebenheiten unterscheidet die Literaturgeschichtsschreibung zwischen der **Frühromantik** oder **Jenaer Romantik**, der **Heidelberger Romantik** oder **Hochromantik** und der **Spätromantik**.

Was heißt „romantisch"?

Zeitgeschichte

Die Künstler der Romantik erleben enorme politische Bewegungen und Veränderungen im Europa nach der Französischen Revolution. Der Bogen spannt sich vom Aufstieg und Fall Napoleons über die Restauration bis zu den liberal-demokratischen Unabhängigkeitsbewegungen in der Mitte des 19. Jahrhunderts.

Kunstvorstellungen

Die Frühromantik

Schlagworte wie **Freiheit**, **Unendlichkeit**, **Sehnsucht** und **Universalität** umschreiben die Tendenzen und das Lebensgefühl, mit denen sich die neue Dichtergeneration von den moralisierenden und übertrieben rationalen und profanen Grundsätzen der Aufklärungsnachfahren, der „Philister", abzugrenzen versucht. Die Betonung von emotionalen Kräften und individuellem Fühlen sowie das Sich-Einlassen auf die Stimme des Herzens werden als angemessene Formen der Wirklichkeitswahrnehmung und -deutung propagiert und als Möglichkeit gesehen, empfundene Disharmonien und Einseitigkeiten des Lebens zu überwinden.

Das romantische Lebensgefühl

Die Poesie selbst gilt nun als Medium zur Versöhnung und Verbindung der immer differenzierter werdenden Lebens- und Kunstbereiche wie auch der unterschiedlichen literarischen Gattungen. Friedrich Schlegel spricht im *116. Fragment* seiner

Zeitschrift *Athenäum* von einer „progressiven Universalpoesie". Klare Definitionen und eindeutige Abgrenzungen von Lebensbereichen und Kunstformen, wie sie in der Aufklärung propagiert und konstruiert werden, sollen aufgehoben und geöffnet werden. So wie das Leben nicht als klar definierte Größe aufgefasst und rational durchdrungen werden kann, soll die Poesie auch offen, unabgeschlossen, erweiterbar und fortschreitend – „progressiv" sein. Die universale Vorstellung von Poesie und Kunst setzt sich über die Grenzen von Gattungen und Kunstformen hinweg. *„Die romantische Poesie ist eine progressive Universalpoesie. Ihre Bestimmung ist nicht bloß, alle getrennten Gattungen der Poesie wieder zu vereinigen* […], *sie soll auch Poesie und Prosa, Genialität und Kritik, Kunstpoesie und Naturpoesie bald vermischen, bald verschmelzen"*, heißt es bei Schlegel.

Poesie als „progressive Universalpoesie"

Programmatische Unterstützung finden die Frühromantiker bei den Theologen und Philosophen Friedrich Schleiermacher (1768 – 1834), Johann Gottlieb Fichte (1762 – 1814) und Friedrich Wilhelm Schelling (1775 – 1854), deren Lehrtätigkeit an der Universität in Jena der neuen Bewegung ein geographisches Zentrum verleiht und ihr den Beinamen **Jenaer Romantik** verschafft. Die Themen der frühromantischen Philosophie sind entsprechend der Weltwahrnehmung ihrer Zeitgenossen die Subjektivität der Wirklichkeitswahrnehmung und das Verhältnis zwischen Ich und Welt, zwischen Subjekt und Objekt. Als Höhepunkt und gleichzeitig symbolischer Endpunkt der Frühromantik gilt das Werk des Dichters **Novalis**. Der Blick in das Innere der Menschen, die Erfahrung der Nacht und des Todes sind die von ihm erklärten Wege zur Daseinserfüllung jenseits der erfahrenen Begrenztheit und Endlichkeit des Lebens.

Philosophie der Frühromantik

Die Heidelberger Romantik und die späte Romantik

Zwischen 1805 und 1808 findet sich um die befreundeten Schriftsteller **Clemens Brentano** (1778 – 1842) und **Achim von Arnim** (1781 – 1831) in Heidelberg ein weiterer Kreis von Autoren und Intellektuellen zusammen, die der Romantik zugerechnet werden. Die Ablehnung einer übertriebenen, einseitig rationalen Aufklärung und eines Klassizisimus, dessen Wertvorstellungen sich allein an der strengen Einhaltung formaler und äußerlicher Regeln orientiert, verbindet den Dichterkreis – zu dem auch **Joseph Görres** (1776 – 1848), **Karoline von Günderrode** (1780 – 1806) und die Brüder **Jacob** (1785 – 1863) und **Wilhelm Grimm** (1786 – 1859) gehören – zumindest inhaltlich mit der Jenaer Romantik. Im Gegensatz zu den Frühromantikern ist der Heidelberger Kreis allerdings weniger philosophisch und theoretisch ausgerichtet. Die Besinnung auf das Nationale, auf Natur, Heimat und Volkstümliches wird angesichts der Bedrohung durch Napoleons Aufstieg zum Leitmotiv der Heidelberger Romantik. Im Gegensatz zur Klassik, deren Kunst- und Weltideal auf die griechische und römische Antike blickte, zeigen sich die Romantiker vom deutschen Mittelalter

Sehnsucht nach dem Mittelalter

faszniert. Die vermeintlich klaren und stimmigen Vorstellungen von Moral und Gesellschaft werden zu einem idealisierten Sehnsuchtsort, der Halt und Geborgenheit verspricht. Der Schwerpunkt der Romantik verlagert sich weiterhin nach Berlin, wo **Joseph von Eichendorff** (1788–1857), der auch dem Heidelberger Kreis schon nahestand, und **E. T. A. Hoffmann** (1776–1822) als wesentliche Vertreter der neuen Richtung zu nennen sind.

Spätromantik

Themen, Motive und Gattungen

Vermischung der Gattungen

Die Frage nach den typischen Gattungen der Epoche muss berücksichtigen, dass die Romantiker eine bewusste Grenzvermischung der Gattungen propagiert und ansatzweise verwirklicht haben, um der Vorstellung von einer alle Gattungen vereinenden **Universalpoesie** nahezukommen. Häufig finden sich in diesem Zusammenhang die romantischen Romane und Novellen mit Gedichten und märchenhaften Elementen vermischt. Eine neue – typisch romantische – Kunstform ist das **Fragment**. In den absichtlich unvollendet belassenen Werken will man auf die Zerrissenheit der Wirklichkeit und die Unmöglichkeit, etwas Umfassendes und Verbindendes zu schaffen, anspielen.

Suche nach der „blauen Blume“

Hauptgattung der frühen Romantik ist der **Roman**. Es werden zahlreiche Romane begonnen, von denen allerdings nur wenige zu Ende geführt werden. Das bekannteste Romanfragment der Frühromantik ist wohl Novalis' *Heinrich von Ofterdingen* (1802); es geht um die Suche eines mittelalterlichen Minnesängers nach der „blauen Blume“, einem Symbol für Erfüllung und harmonische Vollendung. Entgrenzung, Hinwegsetzung über die genaue Wirklichkeitsdarstellung sowie die Verwischung von Traum und Wirklichkeit kennzeichnen den Roman entsprechend. Die Träume, Sagen, Lieder und Märchen, mit welchen der Roman durchsetzt ist, sind formale Konkretisierungen der Universalpoesie und dem Streben nach Allharmonie.

Motive der Lyrik

Neben den Romanfragmenten wird häufig auch die **Lyrik** als typische Gattung der Romantik angesehen. Viele Gedichte wurden allerdings nicht als eigenständige Werke veröffentlicht, sondern waren in Romane oder Novellen eingefügt. In derartigen Gedichten begegnen also zunächst nicht die Aussagen eines isoliert zu betrachtenden lyrischen Ich, sie müssen vielmehr den Erzählsituationen, denen sie entstammen, zugeordnet werden. Insgesamt orientiert sich die romantische Lyrik deutlich an Stimmungen und Gefühlen. Inhaltlich und formal finden sich volksliedhafte Elemente. Man konstruiert einfache, singbare Strophen mit Reimen und Refrains, lässt Wanderer, Handwerker und andere typische Volksgruppen auftreten. Auch hier finden sich Motive aus dem Mittelalter, aus der Sagen- und Märchenwelt oder aus der Natur.

Vertreter und Werke der Romantik

Novalis (Georg Philipp Friedrich Freiherr von Hardenberg; 1772 – 1801) gilt als der größte Dichter der Frühromantik. Die Verwischung von Traum und Wirklichkeit, das Spielen mit Ahnungen und Andeutungen sind ebenso Kennzeichen seines Werks wie die melancholisch-schwermütige Sprache.

Wilhelm Heinrich Wackenroder (1773 – 1798) und **Ludwig Tieck** (1773 – 1853) verkörpern mit ihren Werken – etwa *Franz Sternbalds Wanderungen* (1798) – sehr früh die Tendenzen der Romantik und werden damit zu Begründern und Wegweisern der neuen Kunst- und Denkrichtung.

Als ein Produkt der Freundschaft zwischen den Dichtern **Clemens Brentano** (1778 – 1842) und **Achim von Arnim** (1781 – 1831) entsteht zwischen 1806 und 1808 die Volksliedsammlung *Des Knaben Wunderhorn*, deren vermeintlich echte Volkslieder inhaltlicher und formaler Orientierungspunkt der volksliedhaften romantischen Dichtung werden.

Joseph von Eichendorff (1788 – 1857), aus einer katholischen preußischen Offiziersfamilie stammend, gilt als der bedeutendste Vertreter der Hochromantik. Neben charakteristischen volkstümlich-einfachen Gedichten verfasst er erzählende Literatur, etwa die Novelle *Aus dem Leben eines Taugenichts* (1826).

Als wichtigster Vertreter der Spätromantik gilt **E. T. A. (Ernst Theodor Amadeus) Hoffmann** (1776 – 1822). Hoffmann stammt aus Königsberg und lebt – nach Aufenthalten an anderen Orten – ab 1814 in Berlin. Seine Werke sind geprägt von der Motivik des Unheimlichen und Skurrilen, von Spukgestalten und Geheimnisvollem. Bekannte Werke sind etwa *Der goldene Topf* (1814), *Die Elixiere des Teufels* (1815/16), *Der Sandmann* (1816/17), *Das Fräulein von Scuderi* (1819/21) oder *Lebensansichten des Katers Murr* (1819/21).

Portrait von E. T. A. Hoffmann, Kupferstich (um 1820)

BEISPIEL

Klassik und Romantik im Vergleich

Künstlerische und private Gründe führen im Jahr 1786 zu Goethes fluchtartigem Aufbruch nach Italien, wo er sich bis 1788 aufhalten wird. Briefe aus Rom und das später überarbeitete Reisetagebuch *Italienische Reise* zeugen von Goethes grundlegender Bewusstseinsveränderung während dieses Aufenthaltes. Auch die Gedichtsammlung *Römische Elegien* belegt die Tiefe seiner Begegnung mit Italien und der Antike, gleichwohl sie erst nach der Rückkehr verfasst wurde. Bezüge zur Französischen Revolution und die Verarbeitung der Bekanntschaft mit Christiane Vulpius – Goethes späterer Frau – machen die *Elegien*, die Goethe 1795 in Schillers Zeitschrift *Die Horen* veröffentlichte, zusätzlich beachtenswert. Die Gedichtsammlung verwebt die Begegnung mit der Kunst, der Architektur, dem Menschenbild und den Wertvorstellungen der Antike mit der Erfahrung von Sinnlichkeit und Liebe. Die *V. Elegie* ist eine der exemplarischsten und bekanntesten.

Johann Wolfgang von Goethe

V. Elegie

Emphatischer Ausdruck des neuen Lebensgefühls

Froh empfind ich mich nun auf klassischem Boden begeistert,
Vor- und Mitwelt spricht lauter und reizender mir.
Hier befolg ich den Rat, durchblättre die Werke der Alten
Mit geschäftiger Hand, täglich mit neuem Genuß.
Aber die Nächte hindurch hält Amor mich anders beschäftigt;
Werd' ich auch halb nur gelehrt, bin ich doch doppelt beglückt.
Und belehr ich mich nicht, indem ich des lieblichen Busens
Formen spähe, die Hand leite die Hüften hinab?
Dann versteh ich den Marmor erst recht: ich denk und vergleiche,
Sehe mit fühlendem Aug', fühle mit sehender Hand.
Raubt die Liebste denn gleich mir einige Stunden des Tages,
Gibt sie Stunden der Nacht mir zur Entschädigung hin.
Wird doch nicht immer geküßt, es wird vernünftig gesprochen;
Überfällt sie der Schlaf, lieg' ich und denke mir viel.
Oftmals hab' ich auch schon in ihren Armen gedichtet
Und des Hexameters Maß leise mit fingernder Hand
Ihr auf den Rücken gezählt. Sie atmet in lieblichem Schlummer,
Und es durchglühet ihr Hauch mir bis ins Tiefste die Brust.
Amor schüret die Lamp' indes und gedenket der Zeiten,
Da er den nämlichen Dienst seinen Triumvirn getan.

Verbindung von Vergangenheit und Gegenwart

Ganzheitliche Zeiterfahrung

Ganzheitliches Verständnis von antiker Kunst und gegenwärtigem Erleben; Hand!

Verbindung von Nacht und Tag

Auch in der Liebe: Ganzheitlichkeit von Fühlen und Denken

Echte Dichtung als Teil des Lebens Hand!

Amor als Verbindung von Antike und Gegenwart: Anspielung auf die spätrömischen Liebeselegien

Goethes Werke. Band I. Gedichte und Epen. Textkritisch durchgesehen und kommentiert von Erich Trunz. 15., durchgesehene Auflage. C. H. Beck, München, 1993, Seite 160.

>>

>> **BEISPIEL**

Das bekannte Gedicht *Sehnsucht* ist wie viele andere Gedichte Eichendorffs eigentlich Teil eines Romans und damit ein Beispiel für die gattungsübergreifende bzw. -nivellierende romantische Vorstellung von einer Universalpoesie. Vorgetragen wird das Gedicht in der Novelle *Dichter und ihre Gesellen* (1834) von der Protagonistin Fiametta. Sängerin und Lied lassen sich im Gesamtkontext des Romans deutlich als Anspielungen auf die Mignon-Figur in Goethes Roman *Wilhelm Meisters Lehrjahre* und damit auch als Hinweise auf die frühe Goethe-Verehrung Eichendorffs deuten.

Joseph von Eichendorff

Sehnsucht

Es schienen so golden die Sterne,
Am Fenster ich einsam stand
Und hörte aus weiter Ferne
Ein Posthorn im stillen Land.
Das Herz mir im Leib entbrennte,
Da hab ich mir heimlich gedacht:
Ach, wer da mitreisen könnte
In der prächtigen Sommernacht!

Zwei junge Gesellen gingen
Vorüber am Bergeshang,
Ich hörte im Wandern sie singen
Die stille Gegend entlang:
Von schwindelnden Felsenschlüften,
Wo die Wälder rauschen so sacht,
Von Quellen, die von den Klüften
Sich stürzen in die Waldesnacht.

Sie sangen von Marmorbildern,
Von Gärten, die überm Gestein
In dämmernden Lauben verwildern,
Palästen im Mondenschein,
Wo die Mädchen am Fenster lauschen,
Wann der Lauten Klang erwacht
Und die Brunnen verschlafen rauschen
In der prächtigen Sommernacht.

Gedichte der deutschen Romantik. Hrsg. v. Karl Otto Conrady. München: Artemis und Winkler 1994. Seite 229.

Typische „Schwellensituation“: Andeutung der Kontraste und der inneren Empfindungen des lyrischen Ich.

akustische Erinnerung an Bewegung und Veränderung

Wird im letzten Vers nochmals aufgegriffen

Kontrast zur Einsamkeit des lyrischen Ich

Kontrast zur Statik des lyrischen Ich

insgesamt: Motive einer urtümlichen, wilden Natur

Anspielungen auf Italien als harmonischen Idealort

insgesamt: Motive einer gepflegten Kultur

Parallele zur Situation des lyrischen Ich

Aufgreifen des letzten Verses der ersten Strophe

>>

>> BEISPIEL

Goethe: Die Verarbeitung der durch die Weimarer Hofgesellschaft verpönten Beziehung zu Christiane Vulpius, die Auseinandersetzung mit widersprüchlichen Wertvorstellungen und die erfahrene Inhumanität der Französischen Revolution sind sicherlich Aspekte, die bei der Deutung der Römischen Elegien eine zentrale Rolle spielen müssen. Auch textimmanent lässt sich anhand der *V. Elegie* allerdings einiges über die Lebenseinstellung und die Kunstvorstellung der Weimarer Klassik erkennen. Bereits bei der rein inhaltlichen Betrachtung liegt das Klassische der Elegien auf der Hand: Der Dichter der Gegenwart begegnet den Werken der Antike und fühlt sich von diesen zu eigener Produktivität angeregt. Eindeutig und ausdrücklich stellt er sich und seine Dichtung in den letzten Versen der *V. Elegie* in die Tradition der spätantiken Liebeselegiker Catull, Tibull und Properz. Die Begegnung mit den Orten und den Werken der Antike führt zu einer emphatischen Begeisterung, Beginn und Ende des ersten Verses rahmen das Bekenntnis eindrucksvoll und belegen seine Dimension. Der Kontakt mit der Vergangenheit ist dabei nicht rational und rein wissenschaftlich, sondern wird durch entsprechende Begriffe mehrfach auch als emotionales Erlebnis geschildert. Die Konsequenz der Begeisterung besteht in der tiefen Öffnung für Vor- und Mitwelt, für Vergangenes und Gegenwärtiges. Eine umfassend erfahrene Ganzheitlichkeit muss als das zentrale Thema der *V. Elegie* festgestellt und beschrieben werden. In der Begegnung mit Rom und der Geliebten, die sicherlich auch als Personifikation des Rom- und Antikenerlebnisses gedeutet werden darf, vollziehen sich für das → lyrische Ich die Vereinigungen von Antike und Vergangenheit, von Nacht und Tag, Fühlen und Denken, von Kunstwerk und Modell, von Rezeption und Produktion. Mehrfach sind diese Dimensionen innerhalb des Gedichtes verwoben. Verknüpfend wirkt das Hand-Motiv. Die Hand dient dem Buchstudium, sie nimmt sinnlichen Kontakt zur Geliebten auf, sie vereint Fühlen und Sehen und äußert das Empfundene in neuen Hexametern und wird damit zum Symbol der Ganzheitlichkeit des beschriebenen Erlebnisses. Auch der Gott Amor hat eine ähnliche verknüpfende und vernetzende Funktion: Er ist das Thema in den täglich zu studierenden Büchern und gleichzeitig die Verkörperung der erfahrenen nächtlichen Sinnlichkeit. Die Form der Elegien trägt ihrerseits zur Verknüpfung von Antikem und Gegenwärtigem bei. Goethe ahmt durch die Verwendung des elegischen Distichons – Hexameter- und Pentameterverse werden kombiniert – das Versmaß der antiken Elegien nach. Schon während der Gedichtlektüre bekommt der Leser den Eindruck, gerade die Verse vor sich zu haben, die der Liebhaber seiner Geliebten auf den Rücken zählt. Noch in der Rezeption vollzieht sich dabei eine weitere Verbindung – die fiktive Gleichzeitigkeit von Textproduktion und Rezeption.

>>

>> **BEISPIEL**

Eichendorff: Titel, Motivik und Menschenbild des Gedichtes sind typisch für den Dichter Joseph von Eichendorff und die Romantik. Die Situation ist leicht wiederzugeben: Ein → lyrisches Ich beschreibt, wie es am Fenster steht und durch ein Posthorn und ein Wanderlied zum Träumen angeregt wird. Es träumt von einem Aufbruch in ein Traumland, welches durch eine Natur- und Kulturbeschreibung anschaulich wird. Eine symmetrische Zweiteilung des Gedichtes lässt sich nach dem Doppelpunkt im 4. Vers der 2. Strophe vornehmen. Der erste Teil beschreibt die Sinneseindrücke und Emotionen der am Fenster stehenden und in die Ferne lauschenden Person, der zweite Teil beschreibt – präsentiert als Lied der Wandergesellen – die poetische Traumwelt. Eine Verbindung der beiden Ebenen – der sehnsüchtige Blick des Ich aus dem Fenster mit den Bildern der Traumwelt – wird durch die Aufnahme der Fenstersituation im viertletzten Vers und die Wiederholung der „prächtigen Sommernacht" am Schluss hergestellt. Anders als in Goethes *Elegie* erfährt das Ich in seiner Situation keine Ganzheitlichkeit und keine Vereinigung von Widersprüchlichem. Es nimmt das Trennende und Getrennte wahr und erlebt seine eigene Situation als Sehnsucht. Wie in der *V. Elegie* sind verschiedene Kontraste angedeutet, etwa Nähe und Entfernung, Statik und Wanderschaft, reale Welt und Traumwelt, Innen und Außen, Sehen und Fühlen, Einsamkeit und Kameradschaft, Stille und Geräusch oder Natur und Kultur. Der Ort, an dem das Ich die Sehnsucht erlebt, ist dabei bezeichnend: Mit seinem Blick aus dem Fenster begibt es sich an die Schwelle zwischen Innen und Außen und damit – symbolisch – an die Schwelle zwischen den genannten Kontrastbereichen. Dass die Sehnsucht hier aber nicht den Wunsch zum Überschreiten der Schwelle, sondern ein nicht bewertetes Gefühl des romantischen Menschen beschreibt, deutet sich in den Parallelen zwischen der Ich-Situation am sommernächtlichen Fenster und den erträumten Frauen in eben derselben Situation an. Das Sehnsuchtsgefühl, welches im Herz des träumenden Ichs entbrennt (V. 4), löst eben nicht den Aufbruch des Ichs aus, sondern findet in dem beschriebenen Traum seine adäquate Antwort. Der Traum weist letztendlich auf den Träumer und seine Situation zurück. Im **Gegensatz zur Klassik** weiß der romantische Mensch, dass Ganzheit und Harmonie nicht in seiner Verfügbarkeit liegen. Er erlebt sich entfremdet und beschreibt sich in dieser Situation. Sehnsucht nach Ganzheit und Vollkommenheit gehören zu den unbedingten Attributen seines Menschseins, das Trennende kann zwar festgestellt, aber nicht beseitigt werden. Auch das angedeutete Italienbild steht anders als bei Goethe nicht für eine Möglichkeit des Ausgleichs, sondern bleibt ein nur in Träumen erreichbares Ideal. Die regelmäßige und harmonische Form des Gedichtes drückt dabei ebenso die Melancholie des Träumenden wie auch seine Ruhe aus. Eine Ruhe, die nur in der Sehnsucht zu finden ist.

2.6 Die Romantik

Begriff und Eingrenzung	Das Adjektiv „romantisch" bedeutet zunächst „romanhaft, fantastisch" – erst allmählich benutzt man das Attribut zur positiven Kennzeichnung der neuen Lebenseinstellung, die sich von der übertrieben rationalen Weltsicht der Aufklärung abgrenzt.
Zeitgeschichte	enorme politische Umbrüche in Europa zwischen der Regierungszeit Napoleons und dem Beginn der liberal-demokratischen Erhebungen in der Mitte des 19. Jahrhunderts
Frühromantik/ Jenaer Romantik	→ Streben nach Freiheit, Unendlichkeit und Universalität als Kontrast zur Aufklärung → Betonung der emotionalen Kräfte und Einlassen auf die Stimme des Herzens
Weltbild, Menschenbild und Einstellungen	→ Ablehnung einer reinen und einseitigen Vernunft-Orientierung → Ablehnung der „philisterhaften" Spießigkeit und Angepasstheit der Menschen
Heidelberger Romantik und Späte Romantik	→ Ablehnung der Einseitigkeiten von Aufklärung und Klassik → Besinnung auf Nationalgedanken, Natur und Heimat → Anlehnung an eine idealisierte Mittelaltervorstellung
Sprache	→ Verwendung typischer Motive: Wald, Einsamkeit, Stimmungsbilder, Wanderschaft, Mittelalter → Nachahmung der Volkssprache in den Kunstmärchen → Beginn der systematischen Erforschung der deutschen Sprache
Themen, Motive, Gattungen	→ bewusste Grenzverwischung zwischen den Gattungen („Universalpoesie") → Romane und Novellen sind mit typischen romantischen Gedichten durchsetzt. → Fragmente, Kunstmärchen

AUTOREN UND WERKE

- → Novalis (1772 – 1801): Heinrich von Ofterdingen, Gedichte
- → Ludwig Tieck (1773 – 1853): Franz Sternbalds Wanderungen
- → E.T.A. Hoffmann (1776 – 1822): Phantasiestücke in Callots Manier
- → Clemens Brentano (1778 – 1842): Gedichte
- → Achim von Arnim (1781 – 1831): Des Knaben Wunderhorn
- → Joseph von Eichendorff (1788 – 1857): Aus dem Leben eines Taugenichts, Gedichte

ZITAT

„Die romantische Poesie ist eine progressive Universalpoesie" (Schlegel)

2.7 Biedermeier, Vormärz, Junges Deutschland

Begriff und Eingrenzung

Die Mitte des 19. Jahrhunderts lässt sich kaum in bestimmte, klar trennbare Literaturepochen einteilen, gleichwohl einzelne Strömungen in ihren Anliegen und Erscheinungsformen zusammengefasst werden können. Nach dem Wiener Kongress (1814/15) werden unterschiedliche Arten der Reaktion auf die restaurativen Tendenzen der europäischen Politik greifbar: Resigniert ziehen sich einige Schriftsteller in den überschaubaren Bereich des Privaten zurück. In Anlehnung an eine Figur aus einer Satirezeitschrift, die ihrerseits durch private Redlichkeit und fehlendes politisches Engagement charakterisiert ist, werden sie als Schriftsteller des **Biedermeier** zusammengefasst.

politische Restauration als Grundlage

Demgegenüber – ausdrücklich gesellschaftlich und politisch ausgerichtet – vertreten einige Autoren die Ideen des **Vormärz**. Die Bezeichnung versteht sich ebenfalls politisch und beschreibt die Zeit vor den Umstürzen im März 1848. Wie andere Autoren des Vormärz tritt auch die Schriftstellergruppe des **Jungen Deutschland** für liberale, demokratische und nationale Ideale ein.

Zeitgeschichte

Spätestens seit der Auseinandersetzung mit Napoleon in den Befreiungskriegen entwickelt sich in Deutschland eine tiefes Nationalbewusstsein. Erwartungsvoll erhofft man sich durch den Wiener Kongress (1814/1815) eine demokratische und liberale Neuordnung Europas, wird aber von den restaurativen Bemühungen Metternichs und der anderen Verantwortlichen enttäuscht. Es kommt zu einer Konfrontation politischer Konzepte, in deren Folge die Obrigkeiten sich um eine Unterdrückung nationaler, demokratischer und liberaler Forderungen bemühen.

aufkommendes Nationalbewusstsein

Außerdem findet eine Beschränkung der Freiheitsrechte statt, die Zensur wird verstärkt, Intellektuelle und das gesamte öffentliche Leben werden überwacht – was sich zum Beispiel in den Karlsbader Beschlüssen (1819) konkretisiert. Trotz derartiger Bemühungen gelingt es der restaurativen Politik nicht, die revolutionären Ideen des immer selbstbewusster werdenden Bürgertums wirkungsvoll zu beseitigen. Kundgebungen auf der Wartburg (1817) und auf dem Hambacher Fest (1832) sowie der Sturm auf die Frankfurter Hauptwache (1833) werden zu Ventilen des bürgerlichen Engagements für Freiheit und Demokratie. Die Spannungen kulminieren in den Unruhen des Jahres 1848.

Karlsbader Beschlüsse

Freiheit und Demokratie

Weltbild, Menschenbild, Einstellungen

In dieser Zeit zwischen Klassik/Romantik und dem Jahr 1848 lässt sich kaum von einem einheitlichen Menschenbild sprechen. Hier kollidieren verschiedene Strömungen, in denen die Ansätze der Klassik, der Romantik, des Idealismus, der neuen bürgerlich-liberalen Bewegungen und der restaurativen Bemühungen erkennbar sind. Allenfalls aufgrund des Umgangs mit der politisch-öffentlichen Situation lassen sich bestimmte Gruppierungen mit einheitlichen Lebenskonzepten feststellen.

Kunstvorstellungen

Biedermeier: Rückzug ins Private

Enttäuscht von den Ergebnissen des Wiener Kongresses und den restaurativen Bestrebungen der Politiker, ziehen sich die bürgerlichen Autoren des **Biedermeier** in die Sphären des Privaten und Unpolitischen zurück. Auch thematisch beschäftigt man sich mit privater Abgrenzung gegenüber äußerer Bedrohung und dem Wert persönlicher Sittlichkeit gegenüber inneren Anfechtungen.

Wegen ihrer Zurückgezogenheit und der fehlenden Beteiligung an öffentlichen Diskussionen kann man kaum von einem einheitlich abgestimmten Programm der Biedermeier-Autoren sprechen. Ihre fehlende politische Ausrichtung scheint konservativ und wirkt ungewollt stützend auf die Politik der Restauration. Vertreter des literarischen Biedermeier sind Johann Nepomuk Nestroy (1801 - 1862), Franz Grillparzer (1791 - 1872), Adalbert Stifter (1805 - 1868) und Annette von Droste-Hülshoff (1797 - 1848).

politisches Engagement der Autoren des Vormärz

Einige Autoren in der Zeit des **Vormärz** engagieren sich demgegenüber ausdrücklich politisch. Ihre Bestrebungen basieren – in Anlehnung an die Ziele der Französischen Revolution – auf demokratischen und liberalen Ideen. Man propagiert eine Änderung des Gesellschaftssystems, die vor allem die Positionen der bisher unterdrückten Gesellschaftsschichten verbessern soll. Georg Büchner (1813 - 1837), Heinrich Heine (1797 - 1856) und Ludwig Börne (1786 - 1837) können mit ihren Ideen der politischen Situation des Vormärz zugeordnet werden.

Eine literarische Bewegung, die sich ebenfalls ausdrücklich den politischen Bemühungen der Vormärz-Zeit verschreibt, wird von den Autoren des **Jungen Deutschland** begründet. Man prangert jede unpolitische Haltung und jede Anlehnung an alte Autoritäten – greifbar in der absolutistischen Staatsform und der Kirche – an und propagiert den demokratischen Liberalismus. Die Abschaffung der Zensur, Beendigung der Kleinstaaterei und Verbesserung der Frauenrechte waren weitere Themen der Bewegung, deren Schriften im Dezember 1835 durch den Frankfurter Bundestag verboten wurden.

Als Dichter des Jungen Deutschland gelten Karl Gutzkow (1811 – 1878), Heinrich Laube (1806 – 1884), Theodor Mundt (1808 – 1861) und Ludolf Wienbarg (1802 – 1872).

Themen, Motive, Gattungen

Biedermeier: überschaubare Welten

Die Autoren des **Biedermeier** arbeiten vor allem episch. In langen Ausführungen beschreiben sie die abgeschlossene bürgerliche Welt oder einzelne Naturphänomene. Hierin zeigt sich die resignative Vorstellung, die Gesellschaft ohnehin nicht durch polemische und aktionsgeladene Literatur ändern zu können. Die Menschen werden in abgeschlossenen, überschauberen Welten dargestellt, ihre Probleme möglichst nachvollziehbar geschildert. Namentlich die beliebte Gattung der Dorfgeschichte ist ein Beispiel für derart unpolitische Literatur. Darüber hinaus entstehen im Umfeld des Biedermeier große historische Dramen wie diejenigen des Österreichers Franz Grillparzer. Die Lyrik befasst sich ebenfalls mit Naturidyllen und privaten Stimmungen.

engagierte Literatur

Passend zu den Konzepten der Autoren des **Vormärz** und des **Jungen Deutschland** geben sich deren Werke deutlich gesellschaftskritisch und politisch-kämpferisch. Politische Agitation mit liberalen, demokratischen und nationalen Tendenzen wird in vielen politischen Liedern und Gedichten greifbar. Das *Lied der Deutschen* von Hoffmann von Fallersleben (1798 – 1874) ist ein Beispiel dafür.

Büchner: Abkehr von der Tradition

Literaturgeschichtlich beachtenswert sind die gesellschaftsanalytischen und -kritischen und politisch engagierten Dramen **Georg Büchners**, die sich zugunsten von pointierten Demonstrationen menschlicher und gesellschaftlicher Realitäten deutlich von den bisherigen Theatertraditionen – vor allem dem Konzept der Klassik – abwenden. Auch formal steht Büchner durch das Figureninventar, die offene Form seiner Stücke und das verwendete Sprachniveau im Kontrast zum bisherigen Theater. Als neue, einflussreiche Textsorten und -gattungen etablieren sich in der Mitte des 19. Jahrhunderts darüber hinaus verschiedene journalistische Formen (Flugblätter, Berichterstattungen), in denen die politischen und kämpferischen Ziele schnell verbreitet werden können.

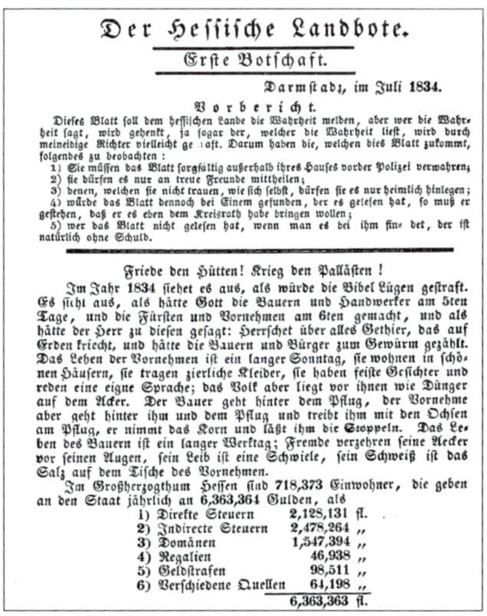

Der Hessische Landbote.

Erste Botschaft.

Darmstadt, im Juli 1834.

Vorbericht.

Dieses Blatt soll dem hessischen Lande die Wahrheit melden, aber wer die Wahrheit sagt, wird gehenkt, ja sogar der, welcher die Wahrheit liest, wird durch meineidige Richter vielleicht ge[illegible]aft. Darum haben die, welchen dies Blatt zukommt, folgendes zu beobachten:

1) Sie müssen das Blatt sorgfältig außerhalb ihres Hauses vorder Polizei verwahren;
2) sie dürfen es nur an treue Freunde mittheilen;
3) denen, welchen sie nicht trauen, wie sich selbst, dürfen sie es nur heimlich hinlegen;
4) würde das Blatt dennoch bei Einem gefunden, der es gelesen hat, so muß er gestehen, daß er es eben dem Kreisrath habe bringen wollen;
5) wer das Blatt nicht gelesen hat, wenn man es bei ihm findet, der ist natürlich ohne Schuld.

Friede den Hütten! Krieg den Pallästen!

Im Jahr 1834 siehet es aus, als würde die Bibel Lügen gestraft. Es sieht aus, als hätte Gott die Bauern und Handwerker am 5ten Tage, und die Fürsten und Vornehmen am 6ten gemacht, und als hätte der Herr zu diesen gesagt: Herrschet über alles Gethier, das auf Erden kriecht, und hätte die Bauern und Bürger zum Gewürm gezählt. Das Leben der Vornehmen ist ein langer Sonntag, sie wohnen in schönen Häusern, sie tragen zierliche Kleider, sie haben feiste Gesichter und reden eine eigne Sprache; das Volk aber liegt vor ihnen wie Dünger auf dem Acker. Der Bauer geht hinter dem Pflug, der Vornehme aber geht hinter ihm und dem Pflug und treibt ihm mit den Ochsen am Pflug, er nimmt das Korn und läßt ihm die Stoppeln. Das Leben des Bauern ist ein langer Werktag; Fremde verzehren seine Aecker vor seinen Augen, sein Leib ist eine Schwiele, sein Schweiß ist das Salz auf dem Tische des Vornehmen.

Im Großherzogthum Hessen sind 718,373 Einwohner, die geben an den Staat jährlich an 6,363,364 Gulden, als

1) Direkte Steuern	2,128,131	fl.
2) Indirecte Steuern	2,478,264	„
3) Domänen	1,547,394	„
4) Regalien	46,938	„
5) Geldstrafen	98,511	„
6) Verschiedene Quellen	64,198	„
	6,363,363	fl.

Der hessische Landbote (Flugblatt, Auszug)

Autoren und Werke

Porträt von Georg Büchner, Stahlstich

Georg Büchner (1813 – 1837) spricht sich in seiner sozial-revolutionären Flugschrift *Der hessische Landbote* (1834) für eine Auflehnung gegen die Unterdrückung durch die Obrigkeit aus und muss daraufhin aus seinem Studienort Gießen fliehen. In seinem Drama *Dantons Tod* (1835) beschäftigt er sich mit der Französischen Revolution und thematisiert die Sinnlosigkeit menschlichen Handelns aufgrund eines unumgänglichen Schuldigwerdens und des Fatalismus der Geschichte, der jedes menschliche Bemühen zur Macht- und Einflusslosigkeit verdammen kann. Büchners Stück *Woyzeck* thematisiert die Determiniertheit des menschlichen Handelns aufgrund der gesellschaftlichen Verhältnisse und zeigt die negativen Konsequenzen eines rein materialistisch und positivistisch orientierten Weltbildes. Weitere Werke Büchners sind das Lustspiel *Leonce und Lena* (1836) und die Erzählung *Lenz* (1835).

Annette von Droste-Hülshoff (1797 – 1848) ist vor allem als Lyrikerin bekannt. Ihr Werk ist geprägt von ihrer katholischen Weltanschauung und tiefer Religiosität. Düstere Themen und Visionen, Schwermut und untergründige Ahnungen sind weitere Kennzeichen ihrer Gedichte ebenso wie eine vielschichtige und vielgestaltige Naturschilderung. Mehrfach thematisiert sie die empfundenen mythisch-dämonischen Urkräfte der Heide- und Moorlandschaft ihrer westfälischen Heimat. Die Autorin ist außerdem bekannt für die Novelle *Die Judenbuche*.

Die literaturgeschichtliche Einordnung des Dichters **Heinrich Heine** (1797 – 1856) ist nicht unproblematisch, steht er mit seinem Werk doch für die Übergangszeit zwischen der Romantik und der politisch engagierten Literatur des Vormärz. Heine schuf romantisch-volksliedhafte Stimmungsgedichte *(Die Loreley)*, Liebeslyrik, Balladen, später auch zeitkritische und politische Literatur *(Deutschland. Ein Wintermärchen)*. Außerdem war er journalistisch tätig.

BEISPIEL

Das Menschenbild Georg Büchners

1835 schreibt Georg Büchner das Revolutionsdrama *Dantons Tod*. Das Stück wird veröffentlicht, erscheint aber mit erheblichen Kürzungen und Veränderungen, die vor allem seine heftig kritisierte „Unsittlichkeit" reduzieren sollen. Büchner ist über diesen Umgang mit seinem Werk verärgert. In einem Brief an seine Eltern gibt er Einblicke in seine Vorstellungen von der Aufgabe des Theaters.

Georg Büchner

Brief an die Familie (1835)

Brief an die Familie. Straßburg, 28. Juli 1835

[...] Gutzkows glänzende Kritiken habe ich gelesen und zu meiner Freude dabei bemerkt, daß ich keine Anlagen zur Eitelkeit habe. Was übrigens die sogenannte Unsittlichkeit meines Buchs angeht, so habe ich Folgendes zu antworten: der dramatische Dichter ist in meinen Augen nichts, als ein Geschichtsschreiber, steht aber über Letzterem dadurch, daß er uns die Geschichte zum zweiten Mal erschafft und uns gleich unmittelbar, statt eine trockne Erzählung zu geben, in das Leben einer Zeit hinein versetzt, uns statt Charakteristiken Charaktere, uns statt Beschreibungen Gestalten gibt. Seine höchste Aufgabe ist, der Geschichte, wie sie sich wirklich begeben, so nahe als möglich zu kommen. Sein Buch darf weder sittlicher noch unsittlicher sein, als die Geschichte selbst; aber die Geschichte ist vom lieben Herrgot nicht zu einer Lektüre für junge Frauenzimmer geschaffen worden, und da ist es mir auch nicht übel zu nehmen, wenn mein Drama ebensowenig dazu geeignet ist. Ich kann doch aus einem Danton und den Banditen der Revolution nicht Tugendhelden machen! Wenn ich ihre Liederlichkeit schildern wollte, so mußte ich sie eben liederlich sein, wenn ich ihre Gottlosigkeit zeigen wollte, so mußte ich sie eben wie Atheisten sprechen lassen. Wenn einige unanständige Ausdrücke vorkommen, so denke man an die weltbekannte, obszöne Sprache der damaligen Zeit, wovon das, was ich meine Leute sagen lasse, nur ein schwacher Abriß ist. Man könnte mir nur noch vorwerfen, daß ich einen solchen Stoff gewählt hätte. Aber der Einwurf ist längst widerlegt. Wollte man ihn gelten lassen, so müßten die größten Meisterwerke der Poesie verworfen werden. Der Dichter ist kein Lehrer der Moral, er erfindet und schafft Gestalten, er macht vergangene Zeiten wieder aufleben, und die Leute mögen dann daraus lernen, so gut, wie aus dem Studium der Geschichte und der Beobachtung dessen, was im menschlichen Leben um sie herum vorgeht. Wenn man so wollte, dürfte man keine Geschichte studieren, weil sehr viele unmoralische Ding darin erzählt werden, müßte mit verbundenen Augen über die Gasse gehen, weil man sonst Unanständigkeiten sehen könnte, und müßte über einen Gott Zeter schreien, der eine Welt erschaffen, worauf so viele Liederlichkeiten vorfallen.

>>

Bezug auf Vorwürfe gegenüber seinem Stück

Kunstauffassung: Der Dichter ist mit einem Historiker zu vergleichen. Er soll Geschichtliches vermitteln, dies aber lebendig und authentisch anstatt deskriptiv und trocken.

Wirklichkeitsnähe ist die höchste Aufgabe des Dichters.

Da allerdings die Geschichte nicht immer sittlich ist, kann auch die Dichtung nicht immer sittlich sein.

Exemplarische Belege der grundsätzlichen Überlegungen aus *Dantons Tod*

Kunstauffassung: Der Dichter lehrt die Moral nicht ausdrücklich, er zeigt nur die (historische) Realität, woraus der Zuschauer selbst seine Lehren ziehen kann.

Kunstauffassung: Gegen die Idealisierung der Welt und der Menschen auf der Bühne. Die Welt muss so gezeigt werden, wie sie ist.

>> BEISPIEL

Kritik an den Idealdichtern

Ihre Figuren sind nicht authentisch, sie taugen nicht zur Einfühlung.

Ausdrückliche Ablehnung von Schillers Theaterkonzept.

Wenn man mir übrigens noch sagen wollte, der Dichter müsse die Welt nicht zeigen wie sie ist, sondern wie sie sein solle, so antworte ich, daß ich es nicht besser machen will, als der liebe Gott, der die Welt gewiß gemacht hat, wie sie sein soll. Was noch die sogenannten Idealdichter anbetrifft, so finde ich, daß sie fast nichts als Marionetten mit himmel-blauen Nasen und affektiertem Pathos, aber nicht Menschen von Fleisch und Blut gegeben haben, deren Leid und Freude mich mitempfinden macht, und deren Tun und Handeln mir Abscheu oder Bewunderung einflößt. Mit einem Wort, ich halte viel auf Goethe oder Shakspeare, aber sehr wenig auf Schiller.

Georg Büchner. Sämtliche Werke und Briefe. Historisch-kritische Ausgabe mit Kommentar. Hrsg. v. Werner R. Lehmann. Band 2. München: Carl Hanser Verlag 1972. Seite 443 f.

Büchners Vorstellungen vom Theater – Brief an die Familie ...
Im Zusammenhang der Rechtfertigung der „Unsittlichkeiten“ in seinem Stück *Dantons Tod* bietet Büchners Brief einen Einblick in die Vorstellungen des Dichters vom Theater, dessen Möglichkeiten und Zwecken. Büchner erkennt hinter den Kritikern die Anhänger des idealisierten Theaters der Klassik, wie er es vor allem durch Friedrich Schiller verkörpert sieht. Anders als Büchner es fordert, bemüht Schiller sich darum, Idealwelten, das heißt, Charaktere, wie sie sein sollten und nicht wie sie wirklich waren, auf die Bühne zu bringen. Ausdrücklich wendet sich Büchner nicht allein gegen die Kritiker seiner eigenen Stücke, sondern benutzt die Argumentation, um Schillers Auffassung grundsätzlich zu kritisieren. Anders als Schiller – wie es etwa in dessen Vortrag *Die Schaubühne als moralische Anstalt betrachtet* (1784 bzw. 1801) deutlich wird – zielt Büchners Theater nicht ausdrücklich auf eine Moralisierung der Zuschauer. Was der Zuschauer mit den dargestellten Konflikten anfängt, ist für Büchner vergleichbar mit der alltäglichen Lernsituation, die der Mensch im Umgang mit seinen Mitmenschen vollzieht. Wichtiger als zu moralisieren, ist ihm die möglichst wahrheitsgetreue Darstellung. Er sieht es als höchste und anspruchsvollste Aufgabe des Dichters, historisch authentisch zu sein. Büchner vergleicht den Dichter mit einem Historiker. Anders als der Historiker solle der Dichter jedoch nicht nur trocken beschreiben, sondern die Ereignisse anschaulich und lebendig vermitteln. Nur das ermögliche eine Einfühlung des Publikums. Die Figuren des klassischen Theaters bezeichnet er als marionettenhaft und affektiert. Im Zusammenhang mit seiner Forderung nach möglichst wirklichkeitsnaher Darstellung auf der Bühne entkräftet Büchner auch den Vorwurf, sein Danton sei zu unsittlich. Er verweist darauf, dass das menschliche Leben nicht immer sittlich ablaufe, sodass auch dessen Darstellung im Theater nicht immer sittlich sein kann. Die Unsittlichkeit des Danton ist daher kein bewusst eingesetztes oder gar auf Provokation zielendes Stilmittel, sondern notwendige Konsequenz der unsittlichen Realität zur Zeit der Französischen Revolution.

Biedermeier, Vormärz und Junges Deutschland

2.7

Begriff und Eingrenzung	→ Biedermeier: benannt nach der Figur Gottlieb Biedermeier in der Zeitschrift Münchener Fliegende Blätter → Vormärz: Zeit vor der bürgerlichen Revolution im März 1848 → Junges Deutschland: Gruppe junger Dichter der Zeit
Zeitgeschichte	→ Zeit der Restauration und der Auseinandersetzung mit ihren Symptomen → Zeit im Vorfeld der Märzrevolution 1848
Kunstvorstellungen	→ Biedermeier: Beschäftigung mit den Möglichkeiten privater Abgrenzung, Sorge um persönliche Redlichkeit → Vormärz-Autoren und Junges Deutschland: Ausdrückliches politisches Engagement, Einsatz für unterdrückte Gesellschaftsschichten
Weltbild, Menschenbild und Einstellungen	resignierter Rückzug in Privatheit ↔ politisches Engagement, meist liberal-demokratische Bemühungen
Themen, Motive, Gattungen	**Biedermeier** → lange epische Ausführungen zur bürgerlichen Welt → Naturbeschreibungen → Dorfgeschichten **Vormärz und Junges Deutschland** → politisch engagierte Lyrik und Lieder → Flugschriften → Zeitschriften

AUTOREN UND WERKE

Autoren des **Biedermeier**

→ Franz Grillparzer (1791 - 1872): König Ottokars Glück und Ende

→ Annette von Droste-Hülshoff (1797 - 1848): Die Judenbuche, Gedichte

→ Adalbert Stifter (1805 - 1868): Nachsommer

Autoren, die den Idealen des **Vormärz** nahestehen

→ Heinrich Heine (1797 - 1856): Gedichte

→ Georg Büchner (1813 - 1837): Woyzeck, Dantons Tod

Autoren des **Jungen Deutschlands**

→ Theodor Mundt (1808 - 1861): Thomas Münzer

→ Karl Gutzkow (1811 - 1878): Die Ritter vom Geiste

ZITAT

→ „Friede den Hütten, Krieg den Palästen!" (Büchner)

→ „Denk ich an Deutschland in der Nacht, dann bin ich um den Schlaf gebracht" (Heine)

2.8 Der bürgerliche Realismus

Politische Zustände der Epoche

Scheitern der Revolution von 1848

Am 18. Mai 1848 tagt in der Frankfurter Paulskirche das erste deutsche Nationalparlament und arbeitet eine Verfassung aus. Im März 1849 lehnt der preußische König Friedrich Wilhelm IV. die ihm vom Parlament angebotene Kaiserwürde ab. Das Parlament wird vom Militär aufgelöst, Aufstände in einzelnen Kleinstaaten blutig niedergeschlagen. Damit ist das Scheitern der Nationalversammlung besiegelt. 1861 wird Wilhelm I. König von Preußen, 1862 Otto von Bismarck preußischer Ministerpräsident.

1864 kommt es zum deutsch-dänischen Krieg (Schleswig und Holstein fallen an Preußen und Österreich). Im preußisch-österreichischen Krieg (1866) siegt Preußen, 1867 wird der Norddeutsche Bund gegründet. Der deutsch-französische Krieg (1870 – 1871) führt zur Kapitulation Frankreichs. Die süddeutschen Staaten treten nun dem Norddeutschen Bund bei. Am 18. Januar 1871 kommt es in Versailles zur Reichsproklamation. Der preußische König wird zum deutschen Kaiser, Bismarck zum Reichskanzler.

Weltbild, Menschenbild, Einstellungen

hohe Bedeutung der Empirie

Positivismus und historischer Materialismus bestimmen die Philosophie der zweiten Hälfte des 19. Jahrhunderts. Der Positivismus vertritt die These, Erkenntnis lasse sich nur aus empirischer Beobachtung der Natur und aus Erfahrung ableiten.

Entsprechend entwirft man ein Bild von der Entwicklung der Menschheit in verschiedenen Stadien und dem Menschen als eingebunden in seine soziale Umgebung:

- Auguste Comte (1798 – 1857), Dreistadiengesetz: Die Geschichte menschlichen Denkens durchläuft die drei Stadien:
  a) theologisches Denken,
  b) metaphysisches Denken,
  c) positivistisches Denken = Beschränkung auf Beschreibung der Phänomene und ihrer Zusammenhänge
- Hippolyte Taine (1828 – 1893): *Milieutheorie*
- Karl Marx (1818 – 1883) und Ludwig Feuerbach (1804 – 1872): Der historische Materialismus untersucht die menschliche Entwicklung unter Verzicht auf metaphysische Orientierung. Im Zuge der naturwissenschaftlichen Orientierung wird der Mensch mehr und mehr aus „transzendenten Bindungen" gelöst. Der Glaube an die Technik setzt ein.

Kunstvorstellungen

Fontane formuliert 1853 folgende Definition des Realismus: *„Er ist die Widerspiegelung alles wirklichen Lebens, aller wahren Kräfte und Interessen im Elemente der Kunst …“*

Die realistische Literatur läuft Gefahr, das Vorhandene einfach widerzuspiegeln, also dringen die entscheidenden Theoretiker, die auch Praktiker sind, auf eine Verarbeitung der Realität. Dabei bleibt umstritten, ob das Konzept des poetischen Realismus auf eine Flucht vor der Wirklichkeit hinausläuft oder ob es tatsächliche Erkenntnis vermittelt. Man will über eine bloße Widerspiegelung der Wirklichkeit hinaus, ohne im Idealismus zu enden. So kommt es zum zentralen Gedanken der Modellbildung, der Abstraktion, ohne dass die Rückbindung an die Wirklichkeit aufgegeben wird.

ausgewählte und überformte Wirklichkeit

Somit wird der Kunst eine besondere Leistung bezogen auf die Wirklichkeit zugewiesen: Sie nutzt besonders ihre Fähigkeit, Elemente der Wirklichkeit so auszuwählen und zu formen, dass Wirklichkeit ins Bild gesetzt, veranschaulicht und erläutert wird.

Themen, Motive, Gattungen

Dinggedicht: In einem → Dinggedicht wird ein „Ding“ objektiv und distanziert vorgestellt. Dabei wird vom Unwesentlichen abgesehen und eine Konzentration auf das Wesentliche bewirkt. So kann dann wieder ein Symbol entstehen, das besonders aussagekräftig wird.

Das Drama: Das Drama hatte im Realismus keine allzu große Bedeutung. Lediglich Hebbel, Grillparzer und vielleicht Anzengruber sind hier als Autoren zu nennen. Hebbels Vorbilder waren Kleist, Lessing und Schiller. Die Dramatik seiner Stücke resultiert aus dem Gegensatz zwischen dem Individuum und der umgebenden Gesellschaft. Hebbel ging es auf der Bühne weniger um eine Nachgestaltung der Realität als vielmehr um eine künstlerisch geformte, verarbeitete Realität.

Entwicklungsroman: Die Entwicklung des „Helden“ wird vorgestellt. Dabei geht es um eine allmähliche Eingliederung in die Welt und Gesellschaft; also um einen „Ausgleich“ zwischen den Interessen und Bedürfnissen des Individuums einerseits und den Ansprüchen der Gesellschaft andererseits. Kellers *Der grüne Heinrich* stellt in diesem Sinne eher einen „Anti-Entwicklungsroman“ dar. (Der Held scheitert und endet als Außenseiter.)

Gesellschaftsroman: Die gesellschaftlichen Zustände der Zeit werden genau dargestellt und analysiert, insbesondere in ihren Auswirkungen auf das Individuum. Dabei wird in der Regel Kritik geübt an Missständen.

Novelle: Die Novelle hat ein unerhörtes Ereignis zum Gegenstand. Sie bietet eine geschlossene Form, in der knapp und ausschnitthaft die Fäden zusammengeführt, verknüpft und auf überraschende Weise gelöst werden.

Dorfgeschichten: Der Form nach Novellen, die im dörflich-bäuerlichen Milieu spielen und die Perspektive der einfachen Leute widerspiegeln. Dabei wird das dörfliche Leben oft idyllisch verklärt (Auerbach, Rosegger). Storm, Keller und Stifter dagegen lehnen die Idylle ab. Ihre Figuren müssen sich mit den Problemen, die sich aus dem Zusammenleben ergeben, auseinandersetzen.

Autoren und Werke

Theodor Fontane (1819 – 1898), Romane: *Vor dem Sturm* (1878), *Schach von Wuthenow* (1883), *Irrungen Wirrungen* (1888), *Stine* (1890), *Unwiederbringlich* (1891), *Frau Jenny Treibel* (1892), *Effi Briest* (1894/95), *Die Poggenpuhls* (1895/96), *Der Stechlin* (1899). Balladen: *Die Brück' am Tay, Herr von Ribbeck auf Ribbeck im Havelland*

Franz Grillparzer (1791 – 1872), österreichischer Dramatiker: *Das goldene Vlies* (1822), *König Ottokars Glück und Ende* (1825), *Ein treuer Diener seines Herrn* (1830), *Des Meeres und der Liebe Wellen* (1840), *Der Traum ein Leben* (1840), *Weh dem, der lügt!* (1840), *Ein Bruderzwist in Habsburg* (1872), *Die Jüdin von Toledo* (1873)

Friedrich Hebbel (1813 – 1863), Dramen: *Judith* (1841), *Maria Magdalene* (1844), *Agnes Bernauer* (1855), *Die Nibelungen* (1862); Hauptthema: Scheitern des tragischen Individuums

Gottfried Keller (1819 – 1890): *Der grüne Heinrich* (1854/55, 1879: bedeutendster Entwicklungsroman nach Goethe), wichtiger Novellenzyklus: u. a. *Die Leute von Seldwyla* (1856, 1874) (Dorfgeschichten aus der Perspektive der „einfachen Leute")

Otto Ludwig (1813 – 1865), bedeutender Theoretiker: *Der poetische Realismus, Shakespeare-Studien*

Conrad Ferdinand Meyer (1825 – 1898), Gedichte: *Der römische Brunnen*; Novellen: *Das Amulett* (1873), *Der Schuß von der Kanzel* (1877), *Gustav Adolfs Page* (1882)

Wilhelm Raabe (1831 – 1910), Romane: *Die Chronik der Sperlingsgasse* (1857), *Der Hungerpastor* (1864), *Stopfkuchen. Eine See- und Mordgeschichte* (1891)

Adalbert Stifter (1805 – 1868), Erzählungen *(Bunte Steine)* und Romane (*Nachsommer*)

Theodor Storm (1817 – 1888), Lyrik (erinnert noch an die Romantik), Novellen, u. a. *Immensee* (1850), *Pole Poppenspäler* (1874), *Der Schimmelreiter* (1888).

Paul Heyse (1830 – 1914): Romane und Novellen, besondere Bedeutung als Theoretiker der Novelle (*Falke*)

BEISPIEL

Realismus

Theodor Fontane

M1: Die Brück' am Tay

(28. Dezember 1879) *When shall we three meet again? Macbeth*

„Wann treffen wir drei wieder zusamm'?"
„Um die siebente Stund', am Brückendamm."
„Am Mittelpfeiler."
„Ich lösche die Flamm'."
„Ich mit."
„Ich komme vom Norden her."
„Und ich vom Süden."
„Und ich vom Meer."
„Hei, das gibt einen Ringelreihn,
Und die Brücke muß in den Grund hinein."

„Und der Zug, der in die Brücke tritt
Um die siebente Stund'?"
„Ei, der muß mit."
„Muß mit."
„Tand, Tand
Ist das Gebilde von Menschenhand!"
Auf der Norderseite, das Brückenhaus –
Alle Fenster sehen nach Süden aus,
Und die Brücknersleut' ohne Rast und Ruh
Und in Bangen sehen nach Süden zu,
Sehen und warten, ob nicht ein Licht
Übers Wasser hin „Ich komme" spricht,

>>

>> **BEISPIEL**

„Ich komme, trotz Nacht und Sturmesflug,
Ich, der Edinburger Zug."

Und der Brückner jetzt: „Ich seh' einen Schein
Am anderen Ufer. Das muss er sein.
Nun, Mutter, weg mit dem bangen Traum,
Unser Johnie kommt und will seinen Baum,
Und was noch am Baume von Lichtern ist,
Zünd' alles an wie zum heiligen Christ,
Der will heuer zweimal mit uns sein, –
Und in elf Minuten ist er herein."

Und es war der Zug. Am Süderturm
Keucht er vorbei jetzt gegen den Sturm,
Und Johnie spricht: „Die Brücke noch!
Aber was tut es, wir zwingen es doch.
Ein fester Kessel, ein doppelter Dampf,
Die bleiben Sieger in solchem Kampf.
Und wie's auch rast und ringt und rennt,
Wir kriegen es unter, das Element.

Und unser Stolz ist unsre Brück';
Ich lache, denk' ich an früher zurück,
An all den Jammer und all die Not
Mit dem elend alten Schifferboot;
Wie manche liebe Christfestnacht
Hab' ich im Fährhaus zugebracht
Und sah unsrer Fenster lichten Schein
Und zählte und konnte nicht drüben sein."

Auf der Norderseite, das Brückenhaus –
Alle Fenster sehen nach Süden aus,
Und die Brücknersleut' ohne Rast und Ruh
Und in Bangen sehen nach Süden zu;
Denn wütender wurde der Winde Spiel,
Und jetzt, als ob Feuer vom Himmel fiel',
Erglüht es in niederschießender Pracht
Überm Wasser unten ... Und wieder ist Nacht.

>>

>> BEISPIEL

„Wann treffen wir drei wieder zusamm'?"
„Um Mitternacht, am Bergeskamm."
„Auf dem hohen Moor, am Erlenstamm."
„Ich komme."
„Ich mit."
„Ich nenn' euch die Zahl."
„Und ich die Namen."
„Und ich die Qual."
„Hei!
Wie Splitter brach das Gebälk entzwei."
„Tand, Tand
Ist das Gebilde von Menschenhand."

Aus: Theodor Fontane: Werke, Schriften und Briefe. Hrsg. v. W. Keitel; H. Nürnberger 1961 – 1997. Band 6, 3. Auflage. Hanser, München, 1996.

M2: Vossische Zeitung vom 30.12.1879

Die Eisenbahnbrücke über den Firth of Tay, der breiten meerartigen Mündung des Tay, die im Mai vorigen Jahres dem Verkehr übergeben wurde, ist eines der Wunder der Brückenbaukunst gewesen; sie ist ohne Frage die längste Brücke in der Welt, sofern die Breite des fließenden Wassers, welches überspannt ist, in Betracht gezogen wird. Mit Einschluß der Verlängerung am nördlichen Ufer mißt sie 10 612 Fuß englisch in 85 Spannungen verschiedener Weite. Elf Bögen haben 245' Weite. Am Ufer lag sie auf 70 bis 80' über dem Meere, in der Mitte war sie 130' hoch über Hochwasser. Alle Hilfsmittel, welche die moderne Technik an die Hand giebt, waren aufgeboten, um dies Werk herzustellen. Die größten Schwierigkeiten bot der Grund. Am Ufer machte der felsige Boden die Fundirung der Pfeiler leicht, in der Mitte dagegen mußte durch mit Beton gefüllte Cylinder fester Grund gewonnen werden. [...]

Der ganze Bau hatte ein höchst gefälliges und leichtes Aussehen. Er ist so lang, so luftig, so dünn, daß, von den Höhen von Newport (an der Südseite des Tay) aus gesehen, die Brücke wie ein von Ufer zu Ufer gezogenes Tau aussieht, und der Anblick eines über die Brücke dahinrollenden Eisenbahnzuges unwillkürliche nervöse Unruhe verursacht. Leider scheint dieser ängstigende Eindruck richtiger gewesen zu sein, als die Berechnungen der Techniker, obwohl im Augenblick die Nachrichten über die entsetzliche Katastrophe noch so widersprechend sind, daß sich noch kaum mit absoluter Sicherheit angeben läßt, ob die Brücke durch den Sturm zerstört und dadurch der Zug ins Verderben gestürzt ist oder ob der entgleiste Zug mehrere Joche der Brücke zum Einsturz gebracht hat.

>>

>> **BEISPIEL**

Die telegrafischen Meldungen über das Unglück besagen folgendes: Ein entsetzlicher Sturm fegte heute (Sonntag) Nacht über Dundee hin und riß einen Theil der Taybrücke nieder, auf welcher sich der um 7 ¼ Uhr fällige Eisenbahnzug von Edinburg befand. Man nimmt an, daß der Zug im Wasser begraben ist, allein der Sturm ist immer noch so heftig, daß kein Dampfboot im Stande war, sich der Brücke zu nähern. Von der Fifeseite war gehörig signalisirt worden, daß der Zug 14 Minuten nach 7 Uhr die Dundeebrücke überschritten habe; man hat denselben auch auf der Brücke gesehen und kurz darauf einen plötzlichen Feuerstrahl.
[...]
Über die Anzahl der Passagiere, welche sich im Zuge befanden, verlautet bislang nichts Bestimmtes; man spricht unterschiedlich von 150 bis 200 Personen. (Die Zahl der Opfer stellt sich mittlerweile auf ca. 90). [...]
Die Scenen am Bahnhof in Dundee, woselbst Angehörige der auf dem Zuge befindlichen Reisenden deren Ankunft erwartet hatten, sollen über alle Maßen ergreifend gewesen sein.

Vossische Zeitung, 30.12.1879

Theodor Fontane

M3: Der Realismus unserer Zeit

[...] Was unsere Zeit nach allen Seiten hin charakterisiert, das ist ihr *Realismus.* Die Ärzte verwerfen alle Schlüsse und Kombinationen, sie wollen Erfahrungen; die Politiker (aller Parteien) richten ihr Auge auf das wirkliche Bedürfnis und verschließen ihre Vortrefflichkeitsschablonen ins Pult; Militärs zucken die Achsel über unsere preußische Wehrverfassung und fordern „alte Grenadiere“ statt „junger Rekruten“; vor allem aber sind es die materiellen Fragen, nebst jenen tausend Versuchen zur Lösung des sozialen Rätsels, welche so entschieden in den Vordergrund treten, daß kein Zweifel bleibt: Die Welt ist des Spekulierens müde und verlangt nach jener „frischen grünen Weide“, die so nah lag und doch so fern.
Dieser Realismus unserer Zeit findet in der *Kunst* nicht nur sein entschiedenstes Echo, sondern äußert sich vielleicht auf keinem Gebiet unsers Lebens so augenscheinlich wie gerade in ihr. [...]
[Wir] zögern [...] nunmehr nicht länger, unsere Ansicht darüber auszusprechen, was wir überhaupt unter Realismus verstehen.
Vor allen Dingen verstehen wir *nicht* darunter das nackte Wiedergeben alltäglichen Lebens, am wenigsten seines Elends und seiner Schattenseiten. Traurig genug, daß es nötig ist, derlei sich von selbst verstehende Dinge noch erst versichern zu müssen. Aber es ist noch nicht allzu lange her, daß man (namentlich in der Malerei) *Misere* mit Realismus verwechselte und bei Darstellung eines sterbenden Proletariers, den hungernde Kinder umstehen, oder gar bei Produktionen jener sogenannten Tendenzbilder (schlesische Weber, das Jagdrecht u. dgl. m.) sich

>>

>> **BEISPIEL**

einbildete, der Kunst eine glänzende Richtung vorgezeichnet zu haben. Diese Richtung verhält sich zum echten Realismus wie das rohe Erz zum Metall: die Läuterung fehlt. Wohl ist das Motto des Realismus der Goethesche Zuruf:

Greif nur hinein ins volle Menschenleben,
Wo du es packst, da ist's interessant,

aber freilich, die Hand, die diesen Griff tut, muß eine künstlerische sein. Das Leben ist doch immer nur der Marmorsteinbruch, der den Stoff zu unendlichen Bildwerken in sich trägt; sie schlummern darin, aber nur dem Auge des Geweihten sichtbar und nur durch seine Hand zu erwecken. Der Block an sich, nur herausgerissen aus einem größern Ganzen, ist noch kein Kunstwerk, und dennoch haben wir die Erkenntnis als einen unbedingten Fortschritt zu begrüßen, daß es zunächst des Stoffes, oder sagen wir lieber des Wirklichen, zu allem künstlerischen Schaffen bedarf. Diese Erkenntnis, sonst nur im einzelnen mehr oder minder lebendig, ist in einem Jahrzehnt zu fast universeller Herrschaft in den Anschauungen und Produktionen unserer Dichter gelangt und bezeichnet einen abermaligen Wendepunkt in unserer Literatur. [...]

Wenn wir in Vorstehendem – mit Ausnahme eines einzigen Kernspruchs – uns lediglich negativ verhalten und überwiegend hervorgehoben haben, was der Realismus nicht ist, so geben wir nunmehr unsere Ansicht über das, was er ist, mit kurzen Worten dahin ab: Er ist die Widerspiegelung alles wirklichen Lebens, aller wahren Kräfte und Interessen im Elemente der Kunst; er ist, wenn man uns diese scherzhafte Wendung verzeiht, eine *„Interessenvertretung“* auf seine Art. [...] Der Realismus will nicht die bloße Sinnenwelt und nichts als diese; er will am allerwenigsten das bloß Handgreifliche, aber er will das *Wahre*. Er schließt nichts aus als die Lüge, das Forcierte, das Nebelhafte, das Abgestorbene – vier Dinge, mit denen wir glauben, eine ganze Literaturepoche bezeichnet zu haben. [...]

Aus: Theodor Fontane: Unsere lyrische und epische Poesie seit 1848 (1853). In: Theodor Fontane: Sämtliche Werke. Band 21,1. Hrsg. von Edgar Groß und Kurt Schreinert. Nymphenburger Verlagsbuchhandlung, München, 1963, Seiten 7 – 13 (Auszüge).

>>

>> **BEISPIEL**

Textwiedergabe (M3)

Ausschnitte einer Bearbeitung

In dem vorgelegten Textausschnitt behandelt Fontane die Frage nach dem Verhältnis von Kunst und Wirklichkeit und kommt so zum Begriff des Realismus, der in seiner Zeit eine besondere Rolle spielte. In seinen Ausführungen weist Fontane zunächst nach, in welchen Bereichen „Realismus" eine Rolle spielt, ehe er den Begriff auch in der Kunst lokalisiert. Er nähert sich dem Begriff, indem er zunächst sagt, was mit „Realismus" nicht gemeint ist, erläutert dann anhand der Aufgabe des Künstlers, was die Aufgabe der Kunst im Rahmen eines realistischen Konzepts sein muss, und fasst schließlich Konzept und Intention des Realismus zusammen. Bei den Definitionsversuchen fällt auf, dass Fontane eigentlich nur vom Negativen her argumentiert, wenn er zusammenstellt, was Realismus nicht ist. Letztendlich geht es ihm darum, das, was spätere Zeiten als „Naturalismus" bezeichnen, auszuklammern. Das heißt, Realismus ist auf keinen Fall Abbildung von Elend, ist nicht Misere, ist nicht nacktes Abbilden des täglichen Lebens.

Zuspitzung der Textaussagen: Definition Kunst – Künstler – Wirklichkeit

Fontane macht deutlich: Es gibt einen wesentlichen Unterschied zwischen Leben und realistischer Kunst. Das Leben liefert nur das Material, während das Kunstwerk eben das Werk des Künstlers ist. Zwar ist Stoff/Material immer Voraussetzung auch allen künstlerischen Schaffens, doch ist Kunst im realistischen Konzept wesentlich Werk des Künstlers und nicht Wirklichkeit selbst. [...]
Im Realismus spiegelt Kunst das wirkliche Leben wider, allerdings nicht in einer „Eins-zu-eins-Abbildung". Es ist vielmehr Aufgabe des Künstlers, aus dem „Steinbruch Wirklichkeit" geeignetes Material auszuwählen und dieses Material zu ordnen und anzuordnen, das heißt, der Künstler gibt dem Material erst eine Form, eine Gestalt. Der Künstler – das will wohl der Vergleich von Metall und rohem Erz sagen – läutert und erläutert Wirklichkeit und macht aus ihr „Kunst". [...]
Was dieses hier abstrakt vorgestellte Konzept wirklich für das Verhältnis der Kunst zur Wirklichkeit bedeutet, lässt sich verdeutlichen auf der Basis eines Textvergleichs, wie er in der Aufgabe gefordert wird.

Auswertung von M2: Zusammenfassung der „Textintention"

Redegegenstand von **M2** ist ein Geschehen, das sich unmittelbar vor Erscheinen des berichtenden Textes abgespielt hat. Gleichzeitig wird dieses Geschehen eingebettet in erweiternde Informationen zu technischen Zusammenhängen und Gegebenheiten der Zeit, die eine Beurteilung des Geschehens im Ansatz ermöglichen sollen.
Der Text wählt aus dem Kontinuum des Geschehens einzelne dem Autor wichtig erscheinende Fakten und Geschehensteile aus und stellt sie dar. So werden z. B. die Besonderheiten des Brückenbaues, seine herausragende Stellung unter den Bauwerken seiner Zeit, besonders betont.

>>

>> **BEISPIEL**

Aus den mehr oder weniger deutlich einlaufenden Teilnachrichten zum Unglück werden einzelne Elemente ausgewählt und damit hervorgehoben, so etwa der Zeitpunkt des Unglücks, die geschätzte Zahl der Opfer usw.

Will man die Schwerpunktsetzung des Autors genauer beurteilen, so empfiehlt es sich, die Textlänge genauer in den Blick zu nehmen. Dann wird deutlich, dass sehr viel gesagt wird zu den technischen Gegebenheiten des Brückenbauwerks, während die Unglücksmeldung selbst auf wenige Zeilen zusammengezogen wird. Insgesamt wird am Ende weder bewertet noch beurteilt. Es ist eben von einem Unglück die Rede, dessen Hintergründe und Ursachen noch nicht bekannt sind. [...]

erster Vergleich M1 – M2

M1 bearbeitet denselben Stoff. Aber es wird da schon besonders deutlich, dass die Auswahl eine völlig andere ist: Das Gesamtgeschehen wird eingebettet in einen überwirklichen Zusammenhang (so sind wohl die Hexen zu deuten). Aus diesem Zusammenhang heraus wird in gewisser Weise ein „Erklärungsrahmen" geschaffen, von dem her das Unglück eine besondere (Be-)Deutung erhält. Es ist nun kein zufällig sich ergebendes Unglück, sondern es hat eine „höhere" Bedeutung.
[...]

gezielte Auswertung M1

Weiterhin fällt auf, dass in der Ballade konkrete Figuren eingeführt werden. Das Geschehen wird aus der Perspektive dieser Figuren dargestellt. Die Figuren sind gleichzeitig beteiligt am Ablauf des Geschehens.
Durch gezielten Einsatz gestalterischer Mittel wie etwa wörtliche Rede, Ellipsen, Strophengliederung, Reimbindungen usw. wird die Wirkung intensiviert. Es werden durch die deutliche Perspektivik wie durch die Rhythmik des Gesamtvorgangs klare Akzente gesetzt. [...]

Das Unglücksgeschehen selbst wird in nur drei Zeilen am Ende angedeutet. Mehr nicht. Und doch wird in diesen drei Zeilen deutlich, was vorher – zumindest von den Brücknersleuten – befürchtet wurde.
Dass die Hexen am Ende nochmals zusammenkommen und in die Zukunft blickend das Wort ergreifen, stellt das konkrete Geschehen dann wirklich in einen erweiterten Rahmen.

Der Gegensatz, der sich in den verschiedenen Haltungen der Brücknersleute und ihres Sohnes andeutet, wird zugespitzt. Die Befürchtungen der Eltern stehen gegen das Vertrauen in die Technik, wie es der Sohn vertritt. Von dieser Konstellation her ist dann auch das Ende zu sehen. So wird das Gesamtgeschehen

>>

>> BEISPIEL

zu interpretieren sein unter der Maßgabe der letzten Zeilen: „Tand, Tand ist das Gebilde von Menschenhand."

Vergleich M1 – M2:
– Perspektivik

Vergleicht man beide Texte, so stehen sich objektive Berichterstattung und individuelle Perspektivik gegenüber. Wenn auch die objektive Berichterstattung einzelne Aspekte auswählt und das konkrete Geschehen einbettet in technische Erläuterungen, so bemüht sie sich doch um eine sachorientierte Darstellung des Geschehens. Die individuelle Perspektivik, die die Ballade bestimmt, macht die Abläufe nachvollziehbar, miterlebbar aus der jeweiligen Perspektivik heraus. Beide Texte wählen aus und setzen Akzente. Das Geschehen selbst wird eingebettet im einen Fall in die Informationen zur Technik, im anderen Fall aber in übergreifende Überlegungen, die menschliche Bemühungen im Rahmen übergeordneter Bezugsgrößen sehen.

– Deutungsrahmen

Der übergeordnete Deutungszusammenhang legt es nahe, menschliche Bestrebungen als von Mächten dominiert zu sehen, die den menschlichen Einflussbereich überschreiten.

– Textintentionen

So wird nun pointiert die Ohnmacht des Menschen betont. Die Technik vermag es eben nicht, wirklichen Schutz zu gewähren. **M2** geht demgegenüber auf die technischen Gegebenheiten des Bauwerks ein und ermöglicht so dem Rezipienten im Ansatz eine Beurteilung des Unglücks unter technischen Gesichtspunkten. Der Rezipient der Ballade wird demgegenüber in das Geschehen hineingezogen, muss die beiden Perspektiven miterleben und erfahren, wo die Grenzen menschlichen Strebens sind. [...]

Rückbindung an Ergebnisse aus der Untersuchung von M3

Bezieht man nun die beim Vergleich erzielten Ergebnisse auf die theoretischen Äußerungen Fontanes in **M3**, so wird deutlich, wie der Künstler mit dem „Steinbruch Wirklichkeit" umgehen muss: Er entnimmt ihm Teile, ordnet sie neu im Sinne einer eigenen Intention und schafft so etwas Neues, eine eigene Größe, die in der Lage ist, Wirklichkeit gewissermaßen modellhaft abzubilden im Interesse der „Wahrheit", auf die Kunst immer ausgerichtet sein muss. Freilich: Ohne Wirklichkeit als Lieferant des Materials gibt es das künstlerische Gebilde nicht. [...]

Auswertung im Sinne der übergreifenden Fragestellung

Dem ästhetischen Gegenstand gelingt es im realistischen Konzept, den konkreten Fall zum Modellfall werden zu lassen, anhand dessen Grundsituationen menschlichen Lebens diskutiert und beurteilt werden können. [...]

Der bürgerliche Realismus 2.8

Begriff und Eingrenzung	Im Konzept des Realismus versteht sich Kunst als Widerspiegelung des wirklichen Lebens, allerdings nicht in einer „Eins-zu-Eins-Abbildung". Die Künstler wählen aus dem „Steinbruch Wirklichkeit" Material aus, dem sie eine Form geben. Damit läutern und erläutern sie die Wirklichkeit.
Zeitgeschichte	→ 18. Mai 1848: erstes deutsches Nationalparlament → 1849: Parlament wird aufgelöst, Aufstände in einzelnen Kleinstaaten blutig niedergeschlagen. → 1861: Wilhelm I. König von Preußen, 1862 Otto von Bismarck preußischer Ministerpräsident → 1864: deutsch-dänischer Krieg → 1866: preußisch-österreichischer Krieg → 1867: Norddeutscher Bund → 1870 - 1871: deutsch-französischer Krieg → 18. Januar 1871: Reichsproklamation; Bismarck wird Reichskanzler
Kunstvorstellungen	Abwendung von der idealistischen und romantischen Tradition und Hinwendung zur unmittelbar erfahrenen Wirklichkeit. Aber: Nicht einfache Abbildung der Wirklichkeit, sondern Aufwertung durch die Kunst.
Weltbild, Menschenbild und Einstellungen	→ Auguste Comte (Drei-Stadien-Gesetz), Hippolyte Taine (Milieutheorie) → Empirismus, Sensualismus, Materialismus
Gattungen	→ Lyrik (Dinggedicht, Ballade) → Roman (Gesellschaftsroman, Entwicklungsroman) → Novelle, Dorfgeschichte → Drama (Hebbel, Grillparzer)

AUTOREN UND WERKE

- → Theodor Fontane (1819 - 1898): Irrungen Wirrungen (1888), Stine (1890), Frau Jenny Treibel (1892), Effi Briest (1894/95), Der Stechlin (1899)
- → Friedrich Hebbel (1813 - 1863): Maria Magdalene (1844), Agnes Bernauer (1855)
- → Gottfried Keller (1819 - 1890): Der grüne Heinrich (1854/55, 1879), Die Leute von Seldwyla (1856, 1874)
- → Conrad Ferdinand Meyer (1825 - 1898), Gedichte: Das Amulett (1873), Der Schuß von der Kanzel (1877), Gustav Adolfs Page (1882).
- → Theodor Storm (1817 - 1888): Immensee (1850), Pole Poppenspäler (1874), Der Schimmelreiter (1888).

ZITATE UND SPRÜCHE

- → „Realismus ist die Widerspiegelung allen wirklichen Lebens im Element der Kunst." (Fontane)
- → „Das Leben liefert das Material. Die Hand des Künstlers schafft das Kunstwerk." (Fontane)
- → „Die Kunst soll nicht verarmte Wirklichkeit sein, vielmehr bereicherte; nicht weniger Reize soll sie bewahren, sie soll neue hinzuerhalten durch das Medium des phantasieentquollenen Gedankens." (Otto Ludwig)

2.9 Der Naturalismus

Begriff und Eingrenzung

Naturalismus: Darstellung der Wirklichkeit

Anknüpfend an Strömungen aus Frankreich entsteht zwischen den 70er- und 90er-Jahren des 19. Jahrhunderts in Russland, Skandinavien und Deutschland eine Literaturbewegung, deren Kunstverständnis sich an der möglichst exakten Darstellung der Wirklichkeit orientiert: der Naturalismus. Der Terminus „Naturalismus" wird über die Verwendung als Epochenbegriff hinaus auch als generelles Charakterisierungsmerkmal von Literatur benutzt, wenn ausgedrückt werden soll, dass sich diese durch einen ausgeprägten und auffälligen Bezug zur Erfahrungswirklichkeit definiert.

Zeitgeschichte

Regierungsbeginn Wilhelm II

Die Literaturbewegung des Naturalismus fällt in die letzten beiden Jahrzehnte des 19. Jahrhunderts. In Deutschland findet sie statt vor der Kulisse der Thronbesteigung Wilhelms II., der im Jahr 1888 – nach nur 99-tägiger Regierungszeit seines schwerkranken Vaters Friedrich III. – das Erbe Wilhelms I. antritt und der Reichspolitik spätestens seit Bismarcks Entlassung 1890 eine umstrittene konservative und nationalistische Richtung gibt.

Sozialgeschichtlich steht der Naturalismus im Zusammenhang mit den Auswirkungen der Industriellen Revolution und dem Übergang Deutschlands vom Agrarstaat zur modernen Industrienation. Die damit einhergehende Verstädterung und die aufkommenden sozialen Missstände im Arbeitermilieu prägen die gesellschaftliche Situation Deutschlands und werden zu Themen der naturalistischen Literatur.

Weltbild, Menschenbild, Einstellungen

Aufdecken gesellschaftlicher Missstände

Noch expliziter und gründlicher als der Realismus bemüht sich der Naturalismus um eine Abbildung der Realität. Die Intention einer derartig exakten Wirklichkeitsdarstellung liegt dabei im Aufdecken gesellschaftlicher Wirklichkeiten und im Protest gegen die politischen, kulturellen und sozialen Verhältnisse der Zeit.

Ein Hintergrund derartig exakter Beschreibungen ist die Annäherung der Kunsttheorie an die Methoden und Erkenntnisse der empirischen Wissenschaften, die auf die Feststellung von Kausalitäten und durchschaubaren Gesetzlichkeiten in allen ablaufenden Prozessen zielten. Nachdem Charles Darwin und Ernst Haeckel eine Theorie zur Abstammung des Menschen vorgelegt haben, versucht man auch die psychischen Prozesse des Menschen naturgesetzmäßig erklärbar zu machen.

Milieutheorie als Grundlage

In Anlehnung an die Theorien des französischen Historikers Hippolyte A. Taine (1828–1893) geht man davon aus, das Verhalten des einzelnen Menschen und die Entwicklung der menschlichen Kultur durch eindeutige Gesetzmäßigkeiten erklären zu können. Die drei Hauptkräfte **Abstammung, historische Situation** und **soziale Umstände** werden als empirisch feststellbare Größen angenommen, die den Charakter und das Verhalten des Menschen bestimmen.

Kunstvorstellungen

Auch die Kunstvorstellung der Zeit orientiert sich an den empirischen Wissenschaften und bemüht sich um exakte Wahrnehmung und Darstellung möglichst vieler Einzelheiten der Wirklichkeit. In Anlehnung an die Vorstellung, nahezu alles Erfahrbare sei durch Gesetzmäßigkeiten zu beschreiben und zu erfassen, formuliert der Schriftsteller Arno Holz als entsprechendes Gesetz für die Kunst: „Kunst = Natur – x". Das erstrebenswerte Ideal besteht nach dieser Formel in einer Identität von Kunst und Natur. Das „x" steht für alles, was ein Kunstwerk von der Realität, die es abbilden will, unterscheidet und entfernt – wie etwa die subjektive Wirklichkeitssicht des Künstlers. Holz formuliert: *„Die Kunst hat die Tendenz, wieder die Natur zu sein. Sie wird sie nach Maßgabe ihrer jeweiligen Reproduktionsbedingungen."*

Streben nach Identität von Kunst und Realität

Aufgrund verschiedener Formen der künstlerischen Umsetzung des naturalistischen Programms unterscheidet man in Deutschland drei Phasen des Naturalismus: In seiner ersten Phase – man trifft sich in Diskussionskreisen und gründet neue Publikationsorgane – wenden sich die Intellektuellen zwischen 1885 und 1895 gegen die angepasste und seichte Unterhaltungsliteratur der Gründerzeitepoche nach 1871. Derartige Kunst wird als verlogen gekennzeichnet, die Forderung nach einer neuen künstlerischen Wahrheit wird laut. Dieser kritisierend-destruktiven Phase folgt eine Zeit eigener Produktivität. Sie konkretisiert sich zunächst in lyrischen Veröffentlichungen, deren Form zwar traditionell, die Inhalte aber sozialkritisch und politisch ausgerichtet sind. In Anlehnung an den französischen Naturalisten Émile Zola (1840 – 1902) entstehen schließlich in Form von Novellen und Kurzgeschichten einige naturalistische Prosa-Texte, die allerdings kaum als niveauvolle Sozialkritik angesehen werden können, da sie das Arbeiter- und Dirnenmilieu eher voyeuristisch nuancieren als realistisch ausgestalten.

drei Phasen des Naturalismus

Ein eigenes ernsthaftes Profil gewinnt der deutsche Naturalismus mit Gerhart Hauptmanns Novelle *Bahnwärter Thiel* (1888) und der Prosaskizze *Papa Hamlet* (1889) von Arno Holz und Johannes Schlaf. Vor allem im Werk von Holz und Schlaf wird das naturalistische Menschenbild greifbar, nach welchem menschliche Psyche und Verhaltensweisen aufgrund der verschiedenen Determinismen exakt beschrieben und nachvollzogen werden können.

Determiniertheit des Menschen

In einer letzten Phase ab 1889/1890 wenden sich die naturalistischen Schriftsteller der Bühne zu, um in sozialen Dramen und Milieustudien aus der sozialen Unterschicht die Abhängigkeit des Menschen von seiner Vererbung und seinem Umfeld aufzuzeigen.

Sprache

Entsprechend der programmatischen Bemühung um größtmögliche Realitätsnähe greift man zu neuen sprachlichen Mitteln. Typisch naturalistisch ist etwa der **Sekundenstil**, eine Erzähltechnik, die das Geschehen so detailliert wiedergibt, dass Erzählzeit und erzählte Zeit übereinstimmen. In den Dramen des Naturalismus finden sich ungewöhnlich ausführliche und präzise **Regieanweisungen**, die als eigenständiger epischer Bestandteil des Werks gesehen werden können. Eine sprachliche Besonderheit, die ihrerseits zum naturalistischen Kunstkonzept passt, ist die Benutzung **dialektaler und umgangssprachlicher Elemente**, wie sie etwa in Gerhart Hauptmanns Drama *Die Weber* vorkommen.

Themen, Motive, Gattungen

Darstellung des Hässlichen

Als typisch naturalistisch können die Schilderungen des Milieus der Arbeiterwelt und der einfachen Stadtbevölkerung angesehen werden, die – auch wenn es kaum zu ausdrücklichen Bewertungen kommt – deutliche sozialkritische Züge tragen. Armut, Ausbeutung und schlechte Lebensverhältnisse werden geschildert, womit eine künstlerische Darstellung des „Hässlichen“ etabliert wird, die einer Idealisierung oder Romantisierung der Realität, wie sie in den – vom Schulunterricht des wilhelminischen Deutschland bevorzugten – Epochen Klassik und Romantik versucht wurde, ausdrücklich und deutlich entgegensteht.

Robert Koehler, *Der Streik* (1886)

Ein weiteres zentrales Thema ist die Darstellung des durch die gesellschaftlichen Veränderungen im Zuge der Industriellen Revolution entwurzelten und entfremdeten Menschen. In Anlehnung an die Milieutheorie bemühen sich die Naturalisten dabei, den Zusammenhang zwischen privatem Schicksal und äußeren Bedingungen aufzuzeigen.

Autoren und Werke

Gerhart Hauptmann (1862 – 1946) ist der vielseitigste und bedeutendste Dichter des Naturalismus. Zentrale Themen seiner Werke sind die Not einzelner Menschen oder ganzer gesellschaftlicher Gruppen. Seine Milieu- und Charakterschilderungen gelten als plastisch und treffend. Mit der Novelle *Bahnwärter Thiel* (1888) und dem Massendrama *Die Weber* (1893) schuf er die Hauptwerke des deutschen Naturalismus. Hauptmanns spätere Werke enthalten märchenhafte, mythische und symbolische Elemente. Weitere Werke Hauptmanns sind zum Beispiel die Dramen *Vor Sonnenaufgang* (1889), *Der Biberpelz* (1893) und *Rose Bernd* (1903).

Gerhart Hauptmann (Aufnahme um 1910)

Die Novelle *Bahnwärter Thiel* trägt durchaus auch symbolistische Züge, kann aber dennoch als Beispiel für naturalistisches Erzählen genannt werden, da die gesellschaftlichen und triebhaften Bestimmungen („Determiniertheiten“) des Menschen thematisiert werden: Thiel, der für einen Bahnübergang an einer Schnellzugstrecke verantwortlich ist, hat nach dem Tod seiner Frau wieder geheiratet. Seine zweite Frau ist herrschsüchtig und misshandelt den kleinen Tobias, der aus Thiels erster Ehe stammt. Der Druck des Alltags und familiäre Konflikte verändern Thiel. Als Tobias an der Bahnstrecke ums Leben kommt, bricht er vollends zusammen. Im Wahn ermordert er seine Frau.

Arno Holz (1863 – 1929) ist weniger populär als Gerhart Hauptmann, gleichwohl er als der einflussreichste Dichter und Theoretiker des deutschen Naturalismus gilt. Durch Einbeziehen der Umgangssprache in die Dichtung, die Verwendung von Motiven aus dem Umfeld der Großstadt und die Anwendung des Sekundenstils prägt er die Epoche wesentlich. Bekannt ist das Drama *Papa Hamlet* (1889), das er zusammen mit Johannes Schlaf veröffentlichte.

Johannes Schlaf (1862 – 1941) legte zusammen mit Arno Holz wesentliche theoretische und praktische Fundamente des konsequenten Naturalismus und verfasste mit ihm zusammen Musterbeispiele naturalistischer Literatur. Neben dem Stück *Papa Hamlet* (1889) gilt auch *Die Familie Selicke* (1890) als typisches naturalistisches Drama. Als Schlafs Hauptwerk gilt das düstere Drama *Meister Oelze* (1892).

BEISPIEL

Naturalistisches Drama

Schlechte Bezahlung, erniedrigende Ausbeutung und katastrophale Lebensbedingungen führen im Juni 1844 zu einem Aufstand der schlesischen Leinenweber, der durch das Eingreifen des preußischen Militärs gewaltsam niedergeschlagen wird. Gerhart Hauptmann beschreibt die Situation in seinem Sozialdrama „Die Weber“ (1892). Er greift dabei auf Überlieferungen seines Großvaters, zeitgenössische und eigene Quellen (Informationsreisen) zurück. Das Stück zeigt, wie tiefgreifend und lebensbestimmend Klassenunterschiede zu dieser Zeit ausgeprägt waren. Die Protagonisten werden kaum mehr als Einzelpersonen, sondern vielmehr als Kollektiv von Unterdrückern und Unterdrückten wahrgenommen. Der Aufstand der Weber scheitert an der Intensität des Hasses, mit der er geführt wird, und durch die ein strategisches Vorgehen unmöglich wird.

Gerhart Hauptmann

Die Weber (1892)

Insgesamt eine exakte, detaillierte Beschreibung einer realistischen Situation. Nahezu dokumentarisch.

Der lange Vorspann geht weit über das hinaus, was in früheren Theaterstücken an Regieanweisungen vorhanden war. In der Detailliertheit und der Beschreibung ganzer Vorgänge und Geschehen wird der Vortext zu einem eigenwertigen epischen Element des Gesamttextes.

Die Beschreibung der Weber drückt deren Situation aus, die durch Ausbeutung, Schufterei und schlechte Lebensbedingungen gekennzeichnet ist. Die Formulierungen zeigen die Radikalität und Intensität dieser Lebensbedingungen.

ERSTER AKT

Ein geräumiges, graugetünchtes Zimmer in Dreißigers Haus zu Peterswaldau. Der Raum, wo die Weber das fertige Gewebe abzuliefern haben. Linker Hand sind Fenster ohne Gardinen, in der Hinterwand eine Glastür, rechts eine ebensolche Glastür, durch welche fortwährend Weber, Weberfrauen und Kinder ab- und zugehen. Längs der rechten Wand, die, wie die übrigen, größtenteils von Holzgestellen für Parchent verdeckt wird, zieht sich eine Bank, auf der die angekommenen Weber ihre Ware ausgebreitet haben. In der Reihenfolge der Ankunft treten sie vor und bieten ihre Ware zur Musterung. Expedient Pfeifer steht hinter einem großen Tisch, auf welchen die zu musternde Ware vom Weber gelegt wird. Er bedient sich bei der Schau eines Zirkels und einer Lupe. Ist er zu Ende mit der Untersuchung, so legt der Weber den Parchent auf die Waage, wo ein Kontorlehrling sein Gewicht prüft. Die abgenommene Ware schiebt derselbe Lehrling ins Repositorium. Den zu zahlenden Lohnbetrag ruft Expedient Pfeifer dem an einem kleinen Tischchen sitzenden Kassierer Neumann jedesmal laut zu.

Es ist ein schwüler Tag gegen Ende Mai. Die Uhr zeigt zwölf. Die meisten der harrenden Webersleute gleichen Menschen, die vor die Schranken des Gerichts gestellt sind, wo sie in peinigender Gespanntheit eine Entscheidung über Tod und Leben zu erwarten haben. Hinwiederum haftet allen etwas Gedrücktes, dem Almosenempfänger Eigentümliches an, der, von Demütigung zu Demütigung schreitend, im Bewusstsein, nur geduldet zu sein, sich so klein als möglich zu machen gewohnt ist. Dazu kommt ein starrer Zug resultatlosen, bohrenden Grübelns in allen Mienen. Die Männer, einander ähnelnd, halb zwerghaft, halb

>>

schulmeisterlich, sind in der Mehrzahl flachbrüstige, hüstelnde, ärmliche Menschen mit schmutzigblasser Gesichtsfarbe: Geschöpfe des Webstuhls, deren Knie infolge vielen Sitzens gekrümmt sind. Ihre Weiber zeigen weniger Typisches auf den ersten Blick; sie sind aufgelöst, gehetzt, abgetrieben – während die Männer eine gewisse klägliche Gravität zur Schau tragen – und zerlumpt, wo die Männer geflickt sind. Die jungen Mädchen sind mitunter nicht ohne Reiz; wächserne Blässe, zarte Formen, große, hervorstehende, melancholische Augen sind ihnen dann eigen.

KASSIERER NEUMANN, *Geld aufzählend.* Bleibt sechzehn Silbergroschen zwei Pfennig.

ERSTE WEBERFRAU, *dreißigjährig, sehr abgezehrt, streicht das Geld ein mit zitternden Fingern.* Sind Se bedankt.

NEUMANN, *als die Frau stehenbleibt.* Nu? stimmt's etwa wieder nich?

ERSTE WEBERFRAU, *bewegt, flehentlich.* A paar Fenniche uf Vorschuß hätt ich doch halt a so neetig.

NEUMANN. Ich hab a paar hundert Taler neetig. Wenn's ufs Neetighaben ankäm – *Schon mit Auszahlen an einen andern Weber beschäftigt, kurz:* Ieber den Vorschuß hat Herr Dreißiger selbst zu bestimmen.

ERSTE WEBERFRAU. Kennt ich da vielleicht amal mit'n Herrn Dreißiger selber red'n?

EXPEDIENT PFEIFER, *ehemaliger Weber. Das Typische an ihm ist unverkennbar; nur ist er wohlgenährt, gepflegt gekleidet, glatt rasiert, auch ein starker Schnupfer. Er ruft barsch herüber.* Da hätte Herr Dreißiger weeß Gott viel zu tun, wenn er sich um jede Kleenigkeit selber bekimmern sollte. Dazu sind wir da. *Er zirkelt und untersucht mit der Lupe.* Schwerenot! Das zieht. *Er packt sich einen dicken Schal um den Hals.* Macht de Tiere zu, wer reinkommt.

DER LEHRLING, *laut zu Pfeifer.* Das is, wie wenn man mit Kletzen red'te.

PFEIFER. Abgemacht sela! – Waage! *Der Weber legt das Webe auf die Waage.* Wenn Ihr ock Eure Sache besser verstehn tät't. Trepp'n hat's wieder drinne ... ich seh gar nich hin. A guter Weber verschiebt's Aufbäumen nich wer weeß wie lange,

BÄCKER *ist gekommen. Ein junger, ausnahmsweise starker Weber, dessen Gebaren ungezwungen, fast frech ist. Pfeifer. Neumann und der Lehrling werfen sich bei seinem Eintritt Blicke des Einvernehmens zu.* Schwere Not ja! Da soll eener wieder schwitz'n wie a Laugensack.

ERSTER WEBER, *halblaut.* 's sticht gar sehr nach Regen.

DER ALTE BAUMERT *drängt sich durch die Glastür rechts. Hinter der Tür gewahrt man die Schulter an Schulter gedrängt, zusammengepfercht wartenden Webersleute. Der Alte ist nach vorn gehumpelt und hat sein Pack in der Nähe des Bäcker auf die Bank gelegt. Er setzt sich daneben und wischt sich den Schweiß.* Hier 'is ne Ruh verdient.

BÄCKER. Ruhe is besser wie a Beehmen Geld.

DER ALTE BAUMERT. A Beehmen Geld mechte ooch sein. Gu'n Tag ooch, Bäcker!

BÄCKER. Tag ooch, Vater Baumert! Ma muß wieder lauern, wer weeß wie lange!

>>

>> BEISPIEL

Der Hinweis auf die Ähnlichkeit der Angehörigen des Weber-Standes passt zum kollektiven Figurenverständnis des gesamten Stückes.

Der Kassierer tritt gleich zu Beginn des Stückes mit seinem wichtigsten Charakteristikum auf: Er gibt den Webern offensichtlich wenig.

Nimmt die Situation der Weberin nicht ernst. Auch die Szenenanweisung zeigt, dass es hier nicht um die Menschen, sondern um die Abwicklung des Geschäfts geht.

Obwohl Pfeifer seinen sozialen Status verbessert hat, gehört er äußerlich zum Kollektiv der Weber, er hat das „typische" Aussehen.

Selbst der Lehrling behandelt die Weber abschätzig (Vergleich mit Gegenstand).
Bäcker hebt sich schon äußerlich von den anderen Webern ab, was von den Geschäftsleuten auch bemerkt wird. Hier deutet sich seine spätere Rolle beim Weberaufstand an.

Erneut eine epische Situationsschilderung, welche die Konstellation und die Situation der Weber veranschaulicht.
Die Gespräche zeigen die schwelende Unzufriedenheit der Weber.

>> **BEISPIEL**

ERSTER WEBER. Das kommt nich druf an. A Weber wart't an Stunde oder an'n Tag. A Weber is ock 'ne Sache.

Gerhart Hauptmann. Die Weber. Vollständiger Text des Schauspiels. Dokumentation. Hrsg. v. Hans Schwab-Felisch. 36. Auflage. Ullstein, Frankfurt/Main, Berlin, 1995. Seiten 7–9. (Ullstein-Buch 22901, Dichtung und Wirklichkeit)

Emil Orlik, Plakat zu Hauptmanns *Die Weber* (um 1897)

Epochentypische Aspekte in Gerhart Hauptmanns „Die Weber"
Schon die erste Szene des ersten Aktes zeigt wesentliche Charakteristika des gesamten Stückes und der naturalistischen Vorstellungen vom Theater, seinen Möglichkeiten und seinen Themen. Ein auffälliges Kennzeichen des Textauszuges sind die ausführlichen und umfangreichen Bühnenanweisungen, die inhaltlich und in Bezug auf ihren Umfang weit über das hinausgehen, was bisher für ein Drama üblich war. Die Texte beschreiben sehr realistisch und detailliert bestimmte Situationen – hier die Abgabe der Webstücke im Haus des Geschäftsmannes – deuten allerdings darüber hinaus bestimmte Aspekte der Personencharakteristik und -konstellation an, die für den weiteren Handlungsverlauf relevant sind.

Vor allem die Situation der Weber wird hier drastisch und anschaulich vor Augen geführt.
Man erhält einen Einblick in ihre Lebensbedingungen, wobei die Wortwahl und die Formulierungen die Intensität ihres Elends und ihrer – auch emotionalen – Not eindringlich wiedergeben. Insgesamt werden sowohl die vorgeschalteten als auch

>>

>> **BEISPIEL**

die eingefügten Bühnenanweisungen zu eigenständigen erzählenden Elementen innerhalb des Dramas.

Expositorisch ausgeführt wird die angedeutete Konfrontation der beteiligten Personengruppen in den Dialogen der ersten Szene. Auf der einen Seite stehen die Angestellten des Kaufmanns: der Kassierer Neumann, der Expedient Pfeiffer und der Lehrling. Sie nehmen die Waren an und zahlen den Webern ihren Lohn aus, womit sie gleichzeitig als Medium und als Barriere zwischen dem Geschäftsmann und seinen Arbeitern fungieren.

Ein direkter Kontakt zwischen Arbeitern und Geschäftsmann, etwa wenn es um die Frage nach einem Vorschuss geht, wird von ihnen nicht zugelassen. Ausreden und Ausflüchte machen eine solche Kommunikation unmöglich. In erster Linie beschäftigen sich die Angestellten mit dem Entgegennehmen der Ware, der Qualitätsprüfung und der Entlohnung der Weber. Die Kommentare und der Umgang mit den Webern charakterisiert sie allerdings als abgegrenzte, überlegene soziale Gruppe. Sie geben den Webern Befehle, nehmen sich für einzelne Arbeiter keine Zeit und kümmern sich erst recht nicht um deren Fragen oder Lebenssituation. Selbst der Lehrling fühlt sich den Webern überlegen und ordnet sich selbstbewusst dem Kollektiv der Kaufmannsangestellten zu.

Die Weber werden von dieser Gruppe nicht als Menschen wahrgenommen, sondern wie Gegenstände behandelt. Der Satz des Lehrlings, der die Weber mit „Klötzen“ vergleicht, zeigt dies.

Verschiedene Vertreter aus dem Webermilieu vermitteln ein anschauliches Bild dieser Gesellschaftsschicht. Die Weber erscheinen zunächst sehr untertänig, auch resigniert. Mehrfach werden ihre Lebenssituation, die finanzielle Not, die notwendige Arbeit auf dem Hof, die als Ausgleich für Pachtverpflichtungen zu leisten war, oder die fehlende soziale Absicherung angesprochen.

Die Weber werden hier in einer erniedrigenden Abhängigkeit von dem Gutdünken der Angestellten gezeigt. Mehrfach werden typische Merkmale in Verhalten und Aussehen angesprochen, sodass es hier weniger um einzelne Charaktere als um eine plastische Darstellung einer sozialen Gruppe geht.

2.9 Der Naturalismus

Begriff und Eingrenzung	Der Künstler bemüht sich, die Realität exakt und natürlich, das heißt wirklichkeitsgetreu, abzubilden.
Zeitgeschichte	Konservative und nationalistische Wende im Deutschland Kaiser Wilhelms II. Aufkommen der Sozialen Frage
Kunstvorstellungen	→ Orientierung der Kunst an den Methoden der empirischen Wissenschaften → Ideal: Kunst als identische Abbildung der Realität → Arno Holz: Kunst = Natur – x → Unterhaltungsliteratur der Gründerzeit wird als verlogen abgelehnt
Weltbild, Menschenbild und Einstellungen	→ Geprägt von Sozialer Frage, Verstädterung, Proletarisierung der Arbeiter → Erklärung der menschlichen Psyche durch die Milieutheorie: Abstammung, historische Situation und soziale Umstände bestimmen das Verhalten des Menschen gesetzmäßig
Sprache	→ Verwendung von Dialekt und Umgangssprache → Sekundenstil
Themen, Motive	→ Milieuschilderungen → Darstellung des „Hässlichen" → Vorstellung des entwurzelten und entfremdeten Menschen
Gattungen	→ Lyrik (traditionelle Formen, sozialkritische Inhalte) → Dramen → Novellen

AUTOREN UND WERKE

- → Gerhart Hauptmann (1862–1946): Bahnwärter Thiel (1888), Die Weber (1893)
- → Arno Holz (1863–1929) und Johannes Schlaf (1862–1941): Papa Hamlet (1889) und Die Familie Selicke (1890)

ZITATE UND SPRÜCHE

- → „Kunst = Natur – x" (Arno Holz)
- → „Die Kunst hat die Tendenz, wieder die Natur zu sein." (Arno Holz)
- → „Unsere Welt ist nicht mehr klassisch,/Unsere Welt ist nicht romantisch,/ Unsere Welt ist nur modern." (Arno Holz)

2.10 Literatur der Jahrhundertwende

Begriff und Eingrenzung

Hinter der neutralen Bezeichnung „Jahrhundertwende" verbirgt sich eine Vielzahl von individuellen und kollektiven Stil-, Schreib- und Denkrichtungen der literarisch sehr kreativen und konstruktiven Zeit zwischen 1890 und 1914. Neben dem weiteren Einfluss des Naturalismus und dem aufkommenden Expressionismus fasst die Literaturgeschichte einzelne Autoren und Werke als Vertreter eines literarischen Impressionismus, des Symbolismus und des Jugendstil zusammen. Darüber hinaus tragen einzelne Werke neuromantische, neuklassische oder dekadente Merkmale.

verschiedene Strömungen

Zeitgeschichte

In der Zeit um 1900 in Deutschland setzte Kaiser Wilhelm II., der seit 1888 im Amt war, energisch das imperialistische Streben nach einer gesteigerten Weltmachtstellung fort. Die Suche nach territorialer Expansion, aufkeimender Nationalismus, die Radikalisierung politischer Gruppen sowie weitere wirtschaftliche und technologische Aufschwünge prägten das gesellschaftliche Gefüge des deutschen Kaiserreichs zu Beginn des 20. Jahrhunderts. Diese vielschichtigen Entwicklungen gipfelten schließlich im Ausbruch des Ersten Weltkriegs im Jahr 1914, der die bereits bestehenden Spannungen weiter verschärfte.

Weltbild, Menschenbild, Einstellungen

Vor dem Hintergrund der großen und spürbaren politischen und wirtschaftlichen Veränderungen wird die Jahrhundertwende (frz.: *fin de siècle*) oft durch ambivalente Stimmungsbeschreibungen als „Ende und Neubeginn" charakterisiert, womit auf den Gegensatz zwischen Endzeitstimmung und Aufbruchseuphorie angespielt wird, der sich unter anderem aus dem Kontrast zwischen den technischen Fortschritten der Industrialisierung und der Sozialen Frage ergibt. Der Ausbruch des Ersten Weltkriegs wird von weiten Kreisen als notwendiger Zusammenbruch eines überkommenen Systems oder mindestens als fruchtbarer Erneuerungsimpuls in einer Phase der Stagnation und Resignation begrüßt.

Industrialisierung und Soziale Frage

Auch in den verschiedenen literarischen Strömungen lassen sich die divergenten Tendenzen und Stimmungen aufspüren. Gemeinsam ist den verschiedenen Richtungen die Ablehnung der bürgerlichen Welt und der dazugehörigen Wertvorstellungen. Meist wenden sie sich auch gegen die Wirklichkeitsorientierung des Naturalismus.

Kunstvorstellungen

Neben den vielen grundsätzlichen Unterschieden der einzelnen Kunstauffassungen der Zeit lassen sich auch gemeinsame Grundlagen erkennen. Alle Strömungen der Jahrhundertwende setzen sich in irgendeiner Form mit dem Naturalismus auseinander und definieren sich häufig als Überwinder der naturalistischen Kunstidee. Vor allem die absolute Annäherung von Kunst und Wirklichkeit sowie die Dominanz politischer und sozialkritischer Themen werden abgelehnt. Die Kunst soll jetzt eine eigene Bedeutung neben dem bloß Wahrnehmbaren bekommen, womit auch die naturalistische „Darstellung des Hässlichen" verworfen wird. Die Intention künstlerischer Darstellung ergibt sich für viele Schriftsteller aus ihr selbst. Die Kunst fungiert in den Augen dieser Künstler nicht als Medium zur exakten Wirklichkeitsdarstellung, sondern entsteht um ihrer selbst willen – man spricht vom *l'art pour l'art-Konzept*.

Überwindung des Naturalismus

Darüber hinaus verbindet die meisten Künstler der Zeit das Gefühl, die Kunst habe sich angesichts der großen politischen, technischen und wirtschaftlichen Veränderungen kaum adäquat zu einer „modernen Kunst" weiterentwickelt. Daraus resultierend begibt man sich auf die Suche nach angemessenen Konzepten. In verschiedenen Städten – etwa Berlin, München und Wien – schließen sich Künstlergruppen zusammen, um die empfundenen Defizite aufzuarbeiten, es entstehen verschiedene Richtungen.

Suche nach „moderner Kunst"

Benannt nach einem Gemälde des französischen Malers Claude Monet (1840 – 1926) entsteht in der Bildenden Kunst Frankreichs der **Impressionismus**. Naturalistische Ansätze weiterführend bemüht man sich nun um einen noch unmittelbareren Zugriff auf das künstlerisch Abzubildende. Die Maler verlassen die Ateliers und malen die Natur in unmittelbarer Anschauung. Anders als im Naturalismus geht es allerdings nicht um eine objektive Darstellung des Gesehenen, vielmehr bemüht man sich, Stimmungen und subjektive momentane und wechselnde Eindrücke, die auf den Betrachter wirken, künstlerisch auszudrücken. Auf die Dichtung übertragen bedeutet dies die Abkehr von den detaillierten Milieuschilderungen, die die Naturalisten zur Erklärung menschlicher Verhaltensweisen heranzogen, und eine differenzierte und sensible Hinwendung zur Beschreibung psychischer Vorgänge und Stimmungen. Anstelle des Menschen, der die Wirklichkeit wahrnehmen, erkennen und deuten kann, schildert der Impressionismus Stimmungen, Gefühle und unmittelbare Sinneseindrücke.

Stimmungen, Gefühle, Sinneseindrücke

In Deutschland entstehen Gedichte, Stimmungsnovellen und auch lyrische Theaterstücke, die impressionistische Züge tragen. Als impressionistische Dichter gelten Detlev von Liliencron (1844 – 1909) und Richard Dehmel (1863 – 1920).

Auch der **Symbolismus** hat seinen Ursprung in der französischen Literatur des späten 19. Jahrhunderts. Die Dichter sehen sich in ausdrücklichem Kontrast zu den Kunstvorstellungen des Realismus und des Naturalismus, deren detaillierte Wirklichkeitsbeschreibungen ihnen einseitig und aus künstlerischer Sicht unbefriedigend scheinen. Die Symbolisten begeben sich auf die Suche nach einer transzendenten Idee oder einem Geheimnis, das sich hinter der sichtbaren Oberfläche der Welt verbirgt. Dieses Verborgene lässt sich allerdings nicht erfassen und definieren, sondern kann allenfalls in Bildern und Symbolen beschworen und angedeutet werden. Metaphernreiche und – oft schwer verständliche – symbolische Sprachformen, musikalische und klangvolle Ausdrücke, Andeutungen und Suggestionen sind typische Merkmale symbolistischen Schreibens, die sich vor allem in der Lyrik verwirklichen lassen. Stefan George (1868 – 1933), Hugo von Hofmannsthal (1874 – 1929) und Rainer Maria Rilke (1875 – 1926) können als deutschsprachige Autoren dem Symbolismus zugerechnet werden.

Suche nach der transzendenten Idee

Die Kunstvorstellungen des **Jugendstil** werden zuerst in typischen Ornamenten in der Buchkunst – auf Vignetten, Kopfleisten, Randverzierungen, Titelblättern und Einbänden – greifbar, von wo sie auf Möbel, Boden- und Wandgestaltungen übertragen werden. Gängige Ornamente sind Bäume, Pflanzen, Fische, tanzende Frauen und mythische Wesen. Die Kunst des Jugendstils besteht ganz um ihrer selbst willen. Es geht um eine Ästhetik, die mit der Wirklichkeit nichts zu tun hat. Die Einzelheiten des Kunstwerks sollen weder – wie im Symbolismus – eine transzendente Idee andeuten, noch verhelfen sie – wie im Impressionismus – zur nachempfindbaren Wiedergabe eines subjektiven Sinneseindrucks. Derartige Kunst bemüht sich um Wirkung aus sich heraus, es geht um Schönheit der Darstellung und der Form.

Wirkung der Kunst aus sich heraus

Autoren und Werke

Friedrich Nietzsche (1844 – 1900) ist als Philosoph und Dichter ein wesentlicher Gedankengeber der Intellektuellen zur Zeit der Jahrhundertwende und darüber hinaus. Nietzsche wendet sich in seiner radikalen Kulturkritik gegen die vorherrschenden Denk- und Wertvorstellungen. Er propagiert die Nichtigkeit und Umwertung aller traditionellen – namentlich der christlich-abendländischen – Werte, Normen und Zielvorstellungen und beschwört ein neues, von individueller Kraft und eigener Willensstärke getragenes Menschenbild.

Arthur Schnitzler (1862 – 1931) zählt als Dramatiker und Erzähler zum Wiener Impressionismus. Schnitzler befasst sich – in Orientierung an den Theorien Sigmund Freuds – mit der menschlichen Psyche, auch im Zusammenhang mit erotischen Themen. Seine Novelle *Leutnant Gustl* (1901) ist ein frühes Beispiel für die konsequente Anwendung des inneren Monologs.

Stefan George (1868 – 1933) vertritt – gegen die „Sprachverwilderung“ des Naturalismus gewandt – ein strenges Form- und Schönheitsideal der Kunst und sieht die Motivation des Dichters in einer göttlichen Sendung. George lebt selbst sehr von der Welt abgeschieden, sammelt aber einen elitären Kreis von Dichtern und anderen Künstlern um sich, dessen Mitglieder ihm fast sakrale Verehrung zuteil werden lassen. George schafft in erster Linie feierliche, an die Ideen des französischen Symbolismus angelehnte, klang- und gefühlvolle Gedichte.

Rainer Maria Rilke (1875 – 1926) gilt als einflussreichster deutscher Lyriker der ersten Hälfte des 20. Jahrhunderts. Sensible Wahrnehmungen, stimmungsvolle und schwermütige Beschreibungen, melodische Sprachführung, Bilderreichtum und Formvollendung charakterisieren die frühe Lyrik Rilkes. Präzisere, plastischere und objektivere Schilderungen finden sich in den Gedichten ab 1902, was auf den Einfluss des französischen Bildhauers Auguste Rodin zurückgeführt werden kann, mit dem Rilke ab 1902 zusammenarbeitet. Neben der Lyrik verfasst Rilke Übersetzungen und wenige Prosa-Werke, etwa den Roman *Die Aufzeichnungen des Malte Laurids Brigge* (1910).

Rainer Maria Rilke

Heinrich Mann (1871 – 1950) und **Thomas Mann** (1875 – 1955) sind die großen Erzähler der Jahrhundertwende. Lässt sich das Werk des älteren Bruders Heinrich durch frühes – oft satirisch ausgestaltetes – Eintreten für liberale, demokratische, antimonarchische und antibürgerliche Themen und Intentionen charakterisieren, so tritt Thomas Mann vor dem Ersten Weltkrieg noch politisch konformer, also konservativer, auf. Dennoch befasst auch er sich in seinen frühen Werken – etwa im Debütroman *Die Buddenbrooks* (1901) – auf psychologisch-realistische Weise mit dem Niedergang des deutschen Großbürgertums und anderen Themen der Zeit.

Hermann Hesse (1877 – 1969) verfasst Gedichte und erzählende Texte und ist einer der bedeutendsten Vertreter der traditionellen Erzählform im 20. Jahrhundert. Seine Romane befassen sich mit inneren Wandlungen und Krisen, oft auch mit dem Zwiespalt zwischen Gefühl und Verstand. Werke aus der Zeit der Jahrhundertwende sind neben Gedichten der Roman *Peter Camenzind* (1904) und *Unterm Rad* (1904).

BEISPIEL

Lyrik der Jahrundertwende

Die unterschiedlichen Strömungen, die sich während der Jahrhundertwende feststellen lassen, machen es schwer, das Zeitgefühl an einem einzelnen Textbeispiel vorzustellen. An Rilkes Gedicht *Herbst* aus dem *Buch der Lieder* von 1902 lassen sich aber zumindest einzelne Aspekte der damaligen Kunstauffassung – vor allem die bewusste Abgrenzung von den Vorstellungen des Naturalismus – nachvollziehen.

Rainer Maria Rilke

Herbst (1902)

Die Blätter fallen, fallen wie von weit,
als welkten in den Himmeln ferne Gärten;
sie fallen mit verneinender Gebärde.

Und in den Nächten fällt die schwere Erde
aus allen Sternen in die Einsamkeit.

Wir alle fallen. Diese Hand da fällt.
Und sieh dir andre an: es ist in allen.

Und doch ist Einer, welcher dieses Fallen
unendlich sanft in seinen Händen hält.

Rainer Maria Rilke: Die Gedichte. 14. Auflage. Insel-Verlag, Frankfurt am Main, 2003, Seite 346.

Zu einem symbolträchtigen Alltagsgeschehen werden transzendente Bezüge hergestellt. Die Szene scheint auf einen Einschnitt, ein Ende hinzuweisen.

Der empfundene Einschnitt wird gleichsam „globalisiert“ und als „Einsamkeit“ konkretisiert.

Nicht nur der Planet Erde teilt dieses Schicksal, sondern offensichtlich alle seine Bewohner.

Aber: Ein Sinn, eine Geborgenheit, etwas Schützendes scheint hinter dem Verfall zu stehen und ihn positiv aufzuheben.

Zentrales Thema des kurzen Textes scheint das Fallen, das – sowohl als Verb wie auch als Substantiv – siebenmal ausdrücklich angesprochen und damit zum scheinbar wichtigsten thematischen wie formalen Kompositionsmoment des Gedichtes wird. Abschiedsmelancholie und Vergänglichkeitsstimmungen mit dem Herbst und dem Fallen des Laubes zu verbinden, ist kein neuer Gedanke; zur Zeit der Jahrhundertwende mag man hierin eine Wiedergabe der allgemeinen Verunsicherung sehen, welche diese Zeit charakterisiert. Wissenschaftliche, technische und politische Entwicklungen führten bei vielen Menschen zu Entfremdung und Zukunftsangst. Strukturen und Wertvorstellungen, an denen sie sich bisher orientieren konnten, taugen nicht mehr, was sich für den ein oder anderen Zeitgenossen sicherlich durch ein Gefühl des „Fallens“ ausdrücken ließ. Dass das Fallen zunächst negativ konnotiert ist, zeigen die beschriebenen Begleitumstände: „Fallen“ wird als Ergebnis eines „Welkens“ gedeutet, es ist von einer „verneinenden Gebärde“ begleitet, sein Ziel und sein Ergebnis ist die „Einsamkeit“.

Wie umfassend die Verneinungs- und Vergänglichkeitsstimmung ist, wird zweifach ausgedrückt. Schon die zweite Strophe scheint zeigen zu wollen, dass es hier um

>>

>> **BEISPIEL**

ein globales Phänomen geht, und verbindet dabei eine sachlich-wissenschaftliche Begriffsebene („Erde“ statt „Welt“) mit der empfundenen Stimmung, als sollte gezeigt werden, dass alles errungene Wissen des Menschen über die Erde, die Sterne und das Weltall den Fall-Prozess nicht aufhalten kann, dass die rationalistische Entzauberung der Welt das Fallen nicht ausschließt.

In diesem Gedicht scheint also mehr zu Ende zu gehen als ein Sommer. Die beschriebene Situation dient nur als Auslöser der weiterführenden Feststellungen. Schrittweise wird ausgeführt, wie weit sie über sich hinausweist. Beginnt die Beschreibung derartiger Verwiesenheit zunächst noch mit Vergleichen (die Vergleichspartikel „wie“ und „als“ weisen darauf hin), so wird das Verhältnis zwischen Sach- und Bildebene in der zweiten und spätestens in der dritten Strophe noch enger. Das Fallen und die fallenden Blätter werden zu Metaphern, wenn etwa von einer „fallenden“ Hand die Rede ist. Deutlich wird hierbei eine Verwobenheit von Erfahrungswirklichkeit und einer bildlich-poetischen Bedeutung vorgestellt. Die Natur dient hier nicht als Kulisse oder als Bestimmungsfaktor eines Lebensmilieus, sondern sie wird künstlerisch verstanden und erfährt eine symbolische und mehrperspektivische Deutung.

Die Verweisungsbezüge innerhalb des Gedichtes sind allerdings noch vielfältiger, sodass eine Interpretation, die bei der nahezu nihilistischen pauschalen Zerfall- und Endzeitzeitstimmung stehen bleibt, dem Gedicht – und damit auch der Rolle von Rilkes Lyrik im Kontext der Literatur der Jahrhundertwende – nicht gerecht wird. Zwar verweist das Fallen der Blätter auf das Fallen von Erde und Menschen, bereits ab dem zweiten Teil des allerersten Verses wird allerdings eine transzendente, über der ganzen Situation stehende Bezugsgröße angedeutet. Die Begrifflichkeiten des zweiten Verses („Himmel“ und „Gärten“) implizieren religiös-christliche Bezüge, die wiederum im letzten Doppelvers aufgegriffen und konkretisiert werden. Die Anspielung auf Gott – wie auch immer dieser Begriff hier verstanden wird – ist deutlich. Die Botschaft des Gedichtes beginnt eigentlich erst nach dem „und doch“ des vorletzten Verses. Alles Vorausgehende ist bloß Bestandsaufnahme. Dieses Gedicht der Jahrhundertwende beschreibt gerade nicht den resignierenden Milieudeterminismus des naturalistischen Weltbildes oder die hoffnungslose Weltuntergangsstimmung des Expressionismus, sondern das Gegenteil. Aller Wirklichkeit wird ein über sie hinausgehender sinnstiftender Halt zugestanden, der in einer Gottesvorstellung kulminiert. Der Grundton des Gedichtes findet sich daher nicht in dem vielfach angespielten „Fallen“, sondern im allerletzten Wort des Gedichtes, dem „hält“. Dass die beiden Kontrastbegriffe „fällt“ und „hält“ aufeinander gereimt sind, ist eine weitere, dazu passende formale Raffinesse.

Literatur der Jahrhundertwende 2.10

Begriff und Eingrenzung	Es geht um die literarischen Strömungen zur Zeit der Jahrhundertwende um 1900.
Zeitgeschichte	→ Ausbau der Macht Kaiser Wilhelms II. → Expansionsstreben und imperialistische Betätigung Deutschlands → Radikalisierung politischer Richtungen → nationale und internationale politische Konflikte → wirtschaftlicher und technischer Aufschwung
Kunstvorstellungen	Kunst dient zur Idealisierung des ritterlichen und höfischen Lebens
Weltbild, Menschenbild und Einstellungen	→ ambivalente Stimmungen angesichts einer als Umbruchszeit erfahrenen Epoche → „Ende und Neubeginn" → Konfrontation von Fortschrittseuphorie und Sozialer Frage
Sprache	→ Impressionismus: Bemühen um große Wirklichkeitsnähe durch Schilderung momentaner Stimmungen und Empfindungen → Symbolismus: Suche nach einer transzendenten Idee, die sich in der Symbolik der wahrnehmbaren Wirklichkeit verbirgt → Jugendstil: Orientierung an einer selbstzweckhaften Schönheit, l'art pour l'art-Prinzip
Themen, Motive, Gattungen	→ Lyrik als Ausdruck von Stimmungen und Bemühen um Schönheit → Romane

AUTOREN UND WERKE

- Arthur Schnitzler (1862 – 1931): Leutnant Gustl (1901)
- Stefan George (1868 – 1933): Lyrik
- Rainer Maria Rilke (1875 – 1926): Lyrik, Die Aufzeichnungen des Malte Laurids Brigge (1910)
- Heinrich Mann (1871 – 1950): Der Untertan (1914)
- Thomas Mann (1875 – 1955): Buddenbrooks (1901)
- Hermann Hesse (1877 – 1969): Peter Camenzind (1904), Unterm Rad (1904)

ZITATE UND SPRÜCHE

- „Ich beschwöre euch, meine Brüder, bleibt der Erde treu und glaubt denen nicht, welche euch von überirdischen Hoffnungen reden!" (Nietzsche)
- „Ich fürchte mich so vor der Menschen Wort. Sie sprechen alles so deutlich aus." (Rilke)

2.11 Expressionismus und Dadaismus

Begriff

Lat. *expressio* = Ausdruck. Der Begriff *Expressionismus* wurde 1911 erstmals verwendet und diente zur Bezeichnung der Bilder junger französischer Maler, die auf einer Ausstellung in Berlin gezeigt wurden. Der Schriftsteller Kurt Hiller übertrug den Begriff auf junge Dichter der Zeit. „Dada" als Bezeichnung entstand angeblich beim Blättern in einem deutsch-französischen Wörterbuch. Dort stellt das Wort die kindliche Bezeichnung für ein Holzpferdchen dar. Nach anderer Lesart ist in dem Wort der erste verbale Ausdruck eines Kleinkindes zu sehen und kann so den Neuanfang und die angestrebte Einfachheit und natürliche „Unreflektiertheit" symbolisieren.

Politische Zustände der Epoche

Erweitert man den von Benn geprägten Begriff vom „expressionistischen Jahrzehnt" etwas, so wird man auf den Zeitraum von 1905–1920/25 verwiesen. (Einige rechnen von 1888 bis 1932. Dieser Zeitraum überschreitet aber wohl zu deutlich das Epochenzentrum.) In Deutschland stagniert das innenpolitische Leben unter Kaiser Wilhelm II. vor dem Ersten Weltkrieg (so begrüßen viele Expressionisten den Ausbruch des Krieges als Auflösung der Erstarrung!), während die zunehmende Militarisierung zu einer etwas turbulenten Außenpolitik führt. Die Industrialisierung (Gründerzeit) ist noch in vollem Gang, die Verstädterung führt zu einem explosionsartigen Wachstum der Großstädte. Bald nach Ausbruch des Krieges verliert sich die Euphorie und weicht einer schonungslosen Kritik. Viele Dichter stellen die Grausamkeiten des Krieges in den Mittelpunkt einiger ihrer Werke. Nach dem Krieg bestimmen Orientierungslosigkeit, Wertrelativismus und schließlich die Wirtschaftskrise das kulturelle Leben.

Erstarrung vor dem Ersten Weltkrieg

Wachstum der Großstädte

Weltbild, Menschenbild, Einstellungen

Enthumanisierung der Welt

In der Welt um die Jahrhundertwende 1900 herrschte eine zunehmende Unübersichtlichkeit, bedingt durch die voranschreitende Industrialisierung, die den Menschen und seine Umwelt fest im Griff hatte. Die omnipräsenten Maschinen und die Arbeit an ihnen trugen zur Entfremdung und „Entmenschlichung" bei. Die Stadt entwickelte sich zu einem als feindlich wahrgenommenen Lebensraum, geprägt von Anonymität und Isolation, während die Natur unzugänglich wurde und durch „Notlösungen" wie den Schrebergarten neu erschaffen werden musste. Die Schlagworte „Wandlung", „Erneuerung" und „Steigerung" kennzeichneten die zentrale Thematik der expressionistischen Bewegung, die eine tiefgreifende Veränderung der Lebenswelt propagierte.

Sehnsucht nach Erneuerung

Kunstvorstellungen

George Grosz, Auschnitt aus dem Gemälde *Stützen der Gesellschaft* (1926)

Kunst stellt schonungslos dar

Kunst (in ihrem Bestreben, Form zu schaffen) und Wirklichkeit (in der nur noch Zufall und Unordnung wahrnehmbar sind) passen nicht mehr zusammen. So wird Kunst nach Hugo Ball zum „Kampf mit dem Irrsinn". Der Maler Paul Klee formuliert treffend: „Die Kunst gibt nicht das Sichtbare wieder, sondern macht sichtbar".
Im Vordergrund der erklärten Absichten der Kunst stehen zwei Tendenzen: Zum einen solle der herrschende Zustand schonungslos dargestellt werden, von dem man sich befreien will, zum andern geht es um den Entwurf visionärer Zukunftskonzepte. Gerade die zweite Tendenz führt immer wieder in die Nähe sozialistischen Gedankenguts. Der Kern des expressionistischen Kunststrebens aber ist in einer „missionarischen Grundtendenz" zu sehen: Es gilt, den Menschen zu verbessern, um die Welt zu verbessern. Der Dadaismus, aus dem „Cabaret Voltaire" Hugo Balls hervorgegangen, markiert eine massiv antibürgerliche Haltung, versteht sich als Fortsetzung des Expressionismus und auch als dessen Infragestellung. Zwar gibt es kein ausformuliertes Programm, doch kann man als Ziel die Aufdeckung der Verlogenheit des Bürgertums annehmen. Allen etablierten Kunstformen wird der Kampf angesagt, Vernunft wird relativiert, Ironie beherrscht die Szene. Zentrale Mittel sind Auflösung, Montage, Collage, Zufall. Auch die Sprache wird weitestgehend aufgelöst, es bleiben nur noch rudimentäre Strukturen.

Sprache

Tendenz zur Auflösung der Sprache, Suche nach Ausdrucksstärke, Sprachverknappung

Die disparate Befindlichkeit des Sprechers/Schreibers kann nur durch eine entsprechende Sprache zum Ausdruck gebracht werden. Die Wirklichkeit wird als Aufsplitterung in unvereinbare Teile wahrgenommen. Entsprechend wird die Sprache zum Teil aufgelöst: Wortfetzen, Auflösung der Syntax, Ellipsen, Reduktion auf einzelne Wörter sind häufig zu beobachten. Ausdrucksstärke wird durch Worthäufungen, syntaktische Verknappungen erreicht. Metaphern, Wortneuprägungen und Chiffren versuchen das Unsagbare zu benennen. **Sprachverknappung** (Verzicht auf Artikel, Präpositionen, Füllwörter, oft auch auf an sich unverzichtbare Satzglieder), nicht selten gepaart mit Zusammenballungen von Wörtern einer Wortart (Nomen; Verben), trägt wesentlich zu einer Intensivierung des Ausdrucks bei.

Der **Dadaismus** ist bestrebt, auch letzte Sinnreste einer Sprachgebung auszumerzen und Laute zufallsgesteuert zu arrangieren. Damit wird nicht nur jegliche Grammatik (als sinnstiftende Zusammenordnung), sondern auch jede wortbezogene Semantik ironisch aufgelöst.

Themen, Motive, Gattungen

Aufbruch

Aus dem Erlebnis der Auflösung bzw. Erstarrung der alten Orientierungssysteme entwickelt sich eine Aufbruchstimmung, die enthusiastisch, ja sogar ekstatisch in die Zukunft blickt. Die Gegenwart wird als Zeit der Ich-Gefährdung, ja sogar der Ich-Zerstörung (Großstadt) zum Thema. Der Mensch in seiner angeschlagenen Leiblichkeit, in seinen Krankheiten tritt bei vielen in den Mittelpunkt. (Krankheit und Tod werden zu zentralen Themen.) Schock, Provokation, unbarmherzige Benennung grauenhafter Details werden zu Mitteln, die Verlogenheit der zeitgenössischen Kultur aufzudecken.

Krankheit und Tod, Schock und Provokation

Zunächst erscheint die **Lyrik** als die geeignete Form, den Themen und Tendenzen gerecht zu werden. Hier lässt sich am entschiedensten „Form“ infrage stellen und neu konzipieren. Gottfried Benn spricht von „Weltzertrümmerung“. Die Gedichtanthologie „Menschheitsdämmerung“, von Kurt Pinthus 1920 herausgegeben, trägt die Kapitelüberschriften (damit werden die Themen benannt!): „Sturz und Schrei“, „Erweckung des Herzens“ „Aufruf und Empörung“, „Liebe den Menschen“. Man wendet sich aber grundsätzlich ab von dem, was bisher als „lyrisch“ angesehen wurde. So stellt Benn in seinen *Morgue*-Gedichten (1912) schonungslos Krankheit, Zerfall und Tod des Menschen dar. Stramm bricht völlig mit der Lyrik-Tradition, schon in seinem Stil: Er reiht Wort- und Satzfetzen aneinander, um seine entsetzlichen ersten Kriegserlebnisse darzustellen.

Im Dadaismus lässt sich kein eigentliches „Thema“ ausmachen, wohl aber lassen sich verschiedene lyrische „Formen“ finden, so etwa: Collage, Lautgedicht, Buchstabengedicht, Zufallsgedicht.

Im Drama wird Wandlung dargestellt

Zunehmend wird das **Drama** entdeckt (hier lässt sich die dynamische Wandlung/Veränderung am besten darstellen). Mehr und mehr lassen sich die Ideen von Wandlung und Durchbruch auf die Bühne bringen. Dabei tritt allerdings das Individuum zurück. An seine Stelle tritt der „Typ“ (keine Namen, nur Funktion). Der Roman tritt nur vereinzelt, dann aber in neuer Komposition auf. Den Expressionisten liegt nicht viel an einer entwickelnden Erklärung des Menschen und seiner psychologischen Genese. Kurze Erzählungen sind schon eher geeignet, disparate Situationen, ausweglose Stagnation, aber auch Ausbruch darzustellen.

Autoren und Werke

1920 veröffentlicht Kurt Pinthus die erste bedeutende Lyrikanthologie *Menschheitsdämmerung*. In ihr versammelt er die bedeutendsten Lyriker des expressionistischen Jahrzehnts.

Johannes R. Becher, 1891 geboren. Ab 1913 erschienen erste Gedichte. Er veröffentlichte in seiner expressionistischen Phase unter anderem in den Zeitschriften *Verfall und Triumph*, *Die Aktion* und *Die neue Kunst*.

Gottfried Benn wird am 2. 5. 1886 geboren. Ab 1912 arbeitet er als Pathologe und Serologe an Berliner Krankenhäusern. Er veröffentlicht seinen ersten Gedichtband: *Morgue* (= Leichenhaus). Im Mittelpunkt stehen für ihn der Zerfall und die Krankheit des menschlichen Körpers. 1913 folgt die Gedichtsammlung *Söhne*.

Alfred Döblin, 1878 in Stettin geboren, kommt 1888 nach Berlin, wo er 1900 mit dem Medizinstudium beginnt. Gleichzeitig setzt eine erste literarische Tätigkeit ein. Mit seinem Erzählband *Die Ermordung einer Butterblume* (1913) und den Romanen *Die drei Sprünge des Wang-Lun* (1915), *Wadzeks Kampf mit der Dampfturbine* (1918) und *Wallenstein* (1920) wird er zu einem der führenden Vertreter der expressionistischen Literatur. 1929 erscheint sein bedeutendster Roman: *Berlin Alexanderplatz*.

Georg Heym wird am 30. Oktober 1887 geboren. 1899 verfasst er erste Gedichte. 1906 gibt er mit seinem Freund Balcke zusammen die Zeitschrift *Kreißende Sonnen* heraus. Er wendet sich in seinen Gedichten dem Thema Großstadt zu. Seine Gedichte werden im Band *Der ewige Tag* gesammelt. 1912 ertrinkt er beim Schlittschuhlaufen. Seine Freunde geben den Gedichtband *Umbra vitae* heraus.

Egon Schiele, *Liebespaar* (1914/15)

Jakob van Hoddis (eigentlich Hans Davidson; 1887 in Berlin geboren) ist 1909 an der Gründung des literarischen „Neuen Clubs" beteiligt, bei den Treffen trägt er eigene Gedichte vor. Inzwischen hat er das Pseudonym van Hoddis angenommen. 1911 erscheint in der Zeitschrift *Der Demokrat* sein Gedicht *Weltende*. 1917 werden in der „Galerie Dada" in Zürich von einer Freundin seine Gedichte vorgetragen und von den Dadaisten begeistert aufgenommen. 1918 erscheint sein einziges Buch unter dem Titel *Weltende*.

Else Lasker-Schüler wird 1869 geboren. 1894 zieht sie mit ihrem Mann Berthold Lasker nach Berlin, 1903 trennt sie sich von ihrem Mann und heiratet den Herausgeber des *Sturm*, Herwarth Walden. Ihr erster Gedichtband *Styx* erscheint 1902, der Prosa-Erstling *Der siebente Tag* 1905. 1909 erscheint das erste Drama. Als ein Höhepunkt ihrer Lyrik gelten die *Hebräischen Balladen* (1913). 1943 erscheint der Gedichtband *Mein blaues Klavier*.

August Stramm wird am 29. Juli 1874 geboren. 1914 lernt er Herwarth Walden, den Herausgeber der Zeitschrift *Der Sturm*, kennen. Dort erscheinen Stramms erste Gedichte. Sein Drama *Erwachen* erscheint 1915 (Erstaufführung 1921). 1915 kommt August Stramm an die Ostfront, wo er am 1. September in Horodec (Russland) fällt. Seine Gedichtsammlung *Du. Liebesgedichte* erscheint 1915. Herwarth Walden gibt 1919 eine Sammlung von Stramms Kriegsgedichten unter dem Titel *Tropfblut* heraus.

Ernst Toller wird 1893 geboren. Nach Beteiligung am Munitionsarbeiterstreik (1918) wird Toller inhaftiert, kurz darauf in die Psychiatrie zwangseingewiesen, nach Ausrufung der Republik wird er zweiter Vorsitzender des Zentralrats der Bayerischen Arbeiter-, Bauern- und Soldatenräte. In der Münchner Räterepublik ist Toller Vorsitzender des Zentralrats sowie Abschnittskommandant der *Roten Garde*. 1920 bis 1924 schreibt Toller während der Haft seine wichtigsten Dramen, wie *Masse Mensch* und *Der deutsche Hinkemann*, in denen seine dezidiert pazifistische Haltung zum Ausdruck kommt.

Georg Trakl wird am 3. Februar 1887 geboren. 1892 kommt seine Schwester Margarete zur Welt, mit der ihn eine tiefe, zum Teil wohl inzestuöse Liebe verbindet, die bis zu Trakls Tod hält. Diese Beziehung (und vor allem der Versuch, sie zu bewältigen) hat in vielen seiner Gedichte Spuren hinterlassen. Ab 1900 beginnt Trakl mit dem Schreiben von Gedichten. In der Zeit von 1910 bis 1914 entstehen seine wichtigsten Dichtungen. Verfall, Einsamkeit und Tod bilden zentrale Themen der Gedichte. Ab 1912 erscheinen seine Gedichte im *Brenner*, einige auch in der *Fackel*. 1913 erscheint ein Gedichtband von Trakl in der Reihe *Der jüngste Tag*. 1914 nimmt er eine Überdosis Kokain. 1915 wird aus dem Nachlass die Gedichtsammlung *Sebastian im Traum* veröffentlicht.

Wichtige Autoren des Dadaismus: Hans Arp (1886 – 1966, *Wolkenpumpe*); Hugo Ball (1886 – 1927, *Die Karawane*, *Club Voltaire*); Walter Mehring (1896 – 1981, *Das Ketzerbrevier*); Kurt Schwitters (1887 – 1948, *Anna Blume*).

BEISPIEL

Identifizierung von epochentypischen Elementen

Gottfried Benn

Nachtcafé

824: Der Frauen Liebe und Leben. Das Cello trinkt rasch mal. Die Flöte rülpst tief drei Takte lang: das schöne Abendbrot. Die Trommel liest den Kriminalroman zu Ende.	Orchester; Ende der Pause	
Grüne Zähne, Pickel im Gesicht winkt einer Lidrandentzündung. Fett im Haar spricht zu offenem Mund mit Rachenmandel Glaube Liebe Hoffnung um den Hals. Junger Kropf ist Sattelnase gut. Er bezahlt für sie drei Biere. Bartflechte kauft Nelken, Doppelkinn zu erweichen.	paarweise: Mann und Frau; man kommt sich näher	↓ Steigerung der Verhaltensweisen
B-moll: die 35. Sonate. Zwei Augen brüllen auf: Spritzt nicht das Blut von Chopin in den Saal, damit das Pack drauf rumlatscht! Schluß! He, Gigi! –	Kunst und „Pack"	
Die Tür fließt hin: ein Weib. Wüste ausgedörrt. Kanaanitisch braun. Keusch. Höhlenreich. Ein Duft kommt mit. Kaum Duft. Es ist nur eine süße Vorwölbung der Luft gegen mein Gehirn.	Hoffnung: Ausnahme	Enttäuschung; Ironie als mögliche Haltung (?)
Eine Fettleibigkeit trippelt hinterher		

Gottfried Benn. Sämtliche Gedichte. Klett-Cotta, Stuttgart 1998

>>

>> **BEISPIEL**

Teile der Ausarbeitung

Ankündigung der Untersuchung des thematischen Aufbaus

[…] Bei der Untersuchung des thematischen Aufbaus wird man zunächst der Strophengliederung folgen. Dabei ist festzustellen: Der Text besteht aus acht verschieden langen Strophen (je 1–6 Zeilen), die verschiedene Teilthemen behandeln, alle unter der leitmotivischen Vorgabe: „Nachtcafé". Einzelne dieser Teilthemen lassen sich zu größeren Gruppen zusammenfassen. So ergibt sich die folgende Gliederung:

Beschreibung der thematischen Gliederung

In Strophe 1 wird das Orchester eines Nachtlokals vorgestellt. Die Aktivitäten der Musiker gegen Ende der Pause werden benannt. Strophen zwei bis fünf lassen sich zusammenfassen unter dem Gesichtspunkt „zwischenmenschliche Aktivitäten". Dabei geht es vor allem um Mann-Frau-Beziehungen. In Strophe sechs kehrt die Thematik zum Orchester zurück, führt aber zum Protest gegen den Missbrauch Chopins. In Strophe sieben wird ein Kontrast vorgestellt: Der Auftritt einer Frau wird beschrieben, die von den bisher vorgestellten Frauen deutlich abweicht. Strophe acht nimmt ironisch das in Strophe sieben Erhoffte zurück.

Im Detail:

Beschreibung der Auffälligkeiten in jedem Abschnitt

Benennung auffälliger Textgegebenheiten

Abstraktion: Deutungsansatz

Zunächst wird die Situation in einem „Nachtcafé" vorgestellt. Die Musikpause geht ihrem Ende zu, die neue Nummer wird angesagt. Die Musiker verabschieden sich von ihren „Pausentätigkeiten". Dabei fällt auf: Die Musiker werden nicht als solche genannt. Sie werden durch ihre Instrumente repräsentiert. Ihre Tätigkeiten sind banal, die gewählte Sprache fällt in ihrer Wortwahl auf: „rülpst", „trinkt rasch mal". Das zweite Thema wendet sich den Gästen des Nachtcafés zu. Sie werden repräsentiert durch ihre Krankheiten, Defizite und Anomalien („Rachenmandel", „Kropf", „Sattelnase", „Bartflechte", „Doppelkinn"). Bei genauerem Hinsehen wird deutlich, dass es sich in jeder der vier Strophen um ein Mann-Frau-Paar handelt, wobei die zwischenmenschlichen Beziehungen gesteigert werden. Mit dem „Winken" setzen sie beim ersten Paar ein, beim zweiten wird die Beziehung durch „Sprechen" fortgesetzt, in der nächsten Strophe „ist man sich gut". Es werden drei Biere bezahlt. In der letzten Strophe dieser Reihe werden sogar Nelken gekauft (zweckfreie Blumen also). Aber gerade hier wird die Absicht, der letztendliche Zweck benannt.

Auffälligkeit und Verallgemeinerung

Auffällig ist die medizinische Genauigkeit, mit der die Krankheiten erfasst, die Anomalien vorgestellt und benannt werden. Der Mensch erscheint hier reduziert auf seine Defekte. Die zwischenmenschlichen Beziehungen, die vordergründig auf Liebe hinauslaufen, werden in einen eindeutigen Kontext gestellt. Sie werden auf Materielles reduziert. Der Kauf der Nelken hat einen eindeutigen Zweck.

Klärung von Einzelheiten; Deutungsvermutung

Bleibt noch zu fragen nach der religiösen Symbolik in der dritten Strophe. „Glaube Liebe Hoffnung" stellen abstrakte Begriffe dar. Wahrscheinlich repräsentieren diese abstrakten Begriffe Symbole (etwa Kreuz, Herz), die als Schmuck um den

>>

>> BEISPIEL

Hals getragen werden. So wird Religion reduziert auf „schmückendes Beiwerk" ohne eigentliche Bedeutung.

Weiterführung der Untersuchung der Themenabfolge

Das dritte Thema, in der sechsten Strophe behandelt, wendet sich wieder der Musik zu. Schon in der ersten Strophe wurde deutlich: Musik wird mehr oder weniger geschäftsmäßig betrachtet, findet zwischen Lesen und Rülpsen statt. Auch wenn, wie nun in Strophe sechs angekündigt, Chopin gespielt werden soll. Angesichts der Gleichgültigkeit, die bisher dominierte, wirkt der Versuch, in dieser Umgebung Chopin zu spielen, schon fast blasphemisch. Ein entsprechender Protest wird geäußert: Zwei Augen brüllen auf. Freilich: Zu hören ist der Protest nicht, aber das Bild von den „brüllenden Augen" macht ihn umso deutlicher. Die Bewertung des Publikums als „Pack" ergibt sich aus der Kontrastierung mit Chopin, der als Hintergrundmusik für die im vorausgehenden Abschnitt beschriebenen Aktivitäten herhalten muss.

Deutung eines Einzelteils

Untersuchung der thematischen „Pointe": Beschreibung der Textgegebenheiten (Metaphern, Sprache)

Das letzte Thema bringt einen Einbruch: Die auftretende Frau wird nicht wie bisher die Menschen durch ein Defizit, eine Krankheit oder ein Instrument repräsentiert, sie wird „ein Weib" genannt. In syntaktisch verkürzten Wendungen, die alle durch einen Punkt abgeschlossen werden, werden die Frau und ihr Auftritt beschrieben. Dabei werden sowohl direkte Benennungen („keusch") als auch metaphorische Vergleiche („kanaanitisch braun") genutzt. Die Kurzsätze wirken wie unumstößliche Feststellungen, die das lyrische Ich trifft. Das lyrische Ich versucht nun weiter den Auftritt und seine Wirkung zu beschreiben und benennt das denkbar Vergänglichste als Element, den Duft. Schon in der Wahrnehmung löst er sich wieder auf („Kaum Duft"), wird aber in seiner Wirkung (süß) metaphorisch (Verwölbung der Luft) als vergänglicher, aber doch wichtiger Eindruck des lyrischen Ichs („gegen mein Gehirn") empfunden. Die Frau ist anders als die anderen. Der materielle Aspekt, der bisher der einzig gültige war, wird weitgehend aufgelöst, lässt sich nicht mehr konkret fassen. Die an dieser Stelle aber mögliche Hoffnung wird nach einer kurzen Pause (die letzte, einzeilige Strophe beginnt) wieder ironisch aufgelöst. Der Begleiter der Frau, hässlich und defekt wie alle andern, tritt auf als „Gefolgsmann" der Frau, in seinem Auftreten schon lächerlich („trippelt hinterher"). Damit wird die Frau, die sich in dieser Konstellation zeigt, wie alle anderen als käuflich entlarvt.

Deutungsversuch

Resultat

Ankündigung der Untersuchung/Deutung von Epochenmerkmalen

[...] Der Text lässt inhaltlich wie formal deutliche expressionistische Merkmale erkennen. Zunächst haben wir es im sprachlichen Bereich mit einer Sprachebene zu tun, die sich dem „hohen lyrischen Ton" verweigert und das Banale artikuliert („rülpst", „trippelt"), dann spielen syntaktische Verkürzungen eine bedeutende Rolle. Schon bei der Charakterisierung der beteiligten Figuren zeigen sich Verknappungen. In kurzen Aussagesätzen werden Feststellungen getroffen >>

Sprachebene

>> BEISPIEL

Thematik

Elliptisch verknappt werden Tätigkeiten benannt und aller Mystifizierung entkleidet. Sie werden reduziert auf das, was sie wirklich sind. Der Nelkenkauf hat einen eindeutigen Sinn: Das „Doppelkinn" soll „erweicht" werden. Der Aufschrei, ein typisch expressionistischer „Ausbruch", versucht die Kunst (Chopin) vor dem Zugriff, dem Missbrauch durch das „Pack" zu retten. Schließlich finden wir eine

typische Sprachgebung

weitere Verknappung im letzten Abschnitt. Die Verkürzungen werden gesteigert bis hin zu Ein-Wort-Sätzen, die abgelöst werden durch einen kompletten Satz, der selbst durch eine knappe Fügung infrage gestellt wird („Kaum Duft."). Hier

Weltsicht des lyrischen Ich

tritt auch das lyrische Ich (erkennbar im Possessivpronomen „mein") auf: Es hat bisher aus der Distanz beobachtet, fühlt sich nun aber direkt angesprochen, man könnte auch sagen „emotional berührt" (durch den Duft), ist fast dabei, Sympathie zu entwickeln, die Welt wieder positiver zu sehen. Es nimmt sich aber schnell wieder zurück, korrigiert durch das Gesamtbild. Ihm bleibt nur eine ironische Nennung des Defizitären.

Menschenbild

Das Menschenbild, das in diesem Text vorgelegt wird, spiegelt das Lebensgefühl der Expressionisten. Die idealistische (man wird vielleicht besser sagen: die

Zeithorizont

ideologische) Konzeption, die den Zeithorizont bestimmt, wird entschieden infrage gestellt. Gleichzeitig wird die Lebenswelt, die die spießbürgerliche Idylle vorgaukelt, mit der tatsächlichen Welt konfrontiert. Das verruchte, oberflächliche Milieu, in dem die zwischenmenschlichen Beziehungen auf Kaufen und Verkaufen reduziert sind, bestimmt das Leben. Die Menschen sind auf ihren Trieb reduziert. […]

Einordnung in die Epoche

Insgesamt ist *Nachtcafé* ein typisches Beispiel für die expressionistische Lyrik, die sich durch ihre düstere Sicht auf die Welt und ihre kritische Haltung gegenüber der Gesellschaft auszeichnet. Das Gedicht präsentiert ein negatives, dem „Humanen" sehr entfremdetes Menschenbild. Die Charaktere sind durch körperliche Makel und Krankheiten definiert, was ihre innere Zerrissenheit und Verzweiflung widerspiegelt. Dies ist typisch für den Expressionismus, der die hässlichen Seiten des Lebens und der menschlichen Natur hervorhebt. Darüber hinaus kritisiert Benn auch die Banalität bzw. die Banalisierung der Kunst. Die Musik, die im Café gespielt wird, wird als trivial und bedeutungslos dargestellt, die Reaktion des Publikums darauf ist gleichgültig und respektlos. Schließlich zeigt Benn in diesem Gedicht auch die Pragmatik der menschlichen Beziehungen. Die Interaktionen zwischen den Charakteren sind von Selbstinteresse und Manipulation geprägt, was die Entfremdung und Isolation der modernen Gesellschaft widerspiegelt. Die formale Gestaltung des Gedichts passt zu seinem Inhalt: Die freien, reimlosen Verse spiegeln das Unsortierte, Regellose und Unkonventionelle der hier zusammenkommenden Abend- bzw. Nachgesellschaft. Die bildhafte Sprache und die abrupten Übergänge unterstreichen diese Atmosphäre. Benn verwendet eine rohe, ungeschönte Sprache, um die Hässlichkeit und Brutalität der dargestellten Szene zu unterstreichen.

Expressionismus, Dadaismus 2.11

Begriff und Eingrenzung	Lat. „expressio" = Ausdruck. Der Begriff wurde 1911 erstmals zur Bezeichnung der Bilder junger französischer Maler verwendet. „Dada": zunächst der erste verbale Ausdruck eines Kleinkindes, bezeichnet symbolisch einen Neuanfang und die angestrebte Einfachheit und natürliche „Unreflektiertheit".
Zeitgeschichte	→ in Deutschland Stagnation des innenpolitischen Lebens vor dem ersten Weltkrieg; zunehmende Militarisierung; schließlich Ausbruch des Krieges → Industrialisierung; explosionsartiges Wachstum der Großstädte → nach dem Ersten Weltkrieg: Orientierungslosigkeit, politische und wirtschaftliche Krisen
Kunstvorstellungen	Kunst und Wirklichkeit passen nicht mehr zusammen. Kunst soll den herrschenden Zustand schonungslos offenlegen und ein visionäres Zukunftskonzept entwerfen.
Weltbild, Menschenbild und Einstellungen	Die Industrialisierung hat vom Menschen und seiner Welt Besitz ergriffen. Maschinen verdrängen den Menschen und führen zur Enthumanisierung der Welt. Die Stadt wird zum denaturierten Lebensraum – „Wandlung", „Erneuerung", „Steigerung" als Gegenbewegung
Sprache	→ Sprache zum Teil aufgelöst: Wortfetzen, Auflösung der Syntax, Ellipsen → Worthäufungen, Wortneuprägungen, Chiffren, Sprachverknappung (Verzicht auf Artikel, Präpositionen, Füllwörter, oft auch auf an sich unverzichtbare Satzglieder), Zusammenballungen von Wörtern einer Wortart
Gattungen	Lyrik und Drama bevorzugt; auch epische Kurztexte, gelegentlich Romane.

AUTOREN UND WERKE

Expressionistische Literatur:

- Lyrik: Gottfried Benn, Georg Heym, Jakob van Hoddis, Else Lasker-Schüler, Georg Trakl
- Drama: Carl Sternheim, August Stramm, Ernst Toller
- Roman: Alfred Döblin

Autorinnen und Autoren des Dadaismus:

- Hans Arp
- Emmy Ball-Hennings
- Hugo Ball

ZITATE UND SPRÜCHE

- „Kunst gibt nicht das Sichtbare wieder, sondern macht sichtbar." (Paul Klee)
- „Dada ist der Ekel vor der albernen verstandesmäßigen Erklärung der Welt." (Hans Arp)

2.12 Deutschsprachige Literatur zwischen 1918 und 1945

Begriff und Eingrenzung

Die Vielfalt literarischer Strömungen, die den Beginn des 20. Jahrhunderts kennzeichnet, setzt sich in der Zeit nach dem Ersten Weltkrieg fort. Expressionistische Gedichte werden weiterhin veröffentlicht und in Textsammlungen zusammengestellt. Schriftsteller wie Gerhart Hauptmann, Thomas Mann oder Hermann Hesse, deren Texte auch schon vor dem Ersten Weltkrieg veröffentlicht wurden, finden auch in den 1920er-Jahren einen großen Kreis an Leserinnen und Lesern. Dennoch prägen die politischen und gesellschaftlichen Veränderungen das kulturelle und literarische Leben der 1920er- und 1930er-Jahre sehr. Sowohl die politische wie die gesellschaftliche Verarbeitung des **Ersten Weltkriegs** (1914 – 1918) als auch die Entwicklungen, die letztlich zum **Zweiten Weltkrieg** (1939 – 1945) führten, hatten enorme Auswirkungen auf das kulturelle Leben, sodass die beiden Weltkriege auch als literaturgeschichtlich bedeutsame Ereignisse wahrgenommen werden können.

Politische Zustände der Zeit

Das Leben und die Kultur in Deutschland – wie in Europa insgesamt – sind in den 1920er-Jahren von starken, teilweise turbulenten politischen und materiellen Veränderungen bestimmt. Von Beginn an kämpfte die nach dem Ersten Weltkrieg entstandene **Weimarer Republik** mit wirtschaftlichen Schwierigkeiten, sozialen Spannungen und politischen Konflikten.

Ein zunächst einsetzender wirtschaftlicher Aufschwung in den frühen 1920er-Jahren – man spricht von den „**Goldenen Zwanzigern**" – führt zunächst zu einer Belebung des gesellschaftlichen und des kulturellen Lebens. Technologischer Fortschritt und aufkommender Wohlstand unterstützten die Entstehung einer Freizeit- und Konsumgesellschaft. In den großen Städten – in Deutschland vor allem in Berlin – entsteht eine markante Kulturszene, die auch durch neue Formen der Unterhaltungskultur geprägt ist. Kino-Vorführungen, Tanz- und Musikveranstaltungen werden zu populären Kulturereignissen, die entsprechenden Künstlerinnen und Künstler werden zu bekannten „Stars".

Zunehmend werden aber wirtschaftliche Instabilitäten spürbar, die letztlich in der Weltwirtschaftskrise des Jahres 1929 gipfeln. Der Zusammenbruch der Aktienmärkte führt im Oktober 1929 zu einem großen Börsenkrach in den USA, der eine weltweite Rezession auslöst. In vielen Ländern kommt es in den folgenden Monaten und Jahren zu Massenarbeitslosigkeit und enormen wirtschaftlichen

Unsicherheiten auf privater wie gesamtgesellschaftlicher Ebene. Eben diese werden letztlich zum Nährboden der Entstehung extremer und extremistischer politischer Positionen verschiedener Richtungen. Namentlich der Aufstieg der nationalsozialistischen Bewegung um Adolf Hitler führte in Deutschland zum Ende der demokratischen Strukturen innerhalb des Deutschen Reichs und zur Errichtung einer totalitären Diktatur. Die gewaltsame Verfolgung und Bekämpfung politischer Gegner, jüdischer Menschen und verschiedener Minderheiten, die militärische Aufrüstung Deutschlands und die Auslösung des Zweiten Weltkriegs gehören zu den Gräueln, die den Alltag der Zeit zwischen 1933 und 1945 bestimmten und die bis heute thematisch und moralisch diskutiert und aufgearbeitet werden.

Weltbild und Menschenbild

Die deutschsprachige Literatur zwischen den beiden Weltkriegen spiegelt das vielfältige zerrissene Welt- und Menschenbild der Zeit wider. Die Autoren standen vor der Herausforderung, mit den tiefgreifenden Veränderungen und Unsicherheiten umzugehen. Einerseits drückten sie Hoffnung auf Erneuerung und Wandel aus. Gerade die 1920er-Jahre waren geprägt von der Annahme, dass Frieden, Demokratie und wirtschaftlicher Aufschwung zu einer dauerhaften Verbesserung der Lebenssituationen führen könnten. Andererseits führten die zunehmenden politischen und finanziellen Krisen zu großen Verunsicherungen. Viele Menschen erlebten sich dabei als machtlos gegenüber gesellschaftlichen Entwicklungen und dem, was ihnen als „Fortschritt“ vermittelt werden sollte.

Nach 1933 bemühen sich die Nationalsozialisten wirkungsvoll um eine Durchdringung des gesamten privaten und gesellschaftlichen Lebens. Ihr Welt- und Menschenbild ist geprägt von rassistischen Vorstellungen, nach denen Menschen als Mitglieder bestimmter „Volksgemeinschaften“ – und kaum als individuell handelnde und freie Einzelmenschen wahrgenommen werden. Menschen und Menschengruppen, die von den Nationalsozialisten als „weniger wertvoll“ definiert werden, werden verfolgt und inhaftiert. Die Versuche der Zerstörung des jüdischen Lebens und die systematische Verfolgung jüdischer Menschen führen zu beispiellosem Leid. Die Auseinandersetzung mit dem von Deutschland verantworteten Völkermord an den Juden – Fachbegriffe sind *Holocaust* (griech. für „vollständig verbrannt/zerstört“) und *Shoah* (hebr. für „Katastrophe“) – ergibt sich als bleibende Aufgabe der deutschen Gesellschaft, die sich auch in zahlreichen literarischen Werken spiegelt.

Kunstvorstellungen

Die literarische Landschaft war von verschiedenen künstlerischen Bewegungen beeinflusst, die die Werke der Autoren prägten. Der **Expressionismus**, der in der vorherigen Jahrhundertwende entstanden war, fand auch in der Zeit der Weimarer Republik eine Fortsetzung. Die Bewegung der **Neuen Sachlichkeit** strebte eine nüchterne, objektive Schilderung der Realität an, mischte den neu entstehenden sachlichen Stil aber durchaus mit expressionistischen und symbolhaftbildlichen Darstellungen. Werke von Schriftstellern wie Erich Maria Remarque, Hans Fallada, Irmgard Keun und Erich Kästner zeichnen sich durch einen sachlichen Schreibstil gegenüber recht existentiellen und emotionalen Inhalten aus und stellen die sozialen und politischen Missstände ihrer Zeit damit wirkungsvoll dar. Die gesellschaftlichen Themen wie die rückblickende Auseinandersetzung mit dem Ersten Weltkrieg und seinen Auswirkungen, dem schillernden Kulturleben der „Goldenen Zwanziger“ und der entstehenden Massenarbeitslosigkeit und Armut werden literarisch verarbeitet.

Als besonderer deutschsprachiger Schriftsteller der 1920er-Jahre, der nur schwer einer der zeitgenössischen literarischen Strömungen zugeordnet werden kann, muss **Franz Kafka** genannt werden. Kafka – er lebte im deutschsprachigen Teil Prags – spielt in seinen Texten auf surreale und fantastische Art mit unbewussten Vorstellungen und Ängsten des Menschen. Er schreibt Erzählungen und Romane.

Themen der Literatur

Die Literatur der Zeit behandelte ein breites Spektrum von Themen. Sie spiegelt die Ängste, Hoffnungen und Konflikte der Gesellschaft wider. Armut und Arbeitslosigkeit werden zu prägenden Themen der Literatur der Neuen Sachlichkeit. Tendenzen der expressionistischen Literatur fortsetzend wird die Entfremdung des Menschen angesichts der weiteren Industrialisierung wie auch die damit verbundene Entindividualisierung thematisiert. Die Lyrik – Kurt Tucholskys Texte seien als Beispiele genannt – wird zunehmend gesellschaftskritisch und politisch. Auch Theaterstücke nehmen sich der politischen Entwicklung an und zielen auf die Kritik an politischen und gesellschaftlichen Missständen. Weiterhin bleiben auch die Erfahrungen des Ersten Weltkriegs und die damit verbundenen Traumata ein zentrales Thema der Literatur. Erich Maria Remarques Roman *Im Westen nichts Neues* wird zu einem erfolgreichen Zeitroman, der die Gefühle zahlreicher Leserinnen und Leser spiegelt.

In der Zeit nach 1933 wird es für viele Schriftstellerinnen und Schriftsteller schwer, die gesellschaftlichen Entwicklungen frei und offen in ihre Werke zu integrieren. Frühere Werke, die nicht der Ideologie der nationalsozialistischen Machthaber entsprachen, wurden verboten und zensiert. Im Mai 1933 kam es sogar zu symbolischen Bücherverbrennungen auf öffentlichen Plätzen. Manche Schriftstellerinnen und Schriftsteller verstummten in einer „inneren Emigration“, viele verließen Deutschland und lebten im Exil – etwa in den USA. In ihrer Literatur greifen sie Themen wie Verfolgung, Flucht, Heimatverlust und politisches Unrecht auf. Bekannte Exilschriftstellerinnen und -schriftsteller sind etwa Bertolt Brecht, Thomas Mann, Anna Seghers und Lion Feuchtwanger.

Innerhalb Deutschlands entstand eine literarische Strömung, die der Nazi-Ideologie entsprach und im Sinne der Propaganda gefördert wurde. Die sogenannte „Blut- und Bodenliteratur“ befasst sich mit der Verherrlichung der Heimat, der Natur und einer vermeintlichen volkstümlichen Lebensweise. Die Bindung des Menschen an seinen Heimat-Boden und seine Abstammung wird verklärt. Bekannte Vertreter dieser Strömung waren Hanns Johst und Wilhelm Schäfer.

Autoren und Werke

- Franz Kafka (1883 – 1924): Der österreichisch-tschechische Schriftsteller Franz Kafka ist berühmt für seine surrealen und fantastischen Werke, die sich mit Ängsten und Neurosen der Menschen befassen. Beispiele sind *Die Verwandlung* (1915) und *Der Prozess* (1925).
- Kurt Tucholsky (1890 – 1935): Kurt Tucholsky war Schriftsteller, Journalist und Satiriker. Er verfasste scharfsinnige politische Essays und satirische Gedichte.
- Erich Kästner (1899 – 1974): Erich Kästner war ein Schriftsteller, der für seine Kinderbücher wie *Emil und die Detektive* (1929) bekannt ist. Er schrieb aber auch gesellschaftskritische Werke wie *Fabian – Die Geschichte eines Moralisten* (1931).
- Erich Maria Remarque (1898 – 1970): Erich Maria Remarque erlangte große Berühmtheit durch seinen Antikriegsroman *Im Westen nichts Neues* (1928). Das Buch befasst sich mit den Grausamkeiten des Ersten Weltkriegs und den traumatischen Konsequenzen, die die Kriegserlebnisse für die Menschen hatten. *Im Westen nichts Neues* ist mehrfach als Kinofilm umgesetzt.
- Irmgard Keun (1905 – 1982): Die Schriftstellerin Irmgard Keun wurde durch Romane wie *Gilgi – eine von uns* (1931) und *Das kunstseidene Mädchen* (1932) bekannt. Im Stil der Neuen Sachlichkeit porträtieren die Romane das Leben junger Frauen in der Weimarer Republik.

BEISPIEL

Franz Kafka

Heimkehr (1920/1921)

Ich bin zurückgekehrt, ich habe den Flur durchschritten und blicke mich um. Es ist meines Vaters alter Hof. Die Pfütze in der Mitte. Altes, unbrauchbares Gerät, ineinander verfahren, verstellt den Weg zur Bodentreppe. Die Katze lauert auf dem Geländer. Ein zerrissenes Tuch, einmal im Spiel um eine Stange gewunden, hebt sich im Wind. Ich bin angekommen. Wer wird mich empfangen? Wer wartet hinter der Tür der Küche? Rauch kommt aus dem Schornstein, der Kaffee zum Abendessen wird gekocht. Ist dir heimlich, fühlst du dich zu Hause? Ich weiß es nicht, ich bin sehr unsicher. Meines Vaters Haus ist es, aber kalt steht Stück neben Stück, als wäre jedes mit seinen eigenen Angelegenheiten beschäftigt, die ich teils vergessen habe, teils niemals kannte. Was kann ich ihnen nützen, was bin ich ihnen und sei ich auch des Vaters, des alten Landwirts Sohn. Und ich wage nicht an die Küchentür zu klopfen, nur von der Ferne horche ich, nur von der Ferne horche ich stehend, nicht so, dass ich als Horcher überrascht werden könnte. Und weil ich von der Ferne horche, erhorche ich nichts, nur einen leichten Uhrenschlag höre ich oder glaube ihn vielleicht nur zu hören, herüber aus den Kindertagen. Was sonst in der Küche geschieht, ist das Geheimnis der dort Sitzenden, das sie vor mir wahren. Je länger man vor der Tür zögert, desto fremder wird man. Wie wäre es, wenn jetzt jemand die Tür öffnete und mich etwas fragte. Wäre ich dann nicht selbst wie einer, der sein Geheimnis wahren will.

Franz Kafka: Die Erzählungen und andere ausgewählte Prosa. Hrsg. v. Roger Hermes. 5. Auflage. Frankfurt am Main: Fischer Taschenbuch 2000. S. 464.

Deutungshypothese

Die Erzählung „Heimkehr“ von Franz Kafka thematisiert den Konflikt zwischen Zugehörigkeit und Entfremdung eines Menschen, insbesondere in Bezug auf seine Herkunft und sein Elternhaus. Der Protagonist kehrt in das Haus seines Vaters zurück und erlebt ein Gefühl des Außenseitertums, der Unsicherheit und der Scheu vor der früher vertrauten Umgebung. So führt seine „Heimkehr“ nicht zum Gefühl von Zuhause und Geborgenheit, sondern verstärkt die Wahrnehmung, fremd und isoliert zu sein und nicht „dazu zu gehören“.

Inhaltsangabe

Der Protagonist kehrt in das Haus seines Vaters zurück und nimmt seine Umgebung wahr. Viele Details sind ihm bekannt. Dennoch empfindet er sie nicht als vertraut, sondern als fremd, distanziert und kalt. Aus Furcht vor der Fremdheit und aus Unsicherheit über die Reaktion der Personen im Haus zögert er, die Küchentür zu öffnen. So entsteht ein Spannungsgefühl zwischen dem weiteren Eintreten in das Haus und der möglichen erneuten Abreise und damit zwischen dem Wunsch nach Zugehörigkeit und dem Gefühl der Entfremdung.

Auszug aus der Interpretation

Kafka zeigt in dieser Erzählung die Ambivalenz der Anbindung des Menschen an seine Herkunft und seine Vergangenheit. Obwohl der Ich-Erzähler physisch sehr nah an den Ort seiner Kindheit zurückkehrt, wirkt er emotional entfremdet. Die Beschreibung des Hauses als „kalt“ und die Unsicherheit beim Annähern an die Küchentür verdeutlichen, dass das Zuhause nicht mehr den vertrauten und herzlichen Ort repräsentiert, den es einst darstellte.
Die Betonung der Distanz und Isolation von der Familiensituation weist auf die Schwierigkeit hin, eine echte Verbindung zu seiner eigenen Vergangenheit – als Lebensphase oder zu den damit verbundenen Personen – herzustellen. Die Unsicherheit und die Angst vor dem Unbekannten können als symbolische Veranschaulichung der Herausforderung gedeutet werden, sich – trotz der eigenen Weiterentwicklung – sicher und selbstbewusst in der Vergangenheit zu verorten und ein Gefühl von Zugehörigkeit und Kontinuität (wieder)herzustellen. Kafka beleuchtet die Beziehung zwischen individueller Identität, Familie und Heimat, und wie diese Beziehungen im Laufe der Zeit verändert werden können.

Mögliche Deutung einzelner Motive

1. Die **Tür**: Die Tür zur Küche symbolisiert den Übergang von der äußeren Welt (dem Hof) zur inneren Welt (der Familie und der häuslichen Umgebung). Sie steht für die Schwelle zwischen der äußeren Realität und der persönlichen, intimen Sphäre des Zuhauses. Das Zögern des Heimkehrenden, die Tür zu öffnen, spiegelt seine Unsicherheit und sein inneres Ringen wider, ob er tatsächlich in der Lage ist, wieder in das Zuhause seiner Kindheit zurückzukehren. Es repräsentiert die Angst vor der Veränderung und der möglichen Entfremdung von dem, was einst vertraut war.

2. Das **Gerät im Hof**: Das alte, unbrauchbare Gerät im Hof, das den Weg zur Bodentreppe blockiert, könnte eine Metapher für die Hindernisse und Belastungen des Alltagslebens sein. Es repräsentiert möglicherweise die Schwierigkeiten und Herausforderungen, die den Weg zur inneren Welt erschweren. Diese Hindernisse könnten auch auf das Gefühl der Blockade oder der Isolation hinweisen, das der Sprecher Bezug auf seine familiäre Vergangenheit empfindet.

3. Die **Katze**: Die lauernde Katze auf dem Geländer könnte als Symbol für das Beobachten und die Wachsamkeit dienen. Katzen sind oft neugierige Tiere, die ihre Umgebung aufmerksam beobachten. In diesem Kontext könnte die Katze die Neugier des des Heimkehrenden repräsentieren, der versucht, sich mit seiner Vergangenheit auseinanderzusetzen und eine Verbindung zu ihr herzustellen. Die Katze könnte auch die Vorstellung von Fremdheit und Distanz verkörpern, da Katzen oft als unabhängig und eigenständig angesehen werden, ähnlich dem Gefühl der Entfremdung, das der Protagonist empfindet.

2.12 Deutschsprachige Literatur zwischen 1918 und 1945

Begriff und Eingrenzung	Viele Konsequenzen des Ersten Weltkriegs werden in den Jahren nach 1918 in der Literatur verarbeitet. Auch die gesellschaftlichen, politischen und ideologischen Entwicklungen, die zum Zweiten Weltkrieg führen, spiegeln sich in literarischen Werken.
Zeitgeschichte	→ Wirtschaftliche, gesellschaftliche und kulturelle Blütezeit der „Goldenen Zwanziger"; Aufkommende Instabilitäten bis zur Weltwirtschaftskrise → Aufkommen des Nationalismus → Zweiter Weltkrieg, Holocaust/Shoah
Kunstvorstellungen	→ Anknüpfen an Strömungen vor 1914: Expressionismus, Neuromantik und Symbolismus → Neue Sachlichkeit: Sachlich-nüchterne Spiegelung des gesellschaftlichen Alltags → Exilliteratur → „Blut- und Boden"-Literatur
Weltbild, Menschenbild und Einstellungen	→ breite Teilnahme am illustren Kulturleben → zunehmende Wahrnehmungen der Krisen und Politisierung der Menschen → rassenideologisches und „völkisches" Menschenbild des Nationalsozialismus samt dessen kritischer Reflexion
Sprache	→ Verbindung symbolhafter Kunstsprache mit sachlichen Darstellungen → teilweise Aufnahme alltagssprachlicher Formulierungen und Stile in die Literatur (z. B. bei Irmgard Keun) → satirische Sprache zur Kritik an den politischen Entwicklungen
Themen, Motive	→ Verarbeitung des Ersten Weltkriegs → Alltagsleben → politische Themen → Konflikte aufgrund der Krisen und der sozialen Ungleichheiten
Gattungen	→ erzählende Texte → Dramen → politische Zeitgedichte

AUTOREN UND WERKE

→ Franz Kafka (1883 - 1924): Die Verwandlung (1915), Der Prozess (1925).
→ Kurt Tucholsky (1890 - 1935): Politische Essays, satirische Gedichte.
→ Erich Kästner (1899 - 1974): Emil und die Detektive (1929), Fabian (1931).
→ Erich Maria Remarque (1898 - 1970): Im Westen nichts Neues (1928)
→ Irmgard Keun (1905 - 1982): Gilgi - eine von uns (1931), Das kunstseidene Mädchen (1932)

2.13 Deutschsprachige Literatur nach dem Zweiten Weltkrieg

Begriff und Eingrenzung

Das Ende des Zweiten Weltkriegs als literarische Epochengrenze zu konstatieren, ist insofern nicht unproblematisch, als die nach 1945 beachteten Autoren längst vorher als Schriftsteller tätig waren und sich entsprechend in bestimmte literarische (auch literaturpolitische) Strömungen einordnen lassen. Es ist daher falsch, mit dem Ende des Kriegs auch einen Abbruch aller künstlerischen Kontinuitäten zu unterstellen. Dennoch sind die gesellschaftlichen und politischen Ereignisse natürlich so tiefgreifend, dass sie das literarische Leben merklich und entscheidend beeinflussen. Angelehnt an die Gründungs- und Entwicklungsgeschichte Deutschlands, der Bundesrepublik und der DDR, lassen sich literarische Strömungen verfolgen, die eine differenziertere literaturgeschichtliche Einteilung in Phasen der Zeit seit 1945 legitimieren. Thematische Kontinuitäten finden sich bis in die Literatur der heutigen Zeit.

Zeitgeschichte

Gründung der Bundesrepublik und der DDR

Es geht um die Zeit zwischen 1945 und etwa den 1970er- und 1980er-Jahren. Wichtige Ereignisse im Lebenslauf Deutschlands sind die Gründungen der Bundesrepublik und der Deutschen Demokratischen Republik im Jahr 1949, damit verbunden auch der Mauerbau (1961). Vor dem weltpolitischen Hintergrund des Kalten Kriegs kommt es in den beiden Teilen Deutschlands zu verschiedenen Phasen der Etablierung und Konsolidierung der Systeme, später auch zu kritischen Auseinandersetzungen in verschiedenen Intensitäten. Als ein wichtiges Ergebnis der Aussöhnung der Blöcke kann die Wiedervereinigung (1989/1990) angesehen werden.

Weltbild, Menschenbild, Einstellungen

Die weitere Untergliederung der deutschsprachigen Literatur nach dem Zweiten Weltkrieg orientiert sich im Wesentlichen an politischen und gesellschaftlichen Entwicklungen und Strömungen.

Neuorientierung in der Bundesrepublik

So lassen sich für **die bundesrepublikanische Literatur** verschiedene Entwicklungsphasen feststellen, die jeweils auch das Lebensgefühl der Menschen in der Zeit ausdrücken: So wie die Deutschen nach dem Zweiten Weltkrieg den materiellen und emotionalen Kahlschlag erfahren und nach einer lebbaren und unbelasteten Neuorientierung suchen müssen, begibt sich auch die deutsche Literatur in einer **Konstituierungsphase** auf die Suche nach angemessenen Konzepten.

Zu einer deutlichen Profilierung kommt es im Anschluss an diese Suche aufgrund der kritischen Auseinandersetzung mit der politischen Situation der 1950er-Jahre. Die deutsche Literatur begründet ihr Selbstverständnis nun in einer greifbaren **sozialkritischen Tendenz**.

Studentenrevolte und politisches Engagement

Auch die weitere Profilierung geschieht in engem Zusammenhang zur gesellschaftlichen Entwicklung. In der politischen Krisenzeit zwischen 1961 und 1968 kommt es auch zu einer **Politisierung** des Literaturbetriebs. Das Ende des „Wirtschaftswunders“, der Bau der Mauer 1961, Spannungen in der Bildungs- und Arbeitsmarktpolitik führen – verknüpft mit weiteren innen- und außenpolitischen Ereignissen – zu einer Studentenrevolte, die bei zahlreichen bekannten Schriftstellern zu persönlichem und literarischem politischen Engagement führt.

Zu **subjektiveren Ansätzen** findet die Literatur schließlich, nachdem auch die öffentlichen Diskussionen in der Bundesrepublik wieder leiser geworden sind. Bis heute differenzieren zahlreiche politische und gesellschaftliche Ereignisse auf verschiedenen Ebenen, individuelle Schicksale und globale Zusammenhänge das Bild der deutschen Gesellschaft und Literatur.

Kunstvorstellungen

Exilanten und „Innere Emigration“

Die Situation der deutschsprachigen Literatur nach dem Zweiten Weltkrieg ist zunächst deutlich von den Diskrepanzen und Gruppenbildungen der deutschen Schriftsteller zur Zeit des Nationalsozialismus geprägt. Der großen Gruppe von Autoren, die sich noch im Exil befinden und die weitere Entwicklung Deutschlands von dort aus beobachten und kommentieren, stehen diejenigen gegenüber, die schweigend („Innere Emigration“) oder öffentlich tätig die Hitlerzeit innerhalb Deutschlands erlebt hatten.

Es kommt zu Auseinandersetzungen über die Angemessenheit von Emigration und Innerer Emigration, die sich auch darin konkretisiert, dass sich viele namhafte Exilschriftsteller der sowjetisch verwalteten Zone Deutschlands – also der späteren DDR – zuwenden, wo sie eine deutlichere und grundsätzlichere Abgrenzung zu den Kontinuitäten der NS-Zeit feststellen können. Sie werden von der Bundesrepublik bis in die 1960er-Jahre kaum wahrgenommen, hier orientiert man sich eher an Autoren, die nicht im Exil gelebt haben.

Distanzierung von der Kunst des Nationalsozialismus

Die ästhetischen Konzepte der Nachkriegsliteratur sind im Wesentlichen als kritische Beschäftigung mit der Zeit des Nationalsozialismus zu verstehen und insofern deutlich an entsprechende individuelle und gesellschaftliche Fragestellungen rückgebunden. Die traditionsverhaftete Idyllik und Beschaulichkeit simulierende Poesie einiger Autoren aus dem Umfeld der Inneren Emigration wirkt unzeitgemäß und unangemessenen. Die erfahrenen Einschnitte erfordern neue Formen, die Radikalität von Ende und Neubeginn verlangt andere, unverdorbene Ausdrucksweisen.

Eine neue, junge Autorengeneration stellt sich der Realität und setzt sich in der so bezeichneten **Trümmerliteratur** mit dem Tod, der Zerstörung, den Erfahrungen des Kriegs und der Heimkehr, auch mit der Frage nach Angst, Schuld und Verantwortung auseinander. Wolfgang Borcherts Kurzgeschichten und die Gedichte von Günther Eich sind Beispiele hierfür. Auch die Schriftsteller der 1947 gegründeten **Gruppe 47** gehören in diesen Zusammenhang, bemühen sie sich doch ebenfalls um realistisches und unbeschönigendes Erzählen der Situation im und nach dem Krieg. Auch hier wird die Frage nach einem angemessenen Konzept für den Neubeginn der deutschen Literatur gestellt.

Suche nach Neubeginn

GRUPPE 47

Namhafte Autoren, die der von Hans Werner Richter (1908 – 1993) geleiteten Gruppe 47 nahestanden:
Ilse Aichinger (geb. 1921),
Heinrich Böll (1917 – 1985),
Ingeborg Bachmann (1926 – 1973),
Günter Eich (1907 – 1972),
Wolfgang Hildesheimer (1916 – 1991),
Uwe Johnson (1934 – 1984),
Wolfdietrich Schnurre (1920 – 1989),
Helmut Heißenbüttel (1921 – 1996),
Peter Weiss (1916 – 1982),
Paul Celan (1920 – 1970),
Martin Walser (geb. 1927) und
Günter Grass (1927 – 2015)

Die **sozialkritische Literatur** der 1950er-Jahre findet nach der Richtungssuche der Trümmerliteratur zu einer gemeinsamen, Identifikation stiftenden Ausrichtung. Die damaligen Autoren finden sich in der Kritik an den politischen Konzepten der Adenauer-Regierung der 1950er-Jahre zusammen. Romane von Wolfgang Koeppen (1906 – 1996), Erzählungen von Siegfried Lenz (geb. 1926) oder Heinrich Böll (1917 – 1985) begegnen als kritisch erzählte Zeitgeschichte, in der das Thema Vergangenheitsbewältigung eine große Rolle spielt.

Romane als kritisch erzählte Zeitgeschichte

Mit den Studentenprotesten der 1960er-Jahre fühlen sich auch die Literaten der Zeit zu politischer Stellungnahme und zu **politischem Engagement** aufgerufen.

Kunst und Politik

Einige Schriftsteller beziehen sich nun ausdrücklich auf bestimmte Parteien und unterstützen deren Arbeit. Politisches Theater und politische Lyrik werden zu populären literarischen Formen dieser Unterstützung. Thematisch orientiert man sich an aktuellen Ereignissen und nimmt Stellung gegen Gewaltherrschaft, Unterdrückung und Ausbeutung. Kunst wird als Mittel der Einflussnahme auf demokratische gesellschaftliche Prozesse und Diskussionen gesehen.

In der Nachfolgezeit bleiben die Vergangenheitsbewältigung und der Umgang der Bundesrepublik mit kritischen gesellschaftlichen Tendenzen ein Thema der politisch orientierten Literatur. Darüber hinaus kommt es – anknüpfend an die Auseinandersetzung mit der eigenen Rolle innerhalb der Geschichte und des politischen Systems – zu deutlich **subjektiv** orientierten, auch autobiografisch angelegten Werken, die sich etwa mit der eigenen sozialen Herkunft und persönlichen Lebensperspektiven befassen. Aus ähnlichen Impulsen entsteht in der Bundesrepublik eine neue → Frauenliteratur, die ihrerseits die Frage nach Identität, Individualität und Abgrenzung thematisiert.

Sprache

Abgrenzung von Sprachmustern des Nationalsozialismus

Einheitliche Bemühungen um einen bestimmten Umgang mit der Sprache lassen sich am ehesten für die unmittelbare Nachkriegsliteratur feststellen. Deutlich und ausdrücklich bemüht man sich nach dem Krieg um eine Abgrenzung von den Sprachmustern und -formen, die von den Nationalsozialisten manipulativ und systemstützend gebraucht wurden. Die Benutzung einer knappen, unverschnörkelten, sachlichen und gegenständlichen Sprache soll vor diesem Hintergrund einerseits dem Lebensgefühl in den vom Krieg zerstörten Landschaften Rechnung tragen, andererseits die beschriebene Abgrenzung zu vorherigen Sprachmustern leisten. Viele Lyriker stellen sich darüber hinaus die Frage, ob es überhaupt eine angemessene Sprache gibt, mit welcher das Erlebte – es geht vor allem um die Shoah – ausgedrückt werden kann. Kryptische Bilder und Metaphern und individuelle Verschlüsselungen sind ein Ausdruck derartiger Empfindungen und Ansichten. Die Gedichte von Hilde Domin (1912–2006), Ingeborg Bachmann, Ilse Aichinger oder Paul Celan weisen entsprechende Charakteristika auf.

Themen, Motive, Gattungen

Die Konstatierung des Endes und die Forderung nach einem Neubeginn konkretisieren sich zunächst in Gedichten sowie in kurzen Schau- oder Hörspielen der Trümmerliteratur. Anknüpfend an die Sprach- und Erzähltraditionen vor 1933 – etwa an die des Expressionismus – entstehen Werke, die sich inhaltlich direkt und ausdrücklich mit der Situation der Deutschen als Kriegsgefangene,

Heimkehrer, Vertriebene oder Bewohner der zerbombten Städte befassen. Wolfgang Borcherts **Hörspiel** *Draußen vor der Tür* (1947) ist eines der bekanntesten Beispiele derartigen Schreibens.

International anerkannte und langfristig wirksame deutsche **Prosa** entsteht in den 50er-Jahren. Rückgebunden an die moralischen und gesellschaftlichen Fragen der Auseinandersetzung mit der jüngsten Vergangenheit, die anspruchsvoll auf grundsätzliche Fragen des Menschseins und auf aktuelle gesellschaftliche Phänomene bezogen werden, entstehen **Romane** von Uwe Johnson, Günter Grass, Heinrich Böll und Martin Walser.

Romane der 1950er-Jahre

Im Zusammenhang mit der **Politisierung der Literatur** in den 1960er-Jahren entstehen zahlreiche deutsche Theaterstücke, durch welche die Diskussionen des öffentlichen Lebens auf die Bühne gebracht und dort verhandelt werden. Ein Beispiel für eine solche engagierte **Dramatik** ist Rolf Hochhuths Stück *Der Stellvertreter* (1963), welches das Verhalten des Vatikans unter Pius XII. während des Holocaust polemisch kritisiert. Das Stück löste große Diskussionen über das Verhalten der Kirche aus. Andere Stücke widmen sich Themen wie Krieg, Gewaltherrschaft oder Unterdrückung.

engagierte Dramatik

In weiterer intentionaler und thematischer Differenzierung werden die nationalen und internationalen politischen Themen bis heute in allen Gattungen behandelt. Die Auseinandersetzung mit dem Dritten Reich, dem Holocaust und der Frage nach dem Umgang mit diesen Themen, das Hinterfragen politischer Gesinnungen und sozialer Probleme, sind bis heute Inhalte literarischer Veröffentlichung. Individuelle Fragestellungen, die Suche nach Identität und Lebenssinn ergänzen diese thematische Aufzählung.

Autoren und Werke

Heinrich Böll (1917 – 1985) begleitet in seinen Erzählungen und Romanen die Geschichte der Bundesrepublik. Thematisch befasst er sich dabei mit dem Zweiten Weltkrieg und der deutschen Vergangenheitsbewältigung, kritisiert aber auch gegenwärtige politische und gesellschaftliche Tendenzen, z. B. im Roman *Ansichten eines Clowns* (1963) oder der Erzählung *Die verlorene Ehre der Katharina Blum* (1974).

Heinrich Böll erhält den Literatur-Nobelpreis, überreicht von König Carl Gustaf (1972)

Wolfgang Borchert (1921 – 1947) zeichnet in seinen Kurzgeschichten – z. B. in *Nachts schlafen die Ratten doch* (1947) – und in dem Drama und Hörspiel *Draußen vor der Tür* (1947) anschauliche und bedrückende Schilderungen emotionaler und materieller Krisensituationen seiner Generation in der unmittelbaren Nachkriegszeit.

Günter Grass (1927 – 2015) zeichnet sich persönlich durch aktive Teilnahme an politischen und öffentlichen Diskussionen in Deutschland aus. Das literarische Werk von Grass, der auch als bildender Künstler tätig ist, ist in Bezug auf die verwendeten Gattungen und Themen sehr vielschichtig, befasst sich aber auch mit politischen Fragen des deutschen Alltags und der deutschen Vergangenheit. Bekannte Beispiele seines literarischen Werks sind der Roman *Die Blechtrommel* (1959) und die Erzählungen-Sammlung *Mein Jahrhundert* (1999).

BEISPIEL

Kollektivschuld und individuelle Verantwortung

Wie bestimmend die thematische und die moralische Auseinandersetzung mit der NS-Zeit und der Shoah in der deutschen Literatur seit dem Zweiten Weltkrieg ist, zeigen zahlreiche Werke. Ein jüngeres Beispiel dafür ist Bernhard Schlinks Roman *Der Vorleser*, der sich vor dem Hintergrund einer intensiven Liebesbeziehung zwischen dem fünfzehnjährigen Michael Berg und der zwanzig Jahre älteren Hanna Schmitz auf verschiedenen Ebenen mit der Frage nach Schuld und Verantwortung beschäftigt. Michael stammt aus einem bildungsbürgerlichen Haus und verliebt sich in die Straßenbahnschaffnerin Hanna. Er erlebt eine intensive – vor allem auch körperliche – Beziehung, die aufgrund problematischer Überlegenheitsverhältnisse schwierig und schmerzhaft wird. Hanna beendet die Beziehung abrupt. Im zweiten Teil des Romans begegnet Michael – inzwischen Jura-Student – Hanna noch einmal. Er nimmt als Beobachter an einem Kriegsverbrecherprozess teil und erkennt seine ehemalige Geliebte in einer der Hauptangeklagten wieder, der vorgeworfen wird, als Aufseherin eines Gefangenenlagers am Ende des Zweiten Weltkriegs für den Tod zahlreicher Frauen verantwortlich gewesen zu sein. Aufgrund von Erinnerungen an die frühere Beziehung und einiger Beobachtungen in dem Prozess erkennt Michael jedoch, dass Hanna für die konkret verhandelten Verbrechen nicht verantwortlich ist, da sie offensichtlich weder lesen noch schreiben kann. Obwohl sich mit dieser Information einige der Indizien entkräften ließen, verschweigt Hanna sie dem Richter. Bei Michael kommt es während des Prozesses zu einer intensiven Reflexion über individuelle und kollektive Schuld und Verantwortung. Schlink lässt seinen Protagonisten dabei Gedanken und Gefühle äußern, die das Verhältnis der jungen Intellektuellen der 1960er- und 1970er-Jahre zu Deutschland und seiner Vergangenheit bestimmten. >>

Bernhard Schlink

Der Vorleser (1995)

[...] Was immer es mit Kollektivschuld moralisch und juristisch auf sich haben oder nicht auf sich haben mag – für meine Studentengeneration war sie eine erlebte Realität. Sie galt nicht nur dem, was im Dritten Reich geschehen war. Daß jüdische Grabsteine mit Hakenkreuzen beschmiert wurden, daß so viele alte Nazis bei den Gerichten, in der Verwaltung und an den Universitäten Karriere gemacht hatten, daß die Bundesrepublik den Staat Israel nicht anerkannte, daß Emigration und Widerstand weniger überliefert wurden als das Leben in der Anpassung – das alles erfüllte uns mit Scham, selbst wenn wir mit dem Finger auf die Schuldigen zeigen konnten. Der Fingerzeig auf die Schuldigen befreite nicht von der Scham. Aber er überwand das Leiden an ihr. Er setzte das passive Leiden an der Scham in Energie, Aktivität, Aggression um. Und die Auseinandersetzung mit schuldigen Eltern war besonders energiegeladen.

Ich konnte auf niemanden mit dem Finger zeigen. Auf meine Eltern schon darum nicht, weil ich ihnen nichts vorwerfen konnte. Der aufklärerische Eifer, in dem ich seinerzeit als Teilnehmer des KZ-Seminars meinen Vater zu Scham verurteilt hatte, war mir vergangen, peinlich geworden. Das aber, was andere aus meinem sozialen Umfeld getan hatten und womit sie schuldig geworden waren, war allemal weniger schlimm, als was Hanna getan hatte.

Ich mußte eigentlich auf Hanna zeigen. Aber der Fingerzeig auf Hanna wies auf mich zurück. Ich hatte sie geliebt. Ich hatte sie nicht nur geliebt, ich hatte sie gewählt. Ich habe versucht, mir zu sagen, daß ich, als ich Hanna wählte, nichts von dem wußte, was sie getan hatte. Ich habe versucht, mich damit in den Zustand der Unschuld zu reden, in dem Kinder ihre Eltern lieben. Aber die Liebe zu den Eltern ist die einzige Liebe, für die man nicht verantwortlich ist. [...]

Bernhard Schlink: Der Vorleser. Roman. Diogenes Verlag, Zürich, 1997, Seite 161 f.

>> BEISPIEL

Anbindung an die Diskussionen über Schuld und Kollektivschuld der Studenten in den 1960er- und 1970er-Jahren. Die genannten Argumente aus der Studentenbewegung sollen belegen, dass die Aufarbeitung nicht intensiv genug ist.

Die Auseinandersetzung ist deshalb so tiefgreifend, weil sie auch auf der emotionalen Ebene („Scham") geführt wird und nicht allein Gegenstand historisch-wissenschaftlicher Debatten ist.

Mit der Überleitung durch das Personalpronomen wird die beschriebene Schuldfrage auf den Protagonisten übertragen.

Aufgrund seiner Beziehung zu einer NS-Verbrecherin vergleicht er sich anachronistisch mit den Deutschen, die das NS-Regime ermöglicht („gewählt"!) hatten.

Die Termini *Schuld* und *Kollektivschuld* sind bekannte Kulminationspunkte nationaler wie internationaler politischer Diskussionen aus dem thematischen Umfeld des Zweiten Weltkriegs und der Shoa. Konkretisiert in der Form eines Kriegsverbrecherprozesses und personifiziert durch die Hauptprotagonisten, bindet Schlink seinen Roman an der ausgewählten Stelle ausdrücklich an das Problemfeld der Schuldfrage an.

Auch wenn aus der Perspektive Michaels erzählt wird, bleibt die Darstellung zunächst sachlich deskriptiv. Michaels Stellungnahme gibt die Argumente der Diskussionen über Schuld und Kollektivschuld der Studenten in den 1960er- und 1970er-Jahren wieder, die damals zu einer intensiven Auseinandersetzung mit

>>

>> **BEISPIEL**

dem Verhältnis der Deutschen zur NS-Zeit führte. Die genannten Argumente aus der Studentenbewegung – aktueller Antisemitismus, Kontinuitäten im deutschen Verwaltungsapparat und problematische politische Entscheidungen der Bundesrepublik – sollen belegen, dass längst keine ausreichende Aufarbeitung stattfand. Michael erwähnt die Scham seiner Generation und begründet damit in Anspielung auf die Protestbewegungen der Studenten die emotionale Intensität der Auseinandersetzung.

Die Erwähnung der Scham und der eigenen emotionalen Anteilnahme bereitet allerdings eine weitere Bezugnahme vor, die sich zunächst allein auf Michael beziehen muss. Viel intensiver als die – vielleicht auch konstruierte oder übertriebene – Scham für die Elterngeneration entsteht bei Michael nämlich ein direktes Schuldgefühl: Aufgrund seiner Beziehung zu einer NS-Verbrecherin vergleicht er sich anachronistisch mit den Deutschen, die das NS-Regime ermöglicht („gewählt"!), unterstützt oder wenigstens toleriert hatten. Er wird zum Angeklagten vor sich selber und überträgt die Vorwürfe, die er gegen die Elterngeneration erhoben hat, auf sein eigenes Handeln.

Die angesprochenen Unwissenheitsbeteuerungen sind deutliche Anspielungen auf die Rechtfertigungen der Deutschen, die die NS-Zeit widerstandslos hingenommen hatten. In Michael begegnen sich dabei verschiedene Generationen von Deutschen, die durch ihre unterschiedlichen Verhältnisse zum Dritten Reich einander konfliktvoll gegenüberstehen. In diesem persönlichen Gewissenskonflikt wird aber deutlich, wie differenziert die Diskussion hier geführt werden muss.

Michael verkörpert gleichsam die Frage nach dem Denken und Fühlen der Deutschen über verschiedene Generationen hinweg und vielleicht sogar die Situation der Bundesrepublik in den Jahrzehnten nach dem Zweiten Weltkrieg. Er zeigt, wie schwer und problematisch die Parteinahme aus der Perspektive der jeweiligen Generation ist und wie unangemessen einseitige Anschuldigungen sind. Der Roman und seine Wirkungsgeschichte zeigen dabei auch, wie notwendig und ergiebig die Diskussionen um Schuld und Verantwortung in Deutschland sind.

Deutschsprachige Literatur nach dem Zweiten Weltkrieg

2.13

Begriff und Eingrenzung	Hilfsbegriff zur zusammenfassenden Kennzeichnung der deutschen Literatur seit 1945, die von der Frage nach dem Umgang mit der Vergangenheit und einer verantwortungsbewussten Gestaltung der Gegenwart geprägt ist
Zeitgeschichte	→ Am Ende des Zweiten Weltkriegs ist Deutschland mit einer tiefgreifenden Katastrophe auf der materiellen wie der emotionalen Ebene konfrontiert. → Der allmähliche Wiederaufbau Deutschlands und die Auseinandersetzungen mit der Vergangenheit bestimmen samt den dazugehörenden Krisen das wirtschaftliche und das kulturelle Bild der Bundesrepublik.
Kunstvorstellungen	→ Notwendigkeit des radikalen Neubeginns nach 1945: Kunst als Besinnung auf sich selbst und die eigene Situation → in den 1950er-Jahren allmähliche Profilierung: Kunst als Sozialkritik → Studenten-Unruhen in den 1960er-Jahren: Politisierung der Künstler und der Kunst → wiedergewonnene Ruhe: Privatisierung des Lebens, Kunst als Ausdruck persönlicher Empfindungen, Frauenliteratur → Differenzierungen in politischen und privaten Bereichen
Weltbild, Menschenbild und Einstellungen	Suche nach neuen, tragfähigen Menschenbildern in Auseinandersetzung mit der Geschichte und der Tagespolitik
Sprache	→ Abgrenzung von Traditionellem → Suche nach neuer, unbelasteter Sprache → realistisches Schreiben
Themen, Motive	→ Auseinandersetzung mit Schuld und Verantwortung → Darstellung von paradigmatischen Lebensläufen und Einzelschicksalen → Aufgreifen politischer und moralischer Fragen
Gattungen	→ Kurzgeschichten → Schauspiele und Hörspiele → Romane

AUTOREN UND WERKE

→ Wolfgang Koeppen (1906 – 1996): Tauben im Gras (1951)

→ Heinrich Böll (1917 – 1985): Ansichten eines Clowns (1963)

→ Wolfgang Borchert (1921 – 1947): Draußen vor der Tür (1947)

→ Siegfried Lenz (1926 – 2014): Deutschstunde (1968)

→ Martin Walser (1927 – 2023): Das Einhorn (1966)

→ Günter Grass (1927 – 2015): Die Blechtrommel (1959)

2.14 Deutschsprachige Literatur außerhalb der Bundesrepublik Deutschland

Die Literatur in der DDR

Neuanfang und Abgrenzung in der „sowjetisch besetzten Zone"

Die Ausmerzung nationalsozialistischer Literatur, die Förderung neuer Werke und der Rückgriff auf alte – oft klassische – Texte mit humanistischer Ausrichtung kennzeichnen die Kulturpolitik in der sowjetisch besetzen Zone in den ersten Jahren nach dem Zweiten Weltkrieg. Darüber hinaus lassen sich zahlreiche namhafte Exilschriftsteller, die nach Deutschland zurückkehren, bewusst in diesem Teil Deutschlands nieder, da sie sich hier einen deutlicheren Neuanfang und eine gründlichere Abgrenzung gegenüber dem Personal und der Ideologie des Hitlerreiches erhoffen. Anna Seghers (1900 – 1983), Johannes R. Becher (1891 – 1958) und später auch Bertolt (Bert) Brecht (1898 – 1956) gehören zu diesen Autoren. Auch Heinrich und Thomas Mann sympathisieren mit dem sozialistisch ausgerichteten Staat. Zusammenfassend wird diese erste Phase in der Geschichte der DDR-Literatur als Phase der **Antifaschistischen Sammlung** bezeichnet.

Literatur im Dienste des Staatsaufbaus

Schon früh wird von offizieller Seite damit begonnen, die verfügbaren Künstler, die oft der sozialistischen Literatur der dreißiger Jahre nahestanden, politisch in den Aufbau des neuen Staates zu integrieren. Nach der Staatsgründung 1949 werden derartige Bemühungen noch ausdrücklicher. Der 1952 gegründete **Deutsche Schriftstellerverband** wird schließlich eingesetzt, um die Autoren politisch zu beeinflussen und zu disziplinieren. Als Aufgabe des Schriftstellers wird es nun angesehen, sich konstruktiv am Aufbau des Staates und der Etablierung des Systems zu beteiligen. Positive Helden und Arbeiter sollen in den Mittelpunkt der Werke gestellt werden. Autoren wie Heiner Müller (1929 – 1995) versuchen sich darüber hinaus im Genre der Produktionsliteratur. Man bemüht sich um eine Konkretisierung des geforderten **Sozialistischen Realismus**. Dass die staatlichen Vorgaben eine problematische Einschränkung der künstlerischen Freiheit bedeuten, wird indes immer deutlicher. Schriftsteller, die die Politik der DDR kritisieren, werden geahndet, eine Entwicklung, die nach den Ereignissen des 17. Juni 1953 noch ausgeweitet wird. Zahlreiche Intellektuelle, die nach Stalins Tod auf eine Öffnung des starren Systems gehofft und deutliche Kritik am DDR-System geübt haben, wenden sich enttäuscht ab. Einige Intellektuelle, etwa der bekannte Philosoph Ernst Bloch (1885 – 1977), verlassen die DDR.

Kritik an der DDR

Eine positive Anbindung der Kultur an die Lebenswelt des „Arbeiter-und-Bauern-Staates" versucht die erste Literaturkonferenz in Bitterfeld im April 1959. Man beschließt den **Bitterfelder Weg** und bemüht sich darum, Arbeiter an das Schreiben heranzuführen. Gleichzeitig werden die Schriftsteller zu Studien und

Recherchen in die Betriebe geschickt. Derartige Bemühungen, Kultur und Alltag miteinander zu verzahnen, zeigen allerdings – auch in ihrer Erweiterung auf der zweiten Bitterfelder Konferenz im Jahr 1964 – keine wesentlichen Erfolge. Neben weiteren Intellektuellen, die sich von ihrem Staat abwenden, gibt es inzwischen eine Gruppe von Autoren, die in der DDR aufgewachsen sind, sich in deren Alltag eingerichtet haben und die Situation akzeptieren. Man spricht von **Ankunftsliteratur**.

Verzahnung von Kultur und Alltag

Die Vehemenz der Auseinandersetzung zwischen System und Systemkritik lässt in einer folgenden **kulturpolitisch liberalen Phase** nach, thematisch befasst man sich eher mit subjektivem Befinden als mit politischen Konzepten. Ulrich Plenzdorfs (geb. 1934) Werther-Adaption *Die neuen Leiden des jungen W.* (1972) gehört in diese Phase, die durch die einschneidende Ausbürgerung des Wahl-DDR-Bürgers, Dichters und Balladensängers Wolf Biermann (geb. 1936) im Jahr 1976 beendet wird. Zahlreiche Künstlerinnen und Künstler unterzeichnen einen Protestbrief, viele von ihnen siedeln in die Bundesrepublik über. Da die Repressalien immer stärker werden, sehen sich einige Autorinnen und Autoren dazu veranlasst, in der Bundesrepublik zu veröffentlichen oder – falls möglich – die DDR ganz zu verlassen.

Ausbürgerung von Wolf Biermann

Nach der Wiedervereinigung fällt es vielen Schriftstellerinnen und Schriftsteller schwer, sich neu zu orientieren. Sie haben ihren definierten Status als vom Staat anerkannte und geförderte Kulturschaffende oder eben als literarische Widerstandskämpfer verloren und müssen sich nun eine neue Rolle im offenen und vielseitigen deutschen Literaturmarkt suchen. Christa Wolf (1929 – 2011) und Christoph Hein (geb. 1944) finden auch im wiedervereinigten Deutschland ein breites Publikum.

Deutschsprachige Literatur der Schweiz

Als Resultat der politischen Neutralität der Schweiz während des Dritten Reiches entwickelt sich hier ein eigenständiges deutschsprachiges Kulturleben. Auch nach dem Krieg bleibt die Schweizer Literatur dadurch charakterisiert, dass ihr ein distanzierter und unbelasteter Blick auf Deutschlands Vergangenheit und Gegenwart möglich ist. Zum durchgängigen Thema der Literatur wird die Frage nach der Manipulierbarkeit und Abhängigkeit des Einzelnen innerhalb der modernen Massen- und Konsumgesellschaft, wobei auch die Frage nach der Rolle des Schweizer Kleinstaates angesichts entsprechender politischer und gesellschaftlicher Veränderungen beleuchtet und ambivalent beurteilt wird.
Bekannte Schweizer Autoren:

- Max Frisch (1911 – 1991)
- Friedrich Dürrenmatt (1921 – 1990)
- Adolf Muschg (geb. 1934)
- Peter Bichsel (geb. 1935)

2.14 Deutschsprachige Literatur außerhalb der Bundesrepublik Deutschland

LITERATUR DER DDR

Antifaschistische Sammlung

- Ausmerzung nazistischer Literatur
- Förderung neuer Werke
- Rückgriff auf klassisch-humanistische Werke
- rückgekehrte Exilanten lassen sich in der DDR nieder

Sozialistischer Realismus

- Integration der Literatur in den Aufbau des neuen Staates
- politische Beeinflussung und Disziplinierung der Autoren
- Aufgreifen der Lebenswelt der Arbeiter in der Literatur
- Produktionsliteratur
- Enttäuschung einiger Schriftsteller über die stärker werdende Einschränkung der künstlerischen Freiheit

Bitterfelder Weg/Literaturkonferenz 1959

- Verzahnung von Arbeiterwelt und Literaturbetrieb
- langfristig kaum erfolgreich

Literatur in der kulturpolitisch liberalen Phase

- Nachlassen der Konfrontationen zwischen Künstler und Staat
- Thematische Orientierung an subjektivem Befinden statt an politischen Fragestellungen

Weiterer Verlauf

- Proteste und Enttäuschung nach der Ausweisung Wolf Biermanns im Jahr 1976
- zahlreiche Autoren veröffentlichen in der Bundesrepublik.

AUTOREN UND WERKE

- Johannes R. Becher (1891 - 1958): Winterschacht (1945)
- Bertolt Brecht (1898 - 1956): Buckower Elegien (1954)
- Ulrich Plenzdorf (geb. 1934): Die neuen Leiden des jungen W. (1972)
- Heiner Müller (1929 - 1995): Der Lohndrücker (1956)
- Christa Wolf (1929 - 2011): Der geteilte Himmel (1963), Nachdenken über Christa T. (1969)
- Christoph Hein (geb. 1944): Der fremde Freund (1982)

DEUTSCHSPRACHIGE LITERATUR DER SCHWEIZ

Besonderheiten

- keine direkte Einflussnahme des nationalsozialistischen Deutschlands
- distanziertere Betrachtungsmöglichkeit der Situation in Deutschland vor und nach 1945
- Beschäftigung mit der Frage nach dem Verhältnis zwischen Individuum und Gesellschaft
- Beschäftigung mit der Frage nach Identität

AUTOREN UND WERKE

- Max Frisch (1911-1991): Stiller (1954), Homo Faber (1957)
- Friedrich Dürrenmatt (1921-1990): Die Physiker (1962)

2.15 Deutsche Literatur der Gegenwart

Begriff und Eingrenzung

Bei jährlich Tausenden neu erscheinenden Büchern in Deutschland ist es schwer, das Phänomen „Gegenwartsliteratur" zu erfassen und zu kategorisieren. Sowohl hinsichtlich der verschiedenen Genres, einer Vielzahl von Motiven als auch sehr unterschiedlicher Vorstellungen von „guter" Literatur kann der Begriff *Gegenwartsliteratur* nur schwer ausgeschärft werden. Eine vorläufige Definition ordnet ihm diejenigen literarischen Werke zu, die in **den Rezensionen anspruchsvoller Zeitungen und Fernsehsendungen sowie bei den Auswahlverfahren für renommierte Literatur-Preisverleihungen** berücksichtigt werden. Austausch-, Werbe- und Kritikformate in den sozialen Netzwerken nehmen ihrerseits zunehmend Einfluss auf den literarischen Buchmarkt und die öffentliche Wahrnehmung einzelner Autorinnen und Autoren und ihrer Werke und somit auch auf die Definition des Gegenstandsbereichs.

Ohnehin beschränkt sich die Beschäftigung mit Literatur nicht mehr auf die Faktoren Autorin und Autor, Werk und Leserin bzw. Leser, sondern bezieht weitere **Facetten des literarischen Lebens** ein: Die Ankündigung eines Werks, seine Vermarktung, seine Inszenierung, seine Platzierung in der öffentlichen Diskussion und seine Resonanz in der Buchkritik erweitern das literarische Schaffen zu einem komplexen Literaturbetrieb.

Selbstredend ist eine zeitlich differenziertere Gliederung der aktuellen deutschen Literatur sehr problematisch und muss sich mehr als bei anderen Phasen der Literaturgeschichte an **Hilfsdaten** – meist entstammen sie der politischen Geschichte – orientieren. Daten, die – symbolisch – einen allgemeingesellschaftlichen und insofern auch kulturellen und literaturgeschichtlich relevanten Paradigmenwechsel bezeichnen, sind etwa der Mauerfall am 9. November 1989, die Jahrtausendwende 2000, der Anschlag auf das World-Trade-Center am 11. September 2001 oder auch verschiedene kriegerische Konflikte – etwa in Syrien, der Ukraine und Israel. Technische Entwicklungen – zunächst die globale kommunikative Vernetzung durch das Internet, dann auch das Einbeziehen künstlicher Intelligenzen in Alltagsprozesse – können weiterhin als Ereignisse benannt werden, die die Entwicklung des kulturellen und literarischen Lebens prägen.

Weltbild, Menschenbild und Lebenskonzept

Ein grundsätzliches Phänomen der – westlichen – Welt ist die Tendenz zur immer weiteren Individualisierung der Lebensentwürfe, der Lebensgestaltung und der Wertvorstellungen. Als vermeintlich konsequente Weiterführung des Freiheitsbegriffs der Aufklärung und der Moderne erleben viele Menschen die Verantwortung und Herausforderung, sich jeweils ihre eigene Welt zu „konstruieren". Die Ambivalenz einer derartigen Entwicklung ergibt sich dabei zwangsläufig aus den nahezu grenzenlosen Möglichkeiten der Selbstverwirklichung einerseits wie aus der Notwendigkeit zur ständigen Neudefinition von Verhaltens- und Wertsystemen auf der anderen Seite. Traditionelle, klar definierte Wertsysteme bleiben – etwa im religiösen oder politischen Bereich – zwar weiterhin bestehen, werden aber kaum im großen Rahmen und pauschal als Grundlagen einer persönlichen Lebensgestaltung genutzt.

Äußere Kennzeichen der gesellschaftlichen Entwicklung seit den 1990er-Jahren sind zum Beispiel die weitergehende – kulturelle, wirtschaftliche und militärische – Globalisierung, die als immer bedrohlicher empfundenen weltweiten Umwelt- und Wirtschaftskrisen, zunehmende Multikulturalität, Migrations- und Fluchtkontexte sowie die Radikalisierung populistisch-politischer Positionen.

Kategorisierungsmöglichkeiten der Gegenwartsliteratur

Die Beschäftigung mit den genannten Themen, vor allem auch der Frage nach der eigenen Identität im historischen Kontext, in der Auseinandersetzung mit kulturellen Zugehörigkeiten, Genderfragen und nationaler Herkunft finden sich als wiederkehrende Motive in vielen Werken der gegenwärtigen Literatur. Auch andere existenzielle Fragen – etwa die Suche nach einem sinnvollen und gelingenden Leben und die Herausforderung der Gestaltung von Kommunikationen und Beziehungen in der komplexen, sich schnell verändernden Welt – bleiben als gängige literarische Themen präsent.

Postmoderne: Die Postmoderne ist kaum als einheitliches ästhetisches Konzept zu fassen, definiert sie sich doch stellenweise gerade in der konzeptionellen Offenheit und der Überwindung traditioneller Ansätze und Festlegungen. Postmodernes Erzählen entzieht sich oft einer klaren „Interpretierbarkeit" und fordert die Rezipierenden einen je individuellen Zugang ab. Das postmoderne Theater wendet sich von den didaktischen Zielen des traditionellen und des modernen Theaters ab und stellt die Aufführung des Stücks als solche in den Mittelpunkt. Tanz, Performance und Live-Art sind Begriffe, die mit dieser Art des Theaters in Verbindung gebracht werden. Es gibt keine Handlungsstränge, eine Identifikation mit psychologisch gestalteten Charakteren ist nicht beabsichtigt. Abkehr von traditionellen Mustern oder das ironische Spiel damit und intertextuelles Aufgreifen anderer Gedichte oder Texte sind wiederkehrende Kennzeichen postmoderner Lyrik. Als Variante oder Untergruppe postmoderner Literatur kann auch die sogenannte **Popliteratur** bezeichnet werden.

Literatur in Migrationskontexten: Der manchmal hierfür verwandte Begriff „Migranten-Literatur“ ist insofern problematisch, dass er auch zu einer Abgrenzung zwischen den gemeinten Texten und ihren Autoren von einer wie auch immer verstandenen „deutschen“ Literatur verstanden werden kann. Migranten-Literatur, oder besser: Literatur in Migrationskontexten – meint in der Regel Texte, die Themen aus dem Umfeld von Migration und Integration literarisch verarbeiten und/oder von Autorinnen und Autoren verfasst wurden, die selbst Einwanderungs- oder Fluchterfahrungen gemacht haben. Vor allem aus der zweiten Generation der Arbeitsmigranten der 1980er-Jahre, aus dem Kontext der osteuropäischen Übersiedlungen während der 1990er-Jahre und der Flüchtlingsmigrationen während der Jugoslawienkriege am Ende des 20. Jahrhunderts gehen viele anspruchsvolle deutschsprachige Schriftsteller hervor, die sich dem Thema der Identitätssuche und -definition vor dem Hintergrund der Multikulturalität und Migration widmen. Auch die Migrationssituationen des 21. Jahrhunderts spiegeln sich in literarischen Texten – vor allem Romanen und Gedichten.

Aufarbeitung der DDR: Nach Veröffentlichungen in den 1990ern, die sich direkt mit dem Ende der DDR und der Wendezeit befassten („Wendeliteratur“) setzten auch heutige Autorinnen und Autoren die Aufarbeitung der DDR-Zeit fort, die sie teilweise als Kinder und Jugendliche noch erlebt haben.

Fantasy-Literatur: Zunehmend bedeutungsvoll ist auch das weite Feld des Genres der „Fantasy-Literatur“. Nachdem auch in früheren Phasen der Literaturgeschichte fantastische Literatur verfasst und gelesen wurde – E. T. A. Hoffmanns Erzählungen und Romane seien als ein Beispiel genannt – prägt der Bereich der Fantasy-Literatur die gegenwärtige Publikations- und Lesewelt sehr. Teilweise mit umfassendem Merchandising verbunden werden umfangreiche Werk-Reihen veröffentlicht. Die Internationalität der Vermarktung sowie die Tendenz, entsprechende Werke als Cross-Over-Texte zu verfassen – also als Texte, die sich gleichermaßen an junge wie erwachsene Leserinnen und Leser richten – führt oft zu großer Bekanntheit einzelner Reihen. Das Genre ist derart vielfältig und produktiv, dass es kaum in allen Facetten überschaut werden kann.

BEISPIEL

Novelle

Jonas Lüchers Novelle *Frühling der Barbaren* experimentiert vor dem Hintergrund der Finanzkrisen der 2010er-Jahre mit dem entmenschlichten und entwürdigenden Verhalten einer rein materiell orientierten Generation angesichts des Verlusts ihres Geldes nach einem Staatsbankrott. Der Erzähler, ein schweizerischer Geschäftsmann namens Preising, wird zufällig Gast der Luxushochzeit eines in der Londoner Bankenbranche arbeitenden Paares. Nach dem Ausgefallenen und vermeintlich Standesgemäßen suchend feiert man im *Thousands and One Night Resort* in der tunesischen Wüste. Der Textauszug schildert die beginnende Hochzeitszeremonie. Erst am nächsten Morgen werden die Gäste erfahren, dass ihre Firmen insolvent und ihre Kreditkarten gesperrt sind, was zu exzentrischen Reaktionen und Eskalationen führen wird.

Jonas Lüscher

Frühling der Barbaren (2013)

Zitat aus der Novelle

[...] Tatsächlich sollte bald wieder ein Kamel auf der Bildfläche erscheinen. Nach dem Champagnerempfang am Schwimmbecken begab sich die Gesellschaft in der einbrechenden Dämmerung durch den Palmenhain auf eine kleine Lichtung, in der nach dem Vorbild Karthagos aus grob behauenem Stein und Säulenfragmenten aus Zement die Ruine eines Amphitheaters aufgebaut war, mitsamt einer kleinen Bühne, auf der gelegentlich folkloristische Darbietungen für die Gäste des Resorts stattfanden. Starke Strahler warfen ihr farbiges Licht vom Boden auf die Stämme und die Blätterdächer der Palmen, die die Lichtung begrenzten. Eine ganze Batterie Scheinwerfer, die an einer mit Gips verkleideten Traverse über der Bühne hingen, tauchte die Bühne und das Halbrund der Zuschauer in buntfleckiges Licht. Einige eiserne Feuerschalen warfen flackernde Schatten auf die Szenerie und vervollkommneten die Illumination, für die extra ein Spezialist aus Tunis angereist war, der sich allerdings fürchterlich mir der gefeierten burmesischen Floristin aus Antwerpen überworfen hatte, die ihm in sein Farbkonzept reinzureden versuchte, weil sich die lila Filterfolien angeblich nicht mir dem zarten Rosa der Alstroemeria vertrugen. Jenny, die Liebhaberin deutscher Sportwagen, beste Freundin der Braut und Organisatorin der Zeremonie, wies den Gästen ihre Plätze auf den steinernen Stufen und den bereitgestellten Stühlen mit den weißen Leinenhussen zu. Gedämpft spielte geheimnisvolle Trommel- und Schellenmusik von einer CD mit dem Titel *Winds of the Desert*, die sich Jenny von ihrem privaten Pilatestrainer geliehen hatte.

Traverse = Träger/ Balken zur Stabilisierung

Alstroemeria = exotische Staudenpflanze

Quicky gab den Zeremonienmeister. Mit gereckter Brust erklomm er die Bühne, durchmaß sie ein, zwei Mal mit tigerndem Gang, bevor er mit ausgebreiteten

>>

>> **BEISPIEL**

Armen die Gesellschaft zur feierlichen Vermählung von Kelly Ibbotson und Marc Rajani Greyling willkommen hieß. Dann bat er Marc auf die Bühne, der sich zu Preisings Erstaunen seiner Schuhe und Strümpfe entledigt hatte und nun barfuß im dunkelblauen Anzug etwas verloren zwischen den Gipssäulen stand. Jenny drehte die Musik lauter. Im Hintergrund löste sich aus dem Palmenhain die hoch aufragende Silhouette eines Kamels. Kelly, auch sie barfuß, saß im Schneidersitz auf dem prächtig geschmückten Tier und versuchte trotz des Schwankens und Schlingerns eine sowohl würdevolle als auch verführerische Braut abzugeben. [...]

Lüscher, Jonas: Frühling der Barbaren. Novelle. 6. Auflage.
München: Verlagsgruppe Random House 2015. S. 78/79.

Der Textauszug zeigt und entlarvt exemplarisch die in der gesamten Novelle dargestellte Dekadenz und kulturelle Entfremdung sowie die substanzlose Oberflächlichkeit einer durchweg an materiellem Wohlstand und dessen Inszenierung orientierten Gesellschaftsschicht. Schon der Ort, an dem die Trau-Zeremonie stattfindet, wird überdeutlich und ironisch als falsche und oberflächliche Kulisse entlarvt, die von den Protagonisten als Bühne ihres Wohlstandes genutzt wird. Verweist schon der Name des *Thousand and One Night Resorts* auf das Märchenhaft-Unechte der gewählten Hochzeitslocation und damit auf das Fassadenhafte und Brüchige der gesamten Existenz der betrachteten sozialen Gruppe, spiegeln sich diese Eigenschaften in vielen weiteren Nuancen: Das Amphitheater ist eine Zement-Imitation, die Traverse ist aus Gips. Welcher Aufwand für die Show betrieben werden muss, zeigt sich in der Zahl der Scheinwerfer und Feuerschalen, für deren Installation „extra ein Spezialist aus Tunis angereist war“. Dass er sich mit der Floristin streitet, dass der Bräutigam „etwas verloren zwischen den Gipssäulen“ steht und dass die Braut sich auf dem Kamel nur bedingt souverän fühlt, sind deutliche Hinweise auf die Falschheit und Gewolltheit des Dargebotenen wie auf die Labilität der gesamten Lebensinszenierung der hier Feiernden.

Dass die Trauzeugin Jenny – für die Handlung ja völlig unnötig – als „Liebhaberin deutscher Sportwagen“ vorgestellt wird und dass sie sich einen privaten Pilatestrainer leistet, zeigt – ebenso wie das überhebliche Auftreten des Moderators namens Quicky – die Selbstbezogenheit und die Hybris der Handelnden. Vermeintliche kulturelle Güter, Vollzüge und Werte eignet man sich durch oberflächliche Imitation an, ohne sie ernst zu nehmen und inhaltlich zu erfassen.

So kann die gesamte Hochzeitsfeier als satirisch-zynische Kritik am oberflächlichen, extravaganten In-Szene-Setzen des selbstbezogenen Luxus-Status der dargestellten Generation und Gesellschaftsschicht gelesen werden. Übergriffige und oberflächliche Aneignungen und aufwendige Inszenierungen ersetzen kulturelles Bewusstsein, eine humanistische Wertorientierung und echte Beziehungen.

2.15 Deutsche Literatur der Gegenwart

BEGRIFF UND EINGRENZUNG

Welche Werke der Gegenwartsliteratur relevant sind, bestimmen heute vor allem die Literaturkritik der renommierten Zeitungen und Fernsehsender sowie die Auswahlkomitees bekannter Literaturpreise. Darüber hinaus kommt es zu umfassenden und einflussreichen Buchbesprechungen in den sozialen Netzwerken. Vor dem Hintergrund einer konstruktivistischen Weltauffassung befassen sich die zeitgenössischen Autoren mit Themen der Identitätsfindung, dem Gelingen und Misslingen von Beziehungen und Kommunikation. Auch politisch, ökologisch und ökonomisch bestimmte Krisensituationen werden vielfach literarisch umgesetzt.

AUTOREN UND WERKE

Erzählende Literatur

- Juli Zeh (*1974): *Schilf* (2007), *Corpus Delicti. Ein Prozess* (2009), (mit Simon Urban) *Zwischen Welten* (2023)
- Daniel Kehlmann (*1975): Tyll (2017), *Lichtspiele* (2023)
- Jonas Lüscher (*1976), *Frühling der Barbaren* (2013), *Kraft* (2017)
- Saša Stanišić (*1978), *Wie der Soldat das Grammofon repariert* (2006), *Herkunft* (2019)

Dramatik

- Dea Loher (*1964): *Tätowierung* (1999), *Diebe* (2010)
- Urs Widmer (*1938): *Top Dogs* (1996)

Lyrik

- Nico Bleutge (*1972), *verdecktes gelände* (2013), *schlafbaum-variationen* (2023)
- Nadja Küchenmeister (*1981), *Im Glasberg* (2020)
- Jan Wagner (*1971), *Regentonnenvariationen* (2014), *Steine & Erden* (2023)

Fantasy-Literatur

- Wolfgang Hohlbein (*1953), über 200 Romane, z. B. *Geschichten aus dem Schwarzen Turm* (2023)
- Cornelia Funke (*1958), z. B. *Drachenreiter* (1997–2021), *Tintenwelt-Tetralogie* (2003–2023)
- Markus Heitz (*1971), z. B. *Zwerge-Reihe* (seit 2003)

Wissen über Sprache

3

Neben einem einführenden Überblick über die Geschichte der deutschen Sprache gibt dir dieses Kapitel wichtige Informationen zur Sprachbeschreibung, zur Sprachphilosophie und zur Analyse von Kommunikationssituationen. Die entsprechenden Informationen können zum Beispiel als Grundlage verschiedener Erörterungsthemen im Rahmen des Abiturs von Bedeutung werden.

3.1 *Zur Sprachgeschichte des Deutschen*

Probleme der Abgrenzung von Epochen

Versucht man, den Entwicklungsprozess der deutschen Sprache durch klar umgrenzte und eindeutig definierte Epochen zu beschreiben, stößt man auf eine Reihe von Schwierigkeiten. Weder kann dabei auf eine einheitliche Theorie zur Abgrenzung einzelner Stufen noch auf greifbare und unumstrittene Einzelkriterien für eine stichhaltige Periodisierung zurückgegriffen werden.

Um einen wissenschaftlichen Austausch aber dennoch zu ermöglichen, hat sich eine hypothesenartige Einteilung etabliert, die bestimmte sprachliche und außersprachliche Kriterien der einzelnen Sprachstufen berücksichtigt, indem sie zum Beispiel Lautsysteme, Wortschätze, Grammatiken oder kulturhistorische und mediengeschichtliche Besonderheiten untersucht und vergleicht. Folgende Phasierung der deutschen Sprachgeschichte wird in historischen Wörterbüchern und Grammatiken, in Textsammlungen und Schulbüchern vorgenommen:

- Althochdeutsch (ca. 750 bis 1050)
- Mittelhochdeutsch (ca. 1050 bis 1350)
- Frühneuhochdeutsch (ca. 1350 bis 1650)
- Neuhochdeutsche (ab ca. 1650)

Das Hochdeutsche als Untersuchungsgegenstand

Eine erste Abgrenzung einer ansatzweise einheitlich fassbaren „deutschen“ Sprache gegenüber anderen vorkommenden Sprachformen und Dialekten wird durch die Konsonantenveränderungen im Zuge der **Zweiten Lautverschiebung** ermöglicht, deren Ergebnisse eine deutliche Unterscheidbarkeit der hochdeutschen von den niederdeutschen Dialekten und – aufgrund der unterschiedlichen Durchführungsintensitäten der Lautverschiebung – auch eine Differenzierung der Sprachformen im hochdeutschen Raum erlaubt.

Die Fokussierung der sprachgeschichtlichen Untersuchungen auf den sogenannten **hochdeutschen Sprachraum** ergibt sich aus diesem Phänomen, wobei die Bezeichnung „hochdeutsch“ hier geografisch zu verstehen ist. Sie beschreibt also dasjenige Sprachgebiet, in dessen unterschiedlichen Dialekten die systematisierbaren Veränderungen der Zweiten Lautverschiebung nachzuweisen sind, konkret also diejenigen germanischen Dialekte, die sich südlich der sogenannten „*maken-machen*-Grenze“ in der Nähe von Köln („Benrather-Linie“) finden.

Diese **Sprachgrenze** hat ihren Namen eben daher erhalten, dass sie den **niederdeutschen Sprachraum**, dessen Sprachformen die Veränderungen der Lautverschiebung nicht aufweisen – sie sprechen *maken* statt *machen* – vom **hochdeutschen Sprachraum** mit den veränderten Lauten – also machen – abgrenzt. Die älteren Formen sind die unverschobenen, die eine deutliche Übereinstimmungen zu anderen germanischen Sprachformen aufweisen, wie sie etwa im Englischen – hier spricht man entsprechend unverschoben *make* – enthalten sind.

Althochdeutsch (ca. 750 bis 1050)

Der Beginn einer so zu nennenden „deutschen“ Sprachgeschichte hängt also mit den **Sprachveränderungen der 2. Lautverschiebung** zusammen. Als eine wesentliche Ursache dieser Veränderungen nimmt man die politischen Einigungsbemühungen der fränkischen Könige an, wie sie etwa von Karl dem Großen (747 – 814) betrieben werden. Karl bemüht sich um einen fundierten Bildungskanon und die Förderung des Christentums als eine Einheit stiftende Volksreligion, womit er einen Grundstein für die beginnende kulturelle Einigung Europas legt.

Auch wenn das Lateinische noch die unhinterfragte Schriftsprache dieser Zeit darstellt, **finden sich ab ca. 750 vereinzelte Schriftdokumente**, die sich der Volkssprache, der damals so genannten *theodisca lingua*, bedienen. Karl der Große lässt volkssprachliche Predigten sammeln und kirchlich-religiöse Texte ins Deutsche übertragen. Auch wenn vereinzelte Beispiele einer außerkirchlichen deutschen Literatur – etwa in der Form von heidnischen Zaubersprüchen und germanischen Heldenliedern – überliefert sind, müssen die **gebildeten christlichen Mönche als wesentliche Träger** der frühen deutschen Schriftsprache angesehen werden. Zu wichtigen Schreiborten werden die frühmittelalterlichen Klöster, die allerdings noch deutliche Unterschiede in den Schriftarten, in der Lautung und der Wortwahl aufweisen.

Mittelhochdeutsch (ca. 1050 bis 1350)

Mit dem allmählichen Erwachen eines kulturellen „deutschen" Selbstbewusstseins etabliert sich die Verwendung der Volkssprache weiterhin. In der als Mittelhochdeutsch bezeichneten Sprachepoche wird das **Deutsche zur Literatursprache**, die gleichberechtigt neben das Lateinische tritt. Darüber hinaus kommt es zu weiteren sprachlichen Ausgleichstendenzen zwischen den einzelnen Dialekten. Sind die bisherigen Träger der deutschen Schriftsprachkultur vor allem im geistlich-kirchlichen Bereich zu suchen, so kommt es im Laufe der mittelhochdeutschen Sprachepoche zu einer **Laisierung** (*Laie* = kein Geistlicher) **der Schreibsprache**. Zum wesentlichen Förderer und Verwender der Sprache wird die neu entstandene und immer stärker werdende Kultur des **höfischen Rittertums**. Elitär geprägt aufgrund eines intensiven Klassenbewusstseins und strenger Moralvorstellungen bedienen sich die Ritter auch ihrer eigenen Sprachform. Beziehungen der Höfe untereinander und die Vorträge reisender Sänger lassen eine überregional verstehbare Kunstsprache entstehen, die als **klassisches Mittelhochdeutsch** bezeichnet wird. Textsorten, die sich dieser Sprache bedienen, sind entsprechend der Sprachträger die großen höfischen **Epen** und der **Minnesang**. Im späten Mittelalter trägt auch das Kulturmilieu des neu entstandenen Stadtbürgertums zur Veränderung der Sprache bei. Steigende Lebensstandards, bessere Bildung und ein größeres Selbstbewusstsein der Stadtbewohner führen zu einer weiteren Verbreitung von **Lese- und Schreibkompetenzen außerhalb der Klöster**. Auch Gebrauchstexte des täglichen Zusammenlebens wie Urkunden, rechtliche Bestimmungen oder wissenschaftliche Überlegungen werden in dieser Zeit bereits auf Deutsch geschrieben.

Frühneuhochdeutsch (ca. 1350 bis 1650)

Im Spätmittelalter wachsen die Lesekompetenz und der Bedarf an deutschsprachiger Lektüre weiterhin und werden durch die **Erfindung des Buchdrucks** zusätzlich unterstützt. Neue Textsorten wie Flugblätter und Flugschriften werden unter Benutzung der technischen Möglichkeiten verbreitet. Vor allem während der Auseinandersetzungen im Umfeld der **Reformation** greift man auf diese frühe Form eines massenwirksamen Mediums zurück.

Neben überregionalen Ambitionen der einzelnen Druckereien führt vor allem **Martin Luthers deutsche Bibelübersetzung** zu einer weiteren Vereinheitlichung der deutschen Sprache. Anders als frühe Bibelübersetzungen, die in erster Linie als Kommentar und Verstehenshilfe für die lateinische Bibel fungieren, legt Luther zum ersten Mal eine vollständige Übersetzung vor, deren Texte für das Volk verständlich sind. Gerade durch die Übersetzung und Verbreitung eines derart wichtigen Textes erfährt das Deutsche als Muttersprache und Volkssprache eine deutliche Aufwertung gegenüber dem Lateinischen. Neben vielen **Vereinheitlichungen** von Schreibweise und Syntax verändert sich auch das Lautsystem dieser frühneuhochdeutschen Sprachstufe. Durch die Diphthongierung (aus den mittelhochdeutschen langen Monophthongen werden im Frühneuhochdeutschen Diphthonge) und die Monophthongierung (aus Diphthongen werden lange Monophthonge) unterscheidet sich das Frühneuhochdeutsche lautlich deutlich vom Mittelhochdeutschen.

Neuhochdeutsch (ab ca. 1650)

Spätestens **nach der Reformation** ist das Deutsche also als selbstbewusste Literatursprache etabliert und wird als solche weiter gefördert. So kommt es in der **Barockzeit** zur Gründung von **Sprachgesellschaften**, die sich um die Pflege des Deutschen bemühen. Reduzierung der Fremdwortverwendung, eine weitere Systematisierung und Normierung der Sprache sind Ziele derartiger Bemühungen. Das Deutsche wird zur **Sprache der großen Dichter des Barock**, später auch der Philosophen der **Aufklärung**, einer Epoche, in der die Sprache vor allem um philosophische und theoretische Begriffe bereichert wird. Eine stilistische Vorbildfunktion bekommt die **Sprache der klassischen Schriftsteller**.

Einflüsse weiterer naturwissenschaftlicher und technischer Fortschritte, soziale und politische Veränderungen, die Entstehung immer neuer Medien und die zunehmende Internationalisierung des öffentlichen Lebens verändern das Deutsche bis heute, sodass die Bezeichnung für die jüngste Sprachepoche – das Neuhochdeutsche – ebenso vage, hypothetisch und offen bleibt wie die anderen Bezeichnungen. Der Einfluss von **Fremdsprachen** – vor allem des Englischen – und der spezifische Sprachgebrauch im Umgang mit den **neuen Medien** sind – neben Bemühungen um sprachliche **Korrektheit** und das Vermeiden sprachlicher Diskriminierungen – sicherlich wesentliche Faktoren der heutigen Sprachentwicklung und -veränderung.

BEISPIEL

Erste Zeugnisse der deutschen Sprache (8. – 10. Jahrhundert)
Die ersten schriftlichen Sprachzeugnisse, die sich als Formen einer „deutschen“ Sprache bezeichnen lassen, stammen aus dem 8. und 9. Jahrhundert. Es handelt sich hierbei um heidnische (also: nicht-christliche) Kultdichtungen – etwa in der Form von Zaubersprüchen –, um germanische Heldendichtungen und um christliche Texte samt Übersetzungen. Die beiden **Merseburger Zaubersprüche** stammen etwa aus dem 10. Jahrhundert. Sie wurden als handschriftliche Einträge einem liturgischen Text beigefügt, der ansonsten in lateinischer Sprache verfasst ist.

>>

Die Merseburger Zaubersprüche (Zweiter Zauberspruch)

>> BEISPIEL

Phol ende Uuodan uuorun zi holza.
du uuart demo Balderes uolon sin uuoz birenkit.
thu biguol en Sinthgunt, Sunna era suister;
thu biguol en Friia, uolla era suister;
thu biguol en Uuodan, so he uuola conda:
sose benrenki, sose bluotrenki,
sose lidirenki:
ben zi bena, bluot zi bluoda,
lid zi geliden, sose gelimida sin!

Phol und Wodan ritten in den Wald.
Da wurde dem Balders' Fohlen sein Fuß verrenkt.
Da besprach ihn Sindgund (und) Sunna, ihre Schwester
Da besprach ihn Frija (und) Volla, ihre Schwester,
da besprach ihn Wodan, so gut wie (nur) er es konnte:
Wenn Verrenkung der Gebeine, wenn Verrenkung des Blutes, wenn Verrenkung von Gliedmaßen:
Gebein zu Gebein, Blut zu Blut, Gliedmaßen an Gliedmaßen – als ob sie geleimt seien.

Thema und Inhalt: Der Zauberspruch enthält verschiedene Elemente, darunter Anrufungen von Gottheiten und Naturkräften. Die Namen Phol, Uuôdan, Balder, Sinthgunt, Sunna, Friia sind germanische Gottheiten. Der Spruch enthält auch Aufforderungen oder Bitten an diese Gottheiten, bestimmte Handlungen auszuführen, wie das Heilen von Verletzungen („sose benrenki") und das Stillen von Blutungen („sose bluotrenki").

Sprachliche Auffälligkeiten im Vergleich mit dem heutigen Deutsch: Die sprachlichen Auffälligkeiten im zweiten Merseburger Zauberspruch im Vergleich zum modernen Deutsch sind vielfältig. Einige Wörter weisen Ähnlichkeiten zu modernen Formen auf, wie zum Beispiel „Uuôdan" zu „Wotan" oder „Odin", „Phol" möglicherweise zu „Voll" oder „Volk", und „Friia" zu „Freya". Die Verwendung des Zeichens „uu" für den Umlaut, wie in „Uuôdan", entspricht dem heutigen „w" – wie es die englische Bezeichnung *double-u* ja auch noch spiegelt. Ebenso zeigt der Laut „ph" in „Phol" eine Entwicklung zu „f" in der modernen deutschen Sprache. Auch hinsichtlich einzelner Laute lassen sich systematische Veränderungen zur heutigen Sprachform darstellen: Das „Th" in „Thu" entspricht sowohl dem modernen „d" (du) als auch dem modernen „t".

Menschen- und Gottesbild: Der Zauberspruch gibt Einblick in das germanische Menschen- und Gottesbild. Die Menschen scheinen eine enge Verbindung zu den Naturkräften und zu den Gottheiten zu haben. Die Anrufung von Gottheiten wie Uuôdan, Sinthgunt, Sunna und Friia deutet auf eine Glaubensvorstellung hin, die eine starke Verbindung zwischen der natürlichen Welt und dem Göttlichen sieht. Die Menschen scheinen auch auf die Hilfe dieser Gottheiten angewiesen zu sein, um Heilung und Schutz zu erhalten.

Insgesamt zeigt der Zweite Merseburger Zauberspruch die tiefe Verbundenheit der germanischen Kultur mit der Natur und den göttlichen Kräften, die als maßgeblich für das Wohlergehen der Menschen betrachtet wurden.

ÜBERBLICK

Sprachgeschichte

	Kennzeichen	Schreiborte und Schreiber	Textsorten
Althochdeutsch (ca. 750 bis 1050)	➲ älteste schriftlich überlieferte deutsche Sprachform ➲ Die fränkischen Könige bemühen sich um die Volkssprache.	Schreiborte sind in erster Linie Klöster, geschrieben wird von Mönchen und anderen Geistlichen.	➲ Übersetzungen lateinischer Einzelwörter und Wortgruppen ➲ biblische und andere religiöse Texte ➲ vereinzelt auch heidnische Zaubersprüche
Mittelhochdeutsch (ca. 1050 bis 1350)	➲ Sprache des Hofes und der Ritterkultur ➲ Entlehnungen aus der französischen Hofsprache	Geschrieben wird im klerikalen und adligen Milieu.	➲ religiöse Texte ➲ höfische Epen ➲ Minnelyrik
Frühneuhochdeutsch (ca. 1350 bis 1650)	➲ Die Erfindung des Buchdrucks, die Reformation und die Bibelübersetzung prägen die Sprachepoche. ➲ Diphthongierung und Monophthongierung sind wichtige sprachliche Eigenheiten.	Bürgerliche, religiöse und politische Schreiber benutzen das Deutsche. Geschrieben wird in Kanzleien, Druckereien und Klöstern.	➲ religiöse Texte ➲ Bibelübersetzung ➲ Flugschriften ➲ Akten und Urkunden ➲ Korrespondenzen ➲ Volksliteratur
Neuhochdeutsch (ab ca. 1650)	➲ Bemühen um eine eigenständige und anspruchsvolle deutsche Sprache ➲ bis heute Beeinflussung der Sprache durch unterschiedliche Entwicklungen und Fremdsprachen	Ausbreitung der Schreibkompetenz auf breite Volksschichten	➲ Literatur ➲ wissenschaftliche Texte ➲ private und geschäftliche Korrespondenzen ➲ …

TIPP

Wahrscheinlich wird man dich in deinen Abiturprüfungen nicht direkt und unmittelbar nach den Epochen der Sprachgeschichte fragen. Dennoch gibt es verschiedene Prüfungszusammenhänge, in denen es hilfreich und wichtig sein kann, über einen entsprechenden Überblick zu verfügen. Vor allem, wenn es darum geht, **Entwicklungen in der Gegenwartssprache** zu beschreiben, ist es ja sinnvoll, auf frühere Entwicklungen einzugehen. Aspekte des **„Sprachwandels“** – das ist der Fachbegriff für systematische Veränderungen einer Sprache im Laufe der Sprachgeschichte – werden zum Beispiel relevant, wenn auf die **Bedeutungsgeschichte** einzelner Wörter, die gesamte **Wortschatzentwicklung** – also: wie neue Wörter entstehen und alte Wörter verschwinden –, oder die Entwicklung der Schreibung und **Rechtschreibung** geblickt wird. Gerade in Diskussionen, die sich mit der Veränderung des Deutschen – z. B. aufgrund des Einflusses der Jugendsprache oder von Fremdsprachen befassen – lassen sich die Argumente ausdifferenzieren, wenn die **Gesamtentwicklung der Sprache** nicht aus den Augen verloren wird.

3.2 Die Sprache als System betrachtet

Beteiligte Wissenschaftszweige

TIPP

Einordnung des Themas

Kenntnisse des Systemcharakters der Sprache werden von verschiedenen offiziell veröffentlichten Abituranforderungen verlangt. Wie bei den meisten anderen sprachwissenschaftlichen Themenfeldern werden die entsprechenden Kompetenzen wohl kaum ausdrücklich als Sachwissen abgefragt, sondern sollen vielmehr bei einer eventuell geforderten Analyse der Sprache helfen. Aufgabenstellungen, die eine Sprachanalyse implizieren, gehören zum Beispiel in den Zusammenhang der Textbeschreibung bei der Literaturinterpretation oder der Beschreibung und Erörterung eines Sachtextes.

Historische Sprachwissenschaft

Der sprachwissenschaftliche Ansatz, dem die Vorstellung von einem Sprachsystem zugrunde liegt, ist relativ jung. Bis zum Beginn des 20. Jahrhunderts arbeiten die Linguisten vor allem historisch-vergleichend, das heißt, sie blicken auf einzelne Aspekte der Sprache – etwa auf einzelne Wörter – und untersuchen deren Genese, etymologische Verwandtschaften und potenzielle Bedeutungsveränderungen im Laufe der geschichtlichen Entwicklung. Ein bekanntes Werk, welches aus einer derartigen linguistischen Schwerpunktsetzung hervorgeht, ist das *Deutsche Wörterbuch* der Brüder Grimm. Auch mit der politischen Hoffnung auf die Einheit stiftende Funktion der deutschen Sprache in einer Zeit territorialer Zersplitterung und politischer Uneinigkeit beginnen die Brüder **Jacob und Wilhelm Grimm** im Jahr 1838 mit der Arbeit. Zusammen mit über 80 Mitarbeitern tragen sie 600 000 Belege zu den einzelnen Wörtern des deutschen Wortschatzes zusammen. Dass die beiden Brüder die Arbeit unterschätzt haben, zeigt die weitere Geschichte von „Grimms Wörterbuch". Nachdem 1854 der erste Band erscheint, stirbt Wilhelm Grimm im Jahr 1859, Jacob Grimm 1863. Bearbeitet sind bis zu diesem Zeitpunkt nur die Artikel A, B, C und D.

historisch-vergleichende Untersuchungen

das „Grimmsche Wörterbuch"

Erst über 120 Jahre nach Beginn der Arbeit erscheint im Januar 1961 der 32. und letzte Band des Wörterbuchs, das inzwischen 350 000 Stichwörter aufführt. Herausgeber des Werks ist inzwischen eine eigens eingerichtete Arbeitsstelle bei der Berliner Akademie. Überarbeitungen und Digitalisierungen setzen die Geschichte des Deutschen Wörterbuchs bis heute fort.

Jakob und Wilhelm Grimm

Die moderne Sprachwissenschaft

Als symbolischer Beginn der modernen europäischen Sprachwissenschaft gelten die – von Mitarbeitern und Schülern weiterentwickelten – Theorien des Genfer Sprachwissenschaftlers Ferdinand de Saussure (1857 – 1913), die in dem postum herausgegebenen Werk *Cours de linguistique générale* von 1916 (dt.: *Grundfragen der allgemeinen Sprachwissenschaft*, 1967) greifbar werden. Die moderne Sprachwissenschaft in der Nachfolge de Saussures versteht Sprache als ein **System von Zeichen**, wobei als Zeichen die kleinsten, relativ selbstständig isolier- und kombinierbaren Einheiten der Sprache verstanden werden. In einem Sprachzeichen sind zwei untrennbar miteinander verbundene Ebenen kombiniert: Einerseits besitzt jedes Sprachzeichen eine Laut- oder Ausdrucksseite, etwas **Bezeichnendes** („signifiant"). Damit verbunden ist die Inhalts- oder Bedeutungsseite, das **Bezeichnete** („signifié"). Konkrete Sprachzeichen sind etwa die einzelnen Laute, Wortsilben oder Wörter.

de Saussure: Sprache als ein System von Zeichen

Titelblatt der deutschen Ausgabe von Saussures Buch

Ein auf diesen Einzelelementen beruhendes Sprachsystem entsteht aufgrund der Kombinierbarkeit einzelner Sprachzeichen, die entweder – auf der linearen Ebene – innerhalb einzelner Sätze und Phrasen zueinander in Beziehung stehen (syntagmatische Beziehungen) oder auf vertikaler Ebene austauschbar sind (paradigmatische Beziehung). In dem Satz „Wir gehen zur Schule" besteht eine syntagmatische Beziehung zwischen den einzelnen Wörtern, da deren Einzelbedeutungen in der Kombination einen neuen Sachverhalt beschreiben. Eine syntagmatische Beziehung besteht außerdem zwischen der Flexionsendung des Verbs und dem Personalpronomen in der zweiten Person Plural sowie zwischen der Ortsangabe und der Präposition.

syntagmatische und paradigmatische Ebene

Beziehungen auf der paradigmatischen Ebene bilden die einzelnen Wörter zu all denjenigen Wörtern, durch welche sie ausgetauscht werden könnten, ohne dass sich die syntagmatischen Beziehungen grundsätzlich ändern. So steht das „wir" in einer paradigmatischen Beziehung zu allen anderen Personalpronomen und unterscheidet sich durch seine spezifische grammatische Bestimmung von diesen. Ebenso ist es bei den anderen Teilen des Satzes.

3.3 Die kommunikative Funktion der Sprache

Die Relevanz des Anforderungsbereichs

TIPP

Reflexion über Sprache im Prüfungskontext

Im Kontext des Anforderungsbereichs **Reflektieren über Sprache** setzen die Prüfungsordnungen auch Kenntnisse über die kommunikative Funktion der Sprache voraus. Relevant werden diese Kenntnisse allerdings weniger als ausdrückliches Abfragewissen, sondern in ihrer Anwendung im Zusammenhang mit jeglicher Form von analytischer oder kreativer Erschließung von sachlichen oder literarischen Texten. Die Beschreibung und Deutung von Kommunikationssituationen und -faktoren und das Benennen von Gründen für gelingende oder misslingende Gespräche sind ein wesentlicher Bestandteil bei der Interpretation von epischen oder dramatischen Texten. Gerade in Dramen sind ungünstige Kommunikationsverhältnisse oder Missverständnisse typische Auslöser von Konflikten und Entscheidungen.

Das einfache Kommunikationsmodell

Geltungsbereich des Begriffs Kommunikation

Betrachtet man Sprache unter dem Aspekt der Kommunikation, blickt man auf deren Rolle innerhalb der wechselseitigen Übermittlung von Informationen zwischen Lebewesen, vielleicht auch zwischen Menschen und datenverarbeitenden Maschinen. Im engeren – und sicherlich im schulischen Kontext gebräuchlicheren – Sinn bezieht sich **Kommunikation** auf die zwischenmenschliche Verständigung anhand von sprachlichen und nichtsprachlichen Mitteln (z. B. Gestik, Mimik, Stimme).

Was ist alles am Kommunikationsprozess beteiligt?

Wie eine derartige Kommunikation funktioniert, welche Faktoren daran beteiligt sind und in welchem Verhältnis sie zueinander stehen, wird in der Sprachwissenschaft (Linguistik) durch unterschiedliche Kommunikationsmodelle beschrieben. Ausgehend von der Grundfragestellung der Kommunikation „Wer sagt was mit welchen Mitteln und auf welchem Weg (mit welchem Medium) zu wem mit welcher Wirkung?“ werden die verschiedenen, an einem Kommunikationsprozess beteiligten Größen erfasst, untersucht und zueinander in Beziehung gesetzt.

- Die Frage nach dem „Wer“ blickt auf den Sprecher, von dem der Kommunikationsprozess ausgeht bzw. begonnen wird. Im Modell wird er (angelehnt an die Terminologie der Nachrichtentechnik) als **Sender** bezeichnet. *(Sender)*
- Den Adressaten der Kommunikation – also das „zu Wem“ – nennt man entsprechend den **Empfänger**. Wichtig ist es, dabei zu berücksichtigen, dass diese beiden Faktoren der Kommunikation in der Regel abwechselnd getauscht werden, das heißt, dass der Sender zum Empfänger, der Empfänger zum Sender werden kann. Man spricht in diesem Zusammenhang von der **Zweiseitigkeit** der Kommunikation. *(Empfänger)*

- Nachricht – Das „Was“ des Kommunikationsprozesses – es geht um die übermittelten Informationen – heißt in der Fachsprache **Nachricht**.
- Code – Zur Übermittlung der Nachricht („mit welchen Mitteln?“) benutzt der Sprecher einen bestimmten **Code**, der aus einem Vorrat an einzelnen **Sprachzeichen** und bestimmten **Regeln zur Verknüpfung** dieser Zeichen besteht. Der Sprecher codiert seine Gedanken, sendet sie an den Empfänger, von dem sie wiederum decodiert werden.
- Kanal/Medium – Schließlich bedient er sich eines bestimmten Kanals bzw. Mediums, um seine Nachricht zu übermitteln.

Sowohl hinsichtlich der Bedeutung der Zeichen als auch in Bezug auf deren Verknüpfungen muss dabei eine gewisse Übereinstimmung zwischen Sender und Empfänger bestehen, damit die Kommunikation funktioniert. Sendet ein Sprecher eine Nachricht in einem Code, den der Hörer nicht kennt, kann die Kommunikation kaum funktionieren.

SPRACHLICHES ZEICHEN

Das sprachliche Zeichen ist das modellhaft-abstrahierte Grundelement der Sprache. Es besteht aus einem sinnlich wahrnehmbaren **Signal** (Zeichenkörper/Bezeichnendes) und einem damit verbundenen **eindeutigen Bezug bzw. einer Bedeutung**, die auf ein Bezeichnetes verweist. Der Zusammenhang zwischen dem Zeichenkörper und dem Bezeichneten ist im Grunde genommen willkürlich (arbiträr) und beruht in der Regel auf Konventionen.

Die Frage nach der **Wirkung** der gesendeten Nachricht blickt auf das Gelingen der Kommunikation. Hierbei kann überprüft werden, ob die Absicht, die mit dem Senden der Nachricht verbunden war, vom Empfänger auch entsprechend verstanden wurde und zu der beabsichtigten Reaktion geführt hat. Das einfache Kommunikationsmodell kann grafisch dargestellt werden:

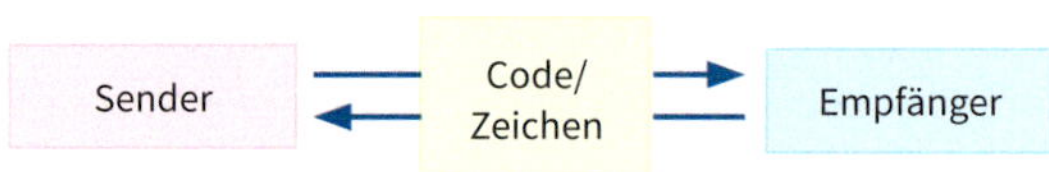

Verschiedene Faktoren können dafür verantwortlich sein, dass eine Kommunikation nicht funktioniert. **Störfaktoren** sind zum Beispiel:

- Sender und Empfänger bedienen sich nicht des gleichen Codes. Das kann zum Beispiel der Fall sein, wenn sie unterschiedliche Sprachen sprechen oder wenn einer eine Fachsprache benutzt, die der andere nicht kennt.
- Die Nachrichtenübermittlung wird akustisch – zum Beispiel durch Lärm – gestört.
- Physische Ursachen, etwa Hörschäden des Empfängers, verhindern die Kommunikation.

- Der Sender bedient sich einer uneigentlichen (z. B. ironischen) oder bildhaften Sprache, die vom Empfänger nicht als solche erkannt wird.

Weitere Kommunikationsmodelle

Auf der Grundlage des oben beschriebenen einfachen Kommunikationsmodells wurden von der Sprachwissenschaft komplexere und differenziertere Modelle konstruiert, die ebenfalls zur Beschreibung und Analyse von Kommunikationssituationen benutzt werden können. So versteht der deutsche Mediziner, Psychologe und Philosoph Karl Bühler (1879 – 1963) Sprache als ein **Werkzeug**, mit dem jemand seinem Gegenüber etwas mitteilt. Er bezieht sich damit auf die Sprachtheorie des griechischen Philosophen Plato (um 428 bis ca. 347 v. Chr.) und dessen entsprechende Auffassung von Sprache als einem *organon didaskaleion*.

Sprache als Werkzeug: „Organon-Modell“

Bühler veranschaulicht seine Vorstellung von Kommunikation im **Organon-Modell**. Er unterscheidet in einer Kommunikationssituation drei Faktoren, die auf der Grundlage eines sprachlichen Zeichens zueinander in Beziehung treten. Der Sender bedient sich des Zeichens (Z), um seine Mitteilung auszudrücken. Das Zeichen ist ein Symptom seines Ausdruckswillens, er benutzt die **Ausdrucksfunktion** des Zeichens. Auf den Empfänger wirkt das Zeichen als Signal. Es hat eine **Appellfunktion**, indem es eine Reaktion intendiert.

Ausdrucksfunktion, Appellfunktion, Darstellungsfunktion des sprachlichen Zeichens (Z)

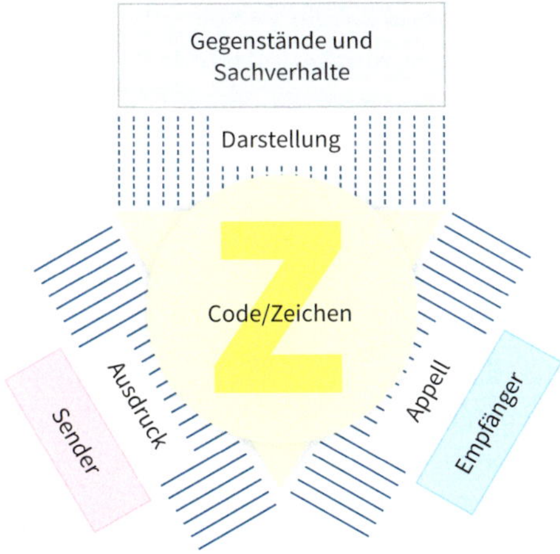

Das Organonmodell nach Karl Bühler

Bühler erweitert das einfache Kommunikationsmodell, indem er die Gegenstände und Sachverhalte, auf welche sich das sprachliche Zeichen innerhalb der Kommunikation bezieht, ausdrücklicher berücksichtigt. In Bezug hierauf hat das Zeichen eine Symbol- bzw. **Darstellungsfunktion**. Je nach konkreter Kommunikationssituation rückt die eine oder andere Funktion des Sprachzeichens stärker in den Vordergrund.

Obwohl Bühlers Modell von anderen Sprachwissenschaftlern weiterentwickelt und um weitere Zeichen-Funktionen ergänzt wurde, stellt es bis heute eine brauchbare Grundlage zur Analyse einer Kommunikationssituation dar und kann etwa bei der Beschreibung einer Kommunikation innerhalb eines literarischen Textes als Grundlage benutzt werden.

Die Kommunikationsregeln nach Watzlawick

Interessant und hilfreich bei der Analyse einer Kommunikationssituation und der Suche nach Gründen, aus denen eine Kommunikation gescheitert ist, sind die Überlegungen des österreichischen Psychotherapeuten und Kommunikationswissenschaftlers Paul Watzlawick (1921 – 2007). Watzlawick formuliert den Satz: „Man kann nicht *nicht* kommunizieren", und deutet damit seine Vorstellung von einer einfachen Kommunikationssituation an: Sobald zwei Menschen sich wahrnehmen, kommt es zwischen ihnen zu einer Kommunikation.

Paul Watzlawick: Man kann nicht *nicht* kommunizieren.

Watzlawick formuliert verschiedene Axiome (Grundsätze) zur Charaktersierung der menschlichen Kommunikation. Er geht davon aus, dass jede Kommunikation neben dem **inhaltlichen Aspekt** (Was soll inhaltlich mitgeteilt werden?) auch einen kommunikationsrelevanten **Beziehungsaspekt** besitzt. Der Beziehungsaspekt der Kommunikation äußert sich darin, wie ein Sprecher im Einzelfall seine Botschaft verstanden haben will oder wie er sein Verhältnis zum Empfänger einschätzt. Gelingen kann Kommunikation nur dann, wenn Sender und Empfänger die beiden Ebenen voneinander trennen und wenn die Botschaften auf der Beziehungsebene so wahrgenommen werden, wie sie gemeint sind.

Inhalts- und Beziehungsaspekt von Kommunikation

Watzlawick unterscheidet zwischen der **digitalen** (verbalen) Kommunikation, die sich rein sachlich und objektiv anhand von Wörtern und Sätzen auf bestimmte Sachverhalte bezieht, und der **analogen** (nonverbalen) Kommunikation, die die Beziehungsebene, die konkrete Situation, Gestik und Mimik des Sprechers und weitere Begleitumstände berücksichtigt. Gerade auf der analogen Ebene der Kommunikation kann es zu Missverständnissen und Störungen kommen. Typische Kommunikationsstörungen, die sich in unserer Alltagskommunikation häufig beobachten lassen, können mit Watzlawicks Vorstellungen anschaulich beschrieben und – wenn gewünscht – auch vermieden oder reduziert werden. So tritt zum Beispiel eine Störung auf, wenn das Kommunikationsverhalten der beiden Ebenen nicht übereinstimmt. Das folgende Beispiel zeigt, wie es zu einem Missverhältnis der beiden Ebenen kommen kann:

Unterscheidung zwischen digitaler und analoger Kommunikation

BEISPIEL

Innerhalb eines Problemgesprächs blickt der Freund, dem das Problem geschildert wird, mehrfach auf die Uhr. Außerdem schaut er sich die Umgebung an und wendet sein Gesicht immer wieder von seinem erzählenden Freund ab. Der Freund merkt dies und fragt mehrfach, ob er das Gespräch beenden solle, sein Gegenüber antwortet aber: „Nein, Nein. Ich habe noch viel Zeit. Ich höre dir gerne zu."

Das Kommunikationsverhalten des zuhörenden Freundes auf der Beziehungsebene stimmt nicht mit seinen Äußerungen auf der digitalen Ebene überein. Sein Gesprächspartner erlebt eine ambivalente Kommunikationssituation, einen sogenannten *double bind*. Eine andere Form des Missverhältnisses tritt in Situationen auf, in denen digital zu kommunizierende Inhalte nicht in Worte gebracht, sondern nur analog vermittelt werden können.

Watzlawick befasst sich auch mit dem Problem, dass bei Streitgesprächen oft nicht festgestellt werden kann, wer den Streit begonnen hat. Kommunikation ist keine lineare Aneinanderreihung von Kausalketten, deren Anfangsmomente („Interpunktion") exakt zu bestimmen wären.

Die vier Seiten einer Nachricht

das Nachrichtenmodell von Friedemann Schulz von Thun

Weitere Überlegungen und Kategorisierungen, mit denen sich Kommunikationssituationen, ihr Gelingen und ihr Misslingen beschreiben lassen, bietet Friedemann Schulz von Thuns Vorstellung von den **vier Seiten einer Nachricht**. Schulz von Thun (geb. 1944) arbeitet als Psychologe und Kommunikationsforscher. Er geht davon aus, dass ein und dieselbe Nachricht gleichzeitig viele verschiedene Botschaften enthalten kann. Hierin sieht er die Grundlage für viele Missverständnisse und das Scheitern von Kommunikation.

Zunächst enthält eine Nachricht einen **Sachinhalt**, das heißt eine sachliche, unbewertete Information. Kommt zum Beispiel ein Mann in einen Raum, in welchem eine Frau an einem gerade geöffneten Fenster steht, und sagt: „Mann, ist das heute kalt!", so enthält diese Nachricht zunächst eine Sachinformation über die Temperatur an dem betreffenden Tag.

Darüber hinaus macht ein Sprecher in der Kommunikationssituation aber auch eine Aussage über sich selbst. Seine Nachricht enthält auch eine **Selbstoffenbarung**. Im Beispiel mit dem geöffneten Fenster offenbart der Sprecher, dass er Kälte wahrnimmt und dass er sie negativ beurteilt.

Eine Nachricht verrät stets auch etwas über die **Beziehung** zwischen Sender und Empfänger bzw. über die Einschätzung dieser Beziehung seitens des Senders. Zur Beispielsituation können verschiedene Beziehungsaspekte passen. Sie werden greifbar, wenn man sich vorstellt, dass die Frau sich über den Mann ärgert, weil er die Heizung nicht reparieren lässt, oder dass sich die beiden gar nicht kennen, es sich beim Raum um einen öffentlichen Ort – vielleicht um ein Museum – handelt. Je nachdem, wie die Beziehung der beteiligten Akteure ist, bekommt die Nachricht eine andere Bedeutung. Immer schwingt die Einschätzung der Beziehung durch den Sprecher mit („Ich schätze unsere Beziehung so und so ein, deshalb kann ich sagen: ‚Mann, ist das heute kalt.' ").

Außerdem enthält jede Nachricht auch eine **Appellfunktion**, indem sie nämlich auf eine bestimmte Reaktion, ein bestimmtes Verhalten beim Empfänger abzielt. In dem einfachen Beispiel mit dem offenen Fenster könnte diese Appellfunktion darin bestehen, dass der Mann davon ausgeht, die Frau würde das Fenster aufgrund seiner Bemerkung schließen. Ob sie dies tun wird, hängt wiederum von ihrer Einschätzung der Beziehung zwischen Sender und Empfänger ab.

Das Vier-Seiten-Modell nach Friedemann Schulz von Thun – oft auch Nachrichten- oder Kommunikationsquadrat genann

ÜBERBLICK

Modelle zur Kommunikation

① Einfaches Modell: Sender, Empfänger, Nachricht
② Organonmodell (Karl Bühler): Ausdrucks-, Darstellungs-, Appellfunktion
③ Axiome (Paul Watzlawick): Inhalts- und Beziehungsaspekt (u. a.)
④ Vier-Seiten-Modell (Friedemann Schulz von Thun): Sachinhalt, Selbstoffenbarung, Beziehung, Appell

3.4 Sprachphilosophie

Die Sprachphilosophie beschäftigt sich mit Fragen, die mit dem **Ursprung**, dem **Wesen** und der **Bedeutung der Sprache** zu tun haben. Schon in der antiken Philosophie – etwa bei Platon und Aristoteles – beginnt man, sich sprachtheoretischen Themen zuzuwenden. Die „moderne Sprachphilosophie“ beginnt im 18. Jahrhundert.

Die moderne Sprachphilosophie

Mit den Philosophen Johann Georg Hamann (1730 – 1788), Johann Gottfried Herder (1744 – 1803) und Wilhelm von Humboldt (1767 – 1835) beginnt die moderne Sprachphilosophie und erreicht auch gleichzeitig ihren ersten Höhepunkt. Während frühere Philosophen – etwa Immanuel Kant (1724 – 1804) – Sprache vor allem als Mittel zur nachträglichen Bezeichnung von bereits entstandenen Gedanken sehen, gehen Hamann, Herder und Humboldt von einem **engen grundsätzlichen Zusammenhang zwischen Sprache und Denken** aus und billigen der Sprache einen zentralen Beitrag bei der Konstitution der Welt und des Weltbildes zu: Wenn der Mensch die Welt aufnimmt und wahrnimmt, nutzt er dazu seine Sprache. Seine Sprache prägt bestimmt und prägt sein Weltverstehen daher intensiv.

Humboldt-Denkmal in Berlin

Wesentliche Aussagen zum Zusammenhang von Denken, Sprechen und Weltsicht gehen zurück auf **Johann Georg Hamann** (1730 – 1788). Hamann betont, dass Sprache nicht nur ein Mittel zur Übermittlung von Gedanken sei, sondern auch die Wurzel des Denkens selbst. Er argumentiert, dass die Vielfalt der Sprachen die Vielfalt menschlicher Weltanschauungen widerspiegele. Hamann betonte vor allem auch die sinnliche und emotionale Natur der Sprache, wodurch er einen tiefen Einfluss auf spätere Denker, darunter auch die Romantiker, ausübte.

Auch **Herder** arbeitet mit der These, dass Vernunft letztlich durch die Sprache ausgebildet werde. Er begreift den Menschen als „Sprachgeschöpf“. So stellen für Herder Sprache und Schrift wesentliche Elemente bei der Bestimmung von „Humanität“ – von Menschsein – dar. In seiner 1770 erschienenen Schrift „Abhandlung über den Ursprung der Sprache“ betont er, dass die **Sprache dem Menschen als Werkzeug der Welterschließung** diene. Sprache sei auch das wesentliche Kriterium, welches den Menschen vom Tier unterscheide. Ohne Sprache gibt es nach Herder keine Vernunft.

Herder hat damit den Grundgedanken, wonach Sprache die Basis jeglicher Weltansicht sei, schon vorweggenommen. Endgültig formuliert hat diesen Gedanken **Wilhelm von Humboldt**. Humboldt untersucht konkrete sprachliche Gegebenheiten und kommt zu Einsichten in Sprachstrukturen und Eigenschaften der Sprache selbst. Schließlich formuliert er: „**Sprache ist das Organ des Denkens**“ und stellt so fest: Sprache legt unsere Weltsicht fest. Sie ist damit auch die Grundbedingung unserer menschlichen Existenz. Humboldts wichtigste Erkenntnis ist wohl darin zu sehen, dass er feststellt: Sprache ist nicht nur ein Verständigungsmittel, sondern **Sprache ist die grundsätzliche Voraussetzung menschlichen Denkens und damit auch jeder Erkenntnis**. Daraus ergibt sich auch die weitere Annahme: Jegliche menschliche Erkenntnis ist von der jeweiligen konkreten Sprache gewissermaßen „eingefärbt“. Das hat zur Konsequenz, dass man in jeder Sprache der Welt eine ganz spezifische Art der Weltsicht vermuten darf. Die Unterschiede zwischen den einzelnen Sprachen sieht Humboldt folgerichtig nicht einfach nur auf der sprachlichen Oberfläche, also der Aussprache oder in einem unterschiedlichen Vokabular usw. Er stellt vielmehr fest: „Ihre Verschiedenheit ist nicht eine von Schällen [er meint: Lauten] und Zeichen, sondern eine Verschiedenheit der Weltansichten selbst.“*

* Humboldt, Wilhelm von: Über das vergleichende Sprachstudium in Beziehung auf die verschiedenen Epochen der Sprachentwicklung. In: Abhandlungen der Königlichen Akademie der Wissenschaften zu Berlin aus den Jahren 1820–1821. Berlin: Georg Reimer 1822. S. 255.

Das „sprachliche Relativitätsprinzip“ (Sapir-Whorf-Hypothese)

Die These von der sprachlich bedingten Weltsicht und damit vom Eingebundensein des Menschen in seine Sprache, wenn es darum geht, Welt zu erfassen, wird in den 1950er-Jahren von **Benjamin Lee Whorf** (1897 – 1941) aufgegriffen und als „sprachliches Relativitätsprinzip“ formuliert.

Whorf untersucht nordamerikanische Indianersprachen, um seine Thesen zu belegen. Interessant und aufschlussreich sind dabei zum Beispiel die Ergebnisse über die Verwendung der **grammatischen Zeiten bei den Hopi-Indianern**. Anders als die europäischen Vergleichssprachen, welche zwischen Vorzeitigkeit, Gleichzeitigkeit und Nachzeitigkeit unterscheiden, differenzieren die Hopi-Indianer nur zwischen dem Vergangenen und gerade Stattfindendem einerseits und dem zukünftig Erwarteten, Befürchteten oder Erhofften. Angebunden an die Frage nach ihrer Weltsicht könnte das bedeuten, dass die Indianer die Phasen der Wirklichkeit, die außerhalb ihres Einflussbereichs – also in der Zukunft – liegen, von dem Beeinflussbaren oder bereits Beeinflussten abgrenzen.

Edward Sapir (1884 – 1939) schließlich geht noch weiter und behauptet kategorisch: Denken ist ohne Sprache nicht möglich. Er stellt fest, „dass die Sprache den einzigen uns bekannten Zugang zur Sphäre des Denkens darstellt".

Auch wenn heute immer wieder Einwände gegen die so formulierte „Sapir-Whorf-Hypothese" vorgebracht werden, bleibt doch festzustellen: Der Zugang des Menschen zur Wirklichkeit, seine Weltwahrnehmung und Weltbearbeitung ist intensiv mit der Sprache verbunden. Und umgekehrt: Wir können aus verschiedenen Sprachen verschiedene Weltsichten ablesen. Der Sprachvergleich macht deutlich, dass selbst in alltäglichen Bereichen verschiedene Sprachen zu verschiedenen Wirklichkeitssegmentierungen und damit Bezeichnungen kommen.

Sprachphilosophische Positionen im 20. und 21. Jahrhundert

In der zeitgenössischen Sprachphilosophie findet sich eine Vielfalt von Positionen, die die Fragen nach dem Wesen, den Möglichkeiten, der Struktur und der Funktion von Sprache aufgreifen. Die **Analytische Philosophie**, etwa vertreten von **Ludwig Wittgenstein** (1889 – 1951), sieht die Funktion der Sprache vor allem darin, theoretische Probleme zu beschreiben und zu deren Lösung beizutragen. Betont wird dazu, dass Sprache klar und präzise sein müsse.

Ludwig Wittgenstein war ein bedeutender Philosoph des 20. Jahrhunderts. In seinen beiden Hauptwerken *Tractatus Logico-Philosophicus* (veröffentlicht 1921) und die *Philosophische Untersuchungen* (postum veröffentlicht 1953) beschäftigt er sich intensiv mit dem Wesen der Sprache und ihren Möglichkeiten, die Welt zu beschreiben.

Im *Tractatus* arbeitet Wittgenstein mit der These, dass die Struktur der Sprache die Struktur der Welt widerspiegele. Um die Welt zu verstehen, könne man versuchen, die Sprache und ihre Struktur besser zu verstehen. Sprache und ihre Verwendung sei aber nur legitim und sinnvoll, wenn das Gesprochene eine klar nachvollziehbare Entsprechung in der Realität habe. Über Inhalte zu sprechen, die nicht eindeutig und klar benannt werden können und die sich außerhalb unserer überprüfbaren Wahrnehmung befinden, würde diesem Anspruch nicht gerecht. Wittgenstein schreibt: „Wovon man nicht sprechen kann, darüber muss man schweigen."

In den *Philosophischen Untersuchungen* setzt Wittgenstein einen anderen Schwerpunkt. Sprache und ihre Bedeutung würden sich immer wieder in den jeweiligen Verwendungskontexten – sogenannten „Sprachspielen" – ergeben. Wittgenstein betont nun, dass die Bedeutung eines Wortes nicht in einem isolierten Begriff an sich liege, sondern sich aus der Verwendung des Wortes und seiner Verbindung zu anderen Worten in der Sprache ergebe.

Poststrukturalistische Ansätze, beeinflusst etwa von **Michael Foucault** (1926–1984) und **Jacques Derrida** (1930–2004), hinterfragen die Stabilität von Bedeutungen und arbeiten mit der These, dass Sprache nicht objektiv sei, sondern – zum Beispiel – von Machtverhältnissen geprägt werde. Diese Ansätze gehen davon aus, dass Sprache nicht einfach ein neutrales Mittel zur Abbildung der Realität sei, sondern vielmehr als ein komplexes Netzwerk von Machtbeziehungen und Bedeutungen betrachtet werden sollte.

Michel Foucault argumentiert, dass Macht und Machtverhältnisse in Sprache integriert seien und dass sprachliche Diskurse die Art und Weise beeinflussten, wie Wissen produziert und Macht ausgeübt wird. Er betont, dass bestimmte Formen des Sprechens und Schreibens Machtverhältnisse in einer Gesellschaft widerspiegeln und vor allem auch immer wieder reproduzieren und dadurch aufrechterhalten. Foucault untersucht, wie bestimmte Diskurse bestimmte Wissensformen etablieren und dadurch Normen und soziale Strukturen formen.

Jacques Derrida arbeitet mit einer sogenannten „dekonstruktivistischen" Herangehensweise: Er stellt die Vorstellung infrage, dass Sprache eine klare, feste Bedeutung hat, und betont stattdessen die Unbestimmtheit und Mehrdeutigkeit von Begriffen. Derrida argumentiert, dass in jeder sprachlichen Struktur Widersprüche und Unstimmigkeiten existieren, die eine eindeutige Festlegung von Bedeutung verhindern. Seine Methode der Dekonstruktion zielt darauf ab, die innere Komplexität und Instabilität von Sprache aufzudecken.

Zusammengefasst zeigen sowohl Foucault als auch Derrida, dass Sprache nicht nur ein Instrument der Kommunikation ist, sondern auch ein Medium, in dem Machtverhältnisse wirksam werden und in dem Bedeutungen ständig in Bewegung sind. Ihre Ansätze unterstreichen die Notwendigkeit, Sprache als ein dynamisches und kontextuelles Phänomen zu verstehen, das tief in gesellschaftliche Strukturen und Prozesse eingewoben ist.

Der **Pragmatismus**, z. B. vertreten durch den amerikanischen Philosophen **Richard Rorty** (1931–2007), blickt auf den Gebrauch von Sprache und den gesellschaftlichen Kontext, in dem sie verwendet wird und Wirklichkeit konstruiert. Grundsätzlich geht er davon aus, dass „Wahrheiten" nicht unabhängig von menschlichen Handlungen bestehen. Die Philosophie habe die Möglichkeit, der Konstruktion von Wahrheiten nachzugehen, nicht aber, Wahrheiten zu finden. Rorty betont, dass die Bedeutung von Begriffen und Sätzen durch ihre praktische Anwendung bestimmt werde. Er lehnt die Idee ab, dass Sprache eine direkte Abbildung der Realität ist. Für Rorty ist die **Bedeutung eines Ausdrucks nicht in einer objektiven Wirklichkeit verankert**, sondern entsteht durch die Art und Weise, wie er **in sozialen Kontexten verwendet** wird. Eine zentrale These in Rortys Position ist die Idee der „Konversation": **Sprache wird als ein kontinuierlicher sozialer Dialog betrachtet, in dem Bedeutungen verhandelt und ständig neu ausgehandelt werden**. Rorty argumentiert, dass es keine endgültige Wahrheit oder essentielle Bedeutung gebe, sondern dass Sprache dazu diene, die Bedürfnisse und Ziele einer bestimmten Gemeinschaft oder Kultur zu erfüllen. Rorty kritisiert auch den erkenntnistheoretischen Ansatz, von einer fest umrissenen philosophischen Grundlage oder von universellen Prinzipien des Denkens und Sprechens auszugehen. Stattdessen plädiert er für eine pragmatische Herangehensweise, die sich auf das konzentriert, was in der konkreten Praxis funktioniert und nützlich ist. In dieser Sichtweise wird Sprache als Werkzeug betrachtet, das dazu dient, menschliche Ziele und Zwecke zu erreichen, anstatt eine gegebene, unabhängig von den menschlichen Handlungen existierende Realität zu repräsentieren.

Zusammengefasst betont Richard Rortys pragmatischer Ansatz zur Sprache die soziale, kontingente und praktische Natur von Bedeutungen. Sprache wird als ein dynamischer Prozess betrachtet, der sich im Rahmen von sozialen Interaktionen und kulturellen Kontexten entwickelt.

TIPP

Ein hilfreicher Tipp zur Vorbereitung auf das Abitur in Bezug auf die Themen der Sprachphilosophie ist, bei der Analyse eines philosophischen Textes genau zu klären, was unter „Sprache" verstanden wird. Es ist wichtig, sich zu fragen, ob der Autor **Sprache als ein System von Zeichen**, als eine **Form des Handelns** oder als ein **soziales Phänomen** betrachtet.

Darüber hinaus ist es wesentlich, das **Verhältnis zwischen Sprache und der empirisch/sinnlich erfahrbaren Welt** zu untersuchen. Frage dich, ob der Autor Sprache als ein Mittel zur Abbildung der Realität, als eine Form der Konstruktion der Realität oder als etwas völlig Unabhängiges von der Realität sieht.

Schließlich solltest du die **Möglichkeiten und Grenzen der Kommunikation**, die der Autor im Text aufzeigt, identifizieren. Überlege, ob der Autor glaubt, dass durch Sprache vollständige Verständigung möglich ist, oder ob er die Ansicht vertritt, dass Sprache immer zu Missverständnissen führt.

3.5 Theorien zum Spracherwerb des Kindes

Verschiedene Theorien versuchen die Frage zu beantworten, wie Kinder ihre erste Sprache entwickeln bzw. erwerben. Der Bereich der sogenannten „**Spracherwerbsforschung**“ umfasst verschiedene Perspektiven, darunter linguistische, psychologische, kognitive und soziokulturelle Ansätze. Die Untersuchung des **Erstspracherwerbs** erforscht die fundamentalen Mechanismen, die es Kindern ermöglichen, eine umfassende sprachliche Kompetenz zu entwickeln.

Sprachentwicklung in den ersten Lebensjahren

Der Erstpracherwerb ist ein äußerst umfassender und komplexer Prozess, der im frühen Kindesalter beginnt und in den ersten Lebensjahren intensiv verläuft. Säuglinge zeigen bereits in ihren ersten Lebensmonaten die Fähigkeit, Klänge zu unterscheiden. Aktiv nehmen sie an der Kommunikation mit ihrer Umgebung teil. Die grundlegenden Bausteine der Sprach- und Sprechfähigkeit wie Phonologie (Laute unterscheiden und formulieren können), Morphologie (bedeutungstragende Silben unterscheiden und formulieren können), Syntax (Sätze erfassen und bilden können) und Semantik (Bedeutungen erfassen und unterscheiden können), entwickeln sich im Laufe der Zeit, wobei Kinder erstaunliche Fortschritte in ihrer sprachlichen Kompetenz machen. Die Erfahrung, wie schwer das Erlernen einer weiteren Sprache – etwa in der Schule – im Vergleich zum Erwerb der Erstsprache, der fast „nebenbei“ erfolgt, teilen sicherlich viele Menschen. Folgende Theorien versuchen den Erstspracherwerb modellhaft zu beschreiben und zu erklären:

Nativistische Theorien: Eine einflussreiche Theorie zum Erstspracherwerb stammt von **Noam Chomsky** (*1928), einem Sprachforscher aus den USA. Seine Theorie der **Universalgrammatik** argumentiert, dass Kinder angeborene sprachliche Strukturen und Mechanismen besitzen, die es ihnen ermöglichen, jede natürliche Sprache zu erlernen. Der Fokus liegt auf der biologischen Verankerung der Sprachfähigkeit, die durch einen kritischen Entwicklungszeitraum geprägt ist. Ausgehend von einem angenommenen „angeborenen Spracherwerbsmechanismus“ prägt sich die Sprache des Kindes in der Kommunikation mit seinem Umfeld immer weiter aus.

Noam Chomsky

Behavioristische Ansätze: Verhaltenspsychologen wie **Burrhus Frederic Skinner** (1904 – 1990) arbeiten mit dem Modell, nach dem der Erstspracherwerb im Wesentlichen durch externe Einflüsse und Reize geformt wird. Nach dem behavioristischen Ansatz erwerben Kinder Sprache durch Imitation, Belohnungen und Bestrafungen: Sie imitieren die Sprache ihres Umfelds und spüren an dessen Reaktionen – etwa einem bestätigenden und wohlwollenden Nicken oder Lachen oder einer ablehnenden Korrektur –, ob ihre Sprachverwendung korrekt war. Diese Perspektive betont die Rolle der Umgebung und der Verstärkung bei der Formung sprachlicher Fähigkeiten, wird aber heute kaum mehr als ausschließliche Position vertreten. Eine komplexe Sprache allein aufgrund des Ausprobierens und der Bestätigung bzw. Korrektur zu erlernen, müsste wesentlich länger dauern als es im kindlichen Spracherwerb tatsächlich der Fall ist.

Kognitive Entwicklungsansätze: Der Entwicklungspsychologe **Jean Piaget** (1896–1980) entwickelte sogenannte „kognitive Entwicklungsansätze“. Sein „Stadienmodell“ formuliert die These, dass Kinder ihre Denkprozesse stufenweise entwickeln und dass der Erstspracherwerb eng mit der allgemeinen kognitiven Entwicklung verbunden ist. **Sprachliche Fähigkeiten entwickeln sich in Wechselwirkung mit der kognitiven Reife.** Piagets Theorie geht davon aus, dass Kinder nicht nur passiv Informationen aus ihrer Umgebung aufnehmen, sondern auch aktiv Wissen konstruieren. Im Kontext des Erstspracherwerbs bedeutet dies, dass Kinder nicht nur Sprache imitieren, sondern auch ihre eigenen mentalen Strukturen schaffen, um Sprachregeln zu verstehen und anzuwenden. Das Stadienmodell von Piaget hat wesentlich dazu beigetragen, den Zusammenhang zwischen kognitiver Entwicklung und Spracherwerb zu erforschen, wobei die Betonung auf der Interaktion von Denkprozessen und sprachlichen Fähigkeiten liegt.

Interaktionistische Modelle: Interaktionistische Ansätze betonen die wechselseitige Beziehung zwischen biologischen Faktoren und sozialer Interaktion. **Jerome Bruner** (1915–2016) und **Lev Wygotsky** (1896 – 1934) betonen die Bedeutung sozialer Kontexte, kultureller Einflüsse und gemeinsamer Aktivitäten für den Spracherwerb. Die Zone der proximalen Entwicklung (ZPD) von Wygotsky hebt die Rolle des sozialen Umfelds beim Erlernen neuer sprachlicher Fähigkeiten hervor.

Empirische Forschung zum Erstspracherwerb: Moderne Forschungsmethoden, darunter Verhaltensstudien, EEG (Elektroenzephalographie), fMRT (funktionelle Magnetresonanztomographie) und Eye-Tracking, haben es Forschern ermöglicht, den Erstspracherwerb detaillierter zu untersuchen. Studien zu kindlichen Spracherwerbsphasen, zur Rolle des Eltern-Kind-Interaktionsstils und zur Erforschung von bilingualen Erwerbsprozessen tragen zur kontinuierlichen Weiterentwicklung der Erstspracherwerbstheorien bei.

Künstliche Intelligenz und Spracherwerb: Inzwischen hat die Forschung auch erhebliche Fortschritte bei der Frage gemacht, wie Künstliche Intelligenz (KI) das Verstehen und Verwenden von Sprachen erlernen kann. Im Gegensatz zum Erstspracherwerb eines Kindes basiert der Spracherwerb einer KI auf **Algorithmen** und maschinellem Lernen. KI-Modelle werden mithilfe großer Mengen von Textdaten trainiert. Diese Daten umfassen Texte in verschiedenen Sprachen und Kontexten, aus denen KI Strukturen und Muster zur Sprachgestaltung ableitet. Feedbackschleifen, in denen KI auf Basis von Rückmeldungen lernt, tragen dazu bei, die Leistung im Sprachverständnis zu verbessern. Der Spracherwerb der KI ist nicht mit dem menschlichen Spracherwerb gleichzusetzen. **KI-Modelle erlernen Sprache auf der Grundlage von Statistiken und Mustererkennung, ohne ein tiefes Verständnis für die Sprache und ihre Formen zu entwickeln.** Forschungen und Entwicklungen zielen jedoch darauf ab, dass KI-Systeme in der Lage sind, Sprache in immer komplexeren Kontexten zu verstehen und anzuwenden.
Wenn ein Mensch eine weitere Sprache erlernt, vollzieht sich dieser Prozess durchaus auf anderem Weg als das Erlernen der Erstsprache. Die Sprachforschung und -didaktik (meint hier: die Suche nach erfolgreichen Sprachlernkonzepten) unterscheidet zunächst zwischen dem **„Fremdspracherwerb"** und dem **„Zweitspracherwerb"**: Der Fremdspracherwerb bezieht sich auf das Erlernen einer Sprache, die nicht die Muttersprache ist, in einem Umfeld, in dem diese Sprache nicht die dominante Kommunikationsform ist. Der Fremdsprachenunterricht in der Schule ist in der Regel ein Beispiel hierfür. Der Zweitspracherwerb hingegen bezieht sich auf das Erlernen einer zusätzlichen Sprache innerhalb eines Umfelds, in dem diese Sprache die hauptsächlich gesprochene oder offizielle Sprache ist.
Es gibt verschiedene Theorien zum Fremd- und Zweitspracherwerb, die auf die Lerntheorien zurückgreifen, die auch zur Beschreibung des Erstspracherwerbs genutzt werden: Die *behavioristische Theorie* sieht Sprachlernen als eine Form des konditionierten (meint ungefähr: antrainierten) Verhaltens, das durch Nachahmung, Verstärkung und Korrektur geformt wird. Sprache wird durch das Hören und Nachahmen von Ausdrücken, gefolgt von positiver Rückmeldung oder Korrektur, erlernt. Die *kognitivistische Theorie* hingegen betont den aktiven, mentalen Prozess des Lernenden. Sie geht davon aus, dass Lernende eine innere Repräsentation der Sprache – gleichsam ein hypothetisches inneres Regelwerk – aufbauen, das sie dann durch Interaktion mit Muttersprachlern testen und verfeinern.
Theorien des Zweitsprachenerwerbs betonen oft den Einfluss von Faktoren wie Alter, Motivation, Persönlichkeit und sozialem Kontext auf den Lernprozess. Sie berücksichtigen auch die Rolle von kulturellem Hintergrund und Identität im Lernprozess, da diese Faktoren die Einstellung eines Lernenden zur Zielsprache und zur Lerngemeinschaft beeinflussen können. Auch die Ähnlichkeit bzw. Unähnlichkeit zwischen Erstsprache und weiterer Sprache spielt beim Lernen eine Rolle.

3.6 Ansätze und Schwerpunkte aktueller Sprachbetrachtungen

Neben den Fragen nach dem Zusammenhang zwischen Sprache und Denken, dem Verhältnis zwischen individueller Sprachentwicklung und dem Umfeld und den Prozessen, die beim Erwerb einer Sprache ablaufen, gehören weitere Fragestellungen und Schwerpunktsetzungen zum Bereich der Sprachbetrachtung und der Sprachuntersuchung. Themen, die dir – vielleicht im Rahmen einer Texterörterung – im Deutschunterricht begegnen können, sind zum Beispiel:

Gewaltfreie Sprache

Gewaltfreie Sprache bezieht sich auf einen kommunikativen Ansatz, der darauf abzielt, Worte und **Ausdrücke zu wählen, die Respekt, Verständnis und Mitgefühl fördern**. Sie vermeidet aggressive oder diskriminierende Begriffe und setzt stattdessen auf positive Formulierungen. Diese Art der Kommunikation fördert harmonische zwischenmenschliche Beziehungen und trägt zur Schaffung eines respektvollen und inklusiven sozialen Umfelds bei. Der Gebrauch gewaltfreier Sprache unterstützt das Bewusstsein für die Auswirkungen von Worten auf das Wohlbefinden anderer und fördert ein friedliches Miteinander.

Gendern

Sich mit Themen und Positionen der „Geschlechtergerechtigkeit“ zu befassen und sein Verhalten in der Gesellschaft entsprechend sensibel und angemessen auszurichten, gewinnt immer mehr an Bedeutung bzw. Beachtung. Die sogenannte „Gender-Diskussion“ gehört in den Zusammenhang der im vorausgehenden Abschnitt beschriebenen Frage nach einer „gewaltfreien Sprache“.

Es geht beim Gendern darum, dass Formulierungen und Wörter so angepasst werden, dass sie geschlechtsneutral sind. Zum Beispiel kann aus „Lehrer“ oder „Lehrerin“ die geschlechtsneutrale Form „Lehrkraft“ entstehen. Dies dient dazu, Sprache inklusiver zu gestalten und verschiedene Geschlechteridentitäten angemessen zu berücksichtigen. Die Diskussion über die beste Methode des Genderns ist jedoch noch nicht abgeschlossen, und es gibt verschiedene Ansätze, wie das generische Maskulinum, das Binnen-I, der Genderstern oder das Gendergap. Da es noch keine offiziellen Regelungen für die entsprechenden Schreibungen gibt und auch der „Rat für deutsche Rechtschreibung“ die Schreibungen nicht als „orthografisch korrekt“ anerkennt, benutzt du sie in offiziellen Schreiben am besten noch nicht. Dies ist in vielen Bundesländern auch die Empfehlung für Klassenarbeiten und Abiturklausuren.

Sprachpurismus und Umgang mit Anglizismen

Die deutsche Sprache hat im Laufe der Zeit viele Anglizismen, also Wörter oder Wendungen aus dem Englischen, übernommen. Dieser Prozess ist besonders in der modernen Kommunikation und im Bereich der Technologie auffällig. Beispiele hierfür sind Begriffe wie „Internet“ oder „Selfie“. Die Verwendung von Anglizismen ist nicht unumstritten, da sie die deutsche Sprache beeinflussen und verändern. Einige Menschen empfinden sie als Bereicherung, während andere die Bewahrung der deutschen Sprache in den Vordergrund stellen.

Jugendsprache

Die Jugendsprache ist ein sich ständig verändernder Bereich der Sprachrealität. Sie zeichnet sich durch ihren ständigen Wandel und ihre Kreativität aus. Jugendliche entwickeln neue Wörter, Ausdrücke und Slang, um sich von älteren Generationen abzugrenzen und ihre eigene Identität auszudrücken. Oftmals werden Wörter aus anderen Sprachen übernommen und in neuen Kontexten verwendet. Regelmäßig entstehen auch Jugendbücher, in denen die Jugendsprache verwendet wird und zu einem besonderen – oft als authentisch wahrgenommenen – Schreib- und Erzählstil führt. Bemerkenswert sind dabei allerdings die Tatsachen, dass die Jugendsprache großen regionalen Unterschieden unterliegt und sich auch zeitlich in hoher Geschwindigkeit verändert.

Chatsprache

Die Digitalisierung hat die Art und Weise, in der Menschen kommunizieren, grundlegend verändert. In der Chatsprache werden oft Abkürzungen, Emojis und Internetjargon verwendet, um Nachrichten schneller und kürzer zu gestalten. Die Chatsprache ist von der gesprochenen oder formellen geschriebenen Sprache oft sehr verschieden und unterliegt einem eigenen Regelwerk.

TIPP

Wenn du im Rahmen einer schriftlichen Abiturarbeit die Beschreibung einer Sprachform vornehmen musst, achte auf folgende Aspekte:
Nenne typische Situationen, in denen diese Sprache genutzt wird und charakterisiere die Sprecherinnen und Sprecher.
Nenne eventuell auch typische Themen, die in den entsprechenden Situationen besprochen werden.
Beschreibe dann die Sprachform – ihren besonderen Wortschatz und Satzbau.
Prüfe, welche Funktion die Sprachform hat (z. B. Abgrenzung von anderen).
Beschreibe auch Entwicklungen innerhalb der Sprachform, falls es solche gibt.

BEISPIEL

Annika von Taube

Sprachwandel: Geht das nicht auch auf Deutsch?

Anglizismen sind etwas für faule Ignoranten, sie vergewaltigen die deutsche Sprache und treiben sie in den Tod. Unsinn. Im Gegenteil, Anglizismen verdienen einen Preis.

Neulich hatten wir wieder so einen Fall. Da haben wir einen Kommentar *depublisht*. Und unsere Leser aus Transparenzgründen im Kommentarbereich darüber informiert, wir hätten einen Kommentar „unveröffentlicht".

Unveröffentlicht? Was ist das denn bitte für ein Wort, empörten sich Kommentatoren daraufhin. Unveröffentlichen, das meint das Zurückziehen eines bereits veröffentlichten Inhalts (zur Sicherheit sei darauf hingewiesen, dass wir äußerst selten Kommentare unveröffentlichen, nämlich nur dann, wenn es sich um Serien-Spam oder bedenkliche Nutzernamen handelt). Im Englischen gibt es ein klar verständliches Wort dafür: *to depublish*.

Das deutsche Wort klingt etwas unbeholfen. Aber würden wir das englische verwenden, wäre die Empörung noch viel größer. Wer auf eine andere Sprache als die eigene zurückgreifen muss, um sich auszudrücken, ist schlampig, faul oder beschränkt. So lautet zumindest die gängige Leserkritik. Es gibt nichts, was sich in der deutschen Sprache nicht ausdrücken ließe, das mag stimmen. Aber englische Begriffe sind oft so schön *catchy*, so *on point*. Und sie werden gerade in digitalen Umfeldern gern genutzt, wie die User unserer Community natürlich wissen.

Der Begriff *Crowdfunding* zum Beispiel lässt sich auf Deutsch mit „Gruppenfinanzierung" oder „Schwarmfinanzierung" übersetzen. Dass er aber seinen Ursprung nicht nur im englischsprachigen, sondern auch im digitalen Raum hat, geht bei der deutschen Übersetzung verloren: „Gruppenfinanzierung" klingt nach ältlichem Provinzverein, Crowdfunding nach energetischem Start-up. Crowdfunding wurde 2012 zum „Anglizismus des Jahres" gewählt. [...]

Seit 2010 bemüht sich Anatol Stefanowitsch, Professor für englische Sprachwissenschaft an der Freien Universität Berlin, um die Förderung eines positiven Blicks auf Anglizismen, indem er zur Wahl des „Anglizismus des Jahres" aufruft. Diese Auszeichnung begreift Lehnwörter nicht als sprachliche Mängel, sondern im Gegenteil als Bereicherung unserer Sprache. Gewählt wird jeweils ein Lehnwort, das „im laufenden Jahr ins Bewusstsein und den Sprachgebrauch einer breiten Öffentlichkeit gelangt ist und eine interessante Lücke im deutschen Wortschatz füllt."

Vorschläge einreichen kann jeder, die Auswahl erfolgt durch eine Fachjury von Sprachwissenschaftlern. Über die laufenden Einreichungen [...] informiert ein Blog. Ganz vorn dabei ist momentan das *Selfie*, überhaupt sind Begriffe aus der Welt der sozialen Medien überproportional vertreten, ähnlich sieht es im Bereich

>>

>> BEISPIEL

neuer Technologien aus. Bedeuten also mediale Digitalisierung und technologische Evolution gewissermaßen als Lehnwort-Schleusen eine Bedrohung der deutschen Sprache? Professor Stefanowitsch kann beruhigen: „Lehnwörter finden wir immer dort, wo es Veränderungen gibt – neue Technologien und neue gesellschaftliche Praktiken müssen benannt werden, und wenn eine wichtige Bezugskultur schon Wörter hat, werden die einfach übernommen. Durch Entlehnung sind Sprachen in der Lage, sich aktuellen Entwicklungen anzupassen und für die Sprachgemeinschaft nützlich zu bleiben. Und nur wenn eine Sprache nicht mehr nützlich ist, läuft sie Gefahr, zu verschwinden."
Keine Gefahr also. Und für Gegner der Anglizismenflut in den „neuen" Medien gäbe es folgenden Lösungsvorschlag: Sie müssten nur dafür sorgen, dass Neuentwicklungen statt aus dem englischsprachigen aus dem deutschen Raum kommen. [...]

ZEIT Online, 18.11.2014, Zugriff: 22.3.2024

1. *Analysieren Sie den Text: Fassen Sie den Inhalt zusammen, beschreiben Sie die Struktur des Textes und die verwendete Sprache.*

Lösungen – Auszug

Inhalt: Der Text greift die Sorge von Journalistinnen und Journalisten auf, dass ihre Leserinnen und Leser die Verwendung von Anglizismen für unseriös und unangemessen halten, zeigt aber auf, dass ihre Verwendung als Bereicherung der Sprache angesehen werden kann, was sogar durch einen eigenen Sprachpreis für den „Anglizismus des Jahres" bestätigt wird.

Aufbau: Der Text beginnt mit einem konkreten Beispiel zum Ersatz eines Anglizismus durch einen recht unverständlichen deutschen Begriff, geht dann über zur Reflexion über den sinnvollen Gebrauch von Anglizismen und zu Informationen zum Preis „Anglizismus des Jahres". Als Argumente für die Verwendung von Anglizismen werden deren Präzision und Aussagekraft, aber auch ihre Beliebtheit benannt. Der Text schließt mit einer positiven Einschätzung der Sprachveränderung durch Lehnwörter. Er stellt die These auf, dass sie eine Gewähr dafür sind, dass sich eine Sprache den aktuellen Entwicklungen anpassen kann.

Sprache: Die Autorin verwendet einen informellen, dialogischen Ton, um die Leserinnen und Leser unmittelbar anzusprechen. Pointiert wird auf die Herausforderungen von Übersetzungen eingegangen, besonders im Zusammenhang mit englischen Begriffen im digitalen Bereich. Der Einsatz von direkten Zitaten und rhetorischen Fragen unterstreicht die Botschaft des Textes. Der Text verwendet selbst viele Anglizismen, ohne dabei unseriös oder unverständlich zu werden.

Wissen über Sprache

3

MODERNE SPRACHPHILOSOPHIE (AB DEM 18. JHD)

Vertreter	Position
Johann Georg Hamann	Die Vernunft des Menschen ist eng mit seiner Sprache verbunden.
Johann Gottfried Herder	Sprache als Instrument der Welterschließung
Wilhelm von Humboldt	Sprache = Grundlage des Denkens; legt die gesamte Weltsicht fest.
Darauf aufbauend in den 1950er-Jahren: Sapir-Whorf-Hypothese	Die Art und Weise, wie ein Mensch denkt und die Wirklichkeit wahrnimmt, ist eng mit seiner Sprache – zum Beispiel der Ausgeprägtheit seines Wortschatzes – verbunden.

SPRACHPHILOSOPHISCHE POSITIONEN IM 20. UND 21. JAHRHUNDERT

Vertreter	Position
Ludwig Wittgenstein	Sprache: Abbild der Welt/ Sprache = Handlungsinstrument.
Michel Foucault	Sprache: Instrument der sozialen Kontrolle
Jacques Derrida	Sprache: niemals objektiv; Dekonstruktion zeigt, dass Bedeutung instabil und kontextabhängig ist.
Richard Rorty	Sprache/Begriffe: nicht Ausdruck einer objektiven, außerhalb von ihnen bestehenden Wirklichkeit; die Wirklichkeit ist ein kontinuierlicher Dialog, in dem Bedeutungen ständig neu verhandelt werden

THEORIEN ZUM SPRACHERWERB DES KINDES

Vertreter	Position
Nativistische Theorie	Grundlegende Fähigkeiten, eine Sprache zu nutzen, sind angeboren.
Behaviorsitische Theorie	Umweltreize und Belohnungen formen die sprachlichen Fähigkeiten, Sprachlernen funktioniert durch Imitation und Verstärkung.
Kognitive Theorie	Erstspracherwerb ist Teil eines umfassenderen kognitiven Prozesses: Bei der Wahrnehmung von Neuem strukturiert sich das Gehirn um und integriert das Neue, dadurch erfasst es wiederum Neues und strukturiert sich wieder um usw.
Interaktionistische Theorie	Der Mensch lernt Sprache im sprechenden Umgang mit Menschen.

4 Interpretation literarischer Texte

„Interpretieren kann man, oder man kann es nicht" – vielleicht ist dies eine Einstellung, die du selbst schon einmal geäußert oder bei deinen Mitschülern gehört hast. Es stimmt, dass Zugänge zu einzelnen Werken sehr subjektiv sein können, und dass es Texte gibt, bei denen es schwerfällt, einen Zugang zu finden. In diesem Kapitel lernst du aber einige Herangehensweisen und Strategien kennen, wie dir das professionelle Interpretieren besser gelingen kann.

4.1 *Grundsätzliches*

Epik, Lyrik, Dramatik

Für die Interpretation innerhalb der drei großen literarischen Gattungen – also für epische, lyrische und dramatische Texte – hat sich eine Vorgehensweise etabliert, die sich an der „natürlichen" individuellen Begegnung und schrittweisen Auseinandersetzung mit Literatur orientiert.

Individuelle Schwerpunktsetzung

① Diese Vorgehensweise beginnt mit dem **Klären des Erstverständnisses** und der Formulierung einer **Deutungshypothese**, womit eine individuelle Schwerpunktsetzung und Ausprägung der Interpretation möglich ist.

② Im zweiten Schritt geht es um das **Erfassen und Wiedergeben des Textinhaltes**. Hiermit soll in erster Linie gewährleistet werden, dass der Inhalt des Textes gründlich und vollständig erfasst ist und die Textdeutung sich nicht auf einzelne, zusammenhanglose Aspekte beschränkt. Bei der schriftlichen Ausarbeitung einer Interpretation vermindert die schriftliche Ausformulierung der Inhaltswiedergabe auch die große Gefahr, bei der späteren Ausgestaltung der Textdeutung immer wieder einer reinen Inhaltsumschreibung zu verfallen.

Beschreibung von Aufbau und Form

③ Der Textwiedergabe folgt die **Textbeschreibung**. Welche Aspekte des Textes hierbei untersucht werden, hängt von der Gattung ab, welcher der Text angehört. Die Lyrik-Interpretation wird sich an dieser Stelle vor allem den formalen Eigenheiten der Textsorte – etwa Reim und Metrum, Strophe – zuwenden, Beschreibungen epischer Texte fragen zum Beispiel nach der Erzählperspektive und dem Verhältnis von Erzählzeit und erzählter Zeit. Die Beschreibung dramatischer Texte blickt zum Beispiel auf die Redeanteile der auftretenden Figuren oder die formalen Eigenheiten der Dialoge.

④ Unter Beachtung gattungstypischer Interpretationsaspekte, die in den folgenden Kapiteln näher beschrieben werden, formuliert man nun eine ausführliche **Textdeutung**, die sich entweder an der Reihenfolge des Textes – manchmal wird dies als lineare Vorgehensweise bezeichnet – oder an bestimmten, im Text erkennbaren Aspekten orientiert. Anspruchsvoller und professioneller ist die aspektorientierte Interpretation, da sie Inhaltsparaphrasen und Wiederholungen vermeidet und eine Anbindung der werkimmanenten Deutung an werkübergreifende Aspekte erleichtert. Auch wenn verschiedene Werke verglichen werden sollen, bietet sich die aspektorientierte Interpretationsmethode an.

Lineare und aspektorientierte Interpretation

⑤ Die Ergebnisse der genauen Auseinandersetzung mit dem Text können in einer **Zusammenfassung** schließlich wieder zu der ersten Deutungshypothese in Beziehung gebracht und für eine genauere und ausführlichere Deutung genutzt werden. Hierbei ist es durchaus legitim, die erste Deutungshypothese zu modifizieren.
Eine **Bewertung** des Textes, seiner Qualität und der von ihm transportierten Aussagen ist – falls es die Aufgabenstellung fordert – im Anschluss an die Interpretation möglich.

VORGEHENSWEISE BEI DER INTERPRETATION

① Formulieren einer Deutungshypothese
② Textwiedergabe/Inhaltsangabe
③ Textbeschreibung
④ Textdeutung
⑤ Stellungnahme

Die **hermeneutische Methode** wurde im 19. Jahrhundert entwickelt, um die Arbeitsmethodik der Textwissenschaften zu professionalisieren. In einem philosophischen Verständnis beschreibt **Hermeneutik**, wie Menschen ihrer Umwelt begegnen, sie wahrnehmen, verarbeiten und sich zu eigen machen. Literarische Texte werden als Repräsentanten dieser Umwelt betrachtet, die in verschiedenen geschichtlichen Zeiten entstanden sind und Ideen ihrer Autorinnen und Autoren transportieren. Hermeneutische Arbeitsweisen fokussieren heute eher **auf die Beziehung zwischen einem literarischen Text und seiner Leserin bzw. seinem Leser**. Durch die schrittweise Begegnung entwickelt sich ein differenzierteres literarisches Verstehen. Der **hermeneutische Zirkel/die hermeneutische Spirale** ermöglichen einen nahezu endlosen Deutungsprozess: Jeder Verstehensschritt führt zu einer neuen Lesart des Textes, die wiederum zu einem weiteren Verstehensschritt führt.

4.2 Erzählende Texte interpretieren

Begriffsbestimmung

Antike: erzählende Dichtung

Die Bezeichnungen „Epik“ und „episch“ gehen auf den griechischen Begriff „epikos“ zurück, dem Adjektiv zu Epos. Das griechisch-antike Epos war eine umfangreiche erzählende Dichtung, die in Versen und gehobener Sprache abgefasst und offenbar für den Vortrag in der Öffentlichkeit bestimmt war. Homers Epen *Ilias* und *Odyssee* gelten als Anfangspunkte der abendländischen Epos-Tradition. Mit dem *Nibelungenlied* und den Ritterepen des Mittelalters bekommt die Textsorte auch einen zentralen Stellenwert in der frühen deutschen Literaturgeschichte.

Erscheinungsformen heutiger Epik

Die ausgeweitete heutige Definition einer **epischen Literatur** bezieht sich auf deren **erzählenden Charakter**, der sich sowohl in Prosa als auch in Versform konkretisieren kann. Die epische Literatur unterscheidet sich weiterhin durch die verwendeten Erzählperspektiven, durch die Sprache, durch bestimmte Strukturschemata und durch den unterschiedlichen Umfang der Werke. Gerade letztgenanntes Kriterium dient einer hypothetischen Differenzierung einzelner Untergruppen. Als einfache epische Kleinformen bezeichnet man etwa Märchen, Sagen und Fabeln. Über Kurzgeschichten und Novellen spannt sich der Bogen weiter bis zur umfangreichsten Gattung/Form der Epik, dem Roman in all seinen Erscheinungsformen.

Epische Formen

Kurzgeschichte

Die **Kurzgeschichte** ist eine epische Kurzform, die in Anlehnung an die amerikanischen **Short Stories** ungefähr seit dem Ende des Zweiten Weltkriegs in Deutschland entsteht. Von anderen kurzen Erzählungen unterscheidet sich die Kurzgeschichte durch eine Reihe besonderer Merkmale, die allerdings kaum in ihrer Gesamtheit in ein und demselben Text auszumachen sind. Typische Kennzeichen sind:

- geringer Textumfang,
- Verkürzung auf das Wesentliche,
- eine klare Ausrichtung des Erzählverlaufs auf eine Zuspitzung oder Pointe,
- oftmals unmittelbarer Erzählanfang,
- häufig offener Schluss, der zum Nachdenken anregen soll.
- Thematisch spielen Kurzgeschichten oft im Durchschnittsmilieu und zeigen alltägliche – vielleicht zeittypische – Konflikte im menschlichen Miteinander.

Kurzgeschichten nach 1945

Viele bekannte und wirkungsvolle Kurzgeschichten entstanden in der unmittelbaren Auseinandersetzung mit dem Zweiten Weltkrieg und dem Wiederaufbau Deutschlands und sind auch thematisch davon geprägt. Wolfgang

Borchert (1921 – 1947) und Heinrich Böll (1917 – 1985) sind bekannte Kurzgeschichtenautoren dieser Zeit. Später entstandene Kurzgeschichten – etwa diejenigen von Gabriele Wohman (geb. 1932) – befassen sich mit Alltags- und Kommunikationsproblemen.

TIPP

Häufig hilft es bei der Interpretation einer Kurzgeschichte, das behandelte grundsätzliche Thema – etwa die Schilderung der Kriegsgrausamkeit oder das Misslingen von Kommunikation – herauszufinden und die weitere Deutung darauf zu stützen.

Novelle

Um die **Novelle** rein quantitativ zu definieren, wird sie häufig als Textsorte „mittleren Umfangs" von der Kurzgeschichte einerseits und dem Roman auf der anderen Seite abgegrenzt. Brauchbarer ist allerdings das Einbeziehen konstituierender Textsortenmerkmale wie:

- Erzählen einer neuen, besonderen Begebenheit (Goethe spricht in diesem Zusammenhang von der „unerhörten Begebenheit").
- Die Begebenheit muss aber realistisch sein, mindestens so, dass sie hätte geschehen können
- Der Inhalt ist stark verdichtet und zielt oft auf die Darstellung eines einzigen Konflikts.
- Geradlinige Handlungsführung, die an den Aufbau des geschlossenen Dramas erinnert: knappe Exposition – Steigerung – pointierter Wendepunkt – Abfall und Ausgang

Aufbau erinnert an das geschlossene Drama

- Einbeziehen von Leitmotiven und Dingsymbolen
- Verzicht auf ausschweifendes Erzählen

Beispiele für Novellen finden sich in verschiedenen Phasen der deutschen Literaturgeschichte. Bekannt sind Johann Wolfgang von Goethe (1749 – 1832) *Novelle*, Heinrich von Kleist (1777 – 1811) *Das Erdbeben von Chili*, Gottfried Keller (1819 – 1890) *Kleider machen Leute*, Theodor Storm (1817 – 1888) *Der Schimmelreiter* oder Thomas Mann (1875 – 1955) *Der Tod in Venedig*.

TIPP

Der Zusammenstoß zwischen dem Menschen und seinem Schicksal oder die Konfrontation von Alltäglichem und Außergewöhnlichem lassen sich – stark vereinfacht – als Themen erkennen, die häufig die Handlung einer Novelle motivieren.

Roman

Abgegrenzt von den vorigen Textsorten begegnet der Roman als „epische Großform“, welche aufgrund verschiedenster Zielsetzungen, Themen und Stoffe, Stilarten und Erzählstrukturen als die ausdifferenzierteste und umfassendste literarische Gattung gilt. Die Wurzeln des Romans liegen im mittelalterlichen und spätmittelalterlichen Versepos, als eigenständige, ernst genommene literarische Textsorte etabliert er sich erst im 18. Jahrhundert. Anders als etwa die Novelle befasst sich ein Roman meist mit umfassend angelegten und weit ausgesponnenen Zusammenhängen und Themen. Oft wird der Gang der Romanhandlung von der Charakterentwicklung einer Einzelpersönlichkeit oder einer Gruppe von Individuen bestimmt. Die Textsorte lässt sich weiterhin untergliedern. So kennt man etwa die Romanarten → Historischer Roman, → Entwicklungsroman, → Briefroman oder Schlüsselroman (→ Schlüsselliteratur).

weit ausgesponnene Zusammenhänge

Vorgehensweise bei der Interpretation

generelle Tipps zur Interpretation

Trotz der beschriebenen Unterschiede in den epischen Textsorten lassen sich einige generelle Tipps und sinnvolle Hinweise zur Vorgehensweise bei der Interpretation formulieren, die in einer Klausur oder bei deren Vorbereitung zu einer gezielten und sinnvollen Textuntersuchung und einer präzisen und brauchbar strukturierten Interpretation verhelfen können.

Textbegegnung/Leseverständnis

Werden in schriftlichen oder mündlichen Prüfungen Aufgaben zur Interpretation epischer Texte gestellt, ist das zu bearbeitende Textvolumen in der Regel sehr umfangreich.

hilfreiche Lesetechniken

Es ist aus diesem Grund wichtig, effizient und zeitsparend, wenn man **schon beim ersten oder zweiten Lesen auf bestimmte Aspekte des Textes achtet**, die bei der Beantwortung der gestellten Fragen hilfreich sein können.

Dabei ist es sinnvoll, bereits in dieser frühen Lesephase **Markierungen im Text** vorzunehmen, die einerseits wichtige deutungsrelevante Stellen in den Vordergrund heben, zweitens aber auch dafür sorgen, dass die Textlektüre – in der Nervosität der Prüfungssituation – gründlich und sinnvoll durchgeführt wird. Fragestellungen, die in der Lesephase berücksichtigt und deren Beantwortung durch entsprechendes Präparieren des Textes vorbereitet werden können, sind etwa folgende:

- Wie beginnt und wie endet der Text? Gibt es Auffälligkeiten am Beginn oder am Ende?
- In welche inhaltlichen Abschnitte lässt sich der Text gliedern?

- Welche Personen kommen vor? Welche Textstellen könnten bei deren Charakterisierung hilfreich sein?
- Welche auffälligen Motive und Wortfelder kommen im Text vor?

Zumindest sollten Textstellen, die bei der Beantwortung der genannten Fragen hilfreich sein könnten, **unterstrichen** werden. Falls es das Textlayout erlaubt, sollten auch erste **Notizen** zu den einzelnen Fragestellungen am Rand vermerkt werden. Das spätere gründliche Arbeiten mit dem Text kann dann gezielter und schneller erfolgen. Wie intensiv und gründlich die Auseinandersetzung mit den vorgeschlagenen Fragen erfolgt, hängt von der jeweiligen Prüfungssituation und den individuellen Arbeitsgewohnheiten ab.

Randnotizen

Wichtig ist darüber hinaus, dass man am Ende dieses Arbeitsschrittes eine Vorstellung davon hat, mit welchem **übergeordneten oder grundsätzlichen Thema** bzw. mit welcher **Fragestellung** sich der Text oder die Textstelle auseinandersetzt. Das können – ganz offen – allgemeine Themen des menschlichen Lebens und Zusammenlebens (z. B. Beziehungssituationen, Kommunikationssituationen, existenzielle Erfahrungen) oder – etwas enger gefasst – Themenstellungen, die im Unterricht behandelt wurden (z. B. Aufgeklärtheit der Menschen, soziale Ungerechtigkeiten) sein. Handelt es sich bei dem Text um einen Auszug aus einem umfangreicheren Werk, zum Beispiel einem Roman, kann in diesem Schritt auch die Bedeutung des Ausschnittes für die Gesamthandlung als übergeordnete Themenstellung verstanden werden.

Einordnung in größere Zusammenhänge

Hat man eine Vorstellung vom Gesamtthema, sollte man diese überprüfen und differenzieren, hierbei ist es hilfreich, sich die Markierungen zu den oben formulierten Fragen nochmals anzuschauen und die Thematik einzelner Textabschnitte exakt vor Augen zu führen.

① Formulieren einer Deutungshypothese

Es ist wichtig und hilfreich, die beim Lesen des Textes gewonnene **Deutungsvermutung exakt zu formulieren**, bevor man sich mit weiteren Interpretationsfragen beschäftigt. Die Ausführungen behalten dadurch einen Bezugsrahmen und lassen sich sinnvoller strukturieren. Sollte sich die formulierte Deutungshypothese am Schluss der Ausführungen als unpräzise herausstellen, darf dies durchaus formuliert und begründet werden. Diese Vorgehensweise entspricht dem hermeneutischen Konzept der Textinterpretation und ist sowohl unter schulischen wie auch unter wissenschaftlichen Aspekten völlig legitim. Eine gute Deutungshypothese berücksichtigt die **inhaltliche Ebene** und die **Deutungsebene** des Textes, die in sinnvoller Formulierung einander zugeordnet werden sollten. Das folgende Formulierungsmuster kann dabei hilfreich sein:

hermeneutisches Interpretieren

BEISPIEL

„Der Autor [Name] beschreibt/verdeutlicht/ veranschaulicht [oder andere Sprechaktverben] in dem Text [Titel], wie/dass [grundsätzliches Thema], indem er darstellt, wie [knappe „Inhaltsumschreibung]."
Oder am Beispiel:
„Gabriele Wohmann veranschaulicht in der Kurzgeschichte ‚Ein netter Kerl', wie manipulativ, unkontrollierbar und verletzend eine familiäre Alltagskommunikation sein kann, indem sie darstellt, wie sich Eltern und Geschwister über einen gerade verabschiedeten Gast lustig machen, von dessen heimlicher Verlobung mit der ältesten Tochter bzw. Schwester sie erst im Laufe des Gesprächs erfahren."

② Inhaltsangabe/Textwiedergabe

Zu einer ausführlichen und gründlichen Interpretation gehört auch eine zusammenfassende Wiedergabe des Textinhaltes. Ob diese Textwiedergabe die Anforderungskriterien an eine Inhaltsangabe erfüllen muss, ist von der Aufgabenstellung oder vorherigen Absprachen abhängig.

Dieser Arbeitsschritt, welcher der weiteren Textinterpretation vorgeschaltet wird, hilft auch bei der Vermeidung eines häufig auftretenden Fehlers: Indem nämlich bereits hier auf den Inhalt eingegangen wird, reduziert sich die Gefahr, den eigentlichen Interpretationsteil zu sehr mit inhaltlichen Bezügen oder Inhaltsumschreibungen zu füllen.

Formale Kriterien der Textwiedergabe

Auch wenn nicht ausdrücklich eine Inhaltsangabe verlangt wird, sollte die Textwiedergabe einige Kriterien berücksichtigen. Die Konzentration auf den Kern der Handlung und erkennbare Handlungsverläufe oder die Nuancierung in Bezug auf bestimmte Motive ist anspruchsvoller und sinnvoller als eine schrittweise Zusammenfassung inhaltlicher Abschnitte. Eventuell können erste Antworten auf die Interpretationsfragen hierbei schon angedeutet werden.
Eine geforderte **Inhaltsangabe** muss darüber hinaus die gängigen formalen Anforderungen erfüllen.

INHALTSANGABE

Inhaltsangaben konzentrieren sich auf den **Kern der Handlung**, wie er in der Deutungshypothese formuliert ist. Sie sind im Präsens verfasst, direkte Rede wird zur indirekten Rede. Inhaltsangaben enthalten weder Textdeutungen noch die eigene Meinung des Verfassers.

Je nach Absprache gehören in diesen Abschnitt des Interpretationsaufsatzes auch Angaben über die Textart, den Autor, die Entstehungszeit, den Entstehungsort und den Entstehungsanlass.

Kontextuierung

Handelt es sich bei dem vorliegenden Text um einen Auszug aus einem längeren Werk – zum Beispiel einem Roman – das im Unterricht oder in anderen Zusammenhängen gelesen und bearbeitet wurde, muss die Textstelle in den Kontext des Gesamtwerks eingeordnet werden, da auch dies für die Interpretation relevant ist. Die Kontextuierung sollte sich an der Frage nach der **Bedeutung der Textstelle für das Gesamtwerk** orientieren und direkt Zusammenhänge zu vorausgehenden oder folgenden Episoden im Auge haben. Dabei kann es wichtig sein, nicht allein die unmittelbar vorausgehenden und nachfolgenden Stellen zu erwähnen, sondern gegebenenfalls auch zu fragen, an welcher anderen Textstelle Entwicklungen, die im vorliegenden Text angesprochen sind, vorbereitet oder weitergeführt werden.

Einordnung in die Gesamthandlung

BEISPIEL

Um eine **Anbindung an vorausgehende Stellen** auszudrücken, lässt sich formulieren:
„Die Textstelle folgt unmittelbar der Situation, in welcher … Außerdem zeigt sich, dass das Gespräch zwischen x und y, in welchem der Konflikt schon angedeutet wurde, hier wieder aufgegriffen wird, indem nämlich …“
Zur **Einbettung in folgende Episoden** lässt sich etwa formulieren:
„Das unmittelbar folgende Kapitel führt das Begonnene direkt weiter …/zunächst nicht weiter … Auch an der Stelle, die den nächsten Kontakt zwischen x und y beschreibt, merkt man, welche Konsequenzen das hier beschriebene Gespräch hat.“

③ **Textbeschreibung**

Nachdem die Thematik und der Inhalt des Erzähltextes beschrieben und zusammengefasst sind, bereitet man in der Textbeschreibung die genauere Interpretation des Textes vor. Je nachdem, welcher konkrete Text untersucht werden soll, wie umfangreich er ist und welcher Textform er zugeordnet werden kann, setzt die Textbeschreibung unterschiedliche Schwerpunkte:

KATEGORIEN DER TEXTBESCHREIBUNG

- Aufbau des Textes
- Zeitgerüst
- Handlungsorte
- Erzählperspektive
- Figurencharaktere und -stimmungen
- Sprache
- Motive und Leitmotive

Wie intensiv und gründlich **deutende Aspekte** und Aussagen in die Textbeschreibung aufgenommen werden, hängt vor allem vom Umfang des zu untersuchenden Textes ab. Vor allem, wenn es darum geht, umfangreiche, facettenreiche und komplexe Texte zu beschreiben und zu deuten, ist es sinnvoll, die bei der Textbeschreibung gemachten Feststellungen bereits an Ort und Stelle zu deuten. Vielleicht lässt sich sogar ein Bezug zur formulierten Deutungshypothese herstellen.

erste Deutungen in der Textbeschreibung

Eine einfache Möglichkeit, die Zwischenergebnisse der Deutung zu formulieren, besteht in der regelmäßigen Verwendung der Phrase „daran sieht man, dass ...“ oder einer ähnlichen Formulierung. Automatisch wird die Textbeschreibung auf eine einfache Deutungsebene gehoben. **Regelmäßige Zusammenfassungen** der Textbeschreibungen und der bereits geleisteten Deutungen verleihen den Ausführungen Übersichtlichkeit und erleichtern die spätere Zusammenfassung in der Gesamtdeutung.

Verhältnis zwischen Textbeschreibung und Textdeutung

Das Verhältnis zwischen Textbeschreibung und Textdeutung kann je nach Absprache und Gewohnheiten unterschiedlich definiert werden. Eine engere Definition der Textbeschreibung reduziert diese auf das Benennen der formalen Texteigenschaften (Aufbau, Sprache, Perspektive ...). Die im Folgenden genannten Untersuchungsaspekte werden dann in der Textdeutung ausführlich beschrieben und interpretiert.

Eventuell formuliert man vor den eigenen Ausführungen zu den Einzelaspekten einen **überleitenden Abschnitt**, in welchem man kurz erklärt, welche Aspekte aus welchem Grund untersucht werden. Die Begründungen sollten sich möglichst auf die Deutungsansätze der bisherigen Ausführungen – also vor allem der Deutungshypothese – beziehen. Eine solche Überleitung verleiht der Gesamtinterpretation einen organischen Zusammenhang und zeigt dem Leser deutlich, welche Interpretationsstrategie verfolgt wird.

Grundsätzlich muss bei der Textbeschreibung **so nah wie möglich am Text** gearbeitet werden. Ausblicke auf andere passende Textstellen sind zwar möglich und oft wichtig, dürfen aber nicht den Beleg der Interpretationsthese am vorliegenden Text ersetzen. Die genaue Textarbeit konkretisiert sich in der Angabe von belegenden Textstellen. Je nach Absprache kann dies durch kurze inhaltliche Hinweise (z. B. „An der Stelle, an der beschrieben wird, wie der Vater zur Tür herein kommt, kann man gut erkennen, dass …") oder durch kurze Zeilenangaben in Klammern erfolgen.

Deutungen am Text belegen

Die folgenden Abschnitte beschreiben Aspekte und Themen, die bei einer genaueren Beschreibung eines epischen Textes berücksichtigt werden können.

gängige Aspekte der Textbeschreibung

Aufbau des Textes: Ein naheliegendes Kriterium bei der Textbeschreibung ist die Untersuchung und Darstellung des Textaufbaus. Häufig hilft dabei schon das Erkennen bestimmter Handlungsabschnitte bei der Interpretation eines Textes. Stimmungsveränderungen, Entwicklungen der Figuren oder veränderte Perspektiven und Beurteilungen können festgestellt und später auf die Gesamtinterpretation bezogen werden. Textgliedernde Elemente sind zum Beispiel:

- Das Auftreten neuer Figuren
- Ortswechsel
- Wechsel der Erzählperspektive
- Rückblende/Vorausschau
- Differenzierung zwischen Rahmen- und Binnenhandlung

Die Angabe einzelner Textabschnitte kann sowohl durch eine inhaltliche Zusammenfassung als auch durch das Nennen der Textzeilen zu den entsprechenden Abschnitten erfolgen.

Das Zeitgerüst: Oft ist es bei der Textbeschreibung auch nötig, das Zeitgerüst des Textes zu untersuchen. Man kann überprüfen, ob die Handlung **chronologisch** erzählt ist, oder ob es **Rückblenden** und **Vorausblicke** gibt. Außerdem wird die Unterscheidung zwischen Erzählzeit und erzählter Zeit hierbei relevant. Die **Erzählzeit** beschreibt den Zeitraum, den der Erzähler benötigt, um das Geschehen zu erzählen. Die **erzählte Zeit** beschreibt den Zeitraum, den die beschriebene Handlung umfasst. Im Verhältnis zwischen Erzählzeit und erzählter Zeit unterscheidet man dann zwischen Zeitraffung, Zeitdehnung und zeitlicher Deckung, die jeweils wieder für die Deutung relevant sind.

Erzählzeit – erzählte Zeit

Die Handlungsorte: Kommt es in dem Textausschnitt zu Ortswechseln, muss dies bei der Textbeschreibung berücksichtigt werden. Über die Relevanz bei der Textgliederung hinaus kann die Berücksichtigung der Orte und ihrer Beschreibungen einen wichtigen Anteil an der Deutung eines Textes haben. Es ist zu überprüfen, aus welcher Perspektive die Orte in welcher Art und Weise beschrieben und beurteilt werden. Hieran lässt sich oftmals die innere Verfassung der Figuren zeigen. Oftmals haben Orte auch einen eindeutig hinweisenden Charakter auf Stimmungen und Empfindungen oder implizieren sogar eine symbolische Bedeutung. Auch im Zusammenhang mit der Berücksichtigung von Motiven und Leitmotiven können Orte eine wichtige Rolle spielen, wenn mit einzelnen Orten bestimmte Wertvorstellungen, Stimmungen oder Ereignisse verbunden werden.

symbolische Bedeutung von Ortsbeschreibungen

Die Erzählperspektive: Die Berücksichtigung der Erzählperspektive ist bei der Interpretation erzählender Texte unerlässlich. Neben einer Gliederung des Textes erlaubt dieser Interpretationsschritt Rückschlüsse auf den Charakter und die Einstellungen einzelner Figuren, vor allem aber auf die angewandte Erzählstrategie. Immer muss bei der Auseinandersetzung mit erzählenden Texten berücksichtigt werden, aus wessen Sicht dem Leser das Geschehen vermittelt wird, hängt dies doch unmittelbar mit der Wirkung des Textes zusammen. Die Frage, warum in dem untersuchten Textausschnitt gerade die vorliegende Perspektive gewählt wurde, ist dabei ebenfalls ein wichtiger Bestandteil der Interpretation.
Eine gängige und praktikable Kategorisierung zur Untersuchung der Erzählperspektive zeigt der Kasten auf der folgenden Seite.

Aus wessen Sicht wird erzählt?

Die Figuren: Unter Berücksichtigung der Erzählperspektive und der damit verbundenen kritischen Frage nach der Objektivität der Darstellung befasst man sich mit den vorkommenden und erwähnten Figuren. Man kann aufgrund impliziter und expliziter Hinweise überprüfen, welche grundsätzlichen **Charaktermerkmale** eine Figur in dem zu interpretierenden Textabschnitt an den Tag legt, und überprüfen, in welchem Verhältnis diese zu anderen Textstellen oder anderen Romankapiteln stehen. Darüber hinaus lässt sich untersuchen, welchen **Stimmungen** die Figuren unterworfen sind, wovon diese Stimmungen beeinflusst sind, und welche Konsequenzen sie für den weiteren Verlauf der Handlung haben. Eventuell lassen sich **Veränderungen oder Entwicklungen** der Figuren in den Textstellen erkennen. Weiterhin lässt sich überprüfen, welche **Beziehungen und Konflikte** zwischen den auftretenden Figuren beschrieben sind und wie sie jeweils empfunden und gedeutet werden. Gegebenenfalls lohnt sich auch ein Blick auf die **Sprache**, die die Figuren verwenden.

implizite und explizite Charakterhinweise

Die Sprache: Die Untersuchung der Sprache orientiert sich an den gängigen Beschreibungsebenen. Kommt im Text viel wörtliche Rede vor, lohnt sich vielleicht eine Überprüfung der Redeanteile und des Redeumfanges der einzelnen Figuren. Darüber hinaus lassen sich grundsätzlich der Satzbau, die Satzlänge, bestimmte Wortarten und die Wortwahl untersuchen. Die Sprachuntersuchung lässt Rückschlüsse auf Stimmungen und das Niveau des Sprechers zu. Vielleicht

Aufschlussreich: Satzlängen, Wortwahl

lassen sich auch Erzählstrategien in Bezug auf den Rezipienten erkennen, wenn nachgewiesen werden kann, wie bestimmte Einstellungen und Wahrnehmungen durch eine besondere Sprachbenutzung suggeriert werden sollen.

Leitmotive und Motive: Der Begriff der „Leitmotivik“ stammt eigentlich aus der Musik. Hier kennzeichnet er wiedererkennbare Melodieteile. Auf die Literatur übertragen spricht man dann von Leitmotiven, wenn bestimmte Handlungsgegenstände und Handlungselemente – mit denen in der Regel dann auch eine bestimmte Stimmung oder Aussage verbunden ist – wiederkehren. Über eine rein gliedernde Funktion hinaus verhelfen derartige Leitmotive zum Aufzeigen von Stimmungen und Entwicklungen.

wiederkehrende Handlungselemente

Oftmals sprechen sie den Rezipienten auch auf einer Ebene an, die den handelnden Figuren im Text verborgen bleibt. Der Leser, der die impliziten Hinweise der Leitmotive versteht, gerät in einer Perspektive, die ihm eine kritische Reflexion der beschriebenen Situation und des Verhaltens der Figuren ermöglicht.

ERZÄHLER/PERSPEKTIVE

Erzählverhalten

- auktoriales Erzählverhalten: Der Erzähler greift in den Erzählvorgang ein, indem er das Erzählte kommentiert, reflektiert, beurteilt und dem Leser eventuell sogar Hinweise und Vorausdeutungen gibt.
- personales Erzählverhalten: Die Handlung wird aus der subjektiven Sicht einer Person erzählt und gewertet.
- neutrales Erzählverhalten: sachliches, möglichst objektives und unkommentiertes Erzählen

Erzählform

- Er/Sie-Erzähler
- Ich-Erzähler, der entweder als erlebendes Ich in die Handlung eingebunden ist oder als erzählendes Ich wie ein außenstehender Beobachter auftritt.
- Du-Erzähler

Erzählhaltung

- Die Einstellung des Erzählers zum Geschehen kann distanziert, schwankend, neutral oder bestätigend sein.

Erzählstandort

- Der Erzähler kann sich in verschiedener räumlicher und zeitlicher Distanz oder Nähe zum Geschehen befinden.

④ Die Textdeutung

Die Ergebnisse und Erkenntnisse aller bisherigen Arbeitsschritte werden schließlich in einer abschließenden Gesamtinterpretation zusammengefasst.
Auf dem Weg zu dieser Gesamtdeutung orientieren sich viele Interpreten zunächst an Handlungsverlauf und Gliederung des Textes. Sukzessive werden einzelne Handlungsschritte und Entwicklungen beschrieben und gedeutet. Je nach Länge und Dichte des Textes führt dies zu sehr umfangreichen Ausführungen, die oft ungegliedert wirken und viele Wiederholungen enthalten. Oftmals werden dabei ganze Handlungsabschnitte nur inhaltlich paraphrasiert, Einzeldeutungen werden vernachlässigt und die abschließende Gesamtdeutung fällt sehr schwer.

Nachteile der linearen Deutung

Auch wenn diese **lineare Vorgehensweise** möglich ist und durchaus zu guten Ergebnissen führen kann, ist es sinnvoller und professioneller, einen anderen Weg der Interpretation zu wählen.

Eine sehr praktikable Alternative zur schrittweisen Deutung stellt die **aspektorientierte Textdeutung** dar. Welche Aspekte dabei in welcher Reihenfolge untersucht und beschrieben werden, ist nämlich kaum zu pauschalisieren und muss dem geübten Interpreten überlassen werden – schließlich passen zu jedem Werk andere Zugriffsmöglichkeiten.

Eine Orientierung an den oben genannten und beschriebenen Untersuchungsbereichen ist allerdings sinnvoll, erlaubt und üblich. So wird man nach einer Textbeschreibung, die auch interpretatorische Aussagen enthält und diese etwa in den einzelnen Zusammenfassungen bereits formuliert hat, die Teilergebnisse auf jeden Fall aufgreifen und der Gesamtdeutung zuordnen müssen.

Rückbezug zur Deutungshypothese

Da der Bezug auf die eingangs formulierte Deutungshypothese auch an dieser Stelle der Interpretation äußerst wichtig ist, sollte zunächst nochmals eine genaue Auseinandersetzung mit der Hypothese erfolgen, die die weitere Ergebnisformulierung einleitet.

Hierbei kann die Deutungsvermutung bestätigt, präzisiert oder ganz verändert werden, wobei jeweils eine kurze Begründung formuliert werden sollte. Als Formulierungshilfe dient vielleicht der Überleitungssatz:

BEISPIEL

„Berücksichtigt man nun alle Ergebnisse der bisherigen Textuntersuchung, kann man erkennen, dass meine eingangs formulierte Deutungshypothese zutrifft/unscharf ist/dem Text nicht gerecht wird/dahingehend geändert werden muss, dass …"

⑤ Stellungnahme und Wertung

In manchen Fällen wird neben der Interpretation auch eine persönliche Stellungnahme zu den Themen des untersuchten Textes verlangt. Hierbei ist es wichtig, das übergeordnete Thema des Textes zu erkennen und zu benennen und sich damit auf der Grundlage der eigenen Wertvorstellungen und Erfahrungen auseinanderzusetzen.

Rückbezug zur übergeordneten Fragestellung

Dabei können sowohl die von den Figuren geäußerten oder transportierten Thesen, Argumente und Einstellungen (mögliche Hilfsfragen: Welche Positionen werden vertreten? Wie beurteile ich sie?) wie auch deren Darstellung in der Erzählung (Hilfsfragen: Sind die Positionen stimmig dargestellt und nachvollziehbar motiviert?) Grundlage der Auseinandersetzung sein.

Ob diese Stellungnahme bestimmte Epochenmotive, Geisteshaltungen, die Biografie des Autors oder andere textexterne Aspekte berücksichtigen muss, hängt von der genauen Themenstellung ab.

Sondersituation: Fragen zum Text

Manchmal enthalten die Aufgabenstellung zur Textinterpretation auch gezielte Interpretationsfragen, die im Rahmen der Interpretation beantwortet werden sollen. Diese Fragen können in Form von **Schwerpunktsetzungen** oder auch als **eigenständige Fragestellungen** auftreten. Etwa folgendermaßen:

- Frage mit **Schwerpunktsetzung**: *Interpretieren Sie den folgenden Textauszug aus dem Roman Effi Briest, indem Sie* ***insbesondere auf den Unterschied zwischen Effi und der Trippelli eingehen****.*
- **Eigenständige Fragen:** *Interpretieren Sie den Textauszug ausführlich.* ***Vergleichen Sie die Charakterzüge Effis Briests mit denjenigen der Trippelli, wie sie im Textauszug deutlich werden und beziehen Sie Ihre Ergebnisse auf die gesamte Romanentwicklung.***

Sowohl bei der Bearbeitung der Frage mit der Schwerpunktsetzung als auch bei einer eigenständigen Fragestellung kann nach dem oben beschriebenen Muster gearbeitet werden. Bei der Arbeit aufgrund der eigenständigen Frage kann der Aspekt, um den es dort geht – im Beispiel wären das die Charakterzüge der beiden Frauen und deren Vergleich – in der Textdeutung verkürzt dargestellt werden. Hier kann dann auf die weitere Bearbeitung hingewiesen werden, etwa in der Form: „Genaueres dazu wird im nächsten Teil der Ausführungen dargestellt.“. Wird an einer Fragestellung mit Schwerpunktsetzung gearbeitet, ist folgende Vorgehensweise sinnvoll: Der gesetzte Schwerpunkt sollte als erster Aspekt der Interpretation bearbeitet werden. In verkürzter Form können dann im Anschluss – je nach Zeitansatz – weitere Aspekte berücksichtigt werden.

BEISPIEL

Interpretation eines Roman-Textauszuges

Theodor Fontane

Effi Briest

[...] Es war spät, als man aufbrach. Schon bald nach zehn hatte Effi zu Gieshübler gesagt, es sei nun wohl Zeit; Fräulein Trippelli, die den Zug nicht versäumen dürfe, müsse ja schon um sechs von Kessin aufbrechen; die danebenstehende Trippelli aber, die diese Worte gehört, hatte mit der ihr eigenen ungenierten Beredsamkeit gegen solche zarte Rücksichtnahme protestiert. „Ach, meine gnädigste Frau, Sie glauben, daß unsereins einen regelmäßigen Schlaf braucht, das trifft aber nicht zu; was wir regelmäßig brauchen, heißt Beifall und hohe Preise. Ja, lachen Sie nur. Außerdem (so was lernt man) kann ich auch im Coupé schlafen, in jeder Situation und sogar auf der linken Seite, und brauche nicht einmal das Kleid aufzumachen. Freilich bin ich auch nie eingepreßt; Brust und Lunge müssen immer frei sein und vor allem das Herz. Ja, meine gnädigste Frau, das ist die Hauptsache. Und dann das Kapitel Schlaf überhaupt – die Menge tut es nicht, was entscheidet, ist die Qualität; ein guter Nicker von fünf Minuten ist besser als fünf Stunden unruhige Rumdreherei, mal links, mal rechts. Übrigens schläft man in Rußland wundervoll, trotz des starken Tees. Es muß die Luft machen oder das späte Diner oder weil man so verwöhnt wird. Sorgen gibt es in Rußland nicht; darin – im Geldpunkt sind beide gleich – ist Rußland noch besser als Amerika."

Nach dieser Erklärung der Trippelli hatte Effi von allen Mahnungen zum Aufbruch Abstand genommen, und so war Mitternacht herangekommen. Man trennte sich heiter und herzlich und mit einer gewissen Vertraulichkeit. Der Weg von der Mohrenapotheke bis zur landrätlichen Wohnung war ziemlich weit; er kürzte sich aber dadurch, daß Pastor Lindequist bat, Innstetten und Frau eine Strecke begleiten zu dürfen; ein Spaziergang unterm Sternenhimmel sei das beste, um über Gieshüblers Rheinwein hinwegzukommen. Unterwegs wurde man natürlich nicht müde, die verschiedensten Trippelliana[1] heranzuziehen; Effi begann mit dem, was ihr in Erinnerung geblieben, und gleich nach ihr kam der Pastor an die Reihe. Dieser, ein Ironikus, hatte die Trippelli, wie nach vielem sehr Weltlichen, so schließlich auch nach ihrer kirchlichen Richtung gefragt und dabei von ihr in Erfahrung gebracht, daß sie nur eine Richtung kenne, die orthodoxe. Ihr Vater sei freilich ein Rationalist gewesen, fast schon ein Freigeist, weshalb er auch den Chinesen am liebsten auf dem Gemeindekirchhof gehabt hätte; sie ihrerseits sei aber ganz entgegengesetzter Ansicht, trotzdem sie persönlich des großen Vorzugs genieße, gar nichts zu glauben. Aber sie sei sich in ihrem entschiedenen Nichtglauben doch auch jeden Augenblick bewußt, daß das ein Spezialluxus sei, den man sich nur als Privatperson gestatten könne. Staatlich höre der Spaß auf, und wenn ihr das Kultusministerium oder gar ein Konsistorialregiment unterstünde,

>>

>> BEISPIEL

so würde sie mit unnachsichtiger Strenge vorgehen. „Ich fühle so was von einem Torquemada[2] in mir." Innstetten war sehr erheitert und erzählte seinerseits, daß er etwas so Heikles, wie das Dogmatische, geflissentlich vermieden, aber dafür das Moralische desto mehr in den Vordergrund gestellt habe. Hauptthema sei das Verführerische gewesen, das beständige Gefährdetsein, das in allem öffentlichen Auftreten liege, worauf die Trippelli leichthin und nur mit Betonung der zweiten Satzhälfte geantwortet habe: „Ja, beständig gefährdet; am meisten die Stimme." Unter solchem Geplauder war, ehe man sich trennte, der Trippelli-Abend noch einmal an ihnen vorübergezogen, und erst drei Tage später hatte sich Gieshüblers Freundin durch ein von Petersburg aus an Effi gerichtetes Telegramm noch einmal in Erinnerung gebracht. Es lautete: Madame la Baronne d'Innstetten, née de Briest. Bien arrivée. Prince K. à la gare. Plus épris de moi que jamais. Mille fois merci de votre bon accueil. Compliments empressés à Monsieur le Baron. Marietta Trippelli.[3] Innstetten war entzückt und gab diesem Entzücken lebhafteren Ausdruck, als Effi begreifen konnte. „Ich verstehe dich nicht, Geert." „Weil du die Trippelli nicht verstehst. Mich entzückt die Echtheit; alles da, bis auf das Pünktchen überm i." „Du nimmst also alles als eine Komödie?" „Aber als was sonst? Alles berechnet für dort und für hier, für Kotschukoff und für Gieshübler. Gieshübler wird wohl eine Stiftung machen, vielleicht auch bloß ein Legat für die Trippelli." [...]

Fontane, Theodor: Effi Briest. Mit 21 Lithographien von Max Liebermann.
Frankfurt am Main: Insel Verlag 1976. S. 114–116.

Anmerkungen
1 Anekdoten über die Trippelli
2 Meint übertragen einen sehr strengen Richter.
3 Die Übersetzung des Telegramms lautet: Frau Baronin von Innstetten, geb. von Briest. Gut angekommen. Fürst K. auf dem Bahnhof. Noch mehr angetan von mir als je. Tausend Dank für Ihre gute Aufnahme. Freundliche Grüße an Herrn Baron. Marietta Trippelli.

① Formulieren einer Deutungshypothese

Anhand zweier Gespräche zwischen Effi Briest, Innstetten und einmal auch Pastor Lindequist über die Künstlerin Marietta Trippel – die „Trippelli" – wird hier deren offener, unkonventioneller Charakter und freizügige Lebensart scharf mit den naiven und dem gesellschaftlichen Leben angepassten Einstellungen Effis sowie mit Innstettens Frauenbild kontrastiert.

② Inhaltsangabe

Auf dem Nachhauseweg von einem Fest bei Apotheker Gieshübler sprechen Effi, Innstetten und Pastor Lindequist über Marietta Trippel, mit der sich alle drei auf dem Fest unterhalten haben. Lindequist berichtet von einem Gespräch mit der Künstlerin über deren Einstellung zur Kirche, in dessen Verlauf sie sich als liberale Atheistin zu erkennen gibt. Innstetten, der die Trippelli und ihre Einstellungen belächelt, schildert ein Gespräch über moralische Fragen. Ausgelöst durch ein

>>

>> BEISPIEL

Telegramm der Trippelli, in welchem sie Effi und Innstetten drei Tage später die Ankunft in ihrer Wahlheimat Petersburg anzeigt, sprechen die beiden über deren Authentizität. Innstetten bewertet das Verhalten der Trippelli als eine berechnende Komödie.

Kontext

Die Textauszüge entstammen dem 12. Kapitel, das sich an die Beschreibung des Festes beim Apotheker Gieshübler am Ende von Kapitel 11 anschließt. Mehrfach hatte sich Effi auf diesem Fest mit der aus Kessin stammenden Künstlerin Trippelli unterhalten. Ein zentraler Gegenstand dieser Gespräche war der Chinesenspuk. Effi ist inzwischen seit einiger Zeit in Kessin. Die Antrittsbesuche beim Landadel und die erste Bekanntschaft mit Gieshübler liegen hinter ihr. Bevor Effi und Innstetten die Einladung zum Trippelli-Abend bekommen, unterhalten sie sich über den Chinesenspuk. Effi hatte nämlich in der vorausgehenden Nacht eine alptraumartige Erscheinung und vermutet den geheimnisvollen Chinesen als Ursache. Innstetten lehnt einen Umzug in ein anderes Haus ab, erzählt Effi aber während einer Kutschfahrt die Geschichte des unglücklichen Chinesen, bei welcher auch der Vater der Trippelli – Pastor Trippel – eine Rolle spielte.
Nach dem Trippelli-Abend beginnt für Effi eine ausdrücklichere Auseinandersetzung mit Einsamkeit und Unverstandensein. In einem Brief an ihre Mutter deutet sie dies an. Im weiteren Verlauf wird sich eine immer größere Langeweile einstellen, bis schließlich die Crampas-Geschichte beginnt.

③ Textbeschreibung

Aufbau/Struktur

Der Textauszug lässt sich in drei geografisch, zeitlich, konfigurativ und inhaltlich abgrenzbare Abschnitte gliedern, die allerdings durch die Beschäftigung mit der Lebenseinstellung der Trippelli verbunden sind. Der erste Abschnitt beschreibt die Aufbruchssituation bei Gieshüblers Fest, die durch eine kurze Rückblende noch ausgedehnt wird. Bereits hier wird deutlich, wie sich die Trippelli hinsichtlich ihres Charakters und ihrer Lebensweise von Effi unterscheidet. Einen nächsten Abschnitt bildet Pastor Lindequists, Effis und Innstettens gemeinsamer Nachhauseweg, bei welchem über die Einstellungen und die Eigenheiten der Trippelli geredet wird. Das Gespräch über das Telegramm und die Authentizität der Künstlerin steht am Ende des Textauszugs. Es findet im Haus von Innstetten und Effi statt.

Erzählperspektive

Der Textausschnitt wird im Wesentlichen von einem außenstehenden Erzähler geschildert und besteht größtenteils aus der Wiedergabe oder der indirekten Umschreibung von wörtlichen Reden. Lediglich die Bezeichnungen des Pastors als „Ironikus“ und die mehrfache Beschreibung der Stimmungen Innstettens deuten latent auf einen auktorialen Erzähler hin. Vor allem im mittleren Abschnitt – dem Spaziergang nach Hause – sorgt die ausführliche Beschreibung der Dialoge für

>>

>> **BEISPIEL**

eine Anschaulichkeit und Lebendigkeit der Szene. Außerdem führen die kaum kommentierten Wiedergaben der Redetexte dazu, dass die einzelnen Einstellungen gegenüber der Trippelli und damit der Charakter der einzelnen Figuren und ihr jeweiliges Frauenbild deutlich vom Leser wahrgenommen werden können.

zu Effis Charakter

Effi erscheint sowohl gegenüber der gesamten Gesellschaft wie auch gegenüber Lindequist und Innstetten als naiv und wenig durchsetzungsfähig. Höflich und besorgt schlägt sie vor, die Feier um 10 Uhr zu verlassen, und beruft sich dabei darauf, dass die Trippelli am nächsten Morgen früh aufstehen müsse, um den Zug zu bekommen. Gerade im Kontrast zur Antwort der Künstlerin wirkt Effi schwach, blass und naiv. Der Unterschied zwischen der durch „ungenierte Beredsamkeit" gekennzeichneten Trippelli und Effi, die mit „zarter Rücksichtnahme" auftritt, wird zu Beginn des Textauszugs deutlich. Der Hinweis der Trippelli, sie sei beim Schlaf im Zug nie „eingepresst", bezeichnet einen offensichtlichen Unterschied zur Enge, die Effi in Kessin empfindet oder noch empfinden wird.

Die Erwähnung von Reisezügen, in welchen Marietta Trippel offensichtlich häufig unterwegs ist, ist eine erneute, auch leitmotivisch zu verstehende Anspielung auf Effis Gebundenheit und Gezwungenheit. Erst im vorausgehenden Kapitel wurde geschildert, wie Effi sehnsuchtsvoll einem Zug hinterherblickt. Noch die Ausführungen der Trippelli über ihren gesunden und unproblematischen Schlaf stehen im Gegensatz zu Effis Situation: Aufgrund des Chinesen-Spuks kann sie nämlich gerade nicht mehr gut schlafen.

Implizit und ohne direkten Bezug weisen die Äußerungen der Künstlerin also mehrfach auf Effis eigene Situation und ihre Gefühle hin. Indem Effi von allen weiteren „Mahnungen zum Aufbruch Abstand" nimmt, zeigen sich einmal mehr ihre Höflichkeit und ihr fehlendes Durchsetzungsvermögen.

Eine deutliche und offensichtliche Unterordnung Effis vermittelt auch die weitere Schilderung des Gesprächs. Während Lindequists und Innstettens Ausführungen über ihre Gespräche mit der Trippelli sehr ausführlich und durch wörtliche Reden geschildert werden, ist nur am Rande erwähnt, dass Effi auch etwas sagt. Gerade sie hat sich aber während des Festes lange mit der Künstlerin unterhalten und hätte sicherlich einiges zu erzählen. Hier wird deutlich, dass es Effi kaum gelingt, im Gespräch der Männer ernst genommen zu werden und ihre Meinungen einzubringen.

Effis untergeordnete und naive Rolle setzt sich im letzten Abschnitt fort. Ausdrücklich wird sie hier als unverständig dargestellt. Weder ahnt sie, dass hinter dem Auftreten der Trippelli Berechnung steht, noch versteht sie, warum Inn-

>>

>> **BEISPIEL**

stetten darüber amüsiert ist. Effis Menschenbild ist einfach. Berechnung ist keine Eigenschaft, die sie bei einem Gesprächspartner annehmen kann.

Zusammenfassung

Durch den Kontrast zur Trippelli und dem Umgang der Männer mit ihr wird in diesem Textauszug einerseits also deutlich, wie naiv und wenig durchsetzungsfähig Effi ist. Andererseits wird der weitere Verlauf, Effis Ausbruchsversuch und Innstettens Unverständnis, angedeutet.

Charakter Innstetten

[...] In erster Linie tritt Innstetten hier wieder als der Überlegene auf, der davon ausgeht, die Welt und die Menschen besser zu verstehen als Effi. Dass er mit der Trippelli über „Moralisches“ gesprochen hat und Andeutungen über das „Gefährdetsein“ bei öffentlichen Auftritten macht, zeigt einerseits, dass er auch gegenüber anderen Frauen seine Grundsätze zu vertreten und zu vermitteln versucht. Ob Innstettens Frage nach Moral und die Anspielungen auf das „Gefährdetsein“ andeuten sollen, dass Innstetten diese ungewöhnliche Frau auch interessant findet, wäre eine lohnende Untersuchung.

Charakter Tripellis

[...] Die Trippelli ist eher eine Randfigur innerhalb des Gesamtromans. Ihr Lebenswandel steht in deutlichem Kontrast zu Effis Einstellungen und lässt diese gerade in den unmittelbaren Konfrontationen noch schärfer und deutlicher erscheinen: Effis Angepasstheit, Unterwürfigkeit und Naivität werden gerade dadurch heller beleuchtet, dass die Trippelli anders handelt. [...]

zu den Leitmotiven

Im Roman *Effi Briest* finden sich zahlreiche Motive und Verweise, die zu Textverknüpfungen und Anspielungen auf einer dem bloßen Gang der Handlung übergeordneten Ebene beitragen. Das Rondell mit der Sonnenuhr im Garten der Briests, bestimmte Pflanzen, Effis Schaukel oder Anspielungen auf das Klettern, Fliegen oder Stolpern unterstreichen die Stimmungen der Figuren oder dienen dem Leser als Andeutungen kommender Veränderungen.

Der vorliegende Textauszug enthält kaum typische Motive, wobei die Erwähnung des Reisens, der Entfernung – auch vertreten durch die fremden Städte und das Telegramm in französischer Sprache – in deutlichem Gegensatz zu Effis Empfindungen von Enge und fehlender Ausbruch- oder Fluchtmöglichkeit steht und aufgrund seiner wiederholten Relevanz innerhalb des gesamten Romans durchaus leitmotivisch gedeutet werden kann.

Die Andeutung des Chinesen und das Problem seiner Beerdigung, welches sich dem Vater der Trippelli – dem Pfarrer Trippel – stellte, ist ebenfalls leitmotivisch zu verstehen. In dem Umgang mit dem Chinesen und dem Chinesenspuk deuten

>>

>> **BEISPIEL**

sich während des gesamten Handlungsverlaufs die Charaktere und Positionen der einzelnen Figuren an.

Die deutlichste leitmotivische Anspielung besteht natürlich in Innstettens Frage nach Moral, Verführung und Gefährdetsein. Wie in vielen anderen Stellen vor und nach diesem Gespräch zwischen Innstetten und der Trippelli deutet sich hierin Effis spätere Affäre mit Crampas an. Kontrastreich und interessant ist dabei, dass Effi ja gerade nicht so öffentlich und frei lebt wie die Künstlerin, diese aber weniger „gefährdet“ scheint.

④ Textdeutung
[...] Insgesamt lenkt der Textausschnitt den Blick des Lesers scharf und deutlich auf die Charaktereigenschaften der beiden Hauptfiguren – Effi und Innstetten – und zeigt deren Unterschiedlichkeit, die ja im weiteren Verlauf des Romans zu vielen Konflikten führen wird. Sowohl der Umgang der beteiligten Figuren mit Effi als auch die scharfe Kontrastierung mit den Wertvorstellungen und der Lebenseinstellung der Trippelli zeichnen ein deutliches Bild der naiven Effi, die eben nicht sicher, frei und redegewandt ist. Selbst die Beachtung, die die Männer der Künstlerin schenken, ist deutlich unterschieden von deren Umgang mit Effi. Ihrem Gesprächsbeitrag während des Nachhausewegs hören Lindequist und Innstetten kaum zu, über ihre Einschätzung der Trippelli macht sich Innstetten sogar lustig [...].

⑤ Rückbezug zur Deutungshypothese
[...] Die in der Deutungshypothese formulierte Vermutung, die Textstelle beleuchte Effis Charaktereigenschaften und Innstettens Frauenbild, bestätigt sich also aufgrund der genaueren Untersuchung.

Ob die Künstlerin als positiver Entwurf weiblicher Selbstverwirklichung zu verstehen ist, der eine alternative, nicht zum Scheitern verurteilte Lebensweise für die Frauen der Fontane-Zeit anbieten soll, kann nicht sicher gesagt werden. Beachtet werden muss sicherlich, dass auch die Trippelli ihr Leben nur aufgrund der Finanzierung durch einen männlichen Gönner führen kann. Dass der gesamte Lebenswandel und gerade der Umgangston der Künstlerin bei Gesprächen mit Männern aber offensichtlich von einem größeren Selbstbewusstsein und einem entsprechend anderen Rollenverständnis geprägt sind, als es die Kessiner Frauen ansonsten an den Tag legen, kann keinesfalls geleugnet werden. Stellenweise scheint sogar Innstetten von der Frau fasziniert zu sein. [...]

4.2 Interpretation erzählender Texte

Vorgehensweise bei der Interpretation erzählender Texte

1 DEUTUNGSHYPOTHESE

Die prägnante Zusammenfassung des Inhaltes und einer Gesamtdeutungsidee in einem Satz

→ Bezugsrahmen der gesamten Ausführungen, wird am Schluss überprüft und präzisiert

2 INHALTSANGABE/ TEXTWIEDERGABE

→ kurze Zusammenfassung des Inhaltes der Textstelle
- Tempus: Präsens
- direkte Rede wird zu indirekter Rede
- keine Deutungen und Bewertungen

Kontextuierung (bei Textauszügen)

→ Einbettung des Textauszugs in das Gesamtwerk

→ Umschreiben des Handlungsverlaufs unmittelbar vor dem Beschriebenen

→ Beschreiben der Konsequenzen der Szene und Zusammenfassung der unmittelbar folgenden Handlung

3 TEXTBESCHREIBUNG

Mögliche Aspekte:

→ Aufbau des Textes

→ Zeitgerüst

→ Handlungsorte

→ Erzählperspektive

→ Figurencharaktere und -stimmungen

→ Sprache

→ Motive und Leitmotive

4 TEXTDEUTUNG

Zusammenfassung aller Deutungsergebnisse unter Bezug auf die eingangs formulierte Deutungshypothese, die in diesem Zusammenhang bestätigt, präzisiert oder verändert werden muss

5 STELLUNGNAHME UND WERTUNG

Stellungnahme zum Inhalt oder Beurteilung der Darstellungsweise innerhalb des erzählenden Textes

4.3 Lyrische Texte interpretieren

Lyrische Texte zu deuten, kann eine besondere Herausforderung darstellen. Ein Gedicht ist nicht allzu umfangreich, schnell zu überblicken, aber sehr widerspenstig, wenn es darum geht, es zu verstehen. Manchmal hat man den Eindruck, man habe gleich alles verstanden, beim genaueren Hinsehen aber kommen Zweifel auf.

Lyrik zu interpretieren stellt die Interpreten vor verschiedene Probleme. Diese Probleme lassen sich allerdings meist lösen. Man tut aber gut daran, nach den Ursachen zu fragen, die hinter den Problemen stehen.

Gedicht als sehr subjektiv geprägtes Gebilde

Zunächst einmal sind Gedichte äußerst **subjektive Gebilde**. Das heißt: Sie stellen besonders individuell-persönlich gehaltene Sehweisen, Empfindungen und dergleichen dar. Das bedeutet nicht nur, dass es sich um Empfindungen und Gefühle handelt. Es kann sich auch um „objektiv gegebene Dinge" handeln, die dann in einem subjektiven Licht beleuchtet werden.

Bausteine des Gedichts und ihre Bedeutung

Gedichte sind besonders streng **durchkomponierte Gebilde**. Die Bausteine, aus denen sie zusammengesetzt sind, entstammen zwar der „Normalwelt" (das betrifft die Sprache, das betrifft aber auch die „Gegenstände", Bilder usw.). Diese Bausteine aber werden, wenn sie in das einzelne Kunstwerk eingefügt werden, aus ihrer bisherigen Umgebung herausgenommen, sie entwickeln einen „neuen" Sinn und beeinflussen sich in der Sinnkonstitution gegenseitig ganz entscheidend. So kommt es, dass im Grunde für jedes Gedicht eine eigene Sprache anzunehmen ist, die der Verstehende selbst wieder entschlüsseln muss. Dabei kann er sich nicht nur auf sein eigenes Empfinden verlassen, er muss vielmehr wissen, was die jeweiligen Elemente in ihrem ursprünglichen Zusammenhang bedeuteten (etwa im Zeithorizont, aus dem sie stammen, aber auch im Verwendungszusammenhang außerhalb des konkreten Textes). Entsprechend wird man bei der Gedichtinterpretation die schon vorgestellten Einzelschritte beim Interpretieren eines fiktionalen Textes (→ siehe Seite 168) modifizieren müssen.

Interpretation eines einzelnen Gedichtes

① Textwiedergabe

Die Textwiedergabe stellt bereits ein besonderes Problem dar. Es ist nicht immer ein eindeutiger Inhalt auszumachen. (Wenn das aber möglich ist, sollte man ruhig eine knappe Inhaltsangabe an den Anfang stellen! Man sollte sich aber stets dessen bewusst sein, dass es sich bei diesem „Inhalt" nur um eine vordergründige Gegebenheit handeln kann, die jederzeit überholt werden kann durch Einzeluntersuchungen.)

gestaltete Situation als Inhalt/Thema der Textwiedergabe

In aller Regel wird man sich bei der Textwiedergabe um die gestaltete Situation im weitesten Sinne zu kümmern haben. Dabei wird man von einer Gegenüberstellung → *lyrisches Ich/Sprecherin oder Sprecher – Situation* ausgehen. Man wird also fragen:

Grundfragen an ein Gedicht

- Wie stellt sich in der Situation das Verhältnis *lyrisches Ich/Sprecherin oder Sprecher – Welt dar?*
- In welchen Lebensbereichen und Einzelheiten wird dieses Verhältnis beleuchtet?
- Welche Stimmung(en) werden ausdrücklich benannt? Welche werden durch Andeutungen und die Gestaltung des Gedichtes erzeugt?

Weitere hilfreiche Fragen können sein:

- Welche Gefühle ruft der Text hervor?
- Woran erinnern einzelne Teile des Textes mich als Leserin oder Leser?
- Was wirkt vertraut, was wirkt fremd?
- Was spricht mich an? Was stößt mich ab? Was stört?
- Was ist unklar, dunkel, fremd?

② Deutungshypothese

Sinnvermutung, Deutungshypothese

Aus dem ersten Eindruck entwickeln wir eine Vermutung zum Sinn. Auch wenn dieser Sinn noch etwas dunkel ist, so versuchen wir doch, ihn festzuhalten. Dieser erste Sinn, den man entdeckt zu haben glaubt, beeinflusst dann das weitere Verstehen grundlegend. Deshalb sollte man das erste Verstehen fixieren und als „Hypothese" für die weitere Arbeit ausformulieren. Diese Sinnunterstellung macht noch nicht die letztendliche Bedeutung eines Textes aus. Wir müssen damit rechnen, dass sich da noch manches verändert. Deshalb wird man immer wieder auf die eingangs formulierte Hypothese zurückschauen und das neu Erkannte vergleichen.

Die Bedeutung darf nicht gleichgesetzt werden mit dem „Inhalt" des Gedichtes. Dieser Inhalt kann oft selbst gewissermaßen zur Großmetapher werden und damit zu einem Gesamtbild, das nun Bedeutungsträger wird.

TIPP

Formuliere die Deutungshypothese in zwei Schritten. Gehe auf das Thema/den Inhalt des Gedichtes ein und formuliere eine Idee zur Interpretation, die z. B. auf die Wirkung des Textes oder das in ihm deutlich werdende Bild von der Welt und den Menschen blickt. Nutze das Satzmuster: „Als Thema des Gedichtes erscheint die Darstellung von /Auseinandersetzung mit … Hieran wird deutlich, wie/dass …"

TIPP

Achte darauf, wenn du dir den Inhalt des Textes klarmachst, dass du nicht einfach den Text paraphrasierst. Das Paraphrasieren stellt zwar ein probates Mittel dar, sich den Inhalt eines Textes oder Textabschnitts klarzumachen, doch wird es problematisch, wenn es Elemente aufnimmt, die mit dem Text nichts zu tun haben, die man nur aus der Erinnerung oder aus bestimmten Assoziationen bezieht und quasi selbst hinzudichtet.

③ Textbeschreibung

Die Textbeschreibung im weitesten Sinn bemüht sich darum, alle Elemente eines Textes herauszustellen bzw. herauszuarbeiten, die an der Sinnkonstitution beteiligt sind. Da es sich beim Gedicht um eine äußerst „dichte" Komposition handelt, die sehr viele Strukturelemente und Strukturebenen miteinander verbindet, wird man auch auf verschiedenen Ebenen zu arbeiten haben. Beim Arbeiten sollte man sich aber davor hüten, jedes einzelne herausgearbeitete Element sofort in eine Deutung zu überführen. Wohl aber wird man bei jedem Element nach seiner Funktion im jeweils übergeordneten Rahmen fragen müssen. Das heißt, es wird immer wieder zu fragen sein:

Nicht die Einzelelemente isoliert deuten!

- Was bewirkt das einzelne Element, das ich gerade identifiziert habe innerhalb des gesamten Textes? Prüffrage: Was wäre anders, würde das Element fehlen?
- Und das bedeutet, dass man im Sinne eines Erkenntnisprozesses auch fragt: In welchem Zusammenhang steht das gerade Erarbeitete zu dem, was man schon erarbeitet hat?
- Schließlich wird man sich immer wieder an die eingangs formulierte Deutungshypothese erinnern und feststellen: Gibt es Beziehungen zwischen dem gerade Erarbeiteten und der These? Welcher Art sind diese Beziehungen?

Einordnung der Einzelelemente

Die wichtigsten Strukturebenen:

Thematischer Aufbau

Zunächst wird man den thematischen Aufbau des Textes in den Blick nehmen. Die meisten Gedichte sind schon vom Äußeren her deutlich gegliedert, sei es, dass sie in Strophen vorliegen, sei es, dass die einzelnen Verse/Zeilen Teilthemen enthalten. So wird zu fragen sein, ob mit der Strophengliederung auch eine Sinngliederung einhergeht. Läuft dann aber der Sinn über das Strophenende hinaus, ist eine besondere Akzentsetzung zu vermuten.

thematische Gliederung

Weitere Untergliederungen können sich vom Klang her ergeben: Der umarmende Reim kann einen Einschnitt setzen, der rhythmische Bogen kann Sinneinheiten abgrenzen. Eine besondere Versform, der → Alexandriner, kennt einen Einschnitt

Klanggestalt und Gliederung

(→ Zäsur) in der Versmitte (nach der dritten Hebung) und macht so die Gegenüberstellung/→ Antithese in einer Zeile möglich.

äußere und innere Gliederung

Neben dem äußeren Aufbau wird man auch nach einem inneren Aufbau zu suchen haben, das heißt, man wird gedanklich-thematische Einschnitte herausarbeiten. Besonders interessant wird es aber, wenn beide Gliederungsebenen nicht übereinstimmen und so bestimmte Akzente gesetzt werden, wenn also z. B. ein Satz über das Zeilenende hinaus läuft (→ Enjambement) oder wenn Reimbindungen über Strophengrenzen hinweg Beziehungen herstellen.

funktionale Auswertung formaler Gegebenheiten

Auf jeden Fall wird man darauf achten, dass nicht nur Formalia festgestellt und benannt werden („Wir haben einen Paarreim vorliegen."), sondern dass diese Formalia immer auch funktional ausgewertet werden.

In der Regel wird man sich darauf beschränken, den thematischen Aufbau zu benennen. Es ist aber auch möglich, schon hier erste Deutungsansätze zu versuchen. So kann man etwa Zusammenhänge und Beziehungen über Abschnittsgrenzen hinweg verfolgen, um nach einem ersten „Deutungszentrum", einem Höhepunkt, einem zentralen Motiv usw. zu fragen.

Zeichnen sich im Text verschiedene Phasen eines Ablaufs, einer Entwicklung ab, so wird man über den thematischen Aufbau solche Phasen der Entwicklung genauer bestimmen können.

Die Klanggestalt

Funktionen des Klangs:
- Stimmungswiedergabe
- Akzentsetzung

Die Wirkung eines Gedichts hängt eng mit seiner Klanggestalt zusammen. Zur Klanggestalt gehören die Lautstrukturen, aber auch metrische und rhythmische Gegebenheiten.

Am wichtigsten ist die Klanggestalt, wenn es darum geht, einzelne Textelemente besonders hervorzuheben, zu unterstreichen, Beziehungen herzustellen, Gegensätze bzw. Parallelen zwischen einzelnen Elementen oder Elementgruppen herauszustellen.

- Verbindungen herstellen

Laute können Wörter aufeinander beziehen, können sie verbinden, sei es, dass sie sie in ihrer Bedeutung nebeneinanderhalten oder dass sie Gegensätze unterstreichen. Folgende lautliche Besonderheiten können zum Beispiel vorkommen:

- Alliterationen: Wiederholung ähnlicher Laute in aufeinanderfolgenden Wörtern.
- Onomatopoesie: Verwendung von Wörtern, die Klänge nachahmen.
- Anapher: Wiederholung gleicher Wörter am Anfang aufeinanderfolgender Verse.

Eine besondere und typische Form einer klanglichen Besonderheit in einem Gedicht sind die Reime – sowohl die → Endreime als auch evtl. vorkommende → Binnenreime. In den Lautfolgen und Veränderungen von Lautthemen können sich Stimmung und Stimmungsveränderung ausdrücken.

Die Lautstruktur wird immer auch in Beziehung gesetzt zur Untersuchung des Metrums bzw. des Rhythmus. Unter **Metrum** versteht man das Versmaß, den regelmäßigen Wechsel von betonten und unbetonten Silben, während man mit **Rhythmus** die Klangbewegung, die sich beim Sprechen als Folge der Wortakzente und der Betonung von Sinn im Rahmen einer größeren Äußerung ergibt.
Reimschemata, die häufig vorkommen, sind:
Jambus: xx́ (unbetonte + betonte Silbe im Wechsel)
Trochäus: x́x (betonte + unbetonte Silbe im Wechsel)
Daktylus x́xx (betonte + unbetonte + unbetonte Silbe im Wechsel)

Wirkung von Metrum und Rhythmus

Bei der Untersuchung von Metrum und Rhythmus wird man insbesondere die Gesamtwirkung ins Auge fassen, das Regelmäßige sehen, dann aber auch das Abweichende hervorheben und für eine Deutung nutzen.

Bilder und ihre Bedeutung

Bilder, → Metaphern, Vergleiche und → Allegorien sind die zentralen Elemente im Gedicht. Sie setzen ins Bild, teilen mit, was eigentlich unsagbar ist, machen verständlich, verdeutlichen, veranschaulichen, machen zugänglich. Ihr großer Vorzug: Sie sind „zugänglich", während das von ihnen Gemeinte erst erschlossen werden muss. Da liegen dann auch die großen Probleme. Man ist geneigt, sich schnell zu fragen, was das einzelne Bild, hat man es einmal erkannt, bedeutet. Eine solche vorschnelle Suche nach Einzelbedeutungen kann in die Irre führen, da man dann auch schnell versucht ist, die gefundene Einzeldeutung auf das ganze Gedicht auszudehnen. Das würde dann aber den Blick für die übrigen Elemente (auch für die übrigen Bilder in ihrem Eigenrecht) verstellen.

Bilder müssen gedeutet werden

Wie geht man nun mit einem Bild sachgerecht um?

- Man beschreibt, was das Bild konkret bestimmt, aus welchen Elementen es zusammengesetzt ist, was das Bild erkennen lässt.
- Man bestimmt die besonderen Merkmale des Bildes.
- Man untersucht, wie die einzelnen Bildteile zusammenhängen.
- Man sucht nach vergleichbaren Bildern oder Bildteilen im Text, nach Weiterführungen und Ausweitungen.
- Man fragt nach den übrigen Bildern bzw. Bildteilen, die der Text enthält, und sucht nach Beziehungen. (Man prüft etwa, ob es sich um Parallelen, Ergänzungen, Gegensätze handelt.)

Arbeit an Bildern

Ein Bild entfaltet in seiner kontextuellen Umgebung eine eigene Bedeutung, in die die bisherige Bedeutung zwar einfließt, die aber doch entschieden Eigenständigkeit entwickelt. Um diese Bedeutung nun genauer bestimmen zu können, muss man wissen,

- was das Bild bisher bedeutete (in den bisherigen Verwendungszusammenhängen, also etwa im Rahmen der Motivgeschichte),
- was die Bildumgebung im aktuellen Text vorsieht (Wie wird die „Leerstelle“ genauer umrissen?).
- Schließlich wird man auch nach den Vorstellungen fragen, die sich beim Lesenden selbst ergeben.

Bilder zueinander in Beziehung setzen

Haben wir mehrere Bilder in einem Text vorliegen, so empfiehlt es sich, die Ordnung der Bilder dadurch nachzuzeichnen, dass man sie in den thematischen Aufbau einordnet. Eine andere Möglichkeit ist darin zu sehen, dass man verwandte Bilder zu Gruppen zusammenordnet und so Bündel gleichgeordneter Elemente erhält. Man wird also nach gemeinsamen Merkmalen Bündel zusammenziehen (hier können unter Umständen auch formale Gegebenheiten wie etwa Lautthemen berücksichtigt werden!), die dann in ihren Beziehungen zueinander beschreibbar sind (Gegensätze, Parallelen …).

Wenn man dieses Verfahren systematisch anwendet, ergibt sich:

- Alle Bildeinheiten werden notiert.
- Die enger zusammengehörenden Teile werden zusammengezogen.
- Man überlegt: Was bezeichnen die Teile ursprünglich? Was wird im konkreten Fall gesagt?
- Welches Bedeutungsfeld wird von der Gruppe von Bildern erfasst? (Man beachtet in diesem Zusammenhang das gemeinsame Merkmal besonders.)
- Bei der Frage nach der Beziehung zwischen einzelnen Bildgruppen wird man ausgehen von der Suche nach einem „Leitmotiv“ (oft im Gedichttitel enthalten) bzw. der zentralen Thematik (wie sie sich etwa im thematischen Aufbau zeigt).

Frage nach dem Leitmotiv

Sprachliche Gestalt

Natürlich wird man die sprachlichen Gegebenheiten im engeren Sinn nicht unberücksichtigt lassen. Schon die Wortwahl oder die Wahl der Sprachebene kann hier von besonderer Bedeutung sein. Aber auch grammatische Phänomene wird man angemessen berücksichtigen.

sprachliche Besonderheiten erfassen

Nicht umsonst spricht man immer wieder von der „dichterischen Freiheit“, die sich gerade Autoren von Gedichten herausnehmen, um etwa den Anforderungen von Metrum, Klang, Reim, Rhythmus usw. noch gerecht werden zu können. Abweichungen von grammatischen Normen sind immer von Interesse. (Man sollte nicht einfach sagen: Er konnte es halt nicht besser!) Insbesondere dann wird man von sinntragenden grammatischen Elementen zu sprechen haben, wenn besonders auffällige Abweichungen vorliegen, wenn also z. B. auf den Einsatz von Verben verzichtet wird, wenn offenkundige Auslassungen (Ellipsen) vorliegen usw. Will man grammatische Phänomene eines Textes in die Deutung einbeziehen, so wird man zu fragen haben:

- Was leistet das untersuchte grammatische Phänomen im sprachlichen „Normalfall"? (z. B.: Im Verb äußert sich Aktion.)
- Was ist im konkreten Text der Fall? (z. B.: keine Verben)
- Wie ist das zu deuten? (Statik, keine Aktion …)

Man wird auch darauf zu achten haben, wie weit die Gesamtstruktur eines Textes vom konkreten grammatischen Phänomen beeinflusst wird. (Beispiel: Ein Gedicht enthält nur drei Satzzeichen, die wiederum Sinneinschnitte markieren …)

④ Die Interpretation/Deutung

Ansatz einer Gesamtdeutung

Es geht in diesem Schritt darum, die in der Textbeschreibung zusammengestellten wesentlichen Textelemente und Strukturen so in ein Gesamtbild einzufügen, dass sich eine Deutung des Textes ergibt. Nun gibt es verschiedene Wege, zu einer solchen Gesamtdeutung zu gelangen. Am sichersten wird man wohl sein, wenn man ausgeht vom Leitthema, vom zentralen Motiv, wie es gelegentlich schon im Titel des Textes angedeutet wird, oder vom zentralen Bild, das der Text enthält und das man im Rahmen der Bildstruktur herausgearbeitet hat.

Offen bleibt zunächst die Frage nach der Richtung, in die man die Deutung entwickeln sollte. Wichtige Hinweise auf diese Richtung geben besonders auffallende Merkmale, die die Textbeschreibung zutage gefördert hat. Diese können auf der Bild- wie auf der Lautebene gefunden werden. Auch die grammatische Ebene könnte einiges zu erkennen geben (wenn etwa verschiedene Tempora aufeinanderfolgen …).

Einzelaspekte in die Gesamtdeutung einarbeiten

Schließlich wird man bei den Bildern und ihren Bedeutungen einsetzen und eine Zusammenschau versuchen. Dabei wird man den thematischen Aufbau einbeziehen, der Hinweise für eine Gesamtdeutung geben kann. (So kann z. B. eine steigernde Strophengliederung auf den Höhepunkt hinweisen.)

Bei der Formulierung der **Gesamtinterpretation** sollte man sich schon den einzelnen Teilen zuwenden und diese angemessen würdigen. Natürlich wird man sie integrieren und in eine Gesamtdeutung einbinden.
Bei der **Detaildeutung** wird man nicht unbedingt Zeile für Zeile vorgehen, man wird aber doch die wichtigen Momente, die das Gesamtbild prägen, vorführen und auch im Text absichern.

Eine Gesamtdeutung kann in bestimmten Zusammenhängen auch über die Ergebnisse der Textbeschreibung hinausgehen und wichtige Elemente des Zeithorizonts, der Epoche, biografische Gesichtspunkte und dergleichen mehr einbeziehen. So wird man etwa bei der Suche nach einer Gesamtdeutung epochentypische Elemente ganz besonders berücksichtigen und von ihnen her eine Deutung konzipieren.

Epochenbezüge

Gedichtvergleich

Vergleichen heißt: die Unterschiede darstellen, aber auch das Gemeinsame herausarbeiten

Will man zwei Dinge miteinander vergleichen, so nimmt man an, dass die beiden zu vergleichenden Dinge einiges gemeinsam haben, aber auch, dass sie sich unterscheiden. Entsprechend wirst du deine Arbeit anlegen. Es kann nicht darum gehen, einfach zwei Gedichte zu interpretieren, um dann festzustellen, da und dort kommt man zu verschiedenen Ergebnissen. Du wirst vielmehr zunächst einmal danach zu fragen haben: Was ist das beiden Gedichten Gemeinsame? Dann aber wird es deine Aufgabe sein, unter diesem besonderen Gesichtspunkt die beiden Texte jeweils für sich zu befragen und einer ersten Interpretation zuzuführen. Schließlich sind Unterschiede und Gemeinsames im Detail herauszuarbeiten. In einem letzten Abschnitt wirst du dann noch nach den möglichen Ursachen und Hintergründen der Unterschiede fragen, ehe du nach der spezifischen Wirkung schaust, um schließlich zu einer Auseinandersetzung und Bewertung zu kommen. Die folgenden Arbeitsschritte liegen also nahe.

① Hypothetische Grundlegung

Suche nach dem „tertium comparationis“

Ziel dieses Arbeitsschrittes ist es, die Schwerpunktbildung für die weitere Arbeit vorzunehmen und zu begründen. Dazu ist es sinnvoll, zunächst nach dem zu suchen, was beiden Texten grundsätzlich gemeinsam ist. Es geht hier noch nicht darum, alles, was sie gemeinsam haben, hervorzuheben. Es soll vielmehr das „Tertium comparationis“ gesucht werden, also der „Punkt“, von dem aus die Texte miteinander verglichen werden können. Dieser Punkt kann unter anderem sein:

- ein zentrales Motiv (z. B. die Rose ...)
- die Thematik (z. B. Entgrenzung des Ich, Befindlichkeit des lyrischen Ich ...)
- Gesamtform, Gesamtaufbau (z. B. Sonett)
- Epochenzugehörigkeit

Man könnte auch feststellen,

- ob sich die Gedichte die etwa gleiche Frage stellen (und dann zu verschiedenen Antworten kommen);
- ob die Gedichte mittels der gleichen Gestaltungsmittel verschiedene Inhalte thematisieren („Nacht“ als Bedrohung –„Nacht“ als behütendes Element);
- ob die Gedichte, verschiedenen Epochen zugehörend, dasselbe Thema behandeln (und zu epochenspezifischen Ansichten kommen ...).

Das in diesem Arbeitsschritt erzielte Ergebnis darf zwar noch keinen endgültigen Charakter haben, aber es bestimmt doch das weitere Vorgehen wenigstens so lange, bis sich neue Erkenntnisse einstellen. Das bedeutet: Wenn du beim weiteren Arbeiten später feststellst, dass du mit deiner ersten Hypothese nicht ganz richtig lagst, so bedeutet das nicht, dass du alles wegwerfen kannst, was du bis dahin erarbeitet haben. Vielmehr legt dieser Arbeitsprozess Zeugnis ab von der Redlichkeit deines Vorgehens. Du musst aber bereit sein, die eingangs formulierte Hypothese zu revidieren und mit der neuen Hypothese weiterzuarbeiten.

② Untersuchung der Texte

Hier interpretierst du jeden der beiden Texte einzeln, das heißt, du fertigst für jeden Text eine Textwiedergabe, eine Textbeschreibung und eine Interpretation an, allerdings setzt du – das ist die wichtigste Folgerung aus dem ersten Arbeitsschritt – bestimmte Schwerpunkte. Du wirst bei deiner Arbeit am einzelnen Text immer wieder ausgehen vom „Tertium comparationis“ und zu ihm auch immer wieder zurückkehren.

Einzeluntersuchungen der Texte

BEISPIEL

Wenn du zwei Sonette zu vergleichen hast und der Meinung bist, es sei zunächst einmal die Form des Sonetts das entscheidende Moment, das beide Texte vergleichbar macht, so wirst du dich immer wieder zu fragen haben, wie und wozu der einzelne Text die Form einsetzt, wieweit er etwa die von der Form her mögliche Antithetik durchhält oder ob er sie von vornherein auflöst usw.

Zwar wird man die übrigen Gesichtspunkte der Textbeschreibung nicht ganz vernachlässigen dürfen (so ist es z. B. immer notwendig, die Bildstruktur zu beachten, vor allem wenn man die thematische Struktur nicht vordergründig an der Oberfläche festmachen möchte), aber das Gewicht und die Bedeutung der Einzelbeobachtungen bestimmt sich immer vom „Tertium comparationis“ her.

TIPP

Wenn du später die Ergebnisse Ihrer Arbeit ausformulierst, wirst du natürlich die Ausschnitthaftigkeit und die notwendigerweise immer etwas einseitige Perspektive deiner Interpretation betonen.

③ Gemeinsamkeiten, Unterschiede

Vergleiche

Über die Grundgemeinsamkeit der Texte bist du dir inzwischen im Klaren. Von ihr ausgehend hältst du die beiden isolierten Interpretationen gegeneinander und überprüfst, was noch alles ähnlich ist. Du kannst dazu ein Arbeitsblatt mit drei Spalten anlegen, wobei du in die beiden äußeren Spalten die jeweiligen Interpretationselemente einträgst, während du in die mittlere Spalte mit jeweils einer Farbe die beiden gemeinsamen Elemente bzw. das auffallend Unterschiedliche einträgst.

Hintergründe der Gemeinsamkeiten sowie der Unterschiede

Erst in einem zweiten Teilschritt kümmerst du dich um die Hintergründe und Zusammenhänge, die einerseits zu dem Gemeinsamen und andererseits zu den Unterschieden führen. Dabei solltest du nicht allzu sehr ins Detail gehen, aber du wirst die wesentlichen Unterschiede darstellen müssen.

Schließe diesen Arbeitsschritt mit dem Versuch einer „Gesamtschau" ab. Gehe dabei von deiner Arbeitshypothese aus und fasse wesentliche Gemeinsamkeiten und Unterschiede zusammen.

④ Würdigung, Stellungnahme

Hier geht es nicht darum zu sagen, das eine Gedicht sei „gut", das andere „schlecht". Natürlich kanst du auch ästhetische Urteile abgeben, die du dann allerdings begründen musst. Wichtiger aber ist eine Stellungnahme zur Gesamtaussage der Texte. Es geht darum, die Aussagen der Texte genauer zu formulieren und sie dann aus dem eigenen Lebenshorizont heraus zu beurteilen, das heißt, nach ihrer „Wahrheit" zu fragen, wie sie sich im eigenen Erleben beweisen würde. Dann dürfte auch die Begründung der jeweiligen Bewertung nicht allzu schwerfallen.

Häufig vorkommende Gedichtvergleiche

Eine typische Aufgabe in Abiturprüfungen ist der Vergleich zweier Gedichte, die aus verschiedenen Zeiten oder Epochen stammen, sich aber mit einer ähnlichen Thematik befassen. Themen, die in verschiedenen Epochen aufgegriffen und verarbeitet werden, sind zum Beispiel Erfahrungen des Kriegs, Stimmungen zu bestimmten Tageszeiten (v. a. Abend, Morgen) oder Jahreszeiten oder die Wahrnehmungen des Lebens auf dem Land oder in der Großstadt.
Da die Dichterinnen und Dichter des Expressionismus sich in ihren Texten auf Motive anderer Epochen beziehen, werden deren Gedichte oft als Grundlage eines Gedichtvergleichs genutzt. Expressionistische Gedichte erinnern manchmal an die Vergänglichkeitsstimmung der Barockzeit oder an die sehnsuchtsvolle Suche nach einer Traum- und Märchenwelt in der Romantik.

BEISPIEL

Gedichtinterpretation

Georg Trakl

Kaspar Hauser Lied

Für Bessie Loos

Er wahrlich liebte die Sonne, die purpurn den Hügel hinabstieg,
Die Wege des Walds, den singenden Schwarzvogel
Und die Freude des Grüns.

Ernsthaft war sein Wohnen im Schatten des Baums
Und rein sein Antlitz.
Gott sprach eine sanfte Flamme zu seinem Herzen:
O Mensch!

Stille fand sein Schritt die Stadt am Abend;
Die dunkle Klage seines Munds:
Ich will ein Reiter werden.

Ihm aber folgte Busch und Tier,
Haus und Dämmergarten weißer Menschen
Und sein Mörder suchte nach ihm.

Frühling und Sommer und schön der Herbst
Des Gerechten, sein leiser Schritt
An den dunklen Zimmern Träumender hin.
Nachts blieb er mit seinem Stern allein;

Sah, daß Schnee fiel in kahles Gezweig
Und im dämmernden Hausflur den Schatten des Mörders.

Silbern sank des Ungebornen Haupt hin.

Georg Trakl: Die Dichtungen. Otto Müller Verlag. Salzburg 1938; 13. Auflage (Revidiert nach dem Text der historisch-kritischen Ausgabe), Seite 109.

Interpretationsauszüge

In der Figur des Kaspar Hauser führt Georg Trakl einen Menschen vor, der seine bisherige Natur/Umgebung verlässt und in die „Stadt der Menschen" zieht, dort zunächst auch aufgenommen wird, dann aber letztendlich doch zerbricht.
Das Gedicht stellt den Menschen dar, der zunächst gewissermaßen im „paradiesischen" Zustand lebt, sich im Einklang befindet mit Gott und seiner Umgebung,

>>

>> **BEISPIEL**

dem auch der Tod noch keine Schrecken bereithält, der dann aber diesen paradiesischen Zustand aufgibt und versucht, sich ins soziale Gefüge menschlicher Gesellschaft einzupassen. Dabei scheitert er, wird im Übertritt unschuldig schuldig und muss zugrunde gehen. Einzig durch die Tatsache, dass er seinen bisherigen „Stand“ aufgibt, verliert er den Status der Unschuld und wird empfänglich sowohl für das Leid des Lebens als auch für den Schrecken des Todes.

Der thematische Aufbau folgt dem „Werdegang“ des Menschen Kaspar:
Die ersten zwei Strophen gelten seinem Sein vor dem Eintritt in die Gesellschaft, vor seinem Gang zu den Menschen in die Stadt. Diese Phase des Daseins wird bestimmt vom Einklang Mensch – Natur und Mensch – Gott. [...]
Die zweite Phase stellt den Übergang dar. Dieser Übergang erfolgt als ein Wollen, allerdings ohne das Wissen. Bisherige Verhaltensweisen werden beibehalten. Das wird deutlich im „Stille fand sein Schritt“ (Z. 8), aber auch im Bild des ihm folgenden „Busch und Tier“ (Z. 11). Ein erster Missklang, die „dunkle Klage“ (Z. 9), wird bereits hörbar, und wenn auch Elemente des bisherigen Daseins mit übernommen werden, so deutet sich doch jetzt bereits die Bedrohung als eine unabwendbare an: „Sein Mörder suchte nach ihm.“ (Z. 13) [...]
Die dritte Phase – im Text die fünfte Strophe – wird bestimmt durch den Wechsel der Jahreszeiten: Frühling, Sommer und Herbst. Kaspar ist nach wie vor der Gerechte. Er bleibt draußen, wird von außen verfolgt. [...]
Das Ende der fünften Strophe macht deutlich: Kaspar Hauser bleibt in der Isolation, und so kann sich in der letzten Phase die Zeit vollenden: Der noch Ungeborene muss sterben. [...]

Die einzelnen Phasen werden bestimmt durch die Bildlichkeit, wobei einzelne Bilder über die Grenzen der Phasen hinwegreichen, gewisse Veränderungen mitmachen und dadurch sowohl Verbindungen herstellen als auch das je Unterschiedliche ins Bewusstsein rücken.
Die Bilder der ersten Phase vergegenwärtigen das Dasein Kaspars in einem zeitlosen, gleichzeitig aber auch „ernsthaften“ Raum. Bestimmt wird dieses Dasein durch Sonne, Wald, Grün und auch durch das Bild des Schwarzvogels, der Amsel also, die als der Repräsentant des Todes gelten mag. Die Natur also bestimmt das Leben Kaspars. Der Einklang, der besteht zwischen ihm und dem ihn Umgebenden, umschließt sowohl das Werden als auch das Vergehen. Der Tod ist ein integraler Bestandteil dieser Harmonie, die die menschliche Existenz ernsthaft und gleichzeitig rein sein lässt. [...]
Auch mit Gott weiß sich der Mensch, wie er in dieser Phase in Erscheinung tritt, im Einklang. Er ist offen für die „sanfte Flamme“ (Z. 6), die ihn als Menschen anspricht.
Die Bilder der Phase des Übergangs kündigen bereits den Untergang an. Er findet die Stadt „am Abend“ (Z. 8), sein Sprechen wird als „dunkle Klage“ (Z. 9) dargestellt. [...] >>

>> BEISPIEL

Aber auch bisherige Verhaltensweisen werden beibehalten: Sein Schritt ist noch „[s]tille“ (Z. 8), und zentrale Momente aus der ersten Phase begleiten ihn: „Ihm aber folgte Busch und Tier“ (Z. 11), während sich die Entmenschlichung bereits ankündigt im Mörder, der nach ihm sucht.

In der dritten Phase zeichnet sich zunächst eine gewisse Dauer ab: Frühling, Sommer und Herbst als Jahreszeiten repräsentieren das Geschehen im Ablauf der Zeit. Der „Gerechte[]“ (Z. 15) ist noch aufgehoben im Jahreskreis, der eine Rückbindung an die erste Phase erlaubt, zumindest aber Erinnerungen zulässt. Noch immer sind die Verhaltensweisen zurückhaltend, sein „leiser Schritt“ (Z. 15) stört nicht, andererseits vermag er nicht einzutreten. Er bleibt draußen, vor allem nachts bleibt er einsam, ausgeschlossen und muss so die „Vollendung der Zeit“, die sich im Schnee andeutet, zur Kenntnis nehmen, eine Vollendung, die kaum etwas Positives mit sich bringt. […]
Während der Herbst noch als „schön“ (Z. 14) empfunden wird, fällt nun Schnee in „kahles Gezweig“ (Z. 18). So werden die Bilder der vierten Phase, die das Ende markieren, bestimmt durch die Merkmale Isolation, Kälte und Bedrohung. Gerade die Bedrohung wird besonders deutlich in der „Umwertung der Werte“. Lebte früher der Gerechte „[e]rnsthaft […] im Schatten des Baums“ (Z. 4), so sieht er nun im dämmernden Hausflur den „Schatten des Mörders“ (Z. 19). Was er ursprünglich wollte mit dem Übergang, nämlich eine Rolle in der Gesellschaft übernehmen, bleibt ihm versagt. Er wird nicht in die Gesellschaft hineingeboren, bleibt „ungeboren“ und muss sterben, ehe er in der Gesellschaft Fuß fassen kann. […]

Kaspar Hauser, von Gott einst als Mensch angesprochen, suchte den Weg in die Gesellschaft, verbrachte eine Zeit in der Gesellschaft, ohne ihr Mitglied werden zu können, blieb der Gerechte, der er war, blieb leise, wurde so immer gefährdeter, bis er schließlich in seiner Isolation zusehen musste, wie das einzige, das von außen zu ihm vordrang, der Schatten seines Mörders war. […]

Es scheint nach Trakl also nicht möglich, die individuelle Unschuld zu bewahren und gleichzeitig den Weg in die Gesellschaft zu gehen. Dieser Weg bedeutet immer schon ein Sich-Entfernen vom eigentlichen Idealzustand, eine Entfremdung, die zur Schuld wird und an deren Ende keineswegs die „Aufnahme in die Gesellschaft“ stehen muss, zumal dann nicht, wenn die Verwurzelung im ursprünglichen (paradiesisch-unschuldigen) Zustand zu stark war. […]

Text nach: Friedel Schardt, Grundbegriffe; Interpretationsaufsatz; Schroedel Verlag Hannover 1991, Seite 85 ff.

Eine weitere ausführliche Gedichtinterpretation findest du in Kapitel 2 auf den Seiten 29 – 33.

4.3 Interpretation lyrischer Texte

1 TEXTWIEDERGABE

Wenn möglich: Kurze Darstellung dessen, was geschildert wird:

- → In welcher Situation befindet sich das lyrische Ich/die Sprechering bzw. der Sprecher?
- → Wie erlebt das lyrische Ich oder die Sprecherin bzw. der Sprecher die Situation?

2 DEUTUNGSHYPOTHESE

Formulieren einer ersten Deutungsvermutung zu Thema, Stimmung und Bewertung des Erlebten, Gedachten oder Geschilderten.

3 TEXTBESCHREIBUNG

- → thematischer Aufbau des Gedichtes
- → Klanggestalt
- → Bilder und Bedeutung
- → sprachliche Gestalt

4 INTERPRETATION/DEUTUNG

- → chronologisch/linear: Schrittweise die einzelnen Strophen und Abschnitte durchgehend
- → aspektorientiert: Ausgehend vom Leitthema zu weiteren Teilthemen

GEDICHTVERGLEICH (AUFBAU)

- → hypothetische Grundlegung
- → Untersuchung der Texte
- → Gemeinsamkeiten, Unterschiede
- → Würdigung, Stellungnahme

4.4 Dialogische Texte interpretieren

Das Drama, das stellte schon Aristoteles fest, bildet nachahmend Lebenssituationen ab. Aus diesem „mimetischen (= nachahmenden) Grundzug“ leiten sich die grundlegenden Untersuchungsrichtungen und Zugriffe ab, die bei der Bearbeitung eines Problems aus dem Bereich Drama infrage kommen. In den für eine dramatische Abbildung interessanten Wirklichkeitsausschnitten treffen in aller Regel Figuren aufeinander, die handeln und miteinander verhandeln, die in Konflikt geraten, den Konflikt austragen oder sich einigen. Was für die Wirklichkeit gilt, gilt in besonderem Maße für das Drama, das ja sozusagen ein Modell der Wirklichkeit entwirft. Im Drama haben wir es mit Figuren zu tun. Diese Figuren stehen in einer bestimmten Situation, haben es mit bestimmten Umständen und Bedingungen zu tun, wenn sie aufeinandertreffen. Diese Ausgangssituation wird zu Beginn des Dramas eingeführt **(Exposition)**. Von ihr ausgehend sprechen die Figuren miteinander oder äußern sich über ihre Situation, aber sie handeln eben auch mit- bzw. gegeneinander. Es kommt zu Verwicklungen, ein „Knoten“ wird geschürzt, ein Konflikt entsteht, der sich dann weiterentwickelt und steigert. Die Handlung schlägt um **(Peripetie)**, eine Lösung zeichnet sich ab, wird unter Umständen hinausgezögert **(Retardierung)**, ehe sie realisiert wird.

Mimesis

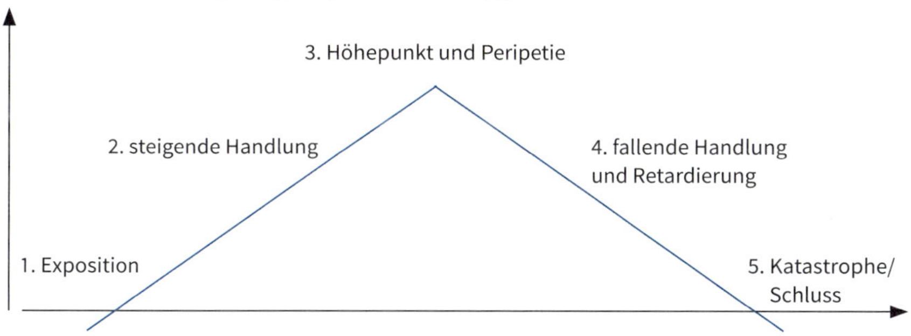

Die „Freytag-Pyramide“ zum Aufbau eines Dramas

So wird man bei der Bearbeitung eines Themas immer folgende drei Grundstrategien des Arbeitens zu beachten haben:

TIPP

- Man fragt nach den Figuren und ihrem Verhältnis zueinander (also nach der „Konfiguration“),
- man fragt nach dem Sprechen der Figuren und
- man fragt nach den Handlungsstrukturen.

Das bedeutet im Einzelnen, dass du das Drama auf alle folgenden Punkte hin untersuchen musst.

Konfigurationsaspekte

Figuren immer in der Konfiguration betrachten

Figuren, die in einem Drama auftreten, sind keine echten Menschen, sondern eben „Figuren“, **Konstrukte**, die eine ganz bestimmte Aufgabe im Rahmen des Dramas haben. Sie sind nur in diesem Drama vorhanden und beziehen sich immer auf die anderen mithandelnden Figuren. Man sollte deshalb eine Figur immer im Rahmen der Mit- oder Gegenfiguren betrachten.

Bei der Beschreibung einer Figur wird man einerseits die „äußeren“ Merkmale wie Alter, Geschlecht, Standeszugehörigkeit usw. beachten, aber auch die individuellen Eigenschaften der Figur berücksichtigen müssen. Diese **individuellen Eigenschaften** kann man auf verschiedene Arten und Weisen klären:

Charakterisierung einer Figur

- Zunächst einmal ist es möglich, dass der Autor in seinen **Regieanweisungen** oder schon im Inventarverzeichnis einiges sagt.
- Darüber hinaus aber passiert es häufig, dass eine Figur sich **selbst charakterisiert**, sei es, dass sie sich – etwa in einem Auftrittslied oder -monolog – direkt an den Zuschauer wendet, oder dass sie in die Handlung eintritt und sich den übrigen handelnden Figuren vorstellt.
- Auch **andere Figuren** können Charakteristisches über eine Figur sagen. Wenn wir solche Äußerungen heranziehen, müssen wir beachten, dass sie **immer perspektivisch** zu interpretieren sind, das heißt, wir müssen immer auch sagen, von wem die jeweilige Aussage stammt.
- Nicht selten sind wesentliche Merkmale einer Figur aus ihren **Verhaltensweisen** bzw. aus ihrer Art und Weise der Selbstdarstellung, des Sprechens und dergleichen ableitbar.

Handlungsmotive

Auch ihre **Zielvorstellungen**, die **Motive** ihres Handelns usw. werden von besonderer Bedeutung sein. Dabei müssen wir wiederum beachten, ob diese Motive von uns aus dem Handeln erschlossen oder ob sie von der Figur selbst genannt bzw. von anderen benannt werden. (Gerade wenn solche Motive genannt werden, ist immer wieder Täuschung möglich: sei es, dass eine Figur „falsche“ Angaben macht; sei es, dass andere eine Figur und ihre Motive falsch einschätzen.)

Will man eine einzelne Figur beschreiben, dann ist es oft hilfreich, sie mit den übrigen Figuren des Stückes zu vergleichen, sie in eine gleichgesinnte Gruppe einzuordnen oder sie mit Gegenfiguren zu konfrontieren. Was man auch immer in diesem Zusammenhang tut, man sollte die Beziehungen, die bestehen, benennen. Trifft eine **Figur** auf eine **Gegenfigur**, kann sie in einen **Konflikt** geraten. Das ist in der Regel im Drama der Fall. Diese Konfliktsituation sollte beschrieben werden, soweit sie mit den Merkmalen der beteiligten Figuren zu tun hat.

TIPP

Bei einer Figur sollte man untersuchen:

- ihre Eigenschaften,
- ihre Ziele und Motive,
- ihren „Platz“ zwischen den Figuren (und in der Gesellschaft),
- ihre „typischen“ Verhaltensmerkmale.

Das Sprechen der Figuren

Die Figuren auf der Bühne äußern sich in aller Regel, sei es, dass sie miteinander sprechen und verhandeln (**Dialog**), oder dass sie allein auf der Bühne stehen und sich im **Monolog** äußern.

Der Monolog

Der Monolog ist eigentlich eine nicht ganz natürliche „Kommunikationssituation“. Auf der Bühne kann er zu ganz bestimmten Zwecken eingesetzt werden.

Was kann im Monolog ausgedrückt werden?

- Er kann genutzt werden, um eine Figur über ihre **innere Situation**, ihr Fühlen und Denken sprechen zu lassen.
- Auch ihre **bisherigen Erfahrungen**, ihre **Weltsicht** und **Wertvorstellungen** kann eine Figur im Monolog darstellen.
- **Planungen**, **Befürchtungen** und **Hoffnungen** lassen sich im Monolog dem Zuschauer mitteilen.

Einbettung des Monologs in die Situation

Will man einen Monolog etwas genauer untersuchen, wird man zunächst die „äußere Situation“ beschreiben, in der sich der Sprechende befindet. Das bedeutet: Es ist zu fragen

- nach dem genauen Stand der Handlung zum Zeitpunkt des Monologs,
- der Situation der Figur, die den Monolog spricht,
- nach weiteren Faktoren, die die Situation unter Umständen bestimmen.

Dann wird man den Monolog selbst befragen und beachten:

Intentionen des Monologs

- Was wird gesagt zur Lage des Sprechenden?
- Welche Gefühle/Empfindungen werden geäußert?
- Werden Angaben über Ziele/Zielvorstellungen gemacht?
- Gibt es Hinweise auf Weltsicht und Weltbild des Sprechenden?
- Wird das bisherige Geschehen bewertet?
- Werden andere Figuren bewertet?
- Werden Ideen dargelegt, die die Figur selbst entwickelt?

Zusammenfassend wird man oft zu fragen haben: Welche allgemeinen Auffassungen und Einstellungen, welche Weltsicht, Werte werden deutlich?

Der Dialog

Dialog als Modell

Im **Dialog** verhandeln Figuren miteinander. Der Dialog im Drama ist keine reale Kommunikationssituation, vielmehr wird auch in ihm **ein Modell** vorgeführt, und entsprechend wird man zu fragen haben:

- Was soll da modellhaft gezeigt werden?
- Mit welchen Interessen und Absichten spricht die einzelne Figur?
- Soll informiert, überredet, getäuscht, dargelegt … werden?

Man wird natürlich auch beachten müssen, ob es Unterschiede gibt zwischen dem, was einer sagt, und dem, was er vorhat oder meint.

Sprechhaltung im Dialog

Die **Sprechhaltung** spielt eine ganz besondere Rolle. Hier wird man besonders auf die **Regieanweisungen** und auf die **konkrete Sprachgebung** achten. In der Sprechhaltung werden unter Umständen gesellschaftliche Positionen und Konventionen besonders gut erkennbar. Aber auch die Einstellung zum Gesprächspartner lässt sich aus der Sprechhaltung ableiten. (In diesem Zusammenhang wird man auch die Wortwahl und die Wahl der Sprachebene beachten!)
Beachten sollte man darüber hinaus,

Dialog als „Rede“ und „Gegenrede“

- wie weit sich die Gesprächspartner aufeinander beziehen (oder reden sie ganz aneinander vorbei?),
- wie weit sie gegenseitig ihre Rede aufnehmen,
- wie weit sie kommentierend beiseite sprechen,
- ob sie monologisierend den Gesprächsfluss unterbrechen usw.

thematische Entwicklung

Schließlich wird man auch die thematische Entwicklung eines Dialogs nachzeichnen:

- Was haben die einzelnen Partner zum anstehenden Thema zu sagen?
- Macht die Verhandlung Fortschritte oder bewegt man sich im Kreis?

Handlungsstrukturen

Dialog und Handlung

Eigentlich stellt das Sprechen im Dialog schon Handlung dar und entsprechend wird man die Untersuchung von Dialogen auch einbetten in die Untersuchung des Handlungsverlaufs.

Will man die Handlungsstrukturen etwas genauer verfolgen, so wird man zunächst den **Gesamtaufbau** des Stückes zu beschreiben haben.

Fragen zur Ausgangslage

Dabei beginnt man mit der **Ausgangssituation** (der → Exposition) und fragt:

- Wer ist beteiligt?
- Was haben die beteiligten Figuren jeweils vor?
- In welchen Beziehungen stehen sie am Anfang zueinander?

Dann wird man über eine knappe Inhaltsangabe des Gesamtstückes die einzelnen **Handlungsschritte** feststellen. (Als Handlungsschritt können wir eine Einheit verstehen, die bis zum Beginn eines neuen Abschnitts, einer Wendung, eines neuen Umstandes usw. reicht.)

Fragen zur Handlungsentwicklung

Bei jedem Handlungsschritt ist zu fragen:

- Wer hat diesen Schritt veranlasst?
- In welche Richtung entwickelt sich durch diesen Schritt die Handlung?
- Welche Motive stehen hinter der Veranlassung, auf wen oder was richtet sich der Handlungsschritt? (Wer/was ist betroffen?)

Interessant wird die Frage nach den Handlungsschritten, wenn es um den **Konflikt** geht. Da wird zu fragen sein:

Konfliktentwicklung:
- Schürzung des Knotens
- Peripetie
- Katastrophe

- Wo wird der Konflikt angelegt?
- Wie wird er entwickelt?
- Wo wird der Knoten geschürzt?
- Wo kommt es zum Wendepunkt?
- Wo kommt es zur Katastrophe?
- Wie wird der Knoten gelöst?

Will man die **Bedeutung einer einzelnen Szene** genauer beschreiben, so wird man sie von der Handlungsstruktur her zu erfassen versuchen. Man wird genauer festzustellen haben:

- Wo im Rahmen des Gesamtablaufs befindet sich der (Handlungs-)Teil?
- Welche Aufgabe hat die Szene an dieser Stelle? (Es ist z. B. denkbar: Sie liefert den Konfliktansatz, den Ansatz einer Konfliktlösung, sie stellt den Umschwung dar, sie bringt die entscheidende Wende in der Entwicklung einer Figur, sie leitet die → Katastrophe ein ...)

Retardierung

Szenen, die die Handlung verzögern (Retardierungen), sind gleichfalls von der Handlungsstruktur her zu begreifen. Dabei kommt eine zusätzliche Funktion etwa bei Monologszenen infrage: Es geht darum, Handlungsmotive offenzulegen oder Handlungen zu bewerten usw.

BEISPIEL

Deutung einer Dramenszene

Friedrich Schiller

Maria Stuart (Szene III, 4; Auszug)

Maria Stuart, Wiener Burgtheater 2001

Friedrich Schillers Drama „Maria Stuart" (Uraufführung im Jahr 1800) widmet sich den letzten drei Tagen im Leben der schottischen Königin Maria Stuart, die 1587 auf Anordnung von Elisabeth I. von England wegen Hochverrats hingerichtet wurde. Obwohl die bevorstehende Katastrophe – die Hinrichtung der gefangenen Maria Stuart – früh im ersten Akt enthüllt wird, entfaltet sich die Handlung in einem ereignisreichen und spannenden Verlauf. Sowohl Marias Wunsch, mit Königin Elisabeth sprechen zu dürfen, als auch die Bemühungen der sie verehrenden Männer Mortimer und Leicester führen zwar immer wieder zu der Hoffnung auf ein versöhnlicheres Ende, treiben letztendlich die tragische Entwicklung der Handlung nur umso schneller voran. Mortimer, von religiösen und persönlich-erotischen Motiven getrieben, plant die gewaltsame Befreiung Marias, was jedoch den englischen Argwohn verschärft und zu seinem eigenen Scheitern führt. Leicester, einst Favorit von Elisabeth, sieht seine Hoffnungen auf eine Ehe zerschmettert und wendet sich der schottischen Königin zu. Sein Doppelspiel führt jedoch nicht zur erhofften Rehabilitation Marias, sondern beschleunigt ihre Hinrichtung. Erst in den letzten Akten findet Maria Stuart zu einer spezifischen Form von Freiheit und Überlegenheit, während sie sich von subjektiven Verletzungen und Schuldfragen befreit. Im Gegensatz dazu wird Elisabeth als prinzipienlos und orientierungslos dargestellt. Sie scheint moralisch besiegt – trotz ihres äußeren Siegs. Schiller entmachtet den unabwendbaren Lauf der Geschichte durch Marias Souveränität und ihre harmonisierte Persönlichkeit auf der grundsätzlichen Ebene des Humanen und Sittlichen.

Der folgende Textauszug stammt aus der Szene III, 4. Was von Maria Stuart bei ihrem ersten Auftritt in der Szene I,2 initiiert wurde, wird im dritten Aufzug Wirklichkeit. Schiller lässt die beiden konkurrierenden Königinnen – von der historischen Wahrheit abweichend – effektvoll aufeinandertreffen. Der Gesprächsverlauf wird insgesamt dazu führen, dass die Kontrahentinnen ihren Konflikt in einem pointierten Schlagabtausch auf den Höhepunkt treiben und sich in gegenseitiger Verachtung voneinander trennen. Elisabeth ist zutiefst verletzt, die Chance auf eine Begnadigung Maria Stuarts ist nach diesem Gespräch endgültig vertan.

>>

>> **BEISPIEL**

Die Vorigen. Elisabeth. Graf Leicester. Gefolge.
[...]
Elisabeth *(zu Leicester).* Wie heißt der Landsitz?
Leicester. Fotheringhayschloß.
Elisabeth *(zu Shrewsbury).*
Schickt unser Jagdgefolg voraus nach London,
Das Volk drängt allzuheftig in den Straßen,
Wir suchen Schutz in diesem stillen Park.
Talbot entfernt das Gefolge. Sie fixiert mit den Augen die Maria, indem sie zu Paulet weiterspricht.
Mein gutes Volk liebt mich zu sehr. Unmäßig,
Abgöttisch sind die Zeichen seiner Freude,
So ehrt man einen Gott, nicht einen Menschen.
Maria. *(welche diese Zeit über halb ohnmächtig auf die Amme gelehnt war, erhebt sich jetzt und ihr Auge begegnet dem gespannten Blick der Elisabeth. Sie schaudert zusammen und wirft sich wieder an der Amme Brust.)*
O Gott, aus diesen Zügen spricht kein Herz! [...]
Maria rafft sich zusammen und will auf die Elisabeth zugehen, steht aber auf halbem Weg schaudernd still, ihre Gebärden drücken den heftigsten Kampf aus.
Elisabeth.
Wie, Mylords?
Wer war es denn, der eine Tiefgebeugte
Mir angekündigt? Eine Stolze find ich,
Vom Unglück keineswegs geschmeidigt.
Maria.
Seis!
Ich will mich auch noch diesem unterwerfen.
Fahr hin, ohnmächtger Stolz der edeln Seele!
Ich will vergessen, wer ich bin, und was
Ich litt, ich will vor ihr mich niederwerfen,
Die mich in diese Schmach herunterstieß.
Sie wendet sich gegen die Königin.
Der Himmel hat für Euch entschieden, Schwester!
Gekrönt vom Sieg ist Euer glücklich Haupt,
Die Gottheit bet ich an, die Euch erhöhte!
Sie fällt vor ihr nieder.
Doch seid auch Ihr nun edelmütig, Schwester!
Laßt mich nicht schmachvoll liegen, Eure Hand
Streckt aus, reicht mir die königliche Rechte,
Mich zu erheben von dem tiefen Fall.

>>

>> BEISPIEL

Elisabeth *zurücktretend.*
Ihr seid an Eurem Platz, Lady Maria!
Und dankend preis ich meines Gottes Gnade,
Der nicht gewollt, daß ich zu Euren Füßen
So liegen sollte, wie Ihr jetzt zu meinen.
Maria *mit steigendem Affekt.*
Denkt an den Wechsel alles Menschlichen!
Es leben Götter, die den Hochmut rächen!
Verehret, fürchtet sie, die schrecklichen,
Die mich zu Euren Füßen niederstürzen –
Um dieser fremden Zeugen willen, ehrt
In mir Euch selbst, entweihet, schändet nicht
Das Blut der Tudor, das in meinen Adern
Wie in den Euren fließt – O Gott im Himmel! [...]
Elisabeth *kalt und streng.*
Was habt Ihr mir zu sagen, Lady Stuart?
Ihr habt mich sprechen wollen. Ich vergesse
Die Königin, die schwerbeleidigte,
Die fromme Pflicht der Schwester zu erfüllen,
Und meines Anblicks Trost gewähr ich Euch. [...]
Maria.
Womit soll ich den Anfang machen, wie
Die Worte klüglich stellen, daß sie Euch
Das Herz ergreifen, aber nicht verletzen!
O Gott, gib meiner Rede Kraft, und nimm
Ihr jeden Stachel, der verwunden könnte!
Kann ich doch für mich selbst nicht sprechen, ohne Euch
Schwer zu verklagen, und das will ich nicht.
– Ihr habt an mir gehandelt, wie nicht recht ist,
Denn ich bin eine Königin wie Ihr,
Und Ihr habt als Gefangne mich gehalten,
Ich kam zu Euch als eine Bittende,
Und Ihr, des Gastrechts heilige Gesetze,
Der Völker heilig Recht in mir verhöhnend,
Schloßt mich in Kerkermauern ein, die Freunde,
Die Diener werden grausam mir entrissen,
Unwürdgem Mangel werd ich preisgegeben,
Man stellt mich vor ein schimpfliches Gericht –
Nichts mehr davon! Ein ewiges Vergessen
Bedecke, was ich Grausames erlitt.
– Seht! Ich will alles eine Schickung nennen,

>>

>> **BEISPIEL**

Ihr seid nicht schuldig, ich bin auch nicht schuldig,
Ein böser Geist stieg aus dem Abgrund auf,
Den Haß in unsern Herzen zu entzünden,
Der unsre zarte Jugend schon entzweit.
Er wuchs mit uns, und böse Menschen fachten
Der unglückselgen Flamme Atem zu.
Wahnsinnge Eiferer bewaffneten
Mit Schwert und Dolch die unberufne Hand –
Das ist das Fluchgeschick der Könige,
Daß sie, entzweit, die Welt in Haß zerreißen,
Und jeder Zwietracht Furien entfesseln.
– Jetzt ist kein fremder Mund mehr zwischen uns,
Nähert sich ihr zutraulich und mit schmeichelndem Ton.
Wir stehn einander selbst nun gegenüber.
Jetzt, Schwester, redet! Nennt mir meine Schuld,
Ich will Euch völliges Genügen leisten. […]
Elisabeth.
Mein guter Stern bewahrte mich davor,
Die Natter an den Busen mir zu legen. […]

Friedrich Schiller: Sämtliche Werke. Zweiter Band. Dramen II. München: Carl Hanser Verlag 1982. S. 621 – 624.

Der vorliegende Ausschnitt aus Schillers „Maria Stuart" beleuchtet die vielschichtige und konfliktreiche Beziehung zwischen Maria Stuart und Elisabeth I. Die Szene zeigt, dass die Feindschaft und Rivalität zwischen den beiden Königinnen derart tief verwurzelt sind, dass die Situation – trotz Marias gegenteiliger Bemühungen – eskaliert. Zwischen den beiden Frauen stehen unüberbrückbare Distanzen. Elisabeth wirkt von Anfang an überlegen, entschieden und wenig kompromissbereit.

Deutungshypothese mit dem Schwerpunkt: Verhältnis der beiden Königinnen

Die beiden Königinnen begegnen sich – aus ihrer Sicht – zufällig und sind über die Begegnung überrascht. Maria Stuart, nachdem sie sich halb ohnmächtig auf die Amme gestützt hat, erhebt sich und trifft auf den gespannten Blick von Elisabeth. Trotz Marias Anstrengungen, auf Elisabeth zuzugehen, weicht diese kalt und distanziert zurück. Maria versucht, sich zu unterwerfen und bittet um Vergebung, doch Elisabeth bleibt unnachgiebig. Die Szene endet mit Maria, die vor Elisabeth niederkniet und um Gnade fleht.

Inhaltsangabe

Die Szene III,4 in Schillers „Maria Stuart" folgt auf die vorangegangenen Ereignisse, in denen Maria Stuart, die schottische Königin, in englischer Gefangenschaft lebt. Vor dieser Szene hat es bereits Intrigen und politische Machtkämpfe zwischen

Kontext

>>

>> **BEISPIEL**

Maria und Elisabeth I., der englischen Königin, gegeben. Maria versucht, Elisabeth zu besänftigen und um Vergebung zu bitten, während Elisabeth ihre Macht und Distanz betont. In der Fortsetzung der Handlung kommt es zu keiner wirklichen Versöhnung zwischen den beiden Königinnen. Elisabeth bleibt unnachgiebig, und Maria wird trotz ihrer Bemühungen, Frieden zu schließen, von Elisabeth kalt abgewiesen. Dies setzt den Konflikt zwischen den beiden Herrscherinnen fort und trägt dazu bei, die Spannungen weiter zu verschärfen.

Charakterisierung der beiden Frauen

Maria Stuart: In der Szene offenbart Maria Stuart eine Mischung aus Verletzlichkeit und Stolz. Zunächst halb ohnmächtig, erhebt sie sich und versucht, auf Elisabeth zuzugehen, zeigt jedoch eine innere Zerrissenheit und einen „heftigen Kampf". Ihre Gebärden spiegeln ihren inneren Konflikt wider. Maria zeigt sich in ihrer Demut und Bereitschaft, sich Elisabeth zu unterwerfen, als auch in ihrer Entschlossenheit, ihre königliche Würde zu bewahren.
Elisabeth I.: Auf der anderen Seite bleibt Elisabeth kühl und distanziert. Ihr Gesichtsausdruck wird als herzlos und unnachgiebig beschrieben. Sie betont ihre eigene Position und Macht, weist Marias Annäherungsversuche zurück und verweigert ihr sogar die Hand. Elisabeth zeigt sich als entschlossene Herrscherin, die keine Schwäche zulässt, während sie gleichzeitig den äußeren Anschein von Gnade wahrt.

Beschreibung und Analyse der Sprache

Die sprachliche Ausgestaltung der Redebeiträge unterstreicht die Charakterzüge und die Charakterunterschiede der beiden Königinnen und verdeutlich die Intensität des Konfliktes. Elisabeth spricht in kurzen, präzisen Sätzen, die ihre Autorität und Kontrolle unterstreichen. Ein Beispiel dafür ist ihre Aussage: „Ihr seid an Eurem Platz, Lady Maria!". Ihre Sprache ist kalt und distanziert, was ihre emotionale Distanz zu Maria und ihre Unwilligkeit, sich auf eine emotionale Ebene zu begeben, verdeutlicht.

Maria dagegen zeigt sich emotional und flehend. Ihre Sätze sind länger und komplexer, was ihre verzweifelte Situation und ihren Wunsch nach Verständnis und Mitgefühl zum Ausdruck bringt. Ein Beispiel dafür ist ihre Aussage: „O Gott im Himmel! Steht nicht da, schroff und unzugänglich, wie die Felsenklippe, die der Strandende vergeblich ringend zu erfassen strebt." Die sprachlichen Äußerungen – vor allem auch die Szenenanweisungen – zeigen, wie sich Marias Einstellungen und Gefühle verändern. Sie wird im Laufe des Gesprächs immer emotionaler, reißt sich aber – zumindest im vorliegenden Textauszug – noch zusammen. Dass ihr Bemühen um Versöhnung vor allem strategische Hintergründe hat, lässt sich daraus aber ableiten. Ihre Rede endet im vorliegenden Abschnitt zwar scheinbar unterwürfig und verzeihend, dennoch versucht sie, Elisabeth eine Anweisung zu

>>

geben. Die Aussage: „Jetzt, Schwester. Redet!“ zeigt ihren ambivalenten Umgang mit den Machtverhältnis sehr prägnant.

>> **BEISPIEL**

Entwicklung des Konfliktes

Die Konfrontation zwischen Maria Stuart und Elisabeth I. markiert einen dramatischen Höhepunkt des Konflikts, der sich über das gesamte Drama erstreckt. Marias Versuch der Versöhnung wird von Elisabeth kühl abgelehnt, was die tiefe Kluft zwischen den beiden Frauen verdeutlicht. Die Szene zeigt nicht nur den persönlichen Groll und die Rivalität, sondern spiegelt auch politische Intrigen und den Wettstreit um Macht wider.
Marias Bemühungen um Versöhnung: Maria versucht, Elisabeth zu besänftigen, unterwirft sich ihr sogar symbolisch und fleht um Vergebung. Dies zeigt Marias Verlangen nach Frieden und ihre Bereitschaft, ihre königlichen Pflichten zu erfüllen, obwohl sie gleichzeitig ihren Stolz bewahrt.
Elisabeths Unnachgiebigkeit: Elisabeth bleibt unnachgiebig und betont ihre eigene Position. Sie weicht nicht von ihrer Haltung ab und weist Marias Annäherungsversuche zurück. Die Königin zeigt eine Mischung aus königlicher Autorität und persönlicher Verletztheit, die den Konflikt zwischen den beiden Königinnen vertieft.

Einordnung in den gesamten Dramenverlauf

Die Szene zwischen Maria Stuart und Elisabeth I. ist entscheidend für den Gesamtverlauf des Dramas. Sie verdeutlicht, dass die persönlichen und politischen Differenzen zwischen den Königinnen unüberwindbar sind und dass die Tragödie, die sich entfalten wird, unausweichlich ist. Die Szene legt den Grundstein für Marias unaufhaltsame Hinrichtung und unterstreicht die Tragik der historischen Ereignisse, die von Schiller auf kunstvolle Weise inszeniert werden.

Die Szene III,4 kann als Höhepunkt dieses Konflikts betrachtet werden, da Maria trotz ihrer Unterwerfungsgeste von Elisabeth zurückgewiesen wird. Dies hat schwerwiegende Konsequenzen für den weiteren Verlauf der Geschichte, da es den Weg für Marias unausweichliche Hinrichtung bereitet. Schillers Kunst besteht darin, die persönlichen Dramen der beiden Königinnen geschickt mit den politischen Intrigen ihrer Zeit zu verweben und so eine tiefgreifende Tragödie zu entfalten.

Zusammenfassung

Schillers „Maria Stuart“ präsentiert in diesem Ausschnitt eine hochdramatische Szene, die das angespannte Verhältnis zwischen Maria und Elisabeth aufzeigt. Die tiefen Konflikte, politischen Intrigen und persönlichen Abneigungen zwischen den beiden Königinnen werden in dieser Begegnung deutlich, was auf eine zentrale Tragödie im Verlauf des Dramas hindeutet.

4.4 Interpretation dialogischer Texte

Im Drama werden auf der Bühne spielerisch und modellhaft Lebenssituationen nachgeahmt und vorgeführt. Drei Bereiche werden bei der Untersuchung wichtig:

1 FIGUREN

Man fragt nach den handelnden Figuren (Spieler – Gegenspieler), nach ihren Eigenschaften/Merkmalen, Zielen und Motiven. Auch die Beziehungen zwischen den Figuren werden wichtig.

2 SPRECHEN

Das Sprechen der Figuren auf der Bühne kann untersucht werden. Dabei wird man grundsätzlich unterscheiden zwischen Monolog (eine Figur spricht „zu sich selbst" und lässt teilhaben an ihren Gedanken und Planungen) und Dialog (zwei oder mehrere Figuren sprechen zueinander, setzen sich auseinander, legen dar usw.).

3 HANDLUNG

Besonders wichtig ist die Untersuchung der Handlung. Es lassen sich verschiedene Phasen unterscheiden:

→ Ausgangssituation (Exposition)
→ Handlungs-/Konfliktansatz
→ Handlungs-/Konfliktentwicklung
→ Verzögerungen (Retardierungen)
→ Handlungsumschwung (Peripetie)
→ Konfliktlösung

Ist ein Dramenausschnitt (Auftritt/Szene ...) zu untersuchen, wird zunächst nach dem Zusammenhang zu fragen sein, in dem der Ausschnitt steht. Dann ist zu untersuchen, was Neues gebracht wird, welche Veränderungen eintreten, was besonders hervorgehoben oder erläutert wird.

4.5 Gestaltendes Schreiben

Grundsätzliche Anforderungen

Kreative und offenere Schreibaufgaben spielen im Deutschunterricht der Oberstufe eine große Rolle, wenn sie auch für Abiturprüfungen nicht mehr als eigenständige Aufgaben vorgesehen sind. Allenfalls als Weiterführung einer begonnenen analytischen oder argumentierenden Aufgabe können sie noch vorkommen.
In diesem Sinne ergänzen die kreativen Aufgaben eine vorher geleistete Analyse oder unterstützen eine schriftlich ausgeführte Information, Erklärung oder Argumentation. Folgende Qualitäts- und Bewertungskriterien für kreative Aufgaben lassen sich benennen:

① Zunächst muss darauf geachtet werden, dass sich die Ausarbeitung angemessen und sachkompetent **auf den Ausgangstext bezieht** – man spricht von der **Adäquanz** des Schülertextes. Trotz seiner kreativen Offenheit muss der Text erkennen lassen, dass der Inhalt und die Absicht der Vorlage erkannt und verstanden wurden. Explizit wird dies deutlich durch konkrete Bezugnahmen, Anspielungen und Zitate, die angemessen integriert, kontextuiert oder kommentiert werden müssen.

Konsequent auf den Ausgangstext beziehen

② Ein weiteres wichtiges Qualitätskriterium ist die **Stimmigkeit** des gestalteten Textes – auch **Kohärenz** genannt. Das Geschriebene sollte als Ganzes lesbar sein und nicht etwa eine Aneinanderreihung von kreativ verpackten, poetisch oder umgangssprachlich formulierten Stellungnahmen zu einzelnen Textstellen der Vorlage sein. Der Text sollte ein sinnvolles Gesamtkonzept erkennen lassen (Komposition) und die Merkmale der gewählten Textsorte (z. B. Tagebucheintrag, Brief, Zeitungskommentar oder Leserbrief) konsequent beachten.

innere Stimmigkeit

Merkmale der gewählten Textsorte beachten

③ Eng damit verbunden ist auch die Wahl der richtigen **Stilebene**. Sowohl der Gesamtstil der Stellungnahme wie auch der gewählte Sprachstil im einzelnen (Wortwahl, Komplexität des Satzbaus, Niveau der Argumentation) sollten zur gewählten Textsorte, zur Position und Situation des Schreibers und zu den fiktiven Adressaten passen.

passender Sprachstil

④ Je nach Vorbereitung und Zielrichtung der formulierten Aufgabenstellung kann es auch wichtig sein, **literatur- und sozialgeschichtliche Informationen** bei der Ausgestaltung zu berücksichtigen und auf eine entsprechende Stimmigkeit zu achten. Grundsätzliche epochale Wertvorstellungen und Denkrichtungen sollten, vor allem wenn es um eine Stellungnahme innerhalb eines Konfliktes geht, erkennbar in die Ausführungen integriert werden.

auf Stimmigkeit (literaturgeschichtlich, sozialgeschichtlich) achten

anschauliche und lebendige Ausgestaltung

⑤ Ein wichtiges und besonderes Kriterium beim gestaltenden Erschließen von Texten ist auch das **Bemühen um Anschaulichkeit und Lebendigkeit der Ausgestaltung**. Hier kommt es in erster Linie darauf an, die Persönlichkeit und die Intention des Schreibenden, die Besonderheiten der vorgegebenen oder gewählten Schreibsituation und die Einstellungen gegenüber dem Leser bzw. die Erwartungen an diesen Leser zu berücksichtigen und in den Ausformulierungen umzusetzen. Möglichkeiten, eine gewisse Anschaulichkeit herzustellen, bieten sich auf der inhaltlichen wie auf der stilistischen Ebene.

Ideen, Pointen, Sprachspiele (Kreativität)

⑥ Im Blick auf die gesamte Schreibaufgabe wird letztlich auch die **Kreativität** eine Rolle bei der Beurteilung spielen. Da Kreativität selbstredend kaum angemessen bewertet werden kann, wird vor allem auf die Bemühungen um Kreativität geachtet werden. Über die Möglichkeiten, die bei den vorausgehenden Bewertungskriterien bereits angedeutet sind, wird man das Augenmerk hierbei auch auf besondere Ideen, pointierte Formulierungen, überraschende aber plausible Einfälle oder das Verwenden rhetorischer Mittel achten, die natürlich alle aufeinander abgestimmt werden müssen.

TIPP

Allgemeine Kriterien beim gestaltenden Erschließen

- Erkennbare und sachverständige Bezugnahme auf den Ausgangstext
- Stimmigkeit des gestalteten Texts insgesamt
- Stilistische Angemessenheit des gestalteten Texts
- Literatur- und sozialhistorische Stimmigkeit
- Anschaulichkeit und Lebendigkeit der Ausgestaltung
- Bemühen um Kreativität

Gestaltendes Erschließen literarischer Texte

Grundsätzliche Erwartungen

Besonderheiten des gestaltenden Erschließens

Mit den oben beschriebenen grundsätzlichen Erwartungen an die Aufgaben des gestaltenden Erschließens müssen bei der Erschließung literarischer Texte weitere Besonderheiten schwerpunktmäßig berücksichtigt werden. Das Entwickeln überraschender Einfälle und Pointen, das plastische, anschauliche und vor allem konsequente Beschreiben von Figuren, die überzeugende und begründete Darstellung von Handlungsweisen und Urteilen, das Aufgreifen von Motiven, die zur Vorlage passen sowie die stimmige Form und stilistische Angemessenheit bilden die Schwerpunkte einer Beurteilung entsprechender Aufgaben.

TIPP

Auch bei den Aufgaben zum gestaltenden Erschließen wird das Verständnis einer Textvorlage und die Kenntnis der dazugehörigen Rahmenbedingungen abgeprüft. Die Ausarbeitungen derartiger Aufgaben sollten erkennen lassen, dass du über die entsprechenden Kompetenzen verfügst.

Vorgehensweise

Vorüberlegungen und Vorbereitungen

Obwohl die Aufgaben zum gestaltende Erschließen dazu verlocken, der Kreativität freien Lauf zu lassen und ohne weitere Überlegungen mit der Ausformulierung zu beginnen, lohnen sich einige Voräberlegungen und Vorbereitungen. Folgende Fragen können bei der gründlichen Vorbereitung behilflich sein. Manches wird sich aus der Textvorlage oder dem besprochenen Kontext ableiten lassen, einzelne Aspekte müssen vielleicht fantasievoll selbst konstruiert werden.

- Aus wessen Perspektive soll geschrieben werden?
- In welcher Situation und Stimmung befindet sich diese Figur zum Zeitpunkt des Schreibens?
- An wen soll das Schreiben gerichtet sein?
- In welchem Verhältnis stehen Schreiber/in und Leser/in zueinander und wie offen verhält sich der Schreibende gegenüber dem Adressaten?
- Welches Thema und welcher Konflikt müssen angesprochen werden und wie sind die Positionen von Schreiber/in und Adressaten zu diesen?
- Welche Sprachstufe verwendet der Schreibende möglicherweise in der vorgegebenen Schreibsituation und wie könnte sich diese – etwa in der Wortwahl und im Satzbau – konkretisieren?

Thematische Vorbereitung

Ideen sammeln und sortieren

Ähnlich der **Stoffsammlung** bei der Vorbereitung einer Erörterung lohnt es sich beim gestaltenden Schreiben, wichtige Gedanken und Ideen zu sammeln und zu sortieren. Überlegt und notiert werden können zum Beispiel Antworten zu folgenden Fragen:

- Welche Positionen und Gedanken sollen aus der Sicht der vorgegebenen oder ausgewählten Figur geäußert werden?
- Welche Argumente für die geäußerten Positionen ergeben sich aufgrund von Erfahrungen, welche die Figur innerhalb des Werks macht oder anspricht?
- Mit welchen Einwänden seitens des Adressaten wird die sprechende Figur rechnen müssen?
- Auf welche Aussagen, Situationen und Figuren des vorgegebenen Textes könnte aus der Sicht der sprechenden Figur eingegangen werden?

Die Gliederung des Textes ergibt sich sicherlich aufgrund der Textsorte, welche dem Schreibauftrag zugrunde liegt. Je nachdem, ob ein Brief, ein Zeitungsbericht, ein Tagebucheintrag oder Ähnliches verfasst werden soll, wird die Gliederung die entsprechenden Textsortenmerkmale berücksichtigen müssen.

Ausführungen

Tipps für die Ausformulierung

Die Ausführung integriert nun die gesammelten Vorbereitungen in einen zusammenhängenden Text. Neben allen offenen und kreativ gestalteten Ideen, sollten die folgenden Kriterien berücksichtigt werden:

- Regelmäßige **Bezugnahmen zum vorgegeben Text** verdeutlichen, dass dieser verstanden und in die Ausführungen einbezogen wurde.
- Das Schildern von Positionen und innerer Handlung zeigt, dass der Charakter der Figur verstanden wurde.
- Meinungsäußerungen und direkte **Anreden der Adressatenperson** zeigen darüber hinaus, dass das Verhältnis zur Adressatengruppe bzw. -person verstanden wurden.
- **Anspielungen auf andere Textstellen des Gesamtwerks** belegen die Textkompetenz des Verfassers und unterstützen eine ausführlichere Darstellung.
- **Anspielungen auf epochale und zeittypische Denkrichtungen** und Wertvorstellungen stellen eine weitere Möglichkeit zur Ausweitung der Darstellung dar und belegen die literaturgeschichtliche Kompetenz des Verfassers.
- Eine **klare Struktur des Textes** in Orientierung an der gewählten oder vorgegebenen Textsorte erleichtern das Lesen, zeigen Schreibkompetenz und belegen, dass eine gründliche vorbereitende Interpretationsleistung stattgefunden hat.

BEISPIEL

Verfassen Sie einen Tagebucheintrag, in dem sich Klara nach dem Selbstmord Nathanaels zu ihrer Rolle in der Beziehung äußert.

Es ist schon lange her, dass ich das letzte Mal geschrieben habe. Es ist halt zu viel geschehen in der letzten Zeit. Und ich weiß nicht, ob ich nicht doch einiges falsch gemacht habe.
Nathanael, mein Liebster, mein Verlobter, ist tot. Gestern hat er sich vom Turm des Rathauses gestürzt. Vorher aber wollte er mich da runter werfen. Warum nur? Zum Glück war Lothar da und hat mich gerettet. Warum hat er sich nicht auch noch mehr um seinen Freund Nathanael gekümmert?
Es ist einfach schrecklich! Wie eine Furie tobte Nathanael auf dem Rathausturm. Alles sprach dafür, dass er nun doch wahnsinnig geworden war. Ich dachte ja immer, wenn Nathanael von den dunklen Kräften, vom Bösen sprach, das sei nichts anderes als eine Spinnerei von ihm. War es nun aber doch etwas anderes,

>>

>> **BEISPIEL**

eine böse Macht, die von ihm Besitz ergriffen hat? Früher war doch alles anders, alles einfach, alles schön.
Meine und Lothars Eltern waren damals gestorben und dann nahm uns Nathanaels Mutter bei sich auf, versorgte uns mit Kleidung und wurde unsere Ersatzmutter. Natürlich kam ich so täglich mit Nathanael zusammen. Was haben wir nicht alles zusammen unternommen. Wir hatten uns mit der Zeit richtig lieb gewonnen. Und dann kam dieser Brief, in dem er von einem Coppelius berichtete, an den er erinnert worden war. Dieser Coppelius war für ihn der bösen Sandmann seiner Kindheit schlechthin.
Ich habe doch versucht, Nathanael klarzumachen, dass dieser Coppelius ihm heute nicht mehr schaden kann. Es ließ sich doch alles vernünftig erklären. Oder habe ich meinem Verstand zu viel zugetraut? Ich liebte meinen Nathanael und hoffte, wir würden beide ganz schnell über dieses Sandmann-Problem hinwegkommen. Und als er mir dann den Heiratsantrag machte, sagte ich natürlich „Ja“! Ich war so glücklich.
Auch jetzt, während ich diese Worte niederschreibe, muss ich lächeln. Erschreckend, oder nicht? Aber ich komme auch schnell wieder ins Grübeln, bei aller Trauer, warum hat sich Nathanael nichts sagen lassen?
Oder lag doch einiges an mir? Ich hätte vielleicht doch etwas intensiver zuhören sollen, als er zu mir kam und begann, Geschichten zu erfinden und zu erzählen von allen möglichen Dingen. Warum habe ich ihm nicht besser zugehört, warum zeigte ich mich gelangweilt? Erst liebte ich ja seine Geschichten von fliegenden Menschen und sprechenden Tieren, dann aber bekam ich Angst. Die Geschichten wurden immer düsterer, und wenn ich ehrlich bin, wurden sie mir auch immer langweiliger. Es war zwar immer wieder von Blut und von Monstern die Rede, Tod und Wahnsinn spielten eine Rolle, aber ich konnte nicht einsehen, was das mit uns, mit mir, mit meinem Nathanael zu tun haben sollte.
Er las mir seine Geschichten immer wieder vor, und was mich am meisten dabei erschreckte, war der Ausdruck in seinem Gesicht, ganz besonders seine Augen, machte mir Angst. Natürlich habe ich Nathanael von meinen Ängsten erzählt, habe ihm gesagt, dass er mir Angst macht und ich mir wünsche, dass er aufhört, dass er wieder helle und freundliche Geschichten schreibt soll. Warum wurde er dann so schroff?
Ich konnte an seinen Geschichten keinen Gefallen mehr finden, irgendwie empfand ich die Gefahr, die sie mit sich brachten, und nur deshalb bat ich ihn, diese Geschichten ins Feuer zu werfen. Ich verstehe noch heute nicht, warum mir Nathanael hier den Vorwurf machte, ich sei gefühllos. [...]
Autorin: Janina Steinbach

Gestaltendes Erschließen pragmatischer Texte

Ausgangstext analysieren

Auch das gestaltende Erschließen eines pragmatischen Textes dient der tiefergehenden Auseinandersetzung mit einer Textvorlage, die zuvor gründlich analysiert werden muss. Gegenstand der Auseinandersetzung wird in der Regel ein anspruchsvoller argumentativer Text sein, der Gestaltungsauftrag wird sich auf eine vorgegebene Kommunikationssituation oder einen bestimmten Verwendungszweck beziehen.

Textsorten, die sich bei einer solchen Aufgabenstellung anbieten, sind Redeteile, Debattenbeiträge, Briefe, Kommentare, Essays, die ihrerseits ein argumentatives Schreiben erlauben oder sogar verlangen.

Spezifische Kriterien, die bei der Beurteilung einer Aufgabe zum gestaltenden Erschließen eines Sachtextes eine Rolle spielen, sind

- Wurden der **Inhalt und die Argumentation des Vorlagentextes** richtig verstanden?
- Zeigt die eigene Ausgestaltung eine **sachgerechte und kompetente inhaltliche Bezugnahme** und Schwerpunktsetzung?
- Ist die eigene Meinung **plausibel, sach- und textsortengemäß** formuliert?
- Stimmt die **Argumentationsstruktur** des eigenen Textes?
- Sind die vorgegebene **Kommunikationssituation** und die potentielle Zielgruppe des neuen Textes ausreichend berücksichtigt?
- Passt die sprachliche Ausgestaltung zur Kommunikationssituation und zur **Textsorte**?

Vorbereitung

Hilfragen bei der Analyse

Einen wesentlichen Schritt zur Vorbereitung der gestaltenden Ausformulierung wird man bereits durch die gründliche Textanalyse – wie sie sicherlich von einer der vorausgehenden Aufgaben erwartet wird, geleistet haben. Bevor mit der eigenen Stellungnahme begonnen wird, ist es wichtig, sich über folgende Fragen im Klaren zu sein:

- Welche Position und Intention enthält der Vorlagentext insgesamt und welche Einstellung und Bewertung sollen durch den neuen Text zum Ausdruck kommen? Neben der persönlichen Einstellung des Verfassers des neuen Textes sollten hier auch die vermuteten Einstellungen der potentiellen Zielgruppe berücksichtigt werden.
- Welche Thesen, Argumente und Beispiele führt der Vorlagentext im einzelnen auf und wie sollen diese im neuen Text bewertet werden?

Hat man diese Fragen beantwortet, sollte entsprechend der vorgegebenen Textsorte ein **Konzept zur Gliederung** des neuen Textes vorbereitet werden. Da es sich bei dem neuen Text mit großer Wahrscheinlichkeit auch um einen argumentativen Text handeln wird, sollten sich die Ausführungen im Wesentlichen am Aufbau einer Erörterung orientieren.

MÖGLICHER AUFBAU DES ERÖRTERNDEN HAUPTTEILS

- Aufgreifen der Gesamtaussage des Vorlagentextes und Formulieren einer Gesamtposition, die sowohl die eigene Meinung als auch die der potentiellen Adressaten berücksichtigt.
- Schrittweises Aufgreifen derjenigen Argumente des Vorlagentextes, die der intendierten Position des neuen Textes widersprechen, samt deren Entkräftung.
- Argumentatives und rhetorisches Ausarbeiten der eigenen Positionen unter Berücksichtigung der Positionen im Vorlagentext.

Ausführungen

Tipps für die Ausformulierung

Die Ausformulierung fasst die gründlichen Vorbereitungen zusammen. Neben den inhaltlichen und gliedernden Aspekten, die bereits beachtet wurden, sollten folgende Kriterien berücksichtigt werden:

- Der Gesamtaufbau und die Sprache des neuen Textes sollten der vorgegebenen Kommunikationssituation und der Textsorte entsprechen.
- Das Verwenden typischer Phrasen, die zu der jeweiligen Textsorte passen und das Einbeziehen der Adressaten – etwa durch Anreden – verleihen dem Text größere Anschaulichkeit und verbessern den Eindruck.
- Regelmäßige Bezugnahmen auf den Vorlagentext belegen die gründliche Textarbeit in der Vorbereitungsphase.

4.5 Gestaltendes Schreiben

HILFSFRAGEN BEI DER VORBEREITUNG (LITERARISCHE TEXTE)

- → Welche Positionen und Gedanken sollen aus wessen Sicht geäußert werden?
- → Welche Argumente ergeben sich dieser Position aus dem Text?
- → Mit welchen Einwänden seitens des Adressaten ist zu rechnen?
- → Auf welche Textstellen könnte eingegangen werden?

QUALITÄTSKRITERIEN DER AUSFÜHRUNG (LITERARISCHE TEXTE)

- → Bezugnahme zum Vorlagentext wird deutlich
- → Anrede des Adressaten erfolgt
- → Auf weitere Textstellen wird angespielt
- → Epochentypische Denkrichtungen werden deutlich
- → Text hat eine klare Struktur

HILFSFRAGEN BEI DER VORBEREITUNG (PRAGMATISCHE TEXTE)

- → Welche grundsätzliche Position vertritt der Vorlagentext? Welche Position sollen im neuen Text deutlich werden?
- → Welche einzelnen Argumente enthält der Vorlagentext? Welche Rolle spielen diese im neuen Text?

QUALITÄTSKRITERIEN DER AUSFÜHRUNG (PRAGMATISCHE TEXTE)

- → Aufbau und Sprache passen zur Kommunikationssituation
- → typische Phrasen werden verwendet, der Adressat wird angesprochen
- → auf den Vorlagentext wird Bezug genommen

Analyse pragmatischer Texte

5

Sachtexte lesen und verstehen zu können, ist eine Fähigkeit, die weit über den Deutschunterricht hinaus relevant ist. Das Kapitel blickt auf verschiedene Textsorten und Textabsichten und stellt praktikable Vorgehensweisen zur genaueren Auseinandersetzung mit „nicht-literarischen Texten“ vor. Hinweise zur Beschreibung und Analyse von Filmen ergänzen das Kapitel.

5.1 Grundsätzliches

Wenn es um die Untersuchung von Texten geht, die nicht der Gattung „Literatur“ im engeren Sinne zugerechnet werden, spricht man gelegentlich auch von „**Textinterpretation**“. Damit meint man allerdings etwas anderes als das, was zu tun ist, wenn es sich um literarische Texte handelt. Genauer gesagt: Bei nichtliterarischen Texten geht es darum, den Textinhalt zu erfassen, ihn zu erläutern und sich gegebenenfalls mit ihm auseinanderzusetzen. Will man bestimmen, welche Texte hierher gehören, so wird man zweckmäßigerweise vom Bühler'schen Organon-Modell (→ Seite 147) ausgehen. Dieses Modell wird etwas erweitert und so kommt man zu mindestens vier Gruppen von Texten, denen allen eines gemeinsam ist: Ihr „Redegegenstand“ besteht auch ohne diese Texte (während bei fiktional-literarischen Texten der Redegegenstand erst durch den Text entsteht, sozusagen erfunden wird).

Textarten, die hierher gehören

Die verschiedenen Textgruppen, die hierher gehören, lassen sich etwa folgendermaßen beschreiben:

informierende Texte

Bei der **ersten Gruppe** richtet sich das Interesse der sprechenden/schreibenden Person wie auch der lesenden/hörenden Person ausschließlich auf die zu übermittelnde, die darzustellende „Sache“, den Sachverhalt, das Geschehen. Im **Mittelpunkt also steht der Redegegenstand** selbst. Sachlogische Zusammenhänge werden besonders wichtig.
Entsprechend wird man bei der Beschreibung des Textes genau auf diese sachlogischen Zusammenhänge zu achten haben, aber auch auf die Begriffe, die die „Sache“ zu erfassen suchen.

Eine **zweite Gruppe** von Texten lässt sich dadurch näher bestimmen, dass es in ihnen weniger um die einfache Vermittlung von Informationen geht, als vielmehr um die **Auseinandersetzung der sprechenden/schreibenden Person mit einem Gegenstand**, einem Problem, einem Sachverhalt. Der Leser wird in diese Auseinandersetzung gleichsam „hineingezogen“, er ist eingeladen, sie mitzuverfolgen. Texte, die hierher gehören, sind etwa die Formen des diskursiven Erörterns, des Klärens, der Auseinandersetzung.

erörternde Texte

Entsprechend wird man bei der Beschreibung auf die Präzision und Differenziertheit der Aussagen achten, aber auch auf die verschiedenen Abstraktionsgrade der Begriffe. Vor allem wird man auch auf die Argumentationsabfolge achten und dabei die komplexen grammatischen Strukturen, die inhaltliche Zusammenhänge darstellen, genauer untersuchen.

appellierende Texte

Bei einer **dritten Gruppe** von Texten geht es weniger darum, einen Redegegenstand darzustellen (bei solchen Texten gibt es zwar Redegegenstände, diese spielen aber eine „dienende Rolle“). Die Texte lassen sich kennzeichnen als solche, die eine ganz bestimmt Aufgabe haben, nämlich die Hörenden/Lesenden zu veranlassen, im Sinne des Sprechers ihre **Haltung zu verändern** bzw. beizubehalten, sich also den Intentionen des Sprechers zu unterwerfen.

Will man diese Texte untersuchen, so wird man darauf achten, welche Strategien angewandt werden, um die Rezipientinnen und Rezipienten zur Verhaltensänderung zu bewegen, ihn zu beeinflussen. Natürlich werden die Sprecher/innen oder Schreiber/innen die Erwartungen seiner künftigen Empfängerinnen und Empfänger berücksichtigen und in ihre Strategien einbeziehen. Auch das muss beschrieben werden. Bei Texten dieser Art – man spricht von **appellierenden Texten** – ist es nicht immer leicht, schon an der Textoberfläche Textmerkmale auszumachen, die auf den appellierenden Charakter schließen lassen.

In aller Regel wird man gerade bei der Beschreibung und Erläuterung solcher Texte auf die konkrete Verwendungssituation zu achten haben und von ihr her die einzelnen Textstrategien genauer bestimmen. So wird es dann möglich, auch Texte mit auf den ersten Blick poetischem Charakter im Sinne einer bestimmten Intention in konkreten Kommunikationssituationen als appellierende Texte zu erkennen.

verpflichtende Texte

Eine **weitere Gruppe** von Texten lässt sich bestimmen als eine Gruppe, die **menschliches Handeln vorschreibt, festlegt bzw. vereinbart und normiert**. Zwar entstehen auch bei solchen Texten die „Redegegenstände“ (eben die Verhaltensnorm) erst durch die jeweils vereinbarten Texte, sie ist aber auch ohne diese Texte denkbar. Als Autoren solcher Texte können Einzelne, aber auch Gruppen auftreten, die Normen für Verhaltensregeln, Verträge, Gesetze vereinbaren.

Werden solche Texte untersucht und beschrieben, so ist darauf zu achten, ob die Normierung eindeutig ist, ob Begriffe, aber auch weiterführende Klärungen für solche Eindeutigkeit sorgen. Zwar können die Texte auf die Darstellung begründender Zusammenhänge verzichten (Handeln wird festgelegt und nicht begründet), aber sie müssen Sprachmuster enthalten, die gegebenenfalls potenzielles Fehlverhalten und damit auch Sanktionen vorsehen.

Vorgehensweise

Werden Texte, die einer der jetzt genannten Gruppen zugehören, zur „Interpretation" – wir sprechen besser von „Erläuterung und Auseinandersetzung" bzw. von „Texterörterung" – vorgelegt, so wird es nötig, zunächst einmal das Thema genauer zu bestimmen. So wird man zunächst die Frage formulieren, der sich der Text stellt, und dann die vom Text gegebene Antwort in Worte fassen. Natürlich wird man auch die Gedankengänge, die der Text in Gang setzt und darstellt, die Abfolge der einzelnen Teilthemen und Argumente vorzustellen haben, ehe man sich der Lösung, die der Text anbietet, zuwendet.
Auf jeden Fall wird man auch die Kommunikationssituation, aus der heraus der Text zu verstehen ist (damit kann auch die geistesgeschichtliche Situation, in der der Text entworfen wurde, gemeint sein!), gegebenenfalls ins Auge fassen und in die Erörterung mit einbeziehen.
Damit ergibt sich für alle hier infrage stehenden Texte ein Dreischritt, den wir mit den Begriffen „Texterfassen/Textwiedergabe", „Textklärung/Textbeschreibung" und „Auseinandersetzung/Texterörterung" benennen können.

drei Schritte der Textanalyse

Die Schritte lassen sich im Detail auf alle Textarten bezogen folgendermaßen darstellen:

① Texterfassen/Textwiedergabe

Der Text stellt ein komplexes Gebilde aus Gedankengängen, Einzeldarstellungen, Einzelthemen usw. dar. Dennoch sollte es möglich sein, ihn zusammenzuziehen und in seiner Gesamtaussage als eine Antwort auf eine Frage zu formulieren. Um so weit zu kommen, wird es notwendig, zunächst die unbekannten Wörter und Begriffe zu klären. Hierfür bieten sich die Verfahren der Ersatzprobe, aber auch der kontextabhängigen Klärung an. Dann sollte man schwierige Sätze und Zusammenhänge (wenn nicht gar den gesamten Text) in Form einer Paraphrase umsetzen in die eigene Sprache. Hat man den Text so umgesetzt, so empfiehlt es sich, einzelne Sinnabschnitte zu identifizieren und diese Sinnabschnitte wiederum zusammenzuziehen, ehe man schließlich den Text in einem Satz zusammenfasst.

Hauptaussagen zusammenfassen

TIPP

Bei der Formulierung der „Grundaussage“ des Textes solltest du allerdings sprachlich zurückhaltend verfahren und die vorläufig identifizierte Grundaussage als „Hypothese“ formulieren.

② **Texterklärung/Textbeschreibung**

Bei der Beschreibung der wichtigsten Textphänomene wird man je nach Textart bestimmte Schwerpunkte setzen. Allerdings gilt für alle Texte, dass zunächst der **thematische Aufbau**, der Gedankengang bzw. die Argumentationsstruktur beschrieben wird. Dabei geht man am besten wie folgt vor:

Inhalt und Funktion der Textabschnitte

Man fixiert die einzelnen Sinnabschnitte und fasst deren Inhalte knapp in einem Satz zusammen. Dann untersucht man die funktionalen Zusammenhänge zwischen den einzelnen Abschnitten und benennt diese Funktion im Rahmen einer Argumentation (dabei kann es z. B. um These, Beispiel, Argument, Erläuterung, Vermutung usw. gehen).

Aufbau und Struktur

Nun wird man die Abfolge der einzelnen Gedanken genauer ins Auge fassen und beschreiben. Man wird dabei zu fragen haben:

- Welche Beziehungen bestehen zwischen den einzelnen gedanklichen Schritten? (Wird etwa ein Gedanke weitergeführt, erweitert, ergänzt, konkretisiert? Wird ein Gegengedanke angedeutet? Zeichnet sich eine Vermutung ab?)
- Schließlich wird man auch den Zielpunkt des Gedankengangs genauer fixieren und feststellen müssen, wohin die Überlegung führt, worin sie gipfelt. Meist geht es dabei um die Formulierung eines Fazits, einer Forderung usw.

TIPP

- Formuliere zu jedem der Abschnitte einen Satz.
- Überlege: Welche Aufgabe hat der einzelne Abschnitt im Gesamtzusammenhang?
- Achte auf die logischen oder inhaltlichen Verknüpfungen zwischen den Abschnitten.
- Beschreibe im Überblick das argumentative Verfahren.

Viele der für diesen Aufgabentyp infrage kommenden Texte zeichnen sich durch sprachliche Besonderheiten aus. So gibt es etwa appellierende Texte, in denen sich besondere rhetorische Mittel häufen; in anderen Texten herrscht strikte Logik und logische Operatoren werden gezielt eingesetzt. Das bedeutet: Bei der Beschreibung der sprachlichen Besonderheiten wird man je nach Texttyp auf bestimmte Aspekte besonderen Wert legen.

Insgesamt aber wird man sagen können:

- Beachte die **Sprachebene**. (Das heißt: Frage nach den Bereichen, denen die Wortwahl sich zuwendet. Frage nach den Satzbauplänen. Frage nach Zusammenhängen zwischen Sprache und Sache. Greift die Sprache zu hoch oder zu tief?)
- Beachte die **Wortwahl** und frage nach den Aufgaben der ausgewählten Wörter. (Beschreiben oder bewerten die Wörter den Sachverhalt? Geben sie Anweisungen oder regen sie zum Nachdenken an? Handelt es sich um Fachbegriffe, werden diese richtig verwendet oder wird Fachwissen vorgetäuscht? ...)

Bei der Untersuchung der **grammatischen Ebene** wird man vor allem die Satzarten genauer untersuchen. Noch wichtiger aber ist es, die Komplexität der Sätze zu beachten und komplexe Satzstrukturen aufzulösen, ohne dass Satz- und Textlogik verloren gehen. Dazu wird man grammatische Größen wie Hauptsatz-Hauptsatz-Verbindungen, Hauptsatz-Nebensatz-Verbindungen usw. genauer untersuchen. In bestimmten Fällen wird es sich lohnen, die **rhetorischen Mittel** im engeren Sinn genauer zu untersuchen.

③ Auseinandersetzung/Texterörterung

Der dritte Großschritt setzt sich mit dem Text und seiner Grundaussage, aber auch mit den Teilaussagen auseinander.
Dazu wird es notwendig, den Text unter Umständen in seinem ursprünglichen Kontext zu situieren und die Frage nach ursprünglicher Autorintention und Textwirkung ins Auge zu fassen.

Bei allen Texten wird man nach dem Verhältnis zwischen dem Text und der „Sache“, die er zur Sprache bringt, zu fragen haben, genauer: Man wird klären müssen, ob der Text seinem „Sachanspruch“ gerecht wird, ob er „Klarheit“ schafft oder eher verwirrt, ob er darlegt oder verschleiert usw. *Sachanspruch*

Darüber hinaus wird man untersuchen müssen, ob der Text in der Lage ist, entsprechend seiner aus der ursprünglichen Kommunikationssituation ableitbaren Intention die Erwartungen zu erfüllen (also etwa angemessen zu informieren, themengerecht zu klären usw.). *Angemessenheit prüfen*

Letztlich wird man mit einer Auseinandersetzung bei der zentralen Textaussage ansetzen. Hier gilt es, die tragenden Gedanken des Textes zu fixieren und zu würdigen. Gegebenenfalls wird man nun mit einer eigenen Argumentation einsetzen. Am Ende sollte es immer zu einem „Fazit“ kommen, das heißt: Eine Würdigung des Textes und eine eigene Stellungnahme sollten die Ausführungen abschließen. *Stellung nehmen* *Würdigen*

5.1 Grundsätzliches zur Analyse pragmatischer Texte

TEXTSORTEN UND TEXTABSICHTEN

Funktion des Textes	Sprachhandlungen	Beispiele
informierende Texte (Funktion: Information)	informieren, mitteilen, melden, benachrichtigen ...	Meldung, Bericht, Reportage
erörternde Texte (Funktion: Erörterung)	sich auseinandersetzen mit, erörtern, einer Frage nachgehen ...	Erörterung, Kommentar, Essay
appellierende Texte (Funktion: Appell)	auffordern, anordnen, befehlen, beantragen, verlangen	Anleitungstexte, Werbetexte
verpflichtende Texte (Funktion: Obligation)	versprechen, sich verpflichten, schwören, sich bereit erklären	Diensteid, Vertrag

TEILSCHRITTE DER TEXTANALYSE

① Texterfassen/ Textwiedergabe	Die Grundaussage und die Absicht des Textes werden benannt. Die zentralen Thesen werden zusammenfassend aufgezählt.
② Texterklärung/Text-beschreibung	Aufbau und Struktur des Textes werden beschrieben. Hilfsfragen können sein: → Womit beginnt der Text, womit endet er? → Wie sind die Thesen innerhalb des Hauptteils angeordnet? Wird mit der überzeugendsten begonnen oder steht diese am Schluss?
③ Auseinandersetzung/ Texterörterung	→ Hier wird die Textfunktion nun genauer bestimmt. Die Zuordnung wird am Text belegt. → Der Kontext wird hergestellt. → Qualität und Umfang des Mitgeteilten werden beschrieben. → Auf sprachliche Mittel und ihre Wirkung kann eingegangen werden. → Am Schluss wird ein Fazit oder eine Stellungnahme formuliert.

5.2 Analyse von theoretischen oder philosophischen Texten

Intentionen/Themen der Texte

Im Zentrum der hier zu behandelnden Texte steht in der Regel ein Grundgedanke, eine Idee, eine These. Der Text artikuliert diesen seinen „Redegegenstand“ und entfaltet ihn. Meist geht er dabei argumentativ erklärend vor.

Will man einen solchen Text bearbeiten, so wird man zunächst versuchen müssen, diese Thematik, das Grundproblem, um das sich der Text kümmert, genauer zu fassen. Dafür bieten sich verschiedene Wege an.

Die Überschrift des Textes

Die meisten Texte haben eine Überschrift, ein Thema. Die Überschrift kann – bei kurzen Texten ist das in der Regel so – vom Autor des Textes formuliert sein. Oft haben wir es aber mit Textausschnitten zu tun, die aus größeren Zusammenhängen entnommen sind. In solchen Fällen wurden die Überschriften oft erst später gebildet. Dennoch können wir davon ausgehen, dass sie wichtige Hinweise auf das Problem enthalten, um das es im Text geht. Allerdings: Darauf verlassen sollte man sich nicht in jedem Fall. Deshalb wird man einen zweiten Weg nicht ganz vernachlässigen.

Erfassen des Grundproblems

Hinweise im Text

Ein Text, der sich mit einem Problem auseinandersetzt, formuliert dieses Problem gewöhnlich auch aus. Diese Formulierung kann direkt oder indirekt erfolgen. Das Problem kann z. B. direkt benannt werden, es kann aber auch in einer Frage versteckt sein. Es kann in einem Bild, in einem Beispielfall, in einer Parabel, einer Beispielerzählung, einer Fabel usw. zum Ausdruck gebracht sein.
Immer aber gibt es sprachliche Hinweise darauf, dass wir es mit dem zentralen Textproblem zu tun haben. Solche sprachlichen Signale sollte man suchen und dann das jeweilige Textumfeld genauer ansehen. Formulierungen in diesem Sinn könnten sein:

Texthinweise nutzen

- „… damit sind wir beim Kern des Problems …“,
- „… ich beschäftige mich hier vor allem mit …“,
- „… im Grunde geht es doch um …“,
- „Das folgende Beispiel sagt mehr als alle theoretischen Überlegungen …“,
- „Nichts könnte unser Problem besser veranschaulichen als dies die Fabel vom … tut“.

Gemeint sind also all jene Stellen, an denen die Autorin oder der Autor das eigene Sprechen bzw. Zielsetzungen thematisiert. Man wird diese Stellen markieren und zusammentragen, um dann von ihnen ausgehend die zentrale Frage zu formulieren, die der Text zu beantworten sucht.

Beachtung des Kontextes

Kontext heranziehen

Ein Text steht immer in „Zusammenhängen“. Er stellt einen Ausschnitt dar, ist aus einem Anlass geschrieben, irgendwo veröffentlicht. Oft kann man aus solchen Zusammenhängen wichtige Schlüsse ziehen hinsichtlich der zentralen Problematik des Textes.

- Handelt es sich z. B. um einen Textauszug in einem Buch, so könnte der Buchtitel wichtige Rückschlüsse auf den thematischen Gesamtrahmen zulassen, innerhalb dessen der Text zu sehen ist.
- Auch Textsammlungen erscheinen oft unter einem Sammeltitel, der vielleicht Aufschluss über Leitlinien gibt. Deshalb sollte man unbedingt auch die bibliografischen Angaben am Ende des Textes beachten.
- Übrigens: Auch das Erscheinungsjahr eines Textes kann wichtig sein.

Schritte hin zum Verstehen

Paraphrasieren

Paraphrasieren, um das Verstehen zu überprüfen

Eine wichtige Technik, den Text zu verstehen, stellt die **Paraphrase** dar. Man gibt Satz für Satz, Aussage für Aussage in eigenen Worten wieder. Dabei wird man vor allem lange Sätze in kürzere Einheiten umwandeln. Bei einer solchen Umwandlung muss man allerdings darauf achten, dass die logischen Beziehungen nicht verloren gehen.

Untersuchung des Textaufbaus

Text in Sinnabschnitte gliedern

Der Gesamtsinn eines Textes setzt sich aus verschiedenen Sinnteilen zusammen. Deshalb wird man diese einzelnen Teile zunächst identifizieren.

- Dazu wird man den Text in Sinnabschnitte gliedern und die Informationen eines jeden Abschnitts in einem Satz zusammenfassen.
- Anschließend untersucht man, welche Aufgabe der gerade betrachtete Abschnitt im Textganzen hat (handelt es sich um eine These, eine Annahme, eine Vermutung, ein Argument, ein Beispiel, eine Schlussfolgerung, eine Weiterführung, eine Forderung, einen Vergleich usw.?).

Die **Textstruktur** erfasst man am besten dadurch, dass man:

- die zentrale Aussage, den Kern des Textes fixiert,
- bei den übrigen Teilen nach der funktionalen Beziehung zu diesem Kern fragt (geht es um Erklärung, Stützung, weiterführende Information?),

- die logischen Verknüpfungen (Konjunktionen, Satzteile, Sätze, satzverbindende Adverbien usw.) zwischen den einzelnen Aussagen genauer untersucht (so wird die Funktion des einzelnen Abschnitts deutlich),
- die Angaben zur Modalität genauer beachtet (also die Modalverben, die Modi der Verben usw. untersucht; so könnte z. B. der Konjunktiv den Entwurf eines Denkmodells signalisieren).

Die Logik eines Textes spielt eine ganz besondere Rolle. Sie muss daher auch genauer nachvollzogen werden. Das heißt:

logische Zusammenhänge beachten

- Du solltest die Abfolge der Argumente untersuchen.
- Du solltest die logischen Zusammenhänge zwischen den einzelnen Aussagen beschreiben.

Bei der Beschreibung solcher Funktionen wirst du auf metasprachliche Wendungen zugreifen, die das Tun des Autors benennen (… der Autor belegt sein Argument …, der Autor kommt zur Schlussfolgerung …, der Autor wagt hier die These …).

Begriffsarbeit

Theoretische Texte sind darauf angewiesen, ihre zentralen Redegegenstände begrifflich zu fassen. Diese Begriffe müssen, will man einen Text verstehen, erfasst und geklärt sein.

Begriffe und Begriffszusammenhänge

- Oft kann man dabei auf den Text selbst zurückgreifen. Er definiert seine Begriffe, gegebenenfalls erläutert er sie.
- Die Definitionen wird man dann nachzeichnen und erläutern.
- Schließlich wird zu fragen sein: Was leistet der Begriff bzw. das vom Begriff Benannte? Wenn Sie die Frage beantworten, denken Sie erst einmal vom Text aus, um dann bei Bedarf eigene Erfahrungen (auch: eigene Sprachkompetenz!) in die Überlegungen einzubeziehen.

TIPP

So näherst du dich der **Begrifflichkeit** des Textes an:

- Markiere die zentralen Begriffe und schreibe sie heraus.
- Notiere zu diesen Begriffen die Bedeutung in der „Normalsprache“, sofern dir solche Bedeutungen geläufig sind.
- Notiere die im Text vorhandenen Definitionen und Begriffserklärungen. (Diese können unter Umständen versteckt sein oder müssen aus negativen Nennungen erschlossen werden „Realismus heißt nicht …“).
- Vielleicht stellst du fest, dass Bedeutungen als bekannt vorausgesetzt werden oder dass ein Verweis auf das „allgemein Übliche“ eine Erklärung ersetzt. Dann hast du zu fragen: Was ist nun „allgemein üblich“?

das Begriffssystem klären

Kläre das „**Begriffssystem**“ eines Textes, indem du feststellst:

- Gibt es Gegenbegriffe?
- Gibt es Nachbarbegriffe?
- Gibt es Überordnungen, Unterordnungen, Zuordnungen?
- Gibt es logische Zusammenhänge (führt zu …) zwischen den Begriffen?

Da du in der Prüfungssituation kaum die Gelegenheit haben wirst, auf ein Lexikon zuzugreifen, bleibt dir für die Erläuterung eines Begriffes nur drei Verfahren:

- Einmal die kontextabhängige Klärung (du musst im Rahmen des Textes klären, was der Begriff bedeutet). Dazu solltest du die Hinweise beachten, die der Autor dir gibt.
- Dann aber solltest du die konkrete Begriffsverwendung genauer untersuchen und gegebenenfalls versuchen, Ersatzbegriffe einzusetzen, um den ins Auge zu fassenden Begriff etwas deutlicher abzuklären.
- Schließlich wirst du auch die Begriffe im Umfeld des Textes heranziehen.

Bilder, Geschichten und Beispiele

im Text enthaltene Verstehenshilfen nutzen und analysieren

Viele philosophische Texte arbeiten nicht nur mit Begriffen, Definitionen und Erläuterungen, sondern sie versuchen das, was sie mitteilen wollen, auch „ins Bild zu setzen“, den Leserinnen und Lesern ihr Anliegen zu verdeutlichen anhand von Beispielen, Beispielerzählungen, Geschehnissen, die konstruiert werden, von Bildern und dergleichen mehr. In solchen Fällen ist es notwendig, die Beispiele im weitesten Sinn zu untersuchen.

- Dabei wird man zunächst beschreiben, was das Beispiel konstituiert,
- welche Elemente festzustellen sind und
- wie diese Elemente zusammenhängen.
- Man wird dann aber vor allem nach dem Vergleichsmoment, dem „Tertium comparationis“ zu fragen haben, um festzustellen, was Bild- und Sachhälfte gemeinsam haben.
- Schließlich wird man noch fragen müssen, was nun das Beispiel besonders deutlich profiliert, betont, hervorhebt.

Wie geht man mit einer Beispielerzählung, einer Parabel, einem Gleichnis um? Zunächst wird man die Handlung, das Geschehen in den Blick nehmen:

- Wer oder was ist beteiligt?
- Was beginnt wie?
- Was läuft ab?
- Wie gestaltet sich der Ablauf?
- Wie sieht das Ergebnis/Ende aus?
- Gibt es besondere Bedingungen und Folgen?

Dann wird man nach Parallelen im Bereich der Wirklichkeit, der Sachhälfte also, suchen, ehe man sich das Ziel der Beispielerzählung klarmacht, indem man feststellt, wo der besondere Akzent liegt, welche Faktoren besonders hervorgehoben werden, welche Schwerpunkte gesetzt werden usw.

Vergewisserung/Stellungnahme

Dass man einen Text „verstanden" hat, ihn einzuordnen versteht und auch eine geistige Auseinandersetzung nicht scheut, kann man am besten durch folgendes Verfahren unter Beweis stellen:

das Verstandene einordnen

- Man fasst das Textverständnis knapp in einem Resümee zusammen.
- Man stellt die Verfahrensweise des Textes im Überblick dar.
- Man ordnet die Aussagen des Textes in übergreifende Zusammenhänge (etwa epochaler, geistesgeschichtlicher, soziologischer … Art) ein.
- Man nimmt zur Kernaussage des Textes aus der eigenen Position heraus Stellung und begründet diese Position.

BEISPIEL

Die Schülerin bzw. der Schüler stellt im Rahmen der Textwiedergabe die ersten Abschnitte des Essay-Texts von Immanuel Kant, Beantwortung der Frage: Was ist Aufklärung? aus dem Jahr 1784 zusammenfassend dar. Um möglichst prägnant und aussagekräftig zu formulieren, benutzt sie bzw. er verschiedene Sprechakt-Verben:

„Aussagekräftig und prägnant **beginnt** Kant seinen Text mit der Definition des Begriffs Aufklärung. Er **definiert** Aufklärung als den Ausgang des Menschen aus seiner selbstverschuldeten Unmündigkeit. In den folgenden Abschnitten **präzisiert** er diese These schrittweise. Zunächst **unterstellt** er, dass die Unmündigkeit auf Faulheit und Feigheit zurückzuführen ist. Er **belegt** diese Erklärung durch beispielhafte Hinweise auf die Bevormundung durch Kirche und Staat. Weiterhin **betont** Kant, dass Aufklärung eine individuelle Aufgabe sei und dass der Mensch den Mut brauche, sich seines eigenen Verstandes zu bedienen. Darüber hinaus **greift** er die Bedeutung von Freiheit und Vernunft **auf** und **knüpft** daran **an**, dass Aufklärung eine Befreiung von Vorurteilen und Irrationalität bedeute."

5.2 Analyse von theoretischen oder philosophischen Texten

1 FORMULIERUNG DES KERNPZROBLEMS, UM DAS ES IM TEXT GEHT

Dabei beachtet man

- die Überschrift des Textes („Thema"),
- sprachliche Verweise innerhalb des Textes („... damit sind wir beim Grundproblem ..."),
- den Kontext und den Zeithorizont des Textes.

2 VERSTEHEN DES TEXTES

Dabei können folgende Verfahren angewendet werden:

- Paraphrase (Wiedergabe in eigenen Worten),
- Untersuchung des Textaufbaus (Abfolge der Teilthemen und Aussagen),
- Untersuchung der logischen Zusammenhänge.

3 FIXIERUNG UND UNTERSUCHUNG DER TRAGENDEN BEGRIFFE

Dabei geht es um

- die Frage nach der Bedeutung (Definition, Erläuterung) dieser Begriffe,
- die Untersuchung der Beziehungen zu den anderen Begriffen.

4 KLÄRUNG DER BEDEUTUNG/ FUNKTION VON BILDERN, GESCHICHTEN UND BEISPIELEN

Zu fragen ist dabei:

- Was wird verdeutlicht?
- Was wird hervorgehoben?

5 RESÜMEE

Als Abschluss der Analyse fasst man die wesentlichen Aussagen in einem Resümee zusammen und ordnet sie in größere (geistige, geschichtliche, soziale ...) Zusammenhänge ein.

5.3 Analyse medial vermittelter Texte

Über die Fähigkeiten im Umgang mit Texten hinaus erfordert die Analyse medial vermittelter Inhalte Kompetenzen im Umgang mit Text-Bild- und Text-Bild-Ton-Beziehungen. Aufgabenstellungen, deren Bearbeitung entsprechende Kompetenzen erfordert, beziehen sich auf unterschiedlichste Arten medial vermittelter Texte, die jeweils spezifischen inhaltlichen und formalen Kriterien genügen. Die Bearbeitung wird sich in der Regel auf Ausschnitte aus den folgenden Medientextsorten beziehen:

- Untersuchung einzelner Filmsequenzen
- Analyse von Filmtrailern
- Analyse von Fernsehserien
- Analyse von Interviews
- Analyse journalistischer Textsorten

Untersuchung von Filmsequenzen

Grundsätzliches

Filmsequenzen sind einzelne Szenen eines Spielfilms, die durch einen inhaltlichen Zusammenhang, einen Ortswechsel oder eine Veränderung der Figurenkonstellation als Einheit aufgefasst und von anderen Sequenzen abgegrenzt werden können. Die Untersuchung einer Filmsequenz wird sich in der Regel am Gesamtfilm orientieren und bedient sich der **Methodik der Filmanalyse**. Zur Beschreibung und Deutung der Filmsequenz kann man auf die Kriterien der Makroanalyse zurückgreifen. Hiernach werden der Sequenzaufbau, der Handlungsverlauf, die Problementwicklung und die Figurenkonstellation eines Films untersucht und interpretiert. Schon mithilfe weniger zentraler Begriffe und Kriterien lässt sich eine angemessene Sequenzanalyse durchführen. Einige der zu untersuchenden Bereiche lassen sich dabei mit den gängigen Methoden der Literaturwissenschaft – etwa der Dialoganalyse und der Figurencharakterisierung – erfassen. Vor allem aber die exakte Analyse einer Einzelszene bedarf darüber hinaus der Begrifflichkeit der **Filmsprache**, die im Wesentlichen aus der Fachsprache der Filmproduktion entstanden ist.

Makroanalyse

differenzierte Szenenanalyse

Die Filmsprache als Analysegrundlage

Bereits die einfachen und grundlegenden Kategorien und Begrifflichkeiten der Filmsprache können bei der Beschreibung und Deutung einer Filmsequenz sehr hilfreich sein und sowohl bei der Vorbereitung als auch bei der Ausformulierung von Antworten auf entsprechende Prüfungsfragen benutzt werden. Zunächst lohnt sich zum Beispiel eine Untersuchung und Deutung der **Kamera-Einstel-**

lungsgrößen, die in verschiedenen Stufen zwischen extremer Entfernung und extremer Annäherung beschrieben werden.

EINSTELLUNGSGRÖSSEN DER FILMKAMERA

- **Weit:** Ganze Landschaften und Stadtansichten werden gezeigt. Es kommt nicht auf Einzelheiten an.
- **Total:** Auch hier erhält der Zuschauer einen Überblick aus der Distanz, im Mittelpunkt steht allerdings meist eine Handlung, die viel Raum einnimmt und aus der Entfernung gezeigt wird.
- **Halbtotal:** Einigermaßen distanzierter Blick auf Handlungen und Menschen, die noch im Ganzen zu sehen sind. Körperhaltungen können differenziert werden, Gesichtsausdrücke eher nicht.
- **Halbnah** und **Amerikanisch:** Kommunikative Situationen und Beziehungen werden erkenn- und deutbar, wenn die Personen von den Knien oder den Hüften an aufwärts gezeigt werden.
- **Nah:** Entspricht etwa dem Brustbild einer Person.
- **Groß:** Gezeigt wird das Gesicht eines Menschen, sodass der Zuschauer die Mimik sehr genau erkennen kann.
- **Detail:** Hierbei wird nur ein Ausschnitt einer Person oder eines Gegenstandes gezeigt, auf den besondere Aufmerksamkeit gelenkt werden soll.

Höhenverhältnis zwischen Kamera und Gezeigtem

Auch die **Kameraperspektive** ist bei der Analyse und Interpretation von Filmen und Film-Text-Beziehungen von großer Wichtigkeit. Je nachdem, in welchem Höhenverhältnis sich die Kamera und die gezeigten Gesichter oder Gegenstände zueinander befinden, spricht man von **Normalsicht, Untersicht** („Froschperspektive") und **Obersicht** („Vogelperspektive").

Kamera- und Objektbewegungen können ebenfalls berücksichtigt werden. Neben der feststehenden Kamera gibt es die Möglichkeit einer Kamerabewegung aus einer festen Position heraus, einer Kamerafahrt, einem Zoom oder der Arbeit mit der Handkamera („subjektive Kamera"). Je nachdem, in welchem Verhältnis der Kamerablick zur Handlungsachse (z. B. einer beschriebenen Kommunikationssituation) steht, unterscheidet man verschiedene Grundformen, bei denen Kameraachse und Handlungsachse entweder rechtwinklig zueinander stehen, parallel liegen oder identisch sind.

Auch die **Beleuchtung** des Films und die kompositorische Anordnung der Figuren und Gegenstände innerhalb einer Filmsequenz (man spricht vom **Mise en scène**) sollten bei der Filmdeutung berücksichtigt werden.

Neben all den angesprochenen filmtechnischen Kriterien wird der Schwerpunkt der Aufgabenstellung innerhalb des Deutschunterrichts sicherlich auf der Untersuchung der **Wort-Bild-Ton-Beziehung** liegen und eine Beschreibung und Deutung des Verhältnisses der drei verschiedenen Zeichensysteme Bild, Sprache und Filmton erwarten. Auch hierzu gibt es eine differenzierte Untersuchungs- und Beschreibungsterminologie:

Filmanalyse im Deutschunterricht

Zunächst muss unterschieden werden, ob hörbare Texte und andere Töne als **On-Töne** oder **Off-Töne** begegnen, das heißt, ob ihre Quelle auf dem Bild zu sehen ist („On the screen“) oder nicht („Off the screen“). In weiterer Differenzierung kann beachtet werden, in welchem Verhältnis das zu sehende Bild und der zu hörende Text stehen und wie groß das inhaltliche Eigengewicht des einen Zeichensystems gegenüber dem anderen ist. Man spricht von der „Wort-Bild-Schere“, die dann eng geschlossen ist, wenn das Gesprochene inhaltlich genau zum bildlich Dargestellten passt, die aber dann weit auseinanderklafft, wenn beide Ebenen einen eigenen Inhalt und eine eigene Aussage vermitteln, die eben nicht zusammengehören. Letzteres wird oft eingesetzt, um bestimmte Wirkungen zu erzielen, stellt aber eine große Herausforderung an die Verstehensleistung des Rezipienten dar. Ein Beispiel für ein weites Auseinanderklaffen der Wort-Bild-Schere ist etwa die Filmsituation, in der eine bestimmte gezeigte Handlung mit einem rückblendenden oder vorausschauenden Off-Text kombiniert wird. Der Zuschauer nimmt dann mit den Augen und den Ohren jeweils unterschiedliche Zeitstufen innerhalb der Filmstory auf, was zu einer bestimmten Wirkung führen kann.

Wort-Bild-Schere

Weiterhin muss man die Rolle der **Filmmusik** und die Funktion auftretender **Geräusche** untersuchen, die ihrerseits wieder Einfluss auf die Deutung der Filmsequenz haben können.

Eventuell wird man auch auf **Leitmotive** achten müssen, die sich während des Films wiederholen und den Filmszenen eine immanente Bedeutung verleihen, die über das direkt Gezeigte hinausgehen kann.

Die Arten der Aneinanderreihung einzelner Szenen und Sequenzen nennt man **Schnitt** oder **Montage**. Auch hierbei gibt es äußerst unterschiedliche Möglichkeiten, durch welche die Wirkung eines Films beeinflusst werden kann.

MONTAGETECHNIKEN

- **Erzählende Montage:** Schnitte werden kaum wahrgenommen, da die Einstellungen einfach dem Handlungsverlauf folgen.
- **Kontrastmontage:** Unmittelbar abfolgende Konfrontation von Gegensätzen, z. B. wenn eine gerade noch lachende Person plötzlich weinend gezeigt wird.
- **Assoziationsmontage:** Unterschiedliche Einstellungen, die zunächst in keinem Zusammenhang stehen, werden aneinandergereiht. Der Zuschauer soll selbst einen Zusammenhang herstellen.
- **Parallelmontage:** Mehrfach wechselnde Einstellung zwischen zwei gleichzeitig verlaufenden Handlungssträngen.

Vorbereitung durch einen Sequenzplan

Ein Sequenzplan, der tabellarisch angelegte Rubriken für die beschriebenen Bereiche vorsieht, kann bei der Analyse des Films behilflich sein. Beim Betrachten der Szene – man wird dies ja in der Regel mehrfach wiederholen dürfen – können die einzelnen Rubriken ausgefüllt und später in die Interpretation einbezogen werden. Wie differenziert der Sequenzplan aussieht, wird vom konkreten Unterricht und der Aufgabenstellung abhängen müssen. Auf jeden Fall sollte neben den beschriebenen Einzelheiten noch vermerkt werden, wie lange die Szene dauert, welche Figuren auftreten und welchen Inhalt die Szene hat.

Die Ausformulierung der Deutung

Nach der gründlichen Vorbereitung lässt sich die Deutung formulieren. Hierbei ist eine Orientierung am Ablauf und an einzelnen Abschnitten der Textinterpretation sinnvoll.

Ausführungen zur Vorbereitung der Analyse

Zunächst formuliert man in einem zusammenfassenden **Einleitungssatz**, worum es in der dargestellten Sequenz inhaltlich geht und welche Bedeutung die Sequenz hat. Auf filmtechnische Besonderheiten, durch welche die angesprochene Deutung unterstützt wird, kann man dabei schon eingehen.

Nun folgt eine Beschreibung der Sequenz, bei welcher zunächst deren **Inhalt** zusammengefasst wird. Wie bei der Analyse eines Roman- oder Dramenauszugs ordnet man die Filmsequenz danach in den **Kontext** ein und beschreibt ihre Funktion für den ganzen Film.

Beschreibung

Bevor die Sequenz interpretiert wird, werden zunächst die **Beobachtungen zu den verschiedenen Bereichen** der Filmanalyse beschrieben. Die Deutung der Beobachtungen kann entweder schrittweise im Zusammenhang mit den Deutungen von Inhalt, Figurencharakteristik oder -konstellation und Dialoganalyse erfolgen oder wird als eigenes Kapitel an die Deutungen angehängt. In beiden

Fällen ist es wichtig, die Erkenntnisse zu den einzelnen Bereichen auf die Deutung zu beziehen und auf die intendierte Wirkung einzugehen.

aspektorientierte Analyse

Wie bei der Analyse dramatischer oder erzählender Texte wird auf einzelne Aspekte wie Figurencharakteristik und -konstellation, Konfliktentwicklung und Dialogführung eingegangen. Rückbezüge auf die eingangs formulierte Deutungshypothese und regelmäßige Zusammenfassungen verbessern auch hier die Lesbarkeit und Strukturiertheit der Ausführungen.

Analyse journalistischer Textsorten

Bei der Analyse von Zeitungstexten kann auf die gängigen Methoden der Textanalyse und -erörterung zurückgegriffen werden (→ Seite 219 ff). Über das Herausfinden inhaltlicher und argumentativer Zusammenhänge hinaus muss hierbei allerdings nach der vorliegenden journalistischen Textsorte gefragt werden.

Journalistische Textsorten

Textintention: informieren

Eine große Rolle in der journalistischen Praxis spielen zunächst die **informierenden** Textsorten, die den Leser relativ objektiv und sachlich über Ereignisse informieren wollen.

Ein kurzer Text, der sachlich über ein einziges Ereignis berichtet, sich auf die Faktendarstellung konzentriert und ein gewisses Vorwissen seitens des Lesers unterstellt, ist die **Meldung**. Ihre Inhalte sind in der Regel überprüfbare und einsichtige Sachverhalte. Ihr Ziel ist es, diese Sachverhalte unbewertet mitzuteilen oder ein zukünftiges Ereignis anzukündigen.

Auch die **Nachricht** ist eine häufig vorkommende informierende journalistische Textsorte, wobei zwischen sogenannten „harten“ und „weichen“ Nachrichten unterschieden wird. Die **harte Nachricht** befasst sich meist mit Themen aus Politik und Wirtschaft oder anderen ernst zu nehmenden Bereichen der Gesellschaft. Ihr Ziel ist die Wissensvermittlung. Derartige Nachrichtentexte sind gekennzeichnet durch einen achronologischen Textaufbau, bei welchem bereits in der Überschrift und im Untertitel das Wichtigste angekündigt und im Text nach abnehmender Wichtigkeit ausgeführt wird. Zwischen Untertitel und Haupttext wird das zu Berichtende durch einen Vorspann, der durch eine andere Schriftgröße in der Regel auch optisch gekennzeichnet ist, zusammenfassend vorweggenommen. In Nachrichten bemüht man sich um große Verständlichkeit. Glaubwürdigkeitssignale – etwa das Hinweisen auf Quellen und seriöse Nachrichtenagenturen – fundieren den Objektivitätsanspruch der Textsorte. **Weiche Nachrichten** widmen sich eher zwischenmenschlichen und unterhaltenden (Klatsch-)Themen. Ihre Aufmachung ist um Leserwerbung bemüht, die Artikel sind kürzer und so angelegt, dass sie ganz gelesen werden. Die Sprache der weichen Nachrichten bemüht sich um einen gewissen Unterhaltungswert und arbeitet mit Spannung, Überzeichnungen und Übertreibungen.

Inhaltlich und formal komplexer und vielfältiger als eine Nachricht ist die journalistische Textsorte **Bericht**. Durch eine attraktive, auffallende und prägnante Überschrift soll das Interesse des Lesers geweckt werden. Der Aufbau des Berichtes orientiert sich an dem typischen **Lead-Stil**. Anders als die rein informierende Nachricht enthält der Bericht Zitate von Beteiligten – auch in wörtlicher Rede –, Hintergrundinformationen und kommentierende Stellungnahmen zum Geschehen. Neben der Information versucht er, dem Leser eine größtmögliche Nähe zum Geschehen zu vermitteln.

LEAD-STIL

Der typische Bericht-Aufbau ist nach der Bezeichnung der auffälligen, prägnanten und Interesse weckenden Überschrift – englisch: *lead* – benannt. Ergänzt wird diese Überschrift durch einen Untertitel, der weitere Informationen enthält. Der Hauptteil des Berichtes folgt der Chronologie der Ereignisse. Am Schluss folgt eine Stellungnahme, eine Prognose oder eine pointierte Wiederaufnahme des Einstiegs.

Eine weitere sehr verbreitete informative Textsorte ist die **Reportage**. Reportagen tragen deutlich die persönliche Färbung ihres Autors, dessen Name an einer offensichtlichen Stelle auch angegeben ist. Zwar sind Sachvermittlung und Information das zentrale Anliegen dieser Textsorte, präsentiert werden die Inhalte allerdings aus einer eindeutig subjektiven Sicht. Gefühle, Eindrücke und Wertungen werden vorgenommen, oft werden umgangssprachliche Satz- und Wortformen benutzt. Durch Zitate, direkte Reden und präzise Orts- und Zeitangaben soll der Leser gefesselt und aufgerüttelt werden.

Textintention: überzeugen

Die zweite große Gruppe der journalistischen Textsorten sind die **meinungsbetont-persuasiven** Texte. Sie zielen nicht darauf ab, den Leser sachlich über einzelne Vorfälle zu informieren, sondern bemühen sich um die Vermittlung von Standpunkten und Einstellungen.

Eine typische meinungsbetonte Zeitungstextsorte ist der **Kommentar**. Kommentare beziehen sich oft auf Themen, die in der Öffentlichkeit diskutiert werden, und beinhalten eine deutende und wertende Auseinandersetzung mit diesen Themen. Die Textstruktur des Kommentars ist entsprechend argumentativ. Begründungen und Beispiele unterstützen geäußerte Behauptungen. Ein typisch aufgebauter

Kommentar formuliert zunächst eine Problematisierung eines Sachverhaltes und zeigt ihn als strittig auf. Bevor die eigentliche Stellungnahme beginnt, werden häufig noch die Gegenargumente genannt. In der Stellungnahme selbst kommt es schließlich zu einer Vermischung von Faktendarstellungen, -interpretationen und -wertungen. Dieser Teil bemüht sich um Glaubwürdigkeit und Überzeugungskraft.

Als deutlich polemische und pointierte Texte begegnen **Glossen**, welche ebenfalls zu den persuasiven Textsorten gezählt werden. Aufgrund der Verwendung von ironisch-satirischen und grotesken Zügen wirken Glossen meist auch unterhaltend. In der Regel setzen Glossen bei ihren Lesern den Konsens bereits voraus und zielen allein auf die Verstärkung der vorhandenen Einstellung.

Auch **Kritiken** zu Theateraufführungen, Filmen oder anderen kulturellen Ereignissen zählen zu den meinungsbetonten Textsorten. Schon in der Überschrift wird in der Regel angegeben, auf welches Ereignis sich der Text bezieht, bevor dann im Haupttext sein Inhalt und einzelne Aspekte der Deutung beschrieben oder ausgeführt werden.

Textsorten im digitalen Journalismus

Im Bereich der **digitalen Veröffentlichungen** gibt es einige journalistische Textsorten und Präsentationsformen, die das besondere Potenzial des jeweiligen digitalen Mediums nutzen und nicht nur als digitale Versionen der analogen journalistischen Möglichkeiten erscheinen. Beispiele:

- **Online-Nachrichtenartikel** folgen oft der „umgekehrten Pyramidenstruktur“, wobei die wichtigsten Informationen zuerst präsentiert werden. Sie sind oft mit Hyperlinks versehen, die zu weiterführenden Informationen führen, und können durch multimediale Elemente wie Videos oder interaktive Grafiken ergänzt werden.
- **Blogs** ermöglichen eine informellere und persönlichere Darstellung von Inhalten und Meinungen. Außerdem erlauben sie – etwa anhand von Kommentarfunktionen – eine direkte Kommunikation zwischen der Verfasserin oder dem Verfasser und den Leserinnen und Lesern.
- **Social Media Posts** sind eine weitere spezifische Textsorte im digitalen Journalismus. Sie sind in der Regel kurz und prägnant und können aktuelle Ereignisse in Echtzeit kommentieren. Bei den Verfasserinnen und Verfassern kann es sich sowohl um professionelle Journalistinnen und Journalisten handeln wie um nicht ausgebildete Nutzerinnen und Nutzer.
- **Podcasts** sind eine audio-basierte Textsorte, die tiefere Einblicke in bestimmte Themen bietet. Sie können Interviews, Diskussionen oder Reportagen enthalten.
- **Multimedia-Reportagen** kombinieren Text, Bild, Video und interaktive Elemente, um komplexe Themen umfassend und anschaulich darzustellen.

5.3 Analyse medial vermittelter Texte

Wichtige journalistische Textsorten

INFORMIERENDE TEXTSORTEN

Meldung	→ bezieht sich auf ein einziges Ereignis → kurze, sachliche und überprüfbare Faktendarstellung
harte Nachricht	→ Themen aus Politik und Wirtschaft; zielt auf Wissensvermittlung → achronologischer Aufbau: Ankündigung des Themas in Überschrift und Untertitel, dann zusammenfassender Vorspann und Ausführungen mit abnehmendem Grad an Wichtigkeit → bemüht sich um Verständlichkeit und enthält Glaubwürdigkeitssignale
weiche Nachricht	→ widmet sich Klatsch-Themen, kurze, leserwerbende Artikel → sprachlicher Unterhaltungswert, Überzeichnungen, Übertreibungen
Bericht	→ informiert und baut eine große Nähe zum Geschehen auf → aufgebaut nach dem typischen Lead-Stil → enthält Zitate von Beteiligten, Hintergrundinformationen, Kommentare
Reportage	→ informiert, trägt aber die persönliche Färbung des Autors → enthält Zitate, direkte Rede, Orts- und Zeitangaben

MEINUNGSBETONT-PERSUASIVE TEXTSORTEN

Kommentar	→ bezieht sich auf ein öffentlich diskutiertes Thema → deutet, wertet und bezieht Position → folgt einer argumentativen Textstruktur → typischer Aufbau: einleitende Problematisierung, Nennen der Gegenargumente, Ausführen der eigenen Stellungnahme
Glosse	→ pointierte und ironische Stellungnahme zu einem bestimmten Thema → setzt Vorinformiertheit der Leser voraus → hat auch die Absicht, den Leser zu unterhalten → zielt auf die Verstärkung einer bereits vorhandenen Einstellung
Kritiken	→ Stellungnahmen zu kulturellen Ereignissen und Veröffentlichungen → Wiedergabe von inhaltlichen Aspekten und Deutungen im Hauptteil

5.4 Analyse einer Rede

Noch deutlicher als bei der Untersuchung eines Sachtextes bedarf es bei der die professionellen Redeanalyse zahlreicher Kenntnisse, die sich aus den **spezifischen Eigenarten der Textsorte** ergeben. Vieles, was in einer Redeanalyse herausgefunden werden muss, ergibt sich nicht allein aus einer textimmanenten Untersuchung. Die Besonderheiten Textsorte „Rede“ ergeben sich aus **ihrer langen historischen Tradition**, den spezifischen **Redeabsichten**, festen **Aufbauschemata** und auffälligen Besonderheiten in der **Sprachverwendung** und **Argumentationsweise**. All diese Bereiche müssen bei einer Redeanalyse berücksichtigt werden.

Der Aufbau eines Lehrbuchs zur Rhetorik

Bis heute orientiert sich ein kompetenter und anspruchsvoller Redner beim Verfassen und Vortragen seiner Rede an einer Vorgehensweise, die bereits **in antiken Rhetoriklehrbüchern** verwendet wird und bis heute den Aufbau eines rhetorischen Lehrbuchs bestimmt.

1. Der erste Schritt beim Vorbereiten einer Rede ist die Sammlung passender Gedanken zum Thema ***(Inventio)***. Der Redner sammelt in einer Art Brain-Storming alle brauchbaren Thesen, Argumente, Beweise und Beispiele, die ihm im Zusammenhang mit dem Thema einfallen.

2. Nun müssen die gesammelten Gedanken in eine sinnvolle Ordnung gebracht werden, die den Absichten und Aufgaben des Redners gerecht werden ***(Dispositio)***. Der Redner kann sich dabei an der traditionellen Einteilung des Redeaufbaus *(→ partes orationis)* orientieren, die sich in vielen historischen und modernen Reden nachvollziehen lässt.

AUFBAU EINER REDE

Der traditionelle Aufbau einer Rede *(partes orationis)*

- *Exordium*: Anrede und Begrüßung, Einleitung der Rede
- *Narratio:* Schilderung des Sachverhaltes und Erzählen von vorgefallenen Ereignissen, die mit dem Thema der Rede in einem Zusammenhang stehen.
- *Propositio:* Darstellung der Redegliederung und der verfolgten Absichten.
- *Argumentatio:* Argumentationsführung zum Thema der Rede.
- *Conclusio/Peroratio:* Darlegung der Schlussfolgerungen und Abschluss der Rede.

3. Ist sich der Redner über die Anordnung und Gliederung seiner Rede im Klaren, kann er mit der sprachlichen Ausformulierung und der stilistischen Gestaltung ***(Elocutio)*** seiner Rede beginnen. Er muss entscheiden, auf welchem Stilniveau er seine Rede hält und welche Ausschmückungen er verwendet. Als typischer Redeschmuck gilt bis heute das Benutzen von rhetorischen Figuren und Tropen. Je nachdem, zu welchem Anlasse und vor welchem Publikum die Rede gehalten wird, wählt der Redner eine bestimmte Stillebene für seine Rede aus.

4. Im nächsten Schritt wird sich ein guter Redner darum bemühen, die Rede auswendig zu lernen ***(Memoria)***. Die meisten rhetorischen Lehrbücher befassen sich mit verschiedenen Memoriertechniken und Tricks beim Auswendiglernen. Bei der Analyse einer Rede ist dieser Bereich allerdings weniger wichtig. Es genügt meistens der Hinweis, ob die Rede auswendig gehalten oder abgelesen wurde. Oft sind Reaktionen auf Zuhörereinwürfe oder ein spontanes Abschweifen vom Thema Kennzeichen für ersteres.

5. Der letzte Schritt ist schließlich das Vortragen der Rede ***(Actio)***. Hierzu werden in rhetorischen Lehrbüchern ebenfalls Regeln und Tipps vermittelt. Auch für die Redeanalyse ist die Berücksichtigung des konkreten Redevortrags wichtig. Es kann untersucht werden, in welchem Tempo, in welchem Tonfall und in welcher Lautstärke der Redner an den verschiedenen Stellen seiner Rede spricht. Außerdem kann es interessant sein, zu erkennen, wo Pausen gemacht werden oder wo bestimmte Gruppen im Publikum direkt angesprochen werden.

Die Argumentationsweise und die Sprache einer Rede

Eine Rede – egal zu welchem Anlass sie gehalten wird – möchte in ihrer Wirkung auf das Publikum meist über das hinaus gehen, was ein einfacher sachlicher Vortrag leisten kann. Dazu bedient sie sich verschiedener Möglichkeiten, die sich häufig in der Gestaltung ihrer Argumente und dem Einsatz bestimmter sprachlicher Mittel zeigt.

Schlüsse und Scheinschlüsse

Der **logische Schluss (→ Syllogismus)** besteht aus einem plausiblen logischen Dreischritt, bei welchem aufgrund zweier anerkannter Vorrausetzungen (Prämissen) die Richtigkeit einer dritten Aussage (Konklusion) logisch gefolgert werden kann. Ein einfaches Beispiel eines solchen Schlusses stellt der Satz dar: „Wenn alle Menschen Fehler machen und Eltern Menschen sind, machen auch Eltern Fehler.“ Der sogenannte **rhetorische Schluss (→ Enthymem)** erinnert nur beim ersten Blick an den logischen Schluss. Hier wird versucht, Glaubwürdigkeit und Wahrhaftigkeit zu vermitteln, ohne dass die Richtigkeit der Voraussetzungen bewiesen ist. Häufig findet sich diese Argumentationsweise in manipulativen Reden, denen echte Argumente fehlen. Auch das sogenannte **Framing** greift auf diese manipulative Art der Schein-Argumentation zurück. Weil durch derartige Schlussfolgerungen nur scheinbare „Wahrheiten" vermittelt werden, spricht man auch von **Scheinschlüssen**. Das entsprechende Beispiel könnte lauten: „Alles, was belesene Menschen über ihr Fachgebiet äußern, stimmt. Lehrer sind belesene Menschen, also stimmt alles, was Lehrer über ihr Fachgebiet äußern." Dass die hier angesprochene Fachkompetenz nur scheinbar bewiesen ist, wird deutlich: Beide Voraussetzungen sind unbewiesene Behauptungen.

Eine andere Definition bezeichnet auch solche rhetorischen Schlussverfahren als *Enthymeme*, die – anders als der logische Schluss – nicht alle benötigten Voraussetzungen aussprechen, sondern bestimmte Bedingungen als allgemein anerkannt unterstellen. Das Beispiel müsste dann lauten: „Lehrer sind belesen. Was sie über ihr Fachgebiet äußern, stimmt also." Die unbewiesene Behauptung, dass der Belesene alles über sein Fach weiß, würde nicht ausgesprochen, sondern ungeprüft vorausgesetzt.

Im Unterschied zum logischen und rhetorischen Schluss, bei welchen aufgrund von allgemein anerkannten Regeln besondere Einzelfälle bewiesen werden sollen **(deduktive Vorgehensweise)**, finden sich in der Rhetorik auch Beweisverfahren, die aufgrund der Richtigkeit von Einzelbeispielen, die Richtigkeit eines weiteren Einzelbeispiels belegen wollen **(induktive Vorgehensweise)**. Um zu beweisen, dass Lehrer Maier sehr gebildet ist, nennt man einfach eine Anzahl anderer Lehrer, deren Bildung längst bewiesen ist, also: „Lehrerin Schmidt ist gebildet, Lehrer Müller ist gebildet und Lehrer Kaiser ist gebildet – deshalb muss auch Lehrer Maier gebildet sein."

Vorgehensweise bei der Analyse von Reden

Bis heute orientiert sich die Rednerausbildung an den oben genannten traditionellen Vorgaben. Wer einer Rede auf den Grund gehen, ihren Inhalt, ihren Aufbau, ihre Sprache und ihre Absichten professionell analysieren will, muss den theoretischen Hintergrund daher berücksichtigen. Folgendermaßen könnte eine Redeanalyse aufgebaut sein:

- Zunächst bringt man in einem **prägnanten Einleitungssatz** das zentrale inhaltliche Thema und die Hauptaussageabsicht auf den Punkt. Die Verwendung passender Sprachhandlungsverben kann diesen Einleitungssatz präzisieren: Man formuliert dann: *In der Rede anlässlich der Entgegennahme des Nobelpreises kritisiert/ ruft… auf /mahnt/ erörtert/beschreibt…*

- Danach fasst man in einer **Inhaltswiedergabe** den Inhalt und die zentralen Themen der Rede zusammen. Sollten bestimmte Begriffe, Wortfelder oder Themenbereiche besonders deutlich und häufig angesprochen sein, kann dies hier berücksichtigt werden.
- Nun sollte man ausdrücklich auf die feststellbare **Redeabsicht**, also die „officia oratoris“ eingehen, da dies für die ausführliche Interpretation maßgeblich ist und man sich bei den Ausführungen immer wieder darauf beziehen kann. Als klassische *officia oratoris*, die auch miteinander vermischt werden können, gelten die Information und Belehrung *(docere)*, die Unterhaltung und das Freude bereiten *(delectare)* sowie die emotionale Rührung *(movere)* des Publikums.

TIPP

Wenn dir die lateinischen Fachbegriffe der Rhetorik geläufig sind, solltest du sie in deiner Redeanalyse benutzen. Auch in der modernen Rednerausbildung – etwa in der Politik oder Wirtschaft – sind diese noch gebräuchlich und anerkannt.

- Der **Hauptteil** der Redeanalyse beginnt schließlich mit einer ausführlichen Beschreibung der **Redestruktur**. Dabei kann man sich an inhaltlichen Abschnitten orientieren und diese immer wieder auf ihre intendierte Wirkung untersuchen. Bewusst oder unbewusst orientieren sich die meisten anspruchsvollen Reden an den antiken *partes orationis*, deren Vorhandensein und Ausgestaltung im Hauptteil der Redeanalyse berücksichtigt werden kann. Eine ausführliche Analyse der Argumentationsstruktur und eine Überprüfung der Schlüssigkeit der Argumente vor dem Hintergrund der oben beschriebenen Argumentationsweisen erfolgt natürlich im Zusammenhang mit der Beschreibung der *argumentatio*.
- Falls man nicht schon beim vorigen Arbeitsschritt darauf eingegangen ist, folgt nun eine gründliche **Beschreibung und Interpretation der rhetorischen Mittel**, die die Rede verwendet und die ihrerseits zu der festgestellten Wirkung beitragen.
- Wenn die Möglichkeit besteht, den Vortrag der Rede anzuhören, sollte auch beschrieben werden, wann und wie der Redner durch seine **Vortragsart** die Wirkung zu verstärken sucht. Reaktionen des Publikums können in diesem Zusammenhang beschrieben werden.
- Am Ende der Analyse sollte eine **Zusammenfassung** noch einmal die offensichtliche Absicht der Rede und die wichtigsten festgestellten Mittel zum Erreichen dieser Absicht benennen.

Eine Rede analysieren 5.4

1 GLIEDERUNG EINES RHETORISCHEN LEHRBUCHS/ASPEKTE DER REDEANALYSE

- Inventio (Sammeln von Ideen und Gedanken)
- Dispositio (sinn- und wirkungsvolle Gliederung des Gesammelten)
- Elocutio (sprachliche Ausgestaltung)
- Memoria (Auswendiglernen und Proben der Rede)
- Actio (Vortrag der Rede)

2 DER KLASSISCHE AUFBAU EINER REDE

1. Exordium (Einleitung)
2. Narratio (Erzählen des Vorgefallenen)
3. Propositio (Ankündigung der Redeabsicht)
4. Argumentatio (Argumentation)
5. Conclusio (Schlussfolgerung/Fazit)

3 SCHLÜSSE UND SCHEINSCHLÜSSE

- Logischer Schluss: Aus zwei wahren Aussagen wird das Zutreffen einer dritten Aussage bewiesen.
- Scheinschluss: Die Wahrheit der dritten Aussage wird nur unterstellt und nicht bewiesen.
- Induktionsschluss: Aus einer Liste an Beispielen und ihren Eigenschaften werden Folgerungen für ein weiteres Beispiel abgeleitet.

4 AUFBAU EINER REDEANALYSE

- prägnanter Einleitungssatz
- Inhaltswiedergabe
- Beschreibung der Redeabsicht
- Darlegung und Erklärung der Inhalte bzw. der Argumente
- Beschreibung der Sprache (Wortfelder, rhetorische Mittel) und ihrer Wirkung
- ggf. Beschreibung der Vortragsart
- Zusammenfassung

6

Erörterungen

Ein Thema differenziert zu erörtern, ist eine der größten Herausforderungen im Deutschunterricht. Gefordert ist hierbei zum einen die komplexe Auseinandersetzung mit den Vorgaben, zum anderen die präzise schriftliche Umsetzung der eigenen Gedanken. Das folgende Kapitel erklärt unterschiedliche Formen der Erörterung, beschreibt die konkreten Anforderungskriterien und gibt Ratschläge zur Planung und Ausführung der Texte.

6.1 *Die Erörterung pragmatischer Texte*

Grundsätzliches und Möglichkeiten der Vorbereitung

Die komplexen Aufgabenstellungen, die dir im Zusammenhang mit einer textgebundenen Erörterung bzw. der Erörterung eines pragmatischen Texts begegnen, fordern im Wesentlichen Kompetenzen in zwei Bereichen. Erstens ist es wichtig, einen vorgegebenen – in der Regel sachlich-pragmatischen – Text **inhaltlich** und in Bezug auf seine **Argumentationsführung** zu **erfassen und zu analysieren**. Darauf aufbauend soll – zweitens – eine **qualifizierte und begründete Stellungnahme** zu dem Text und seinen Argumenten formuliert werden, die auch die eigene Meinung zu dem Thema und seiner Darstellung ausdrücken soll.

Vgl. die Hinweise zu möglichen Themen auf Seite 247.

Das Thema des Textes wird in der Regel Möglichkeiten zu einer differenzierten Beurteilung bieten. Oft bezieht es sich auf grundsätzliche Themen, die Gegenstand des Deutschunterrichts waren und in anderen Zusammenhängen bereits besprochen wurden. Themen aus dem Bereich der Sprachentwicklung und -veränderung oder zu aktuellen kulturellen Diskussion bieten sich für entsprechende Aufgabenstellungen an. Zur **thematischen Vorbereitung** einer entsprechenden Aufgabe in den Prüfungsklausuren oder in der mündlichen Abiturprüfung ist es sehr empfehlenswert, die im Unterricht besprochenen Grundsatzthemen nochmals zu rekapitulieren.

Vorgehensweise bei der Texterörterung

Erste Textbegegnung/Leseverständnis

Um die Ausführungen zu dem vorgelegten Text sinnvoll und pragmatisch vorzubereiten, kann man bereits beim ersten oder zweiten Lesen auf bestimmte Aspekte achten. Fragen, die den Textzugriff etwas vereinfachen können, sind zum Beispiel:

- Worum geht es in dem Text grundsätzlich?
- Welche Hauptthesen/-aussagen sind im Text ausgesprochen?
- Welche einzelnen Textabschnitte gibt es?

- Mit welchen Themen beschäftigen sich die einzelnen Abschnitte jeweils?
- Welche Schlüsselwörter fallen auf?

Es ist sicherlich hilfreich, die entsprechenden Hinweise zu den einzelnen Fragen mit unterschiedlichen Farben zu markieren und am Textrand kurze zusammenfassende Notizen zu vermerken. Diese Markierungen und Notizen können im nächsten Arbeitsschritt ausformuliert werden.

Die Ausarbeitung der Texterörterung

① Formulieren der Themenstellung

Bevor man sich gründlicher und ausführlicher dem Text zuwendet, formuliert man zunächst eine Zusammenfassung seiner Gesamtaussage. Ähnlich der Deutungshypothese bei der Interpretation von literarischen Texten berücksichtigt man bei dieser prägnanten Textzusammenfassung zwei Ebenen: Es gilt zu beschrieben, welche Absicht der Text verfolgt und wie diese Absicht umgesetzt wird. Bei der Formulierung der Hauptaussageabsicht ist es hilfreich, passende Sprechhandlungsverben zu benutzen. Formulierungen wie *der Text beschreibt/kritisiert/erörtert/zeigt auf* usw. erlauben eine klare Beschreibung der vom Text verfolgten Absichten und vermeiden die zu häufig bemühte Wendung „in dem Text geht es um“. Auf welche Art der Text versucht, seine Aussageabsicht zu vermitteln, lässt sich zusammenfassend durch einen Modalsatz mit „indem“ vorschalten oder anschließen.

② Textwiedergabe

Um der ausführlichen Textanalyse nicht zu viel vorwegzunehmen und allzu viele Redundanzen zu vermeiden, sollte die Textwiedergabe sehr kurz gehalten werden. Hier beschreibt man zusammenfassend die Aussagen der einzelnen thematischen Abschnitte. Auch bei der zusammenfassenden Textwiedergabe bietet es sich an, die oben genannten Sprechhandlungsverben zu benutzen.

③ Analyse des Textes

Es folgt nun eine ausführliche Analyse des Textes, die ihrerseits verschiedene Aspekte berücksichtigen muss:

In erster Linie geht es um die **Darlegung der Argumentationsstruktur**. Auch wenn die Argumentationsebenen in vielen Fällen kaum eindeutig bestimmt und auf verschiedene Arten zueinander in Bezug gesetzt werden können, sollten die Hauptaussagen des Textes schrittweise genannt und zusammengefasst werden. Belegende Argumente und veranschaulichende Beispiele sollten in der Textanalyse ebenfalls genannt werden. Stammen mehrere Argumente oder Beispiele aus demselben Wirklichkeitsbereich, können diese auch zusammengefasst werden

(z. B.: „Er belegt seine Aussagen durch Beispiele aus der aktuellen politischen Situation in Deutschland“).

Falls einzelne Ebenen der Argumentation fehlen, falls etwa nur mit Beispielen begründet wird und die Argumente fehlen, muss diese Besonderheit erwähnt und kritisch beurteilt werden. Eventuell weist das Fehlen auf eine Unsicherheit oder die Schwäche eines Arguments hin, was in der Textanalyse auf jeden Fall berücksichtigt werden muss. Insgesamt gilt es bei der Beschreibung der Argumentationsstruktur, sehr kritisch auf **Manipulationstechniken** zu achten, die in dem Vernachlässigen der oberen Argumentationsebenen, im Verwischen der Ebenen oder im Verwenden von Polemiken, → Enthymemen oder induktiven Beweisen versteckt sein können. Man kann an dieser Stelle auch die Reihenfolge der Argumente erwähnen und zur Absicht des Textes in Bezug setzen. In der Regel verfolgt der Autor auch mit der Anordnung seiner Argumente eine bestimmte Wirkung.

Bei sehr langen oder komplizierten Texten ist es insgesamt hilfreich, die eigenen Ausführungen in der Texterörterung durch **regelmäßige Zusammenfassungen** zu strukturieren.

Ebenfalls innerhalb der Textanalyse **beschreibt man die Sprache** des vorliegenden Textes. Über die Beschreibung des gesamten Stils oder auffälliger Stilveränderungen hinaus, müssen alle Ebenen der Sprachbeschreibung untersucht werden. Beginnt man bei der Beschreibung auf der Textebene, können die Textsorte und die Textlänge berücksichtigt werden. Auf syntaktischer Ebene fragt man nach der Länge der Sätze und dem Niveau der Satzkonstruktionen, also nach der Verwendung von Hypotaxe (Verwendung langer Satzgefüge mit Nebensätzen) und Parataxe (Verwendung vieler Hauptsätze). Auf der Wortebene lässt sich der Stil des Textes exakter untersuchen. Es gilt zu fragen, ob Fachsprache, Fachjargons, Umgangssprache oder andere sprachliche Auffälligkeiten festzustellen sind. Alle Merkmale, die sich auf der sprachlichen Ebene feststellen lassen, müssen zur festgestellten Aussageabsicht des Textes in Bezug gesetzt werden. Mindestens wird man festzustellen haben, ob die verwendete Sprache der Aussageabsicht und der Zielgruppe entspricht oder ob sie diesen entgegensteht. Trifft das Letztgenannte zu, muss spekuliert werden, welche Absicht hinter der Diskrepanz stecken könnte. Mit einer **Gesamtzusammenfassung** wird die Textanalyse abgerundet. Hier wird nochmals auf die wichtigsten Feststellungen eingegangen.

④ Eigene Stellungnahme

Die eigene Stellungnahme muss zunächst auf **zwei Ebenen** stattfinden, die dann allerdings kombiniert werden können. Einerseits gilt es, nach der **Überzeugungs-**

kraft des Textes zu fragen. Als Hilfe lässt sich dazu die Frage formulieren, wie überzeugend der Text auf die Leserinnen und Leser wirkt. Alle Auffälligkeiten aus der obigen Beschreibung können dabei berücksichtigt werden, ebenso lassen sich potentielle Manipulationstricks hier nochmals einbeziehen und benennen.

Auf der zweiten Ebene geht es um eine **persönliche Stellungnahme zu der diskutierten Fragestellung und zu einzelnen Aussagen des Textes**. Beginnen wird man diese Stellungnahme mit einer kurzen Zusammenfassung der eigenen Position, die ja entweder in der Zustimmung zum Text, in seiner Ablehnung oder der Formulierung einer einer differenzierten Meinung besteht. Schrittweise wird man die Aussagen des Textes aufgreifen, bewerten und zu seiner eigenen Meinung in Beziehung bringen, wobei man sich jeweils auf die Art der Argumentation oder ihren Inhalt – bzw. auf beides – beziehen kann. Eigene Argumente und Beispiel zum Thema können ebenso wie Bezüge zu Unterrichtsinhalten selbstverständlich in die Stellungnahme einbezogen werden. Auch am Ende dieses Abschnittes sollte eine **Zusammenfassung der Ausführungen** stehen.

Wenn du dich auch **inhaltlich** auf eine mögliche Erörterungsaufgabe als Abiturthema vorbereiten möchtest, lohnt es sich, nach wiederkehrenden Themenbereichen – man spricht auch von „Querschnittthemen" – innerhalb des Unterrichts der letzten Jahre zu suchen. Gängige Themen, auf die sich ein zu erörternder Text beziehen könnte, sind zum Beispiel die folgenden:
Sprachgeschichte: Themen aus der Sprachgeschichte können die Entwicklung einer bestimmten Sprache, die Entstehung von Dialekten oder die Auswirkungen von Sprachkontakt umfassen. Wichtig ist hierbei, die historischen Kontexte und Einflüsse zu berücksichtigen und zu verstehen, wie Sprache sich im Laufe der Zeit verändert und entwickelt.
Aktuelle sprachliche Phänomene: Hier könnten Themen wie Jugendsprache, die Veränderung der Sprache durch Anglizismen oder durch ihre Verwendung in sozialen Medien thematisiert werden. Es ist wichtig zu verstehen, wie sie unsere Kommunikation und Identität beeinflussen.
Literaturgeschichte: Mögliche Themen könnten die Entwicklung von literarischen Genres (z. B. Theaterstücken, Jugendbüchern, auch: Computerspielen), die Rolle bestimmter Autoren oder literarische Bewegungen sein. Auch Fragen nach bestimmten Motiven, etwa nach dem Verhältnis zwischen Männern und Frauen oder zwischen Selbstbestimmtheit und Beeinflussung können in den Blick genommen werden.
Literarischer Alltag: Hier könnten Themen wie das Leseverhalten der Menschen, die Rolle von Büchern in der Gesellschaft oder die Auswirkungen von digitaler Literatur diskutiert werden. Bei diesen Themen sollte man sich auf aktuelle Trends und Entwicklungen konzentrieren und die Bedeutung von Literatur in unserem täglichen Leben reflektieren.

BEISPIEL

Uwe Hinrichs

Nicht nur der Genitiv stirbt: Die Deutschen sprechen immer schlechter Deutsch. Sie vereinfachen gnadenlos und pfeifen auf korrekten Satzbau (2016)

In seinem Buch *A tramp abroad* sagte Mark Twain, ein begabter Mensch könne Englisch in dreißig Stunden lernen, Französisch in dreißig Tagen, Deutsch aber kaum in dreißig Jahren: „Es ist ganz offenkundig, dass die deutsche Sprache zurechtgestutzt und renoviert werden muss. Wenn sie so bleibt, wie sie ist, sollte man sie sanft zu den toten Sprachen legen, denn nur die Toten haben genügend Zeit, sie zu lernen." Und heute? Ist hier etwas im Gange? Im Jahre 2008 waren zwei Drittel der Deutschen der Meinung, mit ihrer Sprache gehe es rasant bergab. Als Gründe wurden genannt Leseabstinenz, Anglisierung, Internet-Kommunikation und Jugend-Slangs. Und 2010 meinten schon 84 Prozent, es müsse jetzt endlich mehr für den Erhalt des Deutschen getan werden. Inzwischen spaltet eine heftige Debatte über „Sprachwandel oder Sprachverfall" das Land und erzeugt zwei unversöhnliche ideologische Lager: Da sind die Sprachpuristen, die überall Verlotterung wittern und auf die hohe Norm pochen – meist vollkommen vergeblich. Den Sprachhütern gegenüber steht eine Multikulti-Schickeria, die jede Sprachmischung erst mal pauschal verherrlicht, aber oft naiv-romantisch daherkommt. Beide Sichtweisen vernebeln, worum es im Sprachwandel geht; höchste Zeit, solche Positionen aufzugeben. Denn erst dann wird ein Schuh draus: Das Hochdeutsche entwickelt aus seinem Reichtum allmählich eine flexible Sprechnorm, die den kommunikativen Herausforderungen des 21. Jahrhunderts angepasst ist.

Ein deutscher Neusprech? Wie geht das? Dass die deutsche Umgangssprache sich in den letzten Jahrzehnten rasant verändert hat, bestreitet heute niemand mehr. Wer aufmerksam in die Talkshows hineinhört, stellt schnell fest: Das gesprochene Deutsch baut ordentlich grammatischen Ballast ab, der Satzbau wird einfacher und effizienter, in allen Medien wirkt eine starke Doktrin von Schnelligkeit und mündlicher Effizienz. Noch nie war das gesprochene Deutsch von der Schulgrammatik so weit entfernt wie heute, und die Schere geht immer weiter auseinander. Worum geht es genau?

[...] Die Tendenz zur Vereinfachung erfasst mittlerweile viele Bereiche der Grammatik; wir können sie hier nur knapp umreißen: Im Wortschatz setzt sich immer mehr der neue Typ mit machen durch: Schweinsteiger macht ein Tor; Castorf macht eine Aufführung; die Polizei macht eine Kontrolle. Ganz nach englischem, türkischem und persischem Muster werden Verben wie schießen, inszenieren, durchführen durch machen ersetzt. [...] Unübersehbar sind auch neue Schwankungen im

>>

>> BEISPIEL

Artikelgebrauch. Heißt es der, die oder das Klientel? Und sogar Sprecher von Tagesschau und heute sagen bereits durchgängig „die politische Lage in Westen"; „in ZDF" – also ganz ohne Artikel. Neue Wortfolgen wie „er kommt nicht, weil er hat keine Zeit" ahmen das Muster des Englischen und vieler Migrantensprachen nach. Verwickelte Kategorien wie der echte Konjunktiv (er äße) oder das Futur II werden kaum noch gebraucht. Und wer dem Volk genau aufs Maul schaut, kann immer öfter Schnellformen erhaschen wie „er empfehlt"; „helf mal!", „sie ratet ab" – die zwar grausam klingen, aber oft kaum noch korrigiert werden.
Der Motor des Sprachwandels: Migration, Sprachkontakte, Mehrsprachigkeit. Die Umgangssprache wirft Ballast ab, wird schlanker und effektiver. Warum gerade jetzt? „Sprache ändert sich, weil sich die Gesellschaft ändert. [...]
Intensive Sprachkontakte sind der Motor für Sprachwandel. [...]

Das Schriftdeutsche hat als Sprache der Philosophie, der Wissenschaft und der Weltliteratur einen einzigartigen Reichtum entwickelt, mit einer breiten stilistischen Differenzierung. Den gilt es zu erhalten. Eine weit ausgreifende Sprach-Architektur aber ist für neue, niederschwellige Kommunikationserfordernisse nicht zuständig und auch gar nicht erforderlich: Migranten wie Nichtmigranten benötigen eine Sprachform, die vor allem den Alltag flexibel managen kann. Dabei nimmt das Gefühl für strenge grammatische Korrektheit allmählich ab. [...]

Die deutsche Umgangssprache wird in der Zukunft – wie andere Sprachen auch – ihre vielen Sprachkontakte widerspiegeln, nicht nur im Wortschatz, sondern auch in ihrer Struktur. Schule und Universität sind aufgerufen, den Sprachwandel auch im Unterricht bewusst zu machen.

Uwe Hinrichs ist Professor für Südslavische Sprachwissenschaft und Balkanlinguistik an der Universität Leipzig.
ZEIT Nr. 16/2016, 7. April 2016

Beispiele für die Texterörterung (Auszüge)

Thema des Textes: Der Text analysiert den gegenwärtigen Sprachwandel im Deutschen und beleuchtet die kontroversen Ansichten bezüglich des sogenannten „Sprachverfalls". Dabei wird der Sprachwandel in der gesprochenen Sprache als etwas Notwendiges und Unaufhaltsames beschrieben und auf die Herausforderungen der modernen Kommunikation im 21. Jahrhundert bezogen.

Inhalt des Textes: Der Text startet mit Mark Twains provokanter Ansicht zur Schwierigkeit des Deutschlernens und leitet in die aktuelle Sprachdebatte ein. Er skizziert Meinungen zur Sprachveränderung, stellt zwei Lager vor (Sprachpuristen und Offenheit für Wandel) und argumentiert für einen Wandel in der deutschen Umgangssprache durch Vereinfachung und Flexibilität, bedingt durch
>>

kulturelle und sprachliche Veränderungen. Die Bewahrung der Differenziertheit der Schriftsprache wird betont.

Argumente und Beispiele im Text (nur Gliederung):

- Mark Twains provokante Aussage über die Schwierigkeiten der deutschen Sprache dient als Einstieg
- Zwei konträre Lager: Sprachpuristen vs. sogenannte „Multikulti-Schickeria“
- Deutsche Umgangssprache zeigt klaren Wandel in den letzten Jahrzehnten
- Vereinfachung und Flexibilität als zentrale Merkmale des Sprachwandels
- ***Beispiele*** im Wortschatz:
  - Verwendung von „machen“ anstelle anderer Verben („Schweinsteiger macht ein Tor“)
  - Neue Schwankungen im Artikelgebrauch (Unsicherheiten bei der Wahl von „der“, „die“, oder „das“)
  - Rückgang komplexer grammatischer Strukturen wie echter Konjunktiv und Futur II
- ***Beispiele*** in der Syntax
  - Neue Wortfolgen und Einflüsse aus anderen Sprachen („er kommt nicht, weil er hat keine Zeit“)
  - Schnellformen und vereinfachte Satzstrukturen (z. B., „er empfehlt“, „helf mal!“, „sie ratet ab“)
- Betonung von gesellschaftlichen Veränderungen, Migration und intensiven Sprachkontakten als Motor des Wandels
- Forderung nach einer aufgeschlosseneren Haltung gegenüber dem Sprachwandel
- Appell an Schulen und Universitäten, den Sprachwandel im Unterricht bewusst zu machen

Eigene Stellungnahme:

Der Text überzeugt durch seine klare Struktur und prägnante Darstellung der Argumente. Die Stichwortliste im Abschnitt „Argumente und Beispiele im Text“ gibt einen präzisen Überblick über die zentralen Punkte des Textes. Die geschickte Einbindung von Mark Twains Zitat als Einstieg verleiht dem Text eine interessante Perspektive und zieht den Leser direkt in die Thematik. Die Verwendung von konkreten Beispielen aus der Umgangssprache illustriert den Sprachwandel anschaulich. Die Forderung nach einer aufgeschlosseneren Haltung gegenüber dem Sprachwandel und die Betonung der Notwendigkeit, diesen im Unterricht zu thematisieren, geben dem Text eine klare Position. Insgesamt trägt der Text dazu bei, die Komplexität des Themas verständlich darzustellen und regt dazu an, über die Dynamik der Sprache in unserer modernen Gesellschaft nachzudenken.

6.2 Die Erörterung eines literarischen Textes

Grundsätzliches zur Begrifflichkeit

Aufgabenstellung

Die Aufgabenstellungen in diesem Bereich fordern – neben der Interpretation eines literarischen Textes – die Erörterung eines aus dem Text sich ergebenden Problems. Dabei wird in aller Regel ein (theoretischer) Text bzw. ein etwas ausführlicheres Zitat vorgegeben, dass sich bereits auf den literarischen Text bezieht und die Problemstellung enthält, die dann weiter zu erörtern sein wird. Man spricht bei einem solchen Text von einem **Sekundärtext**, während man den ursprünglichen, den literarischen Text als **Primärtext** (auch als **Quelle** oder einfach als **literarischen Text**) bezeichnet.

Beide Texte, der Sekundärtext wie der Primärtext müssen zunächst geklärt und erläutert werden, ehe die Erörterung in die argumentative Auseinandersetzung (mit beiden Texten, je nach Themenstellung auch mit den spezifischen Zugriff des Interpretationstextes) übergeht. Das heißt also: Man muss zunächst den Primärtext erfassen, erläutern und interpretieren, ehe man den Sekundärtext nach seinen Aussagen zum Primärtext befragt. Natürlich wird man bei der Interpretation des literarischen Textes entsprechend der konkreten Themenstellung schon wichtige Aussagen des Interpretationstextes zu berücksichtigen haben. Man wird dabei stets darauf achten, dass textbezogen argumentiert wird. Gegebenenfalls sind aber Rückgriffe auf literaturgeschichtliches Wissen angebracht, wenn nicht gar notwendig.

Arbeitsschritte

Die im Folgenden vorgeschlagenen Arbeitsschritte müssen an die konkrete Aufgabenstellung angepasst werden.

1. Schritt: Herausarbeitung/Profilierung der Erörterungsfragestellung
In aller Regel wird im Zusammenhang mit der zu erörternden Fragestellung ein Text bzw. ein etwas ausführlicheres Textzitat vorgegeben, das zu sehen ist als eine ganz spezifische **Interpretationsaussage** zu einem literarischen Text oder Textausschnitt. Das bedeutet für die Aufgabenstellung: Es gibt zu einem literarischen Text bzw. Problem eine Interpretationsaussage (eben den Sekundärtext), die zu diskutieren ist. Daraus folgt:

a) Kläre, um welches literarische Thema und um welchen Text usw. es sich handelt. (Werden konkrete Interpretationsaspekte angesprochen, werden bestimmte Positionen oder Kontroversen genannt?)
b) Weiterhin ist zu fragen: Welche Position bezieht der „Interpretationstext“?

2. Schritt: Das literarische Problem entfalten

Es geht nun darum, das infrage stehende literarische Problem zu entfalten und zu erläutern. Dabei kann es sich um eine Gesamtinterpretation, eine Teilinterpretation, aber auch um eine epochenspezifische Blickweise oder Ähnliches handeln.

a) Das Problem und seine verschiedenen Aspekte müssen bearbeitet werden. In der Regel ist damit eine Interpretation des literarischen Textes verbunden.
b) Eine historische Einbindung vermag unter Umständen das Verständnis des Problemhorizonts deutlicher hervorzuheben. (So wird beispielsweise die Vanitas-Thematik in einem Barockgedicht einleuchtender erklärbar, wenn man den Text aus seiner Zeit heraus – der Zeit des Dreißigjährigen Krieges – versteht.)
c) Wir haben zu fragen nach der ursprünglichen „Botschaft" des literarischen Textes. Frage auch nach der Wirkung und der Wirkungsabsicht, den der Text in seiner Entstehungszeit gehabt haben könnte. Je nach gesellschaftlichem und kulturellem Kontext wirken Texte ja sehr unterschiedlich und oft auch anders als aus unserer heutigen Sicht.

3. Schritt: Die Positionen des Sekundärtexts darstellen

Es muss nun der sekundäre Text, dessen Problemzugriff zu diskutieren ist, genauer expliziert werden.

a) Die Aspekte/Teilthemen des Textes werden herausgearbeitet.
b) Die Bezüge zum Primärtext werden untersucht und kritisch befragt. (Welche Themen/Teilthemen des Primärtextes werden aufgegriffen? Wie werden sie bewertet?)
c) Die Argumente und Argumentationen des Sekundärtextes werden herausgelöst und auf ihre Stichhaltigkeit hin überprüft. Es wird gefragt nach der Begründung der spezifischen Sichtweise.
d) Die Antworten, die der Sekundärtext auf den Primärtext und das aus ihm sich ergebende Problem gibt, werden formuliert.

4. Schritt: Gewichtung und Prüfung der Argumente

Die Argumente des Sekundärtextes werden auf ihre Tragfähigkeit hin überprüft und gewichtet.

5. Schritt: Die eigene Position darlegen

a) Der Sekundärtext und seine Grundaussage werden bewertet.
b) Angesichts der Argumente des Sekundärtextes werden eigene Argumente zum Primärtext formuliert, die gegebenenfalls besondere Aspekte hervorheben.
c) Es empfiehlt sich, eine persönliche Stellungnahme zu den Argumenten des Sekundärtextes, aber auch zum Konzept, das sich aus dem Primärtext ergibt, zu formulieren.

BEISPIEL

Erörtern Sie unter Einbeziehung Ihres literaturhistorischen Wissens den Deutungsansatz zu Joseph von Eichendorffs „Aus dem Leben eines Taugenichts“, der sich aus den folgenden Thesen zum „Taugenichts als Antithese zum Leistungsprinzip“ ergibt. (Text 1)

Bearbeiten Sie die folgenden Teilaufgaben in einem strukturierten zusammenhängenden Text.

[1] Analysieren Sie die Novelle hinsichtlich des Lebenskonzepts des Taugenichts und ordnen Sie die wichtigsten Elemente in die Epoche ein. Gehen Sie bei der Erörterung des Lebenskonzepts von den Strukturlinien aus, die sich im Erzähleingang (Text 2) der Novelle zeigen.

[2] Erörtern Sie, wie weit die Thesen greifen, und beurteilen Sie die grundlegende Argumentation.

Text 1

Friedel Schardt

Der Taugenichts als Antithese zum Leistungsprinzip

1. Die Haltung des „Taugenichts“ ist die humane Antwort auf die inhumane Herausforderung durch das Leistungsprinzip.

2. Die Taugenichtshaltung ist die vernunftsgemäße – wenn auch mythisch-vorrationale – Antwort auf die deformiert-bürgerliche (philisterhafte) Version sozialdarwinistischer Vorstellungen/Implikationen [...]

Der Taugenichts orientiert sich an zwei Leitgrößen: Bedürfnisbefriedigung und Selbstverwirklichung [...] Die Selbstverwirklichung erstrebt er als „homo ludens“, freilich ohne dabei in Konkurrenz zu seinen Mitmenschen zu treten.

3. Der Taugenichts ist zu sehen als Antiheld und damit als Infragestellung jedes [...] tragischen Helden. Er entzieht sich der Tragik kraft der distanzschaffenden Ironie. Damit gewinnt der Taugenichts [...] die [...] Grundstruktur zurück, bei der es um spielerische Verwirklichung menschlicher Existenz – ohne Sieger und Besiegte – geht.

4. Angesichts des die Gegenwart bestimmenden, durch das nicht weiter hinterfragte Ideologem „Wirtschaftswachstum“ abgesicherten Leistungsprinzips stellt die Haltung des Taugenichts eine der wenigen Möglichkeiten dar, als Mensch zu überleben.

Text gekürzt aus: Friedel Schardt: Streit – Ehre – Ehrgeiz – Wettkampf – Leistung: zur Geschichte eines semiotischen Feldes; in: „Ehrgeiz als Grundtrieb menschlichen Handelns“; Fächerübergreifender Unterricht im Gymnasium; Staatliches Institut für Lehrerfort- und -weiterbildung – SIL – Speyer 1978; Seite 34 – 70; hier: Seite 68 f.

>>

>> BEISPIEL

Text 2

Joseph von Eichendorff

Aus dem Leben eines Taugenichts

Das Rad an meines Vaters Mühle brauste und rauschte schon wieder recht lustig, der Schnee tröpfelte emsig vom Dache, die Sperlinge zwitscherten und tummelten sich dazwischen; ich saß auf der Türschwelle und wischte mir den Schlaf aus den Augen; mir war so recht wohl in dem warmen Sonnenscheine. Da trat der Vater aus dem Hause; er hatte schon seit Tagesanbruch in der Mühle rumort und die Schlafmütze schief auf dem Kopfe, der sagte zu mir: „Du Taugenichts! da sonnst du dich schon wieder und dehnst und reckst dir die Knochen müde, und läßt mich alle Arbeit allein tun. Ich kann dich hier nicht länger füttern. Der Frühling ist vor der Tür, geh auch einmal hinaus in die Welt und erwirb dir selber dein Brot." – „Nun", sagte ich, „wenn ich ein Taugenichts bin, so ist's gut, so will ich in die Welt gehen und mein Glück machen." Und eigentlich war mir das recht lieb, denn es war mir kurz vorher selber eingefallen, auf Reisen zu gehn, da ich die Goldammer, welche im Herbst und Winter immer betrübt an unserm Fenster sang: „Bauer, miet mich, Bauer miet mich!" nun in der schönen Frühlingszeit wieder ganz stolz und lustig vom Baume rufen hörte: „Bauer, behalt deinen Dienst!" – Ich ging also in das Haus hinein und holte meine Geige, die ich recht artig spielte, von der Wand, mein Vater gab mir noch einige Groschen Geld mit auf den Weg und so schlenderte ich durch das lange Dorf hinaus. Ich hatte recht meine heimliche Freude, als ich da alle meine alten Bekannten und Kameraden rechts und links, wie gestern und vorgestern und immerdar, zur Arbeit hinausziehen, graben und pflügen sah, während ich so in die freie Welt hinausstrich. Ich rief den armen Leuten nach allen Seiten recht stolz und zufrieden Adjes zu, aber es kümmerte sich eben keiner sehr darum. Mir war es wie ein ewiger Sonntag im Gemüte. Und als ich endlich ins freie Feld hinauskam, da nahm ich meine liebe Geige vor, und spielte und sang, auf der Landstraße fortgehend:

Wem Gott will rechte Gunst erweisen,
Den schickt er in die weite Welt,
Dem will er seine Wunder weisen
In Berg und Wald und Strom und Feld.

Die Trägen, die zu Hause liegen,
Erquicket nicht das Morgenrot,
Sie wissen nur vom Kinderwiegen
Von Sorgen, Last und Not um Brot.

Die Bächlein von den Bergen springen,
Die Lerchen schwirren hoch vor Lust,
Was sollt' ich nicht mit ihnen singen
Aus voller Kehl' und frischer Brust?

Den lieben Gott laß ich nur walten;
Der Bächlein, Lerchen, Wald und Feld
Und Erd' und Himmel will erhalten,
Hat auch mein' Sach' auf' Best' bestellt!"

Text aus: Joseph von Eichendorff: Aus dem Leben eines Taugenichts; in: J. v. Eichendorff: Werke in fünf Bänden, hrsg. v. W. Frühwald, B. Schillbach, H. Schultz; Bd. 2 S 446, 448

>>

Beispielausarbeitung (Auszug)

>> BEISPIEL

Der Taugenichts und sein Lebenszweck

„Taugenichts! Da sonnst du dich schon wieder und dehnst und reckst dir die Knochen müde und lässt mich alle Arbeit allein tun“ (T. 2,Z. 7/8). Der das sagt, weiß, wovon er redet und was er sagt. Er rackert und rumort schon „seit Tagesanbruch“ (T. 2, Z.5), während der Herr Sohn sich den Schlaf aus den Augen wischt und dem Schnee beim Tauen zusieht.

Zwei Welten, wie sie kaum gegensätzlicher sein können, stehen sich hier gegenüber. Der strebsame, in der Mühle rumorende Vater und sein Sohn, der auf der Türschwelle sitzend den beginnenden Frühling genießt.

Der Vater ist konsequent. Er wirft den nichtsnutzigen Sohn aus dem Haus, auf dass er sich selber sein „Brot erwerbe“ (T. 2, Z. 9/10). Der junge Mann ist weder über die Beschimpfung noch über den Rauswurf traurig oder gar erzürnt. Beides nimmt er fast freudig auf und sieht darin geradezu eine willkommene Chance, seine Zukunft selbst in die Hand zu nehmen. Er will „in die Welt gehen und (s)ein Glück machen“ (T. 2, Z. 10/11).

Freilich, dieses „sein Glück machen“ ist wohl nicht ganz im Sinne des Vaters gemeint. Das jedenfalls können wir vermuten, wenn wir beobachten, wie der Taugenichts den Abschied von der Heimat vollzieht. Er hat seine „himmlische Freude“ daran, seine „Bekannten und Kameraden“ zu sehen, die ihre alltägliche Arbeit im Feld tun. Er ruft ihnen „recht stolz und zufrieden Adjes“ zu (T. 2, Z. 22), muss aber feststellen, dass sie keinen Blick für ihn haben. Das allerdings stört ihn nicht weiter. Er ist endlich frei, kann „in die freie Welt“ (T. 2, Z. 21 f.) ziehen und unbeschwert diese Welt genießen, während die „armen Leute“ (T. 2, Z. 21/22) graben und pflügen müssen.
Mit einem Vergleich bringt er sein Lebensgefühl zum Ausdruck: „Mir war es wie ein ewiger Sonntag im Gemüte“(T. 2, Z. 23).

Genau das ist der Punkt, auf den es dem jungen Mann ankommt: „Sonntag“, der Tag, an dem nicht gearbeitet wird, der der Ruhe, dem Feiern, dem eigentlichen Leben gewidmet ist. Dieser Tag kommt im bürgerlichen Leben – wenn überhaupt – alle sieben Tage einmal vor. Der Taugenichts aber sieht den „ewigen Sonntag“ vor sich. Das ist schon ein Grund zum Feiern. Und auch das kann der Taugenichts. Er nimmt seine Geige, spielt und singt und feiert so seinen Auszug in die weite Welt. Es bleiben freilich einige Fragen offen: Wo nimmt der Taugenichts seine Zuversicht her? Hat er keine „Zukunftsangst“? Fürchtet er nicht die Arbeitslosigkeit? Wie will er weiterkommen? Wo wird er unterkommen? Und was soll noch aus ihm werden?

>>

>> BEISPIEL

Der Taugenichts beantwortet all diese unsere Fragen mit einem absoluten Gottvertrauen, das er in dem Lied äußert, mit welchem er seinen Start ins Leben eröffnet: „Wem Gott will rechte Gunst erweisen, den schickt er in die weite Welt.“ (T. 2, Z. 26/27)
So stehen sich schon zu Beginn der Novelle zwei grundsätzlich verschiedene Konzepte gegenüber:
Da ist einmal der Vater, der arbeitet, plant, der arbeitsam, fleißig und diszipliniert sein Leben im Griff hat, ganz wie es das bürgerliche Konzept vorsieht, während sein Sohn dieses Konzept ignoriert und sein Leben ganz anders gestaltet.
Zur Welt des Vaters gesellen sich weitere Figuren der Novelle: Da begegnen wir zunächst den Kameraden des Taugenichts, die ackern und streben, die ihrer täglichen Arbeit nachgehen und vom Taugenichts geradezu ausgelacht werden, als dieser hinauszieht in die Welt.

Auf dem Schloss bei Wien begegnet er mehreren Personen, die – ganz wie sein Vater – ihn darauf hinweisen, dass Arbeit die Grundsubstanz des menschlichen Lebens darstellt. Der Portier, ein gravitätisch auftretender Herr, hat nichts übrig für die Flausen des jungen Taugenichts, und der Gärtner macht ihm klar, dass seine Lebensauffassung von ehrlichen Menschen so nicht akzeptiert werden kann. All diese Zeitgenossen gehören in ihrer Grundauffassung von Leben und Lebensgestaltung einem Menschentyp an, den der Romantiker als Philister bezeichnet. Der Philister lebt nur seiner Arbeit, hat nichts übrig für Kunst oder Natur, nur das Zweckmäßige wird akzeptiert. Ein Taugenichts, der die nützlichen Kartoffeln in seinem Gärtchen ersetzt durch bunte Blumen, ist für den Philister ein unnützer Zeitgenosse. Dessen Geigespielen wird als brotlose Kunst angesehen. Wenn er auf sein unnützes Zeug verzichten würde, könnte er es vielleicht noch zu etwas Rechtem bringen. Der Taugenichts allerdings hält nichts von diesen „nützlichen Lehren“.

Als er auszieht, fühlt er sich erst einmal befreit. Er zieht aus und löst sich damit aus allen Zwängen, die ihn bisher behinderten. Insofern ist sein Auszug eine Befreiung. Er befreit sich vom Vater, der nur die Arbeit kennt, er befreit sich vom Leben in der Enge des Dorfes, das sich im alltäglichen Einerlei ergeht, und er befreit sich von dem Zwang, dem sich die ausgesetzt sehen, die „zu Hause liegen“ und nur „von Sorgen, Last und Not um Brot“ (T. 2, Z. 33) wissen.
Die Befreiung allerdings führt ihn schnell an den Rand des gesellschaftlich noch Akzeptierten. Der Gärtner, sein erster „Vorgesetzter“ in der neuen Welt, macht ihm schnell klar, dass er nichts hält vom Herumvagieren. Das wiederum sieht der Taugenichts ganz anders. Er ist offen für alles, was ihm begegnet. Die andern aber, die „zu Hause liegen“ (T. 2, Z. 30) sieht er als die „Trägen“. Hier haben wir offensichtlich einen ersten grundlegenden Gegensatz bei der Bewertung des

>>

>> BEISPIEL

Wanderns in die Welt. So stellen wir noch öfter eine „Umwertung“ fest: Der Taugenichts betrachtet z.B. den Hirten, dem er unterwegs begegnet, als Faulenzer, der im Schatten liegt, während er sich in die Welt begeben muss.
Auf dem Schloss findet der Taugenichts schnell eine Arbeit als Gärtnerbursche, freilich ist ihm die Arbeit lästig, da sie ihn davon abhält, die Natur wahrzunehmen, sie zu genießen. Wann immer sich die Gelegenheit ergibt, macht er eine Pause, raucht ein Pfeifchen und lässt seinen Gedanken freien Lauf. Ohne sein Zutun wird er zum Einnehmer befördert und nutzt nun die neue Position, um den Leuten beim Arbeiten zuzusehen. So gerät er schnell mit dem Portier, der inzwischen sein Freund geworden ist, aneinander.

Der Taugenichts lässt sich nicht in das zweckorientierte Denken seiner Umwelt einpassen. Er reißt die Kartoffeln aus und pflanzt seltene Blumen, er hört die Jagdhörner und assoziiert freie Bewegung, während sein philisterhafter Partner an die nassen Füße denkt, die er sich als Treiber bei einer Jagd geholt hat.
Der Taugenichts lebt sein Leben gegen alle bürgerliche Vernunft, verzichtet auf rationale Planung und wenn er Absichten äußert, die in die Zukunft weisen, dann wird gerade dabei deutlich, dass er sich nicht einfangen lässt vom bürgerlichen Streben und von festen Bindungen: Er geht auf die Hochzeitspläne ein, macht aber deutlich, dass es gleich nach der Hochzeit wieder nach Italien gehen wird, wo die „schönen Wasserkünste gehen“.

Möglicherweise gibt Eichendorff gerade dadurch seinem biedermeierlichen Lesepublikum einen Anstoß, auch das eigene Leben einmal zu überdenken und die in dem Erfahrungsraum des Ich-Erzähler aufleuchtende Gegenwelt wahrzunehmen, die als poetische Welt einen Lebensraum schafft, der dem, der sich auf diese Welt einlässt, eine Poetisierung seines Lebens in Freiheit gestattet.
Der Taugenichts lebt sein poetisches Leben. Er fühlt sich im Einklang mit der Natur und gibt seiner Freude in seiner Musik Ausdruck, Er lehnt es ab, für seine künstlerische Tätigkeit bezahlt zu werden. Er musiziert, wenn ihm und weil ihm danach ist, er will die Menschen damit erfreuen. Damit bricht er aus aus dem Kreislauf von Leistung und Bezahlung und macht klar, dass seine Kunst in seinem Leben nichts zu tun hat mit pragmatischen Zwecken.
Freilich sei hier schon am Rand die Frage gestattet: Wovon lebt so ein Taugenichts? Genau dieser Frage aber verweigert er sich dann.

Der Taugenichts und das Leistungsprinzip
Text 1 setzt den Taugenichts, sein Lebenskonzept, seine Weltwahrnehmung und sein Agieren in der Welt in Beziehung zu der Größe, die das bürgerliche Leben und die Position des Menschen im bürgerlichen Ordnungsgefüge im 18. und 19. Jahrhundert wesentlich bestimmt: zum Leistungsprinzip. In vier Thesen

>>

>> **BEISPIEL**

wird die grundlegende Annahme entfaltet: Der Taugenichts und sein Welt- bzw. Lebenskonzept sind zu sehen als die Antithese zum Leistungsprinzip.
Ehe wir uns den einzelnen Thesen von Text 1 zuwenden, soll zunächst nach dem Begriff Leistungsprinzip gefragt werden.
Im Leistungsprinzip spiegelt sich die Auffassung, dass die Chancen des Einzelnen hinsichtlich seiner Stellung in der Gesellschaft, aber auch hinsichtlich seiner ökonomischen Verhältnisse allein abhängen von der Qualität und den Umfang seiner Leistung. D.h.: Weder Stand noch Herkunft noch andere Merkmale bestimmen das Ordnungsgefüge, sondern allein das Ergebnis der eigenen Arbeit. Das Leistungsprinzip lieferte historisch gesehen wohl mit dem Entstehen eines bürgerlichen Selbstbewusstseins den entscheidenden neuen Orientierungsrahmen, und so konnte das „es zu was Rechtem bringen" schnell Maxime werden.

Nach Text1 stellt das Leistungsprinzip eine „inhumane Herausforderung" dar, das bedeutet: Der Mensch muss, folgt er dem Prinzip, auf zumindest einen Teil seines Menschseins verzichten. Vorläufig bleibt offen, wie das zu verstehen ist. Vielleicht wird es etwas klarer, wenn man die Gegenposition, die vom Taugenichts bezogen wird, in den Blick nimmt.

Der Taugenichts scheint öfters Gefahr zu laufen, sich diesem Prinzip zu unterwerfen. So entschließt er sich als Einnehmer, das Reisen zu lassen, um es mit der Zeit zu etwas Großem in der Welt zu bringen. Auch als ihm die Jungfer nach seinem Geigespielen unter der Dorflinde Avancen macht, ist er versucht, zu bleiben und sein Glück zu machen. Allerdings: Er besinnt sich immer wieder recht schnell eines Besseren und macht sich auf den Weg.
Er scheint tatsächlich, wie das Text 1 behauptet, der Herausforderung zu widerstehen und ein humanes Lebenskonzept vorzuziehen.
Er wird sogar geradezu böse, als ein junger Mann versucht, ihm für sein Musizieren zu belohnen. Für ihn ist Musik Ausdruck seiner Lebensfreude. Eine Bezahlung käme einer Entwertung gleich.

Die zweite These formuliert die Verhaltensmaximen des Taugenichts schon etwas genauer: Das Verhalten gilt der Befriedigung grundlegender Bedürfnisse und steht im Dienst der Selbstverwirklichung. Der Taugenichts ist schon erleichtert, als er als Gärtnerbursche „im Brot" ist. So ganz passt ihm das aber nicht, denn die anfallende Arbeit stört ihn doch massiv bei der „Selbstverwirklichung". Entsprechend nimmt er sich als Gärtnergeselle bei jeder Gelegenheit eine Auszeit, um ein Pfeifchen zu rauchen, den Wolken zuzusehen und nachzudenken. Wir müssen allerdings beachten, dass für ihn auch das Nichtstun nicht ganz unproblematisch ist. Als Einnehmer hat er genügend „Freizeit" und doch wird ihm bald einiges zu

>>

viel: Seine Nase stört ihn, seine Beine stören ihn usw. usw. Offensichtlich kann und will der Taugenichts nicht einfach nur faulenzen.

Nach Text 1 realisiert er seine Selbstverwirklichung als „Homo ludens“ (T. 1, Z. 7 f.) als „spielender Mensch“. Möglicherweise ist hier das angesprochen, was Schiller als „Spieltrieb“ bezeichnet und als das zentrale Moment eines humanen Lebensvollzugs angesichts des Ernstes der Pflicht ansieht. Auf jeden Fall bewegen wir uns hier im Bereich des Ästhetisch-Künstlerischen, der Poetisierung des Lebens, wie es der Romantiker bezeichnet.

Die zweite These behauptet, im Taugenichts sei eine vernunftsgemäße Antwort auf philisterhafte, sozialdarwinistische Implikationen zu sehen. Das philiströse Konzept sieht denjenigen als den Tauglichsten an, der aufgrund seiner Leistung sich im gesellschaftlichen Konkurrenzkampf durchsetzt. Die Antwort Eichendorffs erfolgt (noch) nicht rational, sondern im Handeln bzw. als „mythisches Konzept“, will sagen: Die Antwort wird als Geschichte vorgestellt. Auf den Taugenichts bezogen: Sie wird vorgelebt. Die Philister werden vorgeführt im Vater, im Gärtner, im Portier. Sie alle pochen auf Leistung, ohne ein eigentliches Ziel angeben zu können (es sei denn, man betrachtet das „zu was Rechtem bringen“ als solch ein Ziel).

Der Taugenichts setzt andere Orientierungspunkte: Er lebt und genießt das Leben. Er erlebt und genießt die Natur, in seinem Gesang und in seinem Geigespielen bringt er sein Lebensgefühl zum Ausdruck. Mit anderen Worten: Seine wesentlichen Äußerungen sind künstlerischer/poetischer Natur.

Die dritte These setzt sich mit der Frage nach dem Helden auseinander und kommt zum Ergebnis: Taugenichts ist auf keinen Fall ein tragischer Held.
Er versucht, wo immer das möglich ist, Tragik schon im Ansatz zu vermeiden. Das gelingt auf mehrfache Weise: Den traurigen Situationen entflieht er schnell, indem er weiter wandert (odert eben einfach einschläft).

Oder aber Eichendorff setzt „distanzschaffende Ironie“ (T. 1, Z. 10 f.) ein, so zum Beispiel, wenn es dem Ende zugeht und er weitererzählt, „wie es sich für einen wohlerzogenen Roman gehört“ (sinngemäß zitiert). Wir können aber hier über Text 1 hinausgehen: Als „Held“ bezeichnet man diejenige literarische Figur, die die Handlung bestimmt, sie weitertreibt und ihre Richtung festlegt. Genau das aber ist der Taugenichts nicht. Er handelt nicht zielstrebig (sieht man einmal davon ab, dass er Rom den Rücken kehrt und in die Heimat zieht), mit ihm wird gehandelt. Selbst am Schluss muss Aurelie die Initiative ergreifen und ihm um den Hals fallen.

>>

>> **BEISPIEL**

Der Taugenichts ist also voll und ganz als Antiheld zu sehen. Allerdings: Taugenichts wird aktiv und legt Ziele fest, wenn er die Gefahr sieht, vom philisterhaften System vereinnahmt zu werden. So steht am Ende eben nicht die Hochzeit, sondern die Ankündigung, wieder nach Italien zu reisen.
Die letzte These des Textes 1 stellt eine Verbindung zu unserer Gegenwart her. Dabei wird davon ausgegangen, dass angesichts der gegebenen Bedingungen (Stichwort: „Wirtschaftswachstum“ [T. 1, Z. 15]) das Leistungsprinzip eine allgegenwärtige Größe darstellt, die gesehen wird als Gefahr für das Menschsein. Wir können davon ausgehen, dass hier unterstellt wird, dass der Anspruch des Leistungsprinzips massiv in eine menschenwürdige Lebensgestaltung eingreift. Für diesen Fall wird die Verweigerungshaltung des Taugenichts als eine mögliche Rettung gesehen.

Der Taugenichts und die Poetisierung des Lebens
Text 1 ergreift offensichtlich Partei für das Konzept, das Eichendorff in den Aktionen seiner Hauptfigur entfaltet. Dabei freilich konzentriert sich die Argumentation meiner Meinung nach zu sehr auf den Aspekt „Leistung“ und Verweigerung. Gewiss, der Gegensatz zwischen Taugenichts und den Philistern ist gewissermaßen allgegenwärtig. Für den Taugenichts selbst aber steht dieser Gegensatz nicht so sehr im Vordergrund. Dem Taugenichts geht es um das Leben, das er frei und nach Lust und Laune gestalten will.

„Arbeit“ ist ihm kein Fremdwort. Nur: Er füllt den Begriff neu. Er betrachtet seinen Auszug in die Welt als sinnvolle Tätigkeit, während er das „hinterm Ofen hocken” als Faulheit betrachtet. Das Spielen auf der Geige ist für ihn keine „brotlose Kunst“ oder gar „unnützes Zeug”, wie der Gärtner sagt. Die Musik ist für den Taugenichts wesentlicher Bestandteil seines Lebens. Sie ist ihm das Instrument, dessen er sich bedient, wenn er seine Stimmung, sein Lebensgefühl ausdrücken will. Hier soll ein Gedanke aus Text 1 aufgegriffen werden, der dort eine untergeordnete Rolle spielt: Der Taugenichts ist der „homo ludens“ schlechthin.
Gerade das Spiel, das sich eben dem Zweckdenken verweigert, stellt die zentrale Möglichkeit dar, das Menschsein zu leben und das Leben zweckfrei zu gestalten.

Damit sind wir bei dem für den Romantiker zentralen Begriff der Poetisierung des Lebens angekommen. Hier geht Eichendorff deutlich über den Leistungsprinzip-Zusammenhang hinaus, indem er ein Konzept vorstellt, das in seiner Losgelöstheit von der („banalen“) Realität wohl an keinem Ort (griechisch: ou topos) ganz aufzugehen vermag, als Utopie aber in die Gegenwart als ständige Herausforderung hineinragt.

>>

Erörterungen

6

... PRAGMATISCHER TEXTE

Leseverstehen

- Thema klären
- Hauptthesen markieren
- Gliederung untersuchen
- Themen der Abschnitte klären
- Schlüsselwörter markieren

Ausarbeitung

- Themenstellung formulieren
- Berücksichtigung der Textabsicht und der Vorgehensweise des Textes

Textwiedergabe formulieren

- kurzes Nennen der Hauptthesen und der dazugehörenden
- Argumente

Text gründlich analysieren

- Argumentationsstruktur beschreiben
- auf Besonderheiten der Argumentations-struktur eingehen
- auf Manipulationstechniken achten
- Ergebnisse regelmäßig zusammenfassen
- Sprache beschreiben, z. B.
- Textsorte, Textlänge,
- Satzbau (Hypotaxe, Parataxe),
- Wortwahl (Fachsprache, bestimmte Wortfelder)

Eigene Stellungnahme formulieren

- Stellung nehmen zu Inhalt und Art der Argumentation

... LITERARISCHER TEXTE

Herausarbeitung der Themenstellung

- Erfassen der Fragestellung, des Bezugstexts und der Position des Sekundärtexts

Das literarische Problem entfalten

- Der literarische Text/Textauszug wird interpretiert,
- er wird in größere Zusammenhänge (Gesamtwerk, Literaturgeschichte etc.) eingeordnet.

Die Positionen des Sekundärtextes darstellen

- Klären: Auf welche Themen und Teilthemen des literarischen Texts bezieht sich der Sekundärtext?
- Welche Positionen, Argumente und Beispiele formuliert er angesichts seines Bezugs auf den literarischen Text?

Gewichtung und Prüfung der Argumente

- Prüfung der Argumente des Sekundär-texts und Einschätzung ihres Gewichtes und ihrer Angemessenheit

Die eigene Position darlegen

- Stellungnahme zur Position des Sekundärtexts und zur Erörterungsfrage an sich

7 Materialgestütztes Schreiben

Aufgaben aus dem Kompetenzbereich des materialgestützten Schreibens erfordern Fähigkeiten im Lesen und Erfassen von Texten und Materialien sowie im Planen und Verfassen von Texten bestimmter Textsorten. Je nach Aufgabenstellung unterscheidet man das materialgestützte Verfassen informierender Texte vom materialgestützten Verfassen argumentierender Texte.

7.1 Die Arbeitsschritte

Das Befolgen von konkreten Arbeitsschritten erleichtert die Schreibarbeit.

1. Die Aufgabenstellung erfassen

Es ist wichtig, die Aufgabenstellung möglichst exakt zu erfassen. Am besten notiert man sich Antworten auf folgende Fragen:

- Welche exakte Fragestellung enthält die Aufgabenstellung?
- Wer sind die Adressaten des zu schreibenden Textes? Welche Erwartungen und welche Vorinformationen haben sie?
- In welcher Textsorte soll der Text verfasst sein? Welche Merkmale kennzeichnen diese Textsorte?

AUFGABENVARIANTEN

Während einer Klassenfahrt nach Jena muss jede Schülerin und jeder Schüler ein Referat halten. Jena gilt als Zentrum der Frühromantiker.

Verfassen eines *informierenden* Textes

Planen und verfassen Sie auf der Grundlage der Materialien M1 bis M 6 sowie Ihrem Wissen aus dem Unterricht einen kurzen Informationsvortrag für Ihre Mitschülerinnen und Mitschüler zum Thema: „Die romantische Sicht auf die Welt."

Während einer Klassenfahrt nach Jena muss jede Schülerin und jeder Schüler ein Referat halten. Jena gilt als Zentrum der Frühromantiker.

Verfassen eines *argumentierenden* Textes

Planen und verfassen Sie auf der Grundlage der Materialien M1 bis M6 sowie Ihrem Wissen aus dem Unterricht einen erörternden Vortrag für Ihre Mitschülerinnen und Mitschüler zum Thema: „Haben die Ideen der Romantik eine Bedeutung in unserer Zeit?"

Kontext, Situation und Zielgruppe

Der **thematische Kontext** der beiden Aufgaben ist deutlich: Es geht um die Romantik bzw. die Frühromantik. Das Wissen aus den entsprechenden Unterrichtsreihen kann eingebracht werden.
Die **Situation und die Zielgruppe** der Vorträge sind ebenfalls benannt. Da die Vorträge vor Ort während einer Klassenfahrt gehalten werden müssen, sollten sie kurz sein. Thesenpapiere oder die Möglichkeit einer Präsentation wird es nicht geben. Die Vorträge müssen also übersichtlich und gut strukturiert sein. Die Adressaten verfügen über einiges Grundlagenwissen aus dem Unterricht. Ihr Interesse am Thema wird unterschiedlich intensiv sein.

2. Sichtung und Auswertung des Materials

Achtung: Mitunter hoher Zeitbedarf

Die Sichtung und Auswertung des Materials muss gründlich vorgenommen werden und kann mitunter viel Zeit in Anspruch nehmen. Beim Lesen des Materials von Beginn an auf die Fragestellung und die folgenden Hilfsfragen zu achten, macht die Arbeit effizienter.

- Aus welcher Zeit, von welchem Autor stammt das Material? Welche Bedeutung haben Zeit und Autor für die Glaubwürdigkeit und Objektivität des Materials?
- Worum geht es in dem Material grundsätzlich?
- Welche Informationen des Materials lassen sich für die Auseinandersetzung mit der Fragestellung nutzen?

Das **Markieren einzelner Textstellen**, die Arbeit mit **Randnotizen** oder das Anlegen einer **Auswertungstabelle** (siehe die folgenden Beispiele) können die Auswertung sinnvoll unterstützen.

Die Beispielmaterialien, auf die hier immer wieder Bezug genommen wird, findest du in Kapitel 7.2 ab Seite 267.

„Die romantische Sicht auf die Welt …"

Material	Titel und Thema	relevanter Inhalt
Material 3	Novalis, Wenn nicht mehr Zahlen und Figuren	Das allzu Rationale verdeckt den Blick auf das Wesentliche …

„Haben die Ideen der Romantik eine Bedeutung in unserer Zeit?"

Material	Titel und Thema	relevanter Inhalt
Material 3	Novalis, Wenn nicht mehr Zahlen und Figuren	Prüffrage: Wie sehr ist unsere Welt durch das Rationale bestimmt?

3. Einbeziehen von weiterem Wissen – etwa aus dem Unterricht

Ein gutes Allgemeinwissen kann hier nicht schaden.

In der Regel werden die materialgestützten Schreibaufträge an Themen orientiert sein, die im Unterricht behandelt wurden. Auch wenn die Informationssammlung sich im Wesentlichen auf das angebotene Material beziehen sollte, kann die Materialsammlung aber auch durch darüber hinausgehende Informationen ergänzt werden. Derartige Informationen und Ideen werden ebenfalls notiert.

4. Planen und Verfassen des Textes

Schreibplan oder Textentwurf in Stichworten

Die Informationen aus den Materialien müssen derart sortiert und durch das eigene Vorwissen ergänzt werden, dass sie sich sinnvoll in den Aufbau der vorgegebenen Textsorte einbinden lassen. Je nach zeitlicher Planung kann das Erstellen eines Textentwurfs bzw. eines Schreibplans dabei sehr hilfreich sein.

In der **Einleitung** werden das Thema genannt und der Adressatenkreis direkt angesprochen. Wenn die Materialien einen aktuellen oder populären Aufhänger für das Thema bieten, kann die Einleitung mit diesem beginnen.

BEISPIEL FÜR EINE EINLEITUNG

Einleitung eines *informierenden* Texts (Aufgabenvariante 1)
Jena gilt als die Stadt der Frühromantiker. Wir haben ja gestern schon die Universität besichtigt, an denen die Philosophen Fichte und Schelling lehrten. Ich möchte euch heute in meinem kurzen Vortrag einen Einblick in die Weltsicht der Romantiker geben. Mein Thema lautet: „Die romantische Sicht auf die Welt."

Einleitung eines *argumentierenden* Texts (Aufgabenvariante 2)
Wir sind auf unserer Klassenfahrt an vielen Orten und in einigen Vorträgen der Romantik und den romantischen Dichtern begegnet. Vielleicht habt ihr euch auch gefragt, was die Romantiker sagen würden, wenn sie uns heute hier sehen könnten. Mein Vortrag befasst sich mit der Frage: „Haben die Ideen der Romantik eine Bedeutung in unserer Zeit?"

Der **Hauptteil** bringt die Informationen oder die Argumente, die aus dem Material gewonnen wurden. Dabei sollten die Informationen passend zur Textsorte und zum Adressatenkreis sortiert werden. In vielen Zusammenhängen ist es angemessen, vom Wichtigen zum Unwichtigeren bzw. vom allseits Bekannten zum Detaillierten vorzugehen.
Es ist empfehlenswert, die verschiedenen Informationen und Argumente, die aus dem Material abgeleitet wurden, gut zu sortieren. Eine Mind-Map oder eine einfache Liste unterstützen diesen Arbeitsschritt.

BEISPIEL FÜR EINE GLIEDERUNG

① Hinwendung zu einer ganzheitlichen Perspektive (M 2*, M 5)
② Ablehnung eines einseitig rationalen Blicks auf die Welt (M 2, M 5)
③ In den sinnlich wahrnehmbaren Erscheinungen der Wirklichkeit verbirgt sich ein tieferer Sinn, der entdeckt werden kann (M 2, M 5).
④ Mithilfe der Fantasie, der Einbildungskraft und der Dichtung wird die Wirklichkeit aufgewertet (M 2, M 5).
⑤ Freiheit und Klarheit als Charakteristika des Lebensgefühls (Material 2)
⑥ Kunst und Dichtung sind für die Dichter der Romantik die Mittel, mit denen die Wirklichkeit aufgewertet kann. Romantische Kunst bildet die Wirklichkeit nicht einfach ab (M 2, M 3, M 5).

* siehe folgende Seiten

Der **Aufbau der Argumentation** kann unterschiedlich gestaltet werden. Oft beginnt man mit dem schwächsten Argument und endet beim stärksten. Auch die Vorgehensweise, nach der zunächst ein starkes, dann ein schwächeres und danach die restlichen Argumente in absteigender Qualität sortiert werden, kann angemessen sein. Gegenargumente können nach und nach in die Ausführungen zu den Argumenten integriert oder in einem eigenen Textteil formuliert werden.

BEISPIEL AUFBAU DER ARGUMENTE

PRO: Die Ideen der Romantik haben eine Bedeutung in unserer Zeit:
① Romantische Themen und Motive sind im Alltag präsent (M 1, M 2).
② Romantische Texte und Dichter sind bekannt (M 6).
③ Menschen verbinden positive Stimmungen und Erlebnisse mit den Stichworten *Romantik* und *romantisch* (M 2).
④ Fantasie und Kunst haben auch heute einen großen Stellenwert (M 5).

CONTRA: Die Ideen der Romantiker haben keine Bedeutung in unserer Zeit:
① Auch unsere Zeit ist „von Zahlen und Figuren“ beherrscht (M 2).
② Die Ideen der Romantik verkommen zu Museumsobjekten (M 1).
③ Die Begriffe „Romantik“ und „romantisch“ werden nur noch sehr oberflächlich benutzt (M 6).

Insgesamt gelten für diesen Teil des materialgestützten Schreibens dieselben Regeln und Grundsätze wie beim Verfassen einer Erörterung. Je nach vorgegebener Textsorte müssen die Argumente aber nicht allzu sachlich wiedergegeben und aneinandergereiht werden. Das Ausschmücken mit Beispielen und das Einbauen von Zitaten werten den Text in der Regel auf. Probiere hier ein paar Formulierungsvarianten aus und lies sie dir selbst laut vor. Wähle eine anschauliche Formulierung, die das Interesse deiner Leserinnen und Leser aufrecht erhält.

Es ist wichtig, einzelne Informationen am Material zu belegen. Am besten wird die Quelle des Materials direkt nach dem Nennen der Information in Klammern angegeben.
Beispiel: Stimmungsvolle Ereignisse gelten als *romantisch* (Vgl. M 6).

Je nach Absprache wird auch der Titel des Materials notiert:
Beispiel: Stimmungsvolle Ereignisse gelten als *romantisch* (Vgl. M 6, Buchrezension).

Wo Textstellen direkt zitiert werden, müssen die Zitate durch Anführungszeichen gekennzeichnet werden.
Beispiel: „Ein Abendessen zu zweit bei Kerzenlicht: romantisch?" (M 6, Buchrezension)

Der **Schluss** fasst das Beschriebene oder Begründete zusammen und bezieht sich noch einmal ausdrücklich auf die Fragestellung. Eine persönliche Einschätzung oder ein Ausblick runden den Text ab.

BEISPIELE FÜR SCHLUSSFORMULIERUNGEN

Informierender Text (Aufgabenvariante 1)
So habt ihr nun eine Vorstellung vom Lebensgefühl und der Weltsicht der Frühromantik. Ich bin gespannt, ob wir diesem Gefühl während unserer Klassenfahrt weiterhin begegnen werden.

Argumentierender Text (Aufgabenvariante 2)
Meiner Meinung nach konnten sich die Ideen der Romantik nicht wirklich in unsere Zeit retten. Sicherlich kennen wir romantische Dichter und Motive. Deren Lebensgefühl und Sendungsbewusstsein bleibt uns kaum begreifbar. Ihre Begriffe benutzen wir nur noch zur oberflächlichen Bezeichnung bestimmter Stimmungen und Atmosphären.

5. Den Text überarbeiten

lästig – aber unverzichtbar

Auch wenn es lästig ist: Das erneute Durchlesen des Textes verbessert das Produkt! Neben der sprachlichen Richtigkeit und der Rechtschreibung sollte die Frage im Blick behalten werden, ob sich die Ausführungen schlüssig auf die Fragestellung beziehen.

7.2 Beispielmaterialien

MATERIAL 1

M1: Gemälde des Malers Caspar David Friedrich

Caspar David Friedrich (1774–1840). Der Wanderer über dem Nebelmeer
Der Künstler gilt als einer der bedeutendsten Vertreter der sogenannten Frühromantik.

MATERIAL 2

M2: www-Suche mit dem Suchwort Romantik

Romantik Hotels & Restaurants in Europa » Romantik Hotels ...
Entdecken Sie die rund 200 exklusiven und historischen Romantik Hotels & Restaurants in 10 Ländern Europas.

Romantik pur: Romantische Liebesfilme & Serien im ...
Diese Filme lassen jedes Frauenherz höher schlagen. Entdecke jetzt unsere große Auswahl an Liebesfilmen und Liebesserien

Startseite | Eisenbahn-Romantik | SWR.de
Seit 1991 zeigt Eisenbahn Romantik die Vielfalt der Eisenbahn-Welt mit Reportagen über Züge, Strecken und Modelleisenbahnen.

Romantik - kunstwissen.de
Geschildert wird der Unterschied zwischen Klassik und Romantik, Bildthemen werden neben Theoretischem vorgestellt.

Romantischer Rhein: Urlaub am Rhein
Präsentiert die touristischen Angebote zwischen Rüdesheim und Bingen im Süden und dem Beginn des Siebengebirges im Norden.

MATERIAL 3

M3: Ein Gedicht aus der Romantik

Novalis

Wenn nicht mehr Zahlen und Figuren (1800)

Wenn nicht mehr Zahlen und Figuren
Sind Schlüssel aller Kreaturen,
Wenn die, so singen oder küssen,
Mehr als die Tiefgelehrten wissen,
Wenn sich die Welt ins freie Leben,
Und in die Welt wird zurückbegeben,
Wenn dann sich wieder Licht und Schatten
Zu echter Klarheit werden gatten,
Und man in Märchen und Gedichten
Erkennt die ew'gen Weltgeschichten,
Dann fliegt vor Einem geheimen Wort
Das ganze verkehrte Wesen fort.

Fünfzig Gedichte der Romantik. Ausgewählt von Dietrich Bode. Stuttgart: Philipp Reclam jun. 2001. S. 15

MATERIAL 4

M4: Lexikoneintrag Romantik

„Romantisch“ – als Adjektiv – gehört zu den altfranzösischen Substantiven „romanz“ und „roman“. Es bezeichnet zunächst die in der Volkssprache (im Unterschied zum Latein) geschriebenen höfischen Versromane. In der weiteren Verwendung wird diese Sprachbezeichnung zum übergeordneten Gattungsbegriff für die Versromane. Im 17. Jahrhundert bedeutet „romantisch“ also so viel wie „in Romanen“. In der Epoche der Empfindsamkeit wird das Romantische dem Nüchternen, rein Rationalen entgegengesetzt. Diese Bedeutung greifen die Dichter und Philosophen der Romantik auf. Für einige Zeitgenossen war das Romantische aber auch gleichzusetzen mit allem Poetischen – in Abgrenzung zu einer Kunst, die bloß die Wirklichkeit abbildet.

MATERIAL 5

M5: Interview mit dem Autor Rüdiger Safranski

[...] WELT ONLINE: Was ist Romantik?
Safranski: Romantik heißt, mehr aus der Wirklichkeit zu machen, als sie unmittelbar bietet. [...] Man muss mit großer Fantasie und Einbildungskraft an die Wirklichkeit herangehen, dann erst zeigt sie Überraschendes. Ganz gleich wie eindrucksvoll die Wirklichkeit erscheint. Novalis hat es am schönsten definiert: Romantik heißt, „dem Gewöhnlichen ein ungewöhnliches Aussehen zu geben, das Banale in ein Geheimnis zu verwandeln“.

WELT ONLINE: Verbirgt die Wirklichkeit ihr wahres Gesicht vor uns?
Safranski: Ja, sie offenbart sich nicht von allein. Man muss sie sichtbar machen. Nur so stellt sich das Wunderbare, das Geheimnisvolle her. Noch einmal Novalis: „Indem ich dem Geheimnis einen hohen Sinn, dem Endlichen einen unendlichen Schein gebe, so romantisiere ich es.“

WELT ONLINE: Was ist der größte Unterschied zwischen Romantik und unserer Zeit?
Safranski: Wir denken realistisch, die Romantiker suchten das Irreale. Sie wollten die offene, geheimnisvolle, unverplante Zukunft entdecken. Diese Zukunft fasst uns jedoch nicht von allein an, wir müssen sie aktiv imaginieren. Fantasie ist gefragt. [...] Fantasie ist gefragt.
[...] Die Romantiker haben die Verzauberungskraft entdeckt, die in uns steckt. Sie fügen sie dem Zauber der Natur hinzu und machen damit der Religion Konkurrenz, die bis dahin für sich allein in Anspruch nahm, den Menschen über die gewöhnliche Wirklichkeit hinauszuheben.

>>

>> **MATERIAL 5**

WELT ONLINE: Romantiker waren Kinder der Aufklärung. Woher der Hang zum Spuk?
Safranski: Romantiker konnten durchaus einen nüchternen, pragmatischen Blick auf die Wirklichkeit werfen. Sie bemerkten aber, dass die eigene Fantasie eine Goldgrube ist.
WELT ONLINE: Was fanden sie in der Goldgrube?
Safranski: Sie entdeckten unbekannte Welten. Sie sahen plötzlich die Schönheit der Landschaft. Wälder, Wiesen, Seen, die Nacht, der Mond - wofür niemand Augen gehabt hatte, wurde nun enthüllt. Es war oft das Naheliegende, das Übersehene. Aus diesem neuen Blick erklärt sich ihr ungeheurer Erfolg.
WELT ONLINE: Der Blick auf Natur machte der Religion absichtlich Konkurrenz?
Safranski: Ja, die Romantiker hatten ihr Zutrauen in die Zauberkraft der Religion verloren. Sie schien abgenutzt und verbraucht, durch die Säkularisierung war sie kraftlos geworden. Durch subjektive Anstrengung wollten die Romantiker auf ein höheres geistiges, spirituelles Niveau kommen. Es ist die Fortsetzung der Religion mit ästhetischen Mitteln [...].

Aus: https://www.welt.de/kultur/article1187529/Romantik-verzaubert-die-Wirklichkeit.html. Zugriff: 22.3.2024

MATERIAL 6

M5: Aus einer Buchrezension

Von der deutschen Romantik ist doch, Hand aufs kalte Herz, nur das Adjektiv „romantisch" übriggeblieben, von dem man auch nicht mehr weiß, was es bedeuten soll. Ein Abendessen zu zweit bei Kerzenlicht: romantisch? Das machen sogar Jugendliche und finden es normal. Vor Jahren war „romantisch" eine Art Schimpfwort: Romantische Träumer waren junge Leute, die nicht wissen wollten, was Sache ist. Die anderes wollten, als das Leben ihrer Alten im Amt weiterzuführen.„Romantisch" ist heute nur eine Zugabe, eine kleine, verdiente, manchmal verlogene Lebensqualitätssteigerung: eine romantische (man schaut nur auf die schönen Dinge) Fahrt durchs grüne Schottland zum Beispiel. Dann gibt es echte Universitätsseminare über die Romantik, einige Buchausgaben, vor allem Reclamheftchen, die man im Deutschunterricht durchnehmen muss. Der eine oder andere kennt einige Gedichte, meistens vom Hörensagen, meistens von Eichendorff. Friedrich Schlegel, den Theorieguru der Romantik, liest heute keiner.

Eberhard Rathgeb: Was bleibt von der Romantik? http://www.faz.net/aktuell/feuilleton/buecher/sachbuch-was-bleibt-von-der-romantik-1465135.html (Aktualisiert am 7.9.2007 Aufruf am 22.3.2024) –

Materialgestütztes Schreiben

7

Arbeitsschritte

1 AUFGABENSTELLUNG ERFASSEN

- Erfassen der Fragestellung, der Adressaten, der erwarteten Textsorte
- Vor allem klären: informierender oder argumentierender Text?

2 SICHTUNG UND AUSWERTUNG DES MATERIALS

- Frage nach Zeit, Autor, Glaubwürdigkeit der Quelle
- Erfassen des Inhalts
- Prüfung der Brauchbarkeit des Materials für die Arbeit an der Fragestellung

3 EINBEZIEHUNG WEITEREN WISSENS

- Wissen aus dem Unterricht und dem Allgemeinwissen einbeziehen

4 PLANEN UND VERFASSEN DES TEXTES

- Einleitung: Thema nennen, Adressatenkreis ansprechen
- Hauptteil: Sortierte und ausführliche Darlegung der Informationen oder der Argumente
- Schluss: Zusammenfassung, Rückblick auf die zentrale Fragestellung, Ausblick oder persönliche Einschätzung

5 DEN TEXT ÜBERARBEITEN

- Prüfperspektiven: Inhaltliche Kohärenz? Sprachliche Richtigkeit? Rechtschreibung regelkonform?

Glossar

Akrostichon: Eigenheit literarischer Texte, die darin besteht, dass die Anfangsbuchstaben, -silben oder -wörter einzelner Verse oder Strophen zusammen ein Wort ergeben, das oft als Anspielung auf den Empfänger, den Verfasser oder den Inhalt des Textes zu deuten ist. Bis heute werden Akrosticha als Stilmittel eingesetzt, auch Reklamesprüche greifen manchmal auf Akrosticha zurück.

Akt: Größerer, in sich geschlossener Hauptabschnitt eines Dramas, der selbst noch in mehrere Szenen gegliedert ist.

Alexandriner: Sechshebiger jambischer Vers mit einem deutlichen Einschnitt („Zäsur") nach der dritten Hebung. >> **Wir sind doch nunmehr gantz / ja mehr denn gantz verheeret!** (Gryphius, *Tränen des Vaterlandes,* anno 1636).

Allegorie: Bildhafte Darstellung eines Gedankens, einer Idee oder eines anderen abstrakten Sachverhaltes. Oft tritt der Gedanke, die Idee als Person („personifiziert") auf. So ist etwa die bekannte >> **Justitia-Figur** mit den verbundenen Augen und der Waage eine Allegorie der Gerechtigkeit.

Alliteration: Wiederholung des gleichen Lautes am Beginn der betonten Silbe benachbarter Wörter. >> **mit Stumpf und Stiel** ...

Alternation: Regelmäßige Abwechslung von Hebung und Senkung nach jeweils einer Silbe im Metrum eines Verses.

Anagramm: Umstellung der Buchstabenreihenfolge eines Wortes, eines Satzes oder eines Namens, aus der sich ein anderer Sinn oder eine Verschlüsselung ergibt. Die einzige Regel der Umstellung besteht darin, dass alle Buchstaben wieder verwendet werden müssen. Ein Beispiel für ein Anagramm findet sich in der lateinischen Übersetzung des Bibelverses *Joh. 18,38*: In der Frage des Pilatus: **Quid est veritas?**, liegt die anagrammatische Antwort: >> **Est vir qui adest. (Was ist die Wahrheit? – Sie ist der Mann, der hier steht**).

Anakoluth (auch Satzbruch): Wechsel der begonnenen Satzkonstruktion während des Sprechens, der zum Beispiel aus mangelnder Satzplanung oder nachträglichen Korrekturen entsteht und zu grammatisch nicht kohärenten Formulierungen führt. >> **deswegen, weil wir im Augenblick eine große Wandlung sich vollzieht.**

Anapäst: Dreisilbiger Versfuß mit zwei unbetonten Silben vor einer betonten Silbe (xxx́).

Anapher: Wiederholung eines Wortes oder einer Wortgruppe am Anfang mehrerer aufeinanderfolgender Verse, Strophen, Sätze oder Satzteile. >> **Das Wasser rauscht', das Wasser schwoll** (Goethe, *Der Fischer*).

Anthologie: Textsammlung, welche Texte unterschiedlicher Quellen und Autoren enthält, die unter bestimmten Gesichtspunkten neu zusammengestellt wurden.

Antiheld: Protagonist in dramatischen oder epischen Texten, dem im Gegensatz zu einem Helden heroische (heldenhafte, mutige, draufgängerische) und aktive (d. h. zur Handlung bereite) Momente in seinem Charakter fehlen. Er setzt sich dem Geschehen passiv, resignativ oder gelangweilt aus und zeigt kein Bemühen, die Ereignisse von sich aus zu beeinflussen.

Antiklimax: Umgekehrte Steigerung, Reihung von Begriffen und Ausdrücken in abnehmender Wichtigkeit und Hierarchie.

Antithese: Gegenüberstellung von gegensätzlichen Ausdrücken wie >> **gut und böse**.

Antonomasie: Umschreibung bzw. Ersatz eines Eigennamens durch charakteristische Beiwörter. Etwa >> **„der Dichter" für Goethe oder „der Galiläer" für Jesus.**

Aphorismus: Kurzer Gedanke, der in knapper sprachlicher Form eine Erkenntnis, Wahrheit oder ein Werturteil über einen allgemeinen oder aktuellen Sachverhalt geistreich zum Ausdruck bringt. Durch die Verwendung rhetorischer Formen und eines gehobenen sprachlichen Niveaus unterscheidet sich der Aphorismus vom verwandten

Sprichwort. Besondere Verbreitung erfährt die Textsorte in der Epoche der Aufklärung.

Aposiopese: Abbruch mitten im Gedanken >> **Euch werde ich ...!**

Archaismus: Altertümlich klingende (oder auch tatsächlich altertümliche) Wendung. >> **Eulenspiegel wurde vom Meister gedungen.**

Aristotelisches Drama: Drama, das entsprechend der Theorie des griechischen Philosophen Aristoteles (384 – 322 v. Chr. *Über die Dichtkunst*) aufgebaut ist, welche von ihm durch Zusammenfassung der Betrachtung des zeitgenössischen Theaters gewonnen wurde. Kennzeichnend für diese Theaterform, die auch als geschlossene Form des Dramas bezeichnet wird, ist die Berücksichtigung der „Drei-Einheiten-Regel" oder mindestens der Einheit der Handlung, die Beachtung der Katharsislehre, die logische Kausalität der Handlung und das Vorhandensein identifizierbarer Figuren. Der Gegensatz zum aristotelischen Theater ist das nicht aristotelische Theater, das auch als → offene Form des Dramas bezeichnet wird und im epischen Theater Brechts seine wohl bekannteste Ausformung gefunden hat.

Assonanz: Halbreim, der in der Prosa, im Versinneren oder als Versverbindung auftritt und durch den Gleichklang der Vokale bei verschiedenen Konsonanten wirkt (>> **Zugabe – Flughafen**).

Asyndeton: Unverbundene Aneinanderreihung von Satzgliedern: >> **Mangel an Disziplin, Mangel an Übersicht, Mangel an Einsicht, das sind die entscheidenden Faktoren.**

Auftakt: Teil des Versanfangs vor der ersten Hebung in der Dichtung. Der Auftakt kann aus einer Silbe oder mehreren Silben bestehen.

Ballade: Die Ballade wird als *Erzählgedicht* umschrieben und steht eigentlich auf der Grenze zwischen den einzelnen literarischen Gattungen. Weist sie formal eindeutig lyrische Elemente wie Reim, Strophen und Verse auf, so ist ihr Inhalt, der in dialogisch-dramatischer Weise dargeboten wird, in der Regel episch-erzählender Art. Balladen erzählen meist düstere, geheimnisvolle, schreckliche oder tragische Ereignisse und lehnen sich oft an Mythen oder Sagen an.

Belletristik: (aus franz. *belles lettres:* schöne Literatur) Bezeichnung desjenigen Teils der Literatur, der sich als „schöngeistig" von der wissenschaftlichen und fachlich orientierten Literatur abhebt.

Bewusstseinsstrom: Erzähltechnik. Unmittelbare Darstellung von Vorgängen im Bewusstsein einer literarischen Figur. Das Verfahren wurde erstmals in der englischsprachigen Literatur erprobt (James Joyce, *Ulysses*, 1922). Im deutschen Roman des 20. Jahrhunderts findet sich die Technik beispielhaft in Alfred Döblins *Berlin Alexanderplatz*, 1929.

Bildungsroman: Spezifisch deutsche Art des Entwicklungsromans, bei der die harmonisch-humanitäre Charakterentwicklung des Helden weniger aus seiner Konfrontation mit dem Lebensschicksal als aus dem wirksamen Einfluss der objektiven Kulturgüter und der vorbildhaften personalen Umwelt erwächst. >> **Goethe *Wilhelm Meister*, Wieland *Agathon***

Binnenhandlung: Handlungsstrang eines literarischen Werks, der von einer Handlung oder mehreren anderen Handlungssträngen desselben Werks eingerahmt wird.

Binnenreim: Reimform, bei der die Reimwörter nicht am Zeilenende, sondern innerhalb des gleichen Verses stehen. >> **Leg deinen Schatten auf die Sonnenuhren,/ und auf den Fluren lass die Winde los.** (Rilke, *Herbsttag*).

Blankvers: Fünfhebiger, ungereimter jambischer Vers, wie er seit Lessing in zahlreichen deutschen Dramen verwendet wurde. >> **Heraus in eure Schatten, rege Wipfel / Des alten, heilgen, dichtbelaubten Haines, / Wie in der Göttin stilles Heiligtum, / Tret ich noch jetzt mit schauderndem Gefühl ...** (Goethe, *Iphigenie*).

Botenbericht: Darstellungsmittel, das im Drama verwendet wird. Meist in monologischer Form berichtet eine Figur als Bote von Ereignissen, welche außerhalb der Bühne stattgefunden haben, die aber eine Wirkung auf die dargestellte Handlung besitzen und deren Fortgang beeinflussen.

Briefroman: Romanform, deren Handlung ganz oder zum Großteil anhand von (fiktiven) Briefen vermittelt wird. Bekanntestes deutschsprachiges Beispiel ist >> **Goethes *Die Leiden des jungen Werthers***.

Bürgerliches Trauerspiel: Dramengattung ab Mitte des 18. Jahrhunderts, in der nun auch, was bis dahin nicht üblich war, Bürger als Hauptfiguren auftreten, denen bis dahin die Komödie vorbehalten war. Bedingt wurde dieses in Deutschland erst mit Lessing aufkommende Drama durch Vorläufer (insbesondere in England) und die immer stärker werdende gesellschaftliche Position des aufstrebenden Bürgertums. Inhaltlich gewinnen die bürgerlichen Trauerspiele ihre Tragik entweder durch Konflikte im eigenen Stand, durch Auseinandersetzung mit dem Adel aufgrund der Standesschranken oder durch Konfrontation mit der aufkommenden Arbeiterbewegung. Beispiele für diese Dramenform sind >> **Lessing *Miss Sara Sampson* oder *Emilia Galotti*, Schiller *Kabale und Liebe*, Hebbel *Maria Magdalena***

Chiasmus: Nach dem griechischen X benannte Form der über Kreuz gestellten Wiederholung von Satzgliedern. >> **von Berg zu Tal, von Tal zu Berg; Die Kunst ist lang, und kurz ist unser Leben.** (Goethe, *Faust* I)

Correctio: Zurücknahme eines schwächeren Ausdrucks und Ersetzen durch einen stärkeren. >> **... doch dieser Mann lebt. Er lebt? Schlimmer noch: Er kommt gar noch in den Senat.**

Daktylus: Dreisilbiger Versfuß mit zwei unbetonten nach einer betonten Silbe (x́xx) >> **Pfingsten, das liebliche Fest, war gekommen ...** (Goethe, *Reineke Fuchs*)

Debatte: Öffentliche Aussprache, die aus Rede und Gegenrede besteht und bestimmten Regeln, an die sich die Gesprächspartner halten müssen, verpflichtet ist. Debatten dienen der Ausführung und Klärung von Standpunkten sowie der diskursiven Kompromissfindung bei unterschiedlichen Standpunkten. Die Gesprächsform der Debatte findet sich vor allem in politisch-parlamentarischen Zusammenhängen.

Detektivroman: Im Angloamerikanischen entstandene Sonderart des Kriminalromans, in welcher die Darstellung der Aufklärung eines zunächst undurchschaubaren Verbrechens durch einen der Kombination außergewöhnlich fähigen Detektiv im Vordergrund steht.

Deus ex machina: (lat. *der Gott aus der Maschine*) Heute gebräuchlich als Bezeichnung für Lösungen von Konflikten in letzter Sekunde, die durch plötzliche, unmotiviert eintretende Ereignisse, Personen oder außenstehende Mächte herbeigeführt werden.

Dialekt: Der Dialekt (auch Mundart) einer Sprache ist ein Sprachsystem, welches zwar ein hohes Maß an Parallelen zu seiner Bezugssprache aufweist, daneben aber auch gebietstypische, in der regionalen Verbreitung also eingeschränkte Elemente enthält und in der Regel nur als gesprochene Sprache existiert. Neben der eingeschränkten geographischen Ausdehnung, die oft durch außersprachliche Einflüsse – wie etwa Flüsse, Berge, Konfessionszugehörigkeit der Sprecher – bedingt ist, gehören auch der geringere Bestand an grammatischen Formen (z. B. fehlende Tempus-Stufen), sein eigener Wortschatz, sein Verwendungsbereich (z. B. Familie, Wohnort, Arbeitsstelle) und lautliche Besonderheiten zu den Merkmalen des Dialektes.

Dinggedicht: Rein gegenständlich orientiertes Gedicht, das im Gegensatz zu subjektiver und gefühlsbetonter Dichtung zunächst auf die objektive Beschreibung eines Gegenstandes zielt, häufig mit dem Ziel, diesen in seinem Wesen zu verstehen oder symbolisch zu überhöhen.

Distichon: Strophe, die aus einem daktylischen Hexameter und einem Pentameter als Verspaar besteht. >> **Froh empfind ich mich nun auf klassischem Boden begeistert; / Vor- und Mit-**

welt spricht lauter und reizender mir. (Goethe, *Römische Elegien*)

Dokumentartheater: Stilrichtung des modernen Theaters, welche zunächst in den 20er-Jahren des 20. Jahrhunderts einen ersten Höhepunkt fand, dann aber wieder in den 60er-Jahren u. a. von Rolf Hochhut (*Der Stellvertreter*) oder Peter Weiss (*Die Ermittlung*) aufgegriffen wurde. Das Dokumentartheater greift historisch verbürgte, durch z. B. Fotos, Akten, Protokolle oder andere Schriften greifbare, faktische Geschehnisse auf und verarbeitet diese Materialien, um größtmögliche Authentizität und Glaubwürdigkeit zu erreichen.

Elegie: Bestimmte Form lyrischer Dichtung, die im Versmaß des Distichons verfasst ist. Inhaltlich drückt die Elegie meist Trauer oder (enttäuschte) Liebe aus. Beispiele aus der deutschsprachigen elegischen Dichtung sind etwa >> **Goethes *Römische Elegien* oder die *Duineser Elegien* von Rilke**.

Ellipse: Rhetorische Figur, die sich durch die Aussparung von Redeteilen, also die grammatische Unvollständigkeit von gesprochenen oder geschriebenen Sätzen auszeichnet. >> **„Was nun?", anstatt „Was machen wir nun?"**

Emblem: Sinnbild, veranschaulichendes Zeichen. Das Emblem arbeitet auf zwei Ebenen: Zum einen enthält es die Darstellungsebene („res significans"), die wiederum die Rätselstellung („inscriptio") sowie das Bild, Abbild oder einen Text („pictura") beinhaltet, zum anderen bringt es in Form der Rätselerklärung („significatio") eine Deutung bzw. Auslegung, die als Essenz, Epigramm bzw. allgemeingültige Aussage im erklärenden Untertitel („subscriptio") mitgeliefert wird.

Emphase: Stilmittel, welches der gesprochenen Rede durch Betonungsveränderung, Stimmhebung oder Verstärkung der Lautstärke besonderen Nachdruck und Prägnanz verleihen soll.

Enallage: Fehlerhafte Zuordnung eines Wortes im Zusammenhang mehrerer verbundener Wörter. Liegt zum Beispiel vor, wenn ein Adjektiv sich inhaltlich nicht auf sein eigentliches Bezugswort, sondern auf ein anderes Substantiv des Satzes bezieht, zu dem es logisch nicht gehört. >> **der sechsstöckige Besitzer des Hauses**

Endreim: Die Reimworte stehen am Versende. Sie erscheinen z. B. als → Paarreim, → Kreuzreim, → umarmender Reim oder → Schweifreim.

Enjambement: Zeilensprung, der entsteht, wenn Satz- und Versgrenze in einem Gedicht nicht identisch sind und sich der Satz im folgenden Vers fortsetzt. >> **Arm am Beutel, krank am Herzen, / Schleppt ich meine langen Tage.** (Goethe, *Der Schatzgräber*)

Enthymem: Scheinschluss; Begriff aus der Rhetorik zur Bezeichnung einer Schlussfolgerung, die sich zwar plausibel anhört, sich bei genauerer Betrachtung aber als manipulativ und unschlüssig erweist.

Entwicklungsroman: Der Entwicklungsroman verfolgt den Werdegang eines Menschen, dessen anfänglich unausgeprägte Anlagen in ständiger Auseinandersetzung mit Umwelteinflüssen und Kultur zu einer inneren und äußeren Reifung finden, wobei auf eine Nachvollziehbarkeit der Psychologie und der Romanhandlung geachtet wird. Die Grenzen zum → Bildungsroman sind fließend, es geht im Entwicklungsroman jedoch deutlicher um die Entwicklung des Helden aus seinen eigenen Anlagen und aus seiner eigenen Kraft heraus und weniger um den Einfluss von Bildung und Pädagogik auf seinen Werdegang. Ziel dieser Persönlichkeitsentwicklung ist oft ein subjektives oder epochentypisches Idealbild. >> **Wieland *Agathon*, Goethe *Wilhelm Meisters Lehrjahre*, Keller *Der grüne Heinrich*, Hesse *Peter Camenzind***

Enumeratio: Rhetorische Figur; Gesichtspunkte werden aufgezählt; die Aufzählung wird signalisiert >> **erstens, zweitens ...**

Epigramm: Kurzer Sinnspruch, der in prägnanter Form Gedanken, Gefühle oder Stimmungen ausdrückt.

Episches Theater: Form des modernen Theaters, die in den 20er-Jahren des 20. Jahrhunderts von Bertolt Brecht geschaffen wurde und dem aristotelischen Drama entgegengesetzt ist. Die epische Bühne soll dem Zuschauer kritisierbare gesellschaftliche Zustände „zeigen". Die Illusion der Bühne wird dabei z. B. durch Verfremdungseffekte oder direkte Ansprache des Publikums zerstört. Der Schauspieler soll nicht in seiner Rolle aufgehen, der Zuschauer soll zu einer kritischen Betrachtung des Ganzen geführt werden.

Epos: Großform erzählender Dichtung/Epik, die in gehobener Sprache und Versen abgefasst ist und früher für den Vortrag in der Öffentlichkeit bestimmt war.

Erlebnislyrik: Lyrik, die in besonderem Maße als Ausdruck des subjektiven Erlebnisses und Gefühls des Autors interpretiert wird, wobei die Bezeichnung heute als überholt gilt, da sie auf nahezu jede Dichtung angewandt werden kann.

Erlebte Rede: Darbietungsart in erzählenden Texten, die der Wiedergabe innerer Vorgänge aus subjektiver Sicht der Figur dient und deren Emotionen, Gedanken und Fragen wiedergibt. Sie ist durch besondere grammatikalische Merkmale (3. Person, Präteritum, Indikativ und Hauptsatzwortstellung) gekennzeichnet.

Erregendes Moment: Steht im Drama im Zusammenhang mit der steigenden Handlung und kann als entscheidender Anstoß des weiteren Geschehens betrachtet werden. Ein Konflikt, Interessengegensatz oder eine durch diesen ausgelöste Intrige scheint auf und erzeugt eine Spannung, die Interesse für die weitere Handlung und dadurch auch für die Lösung am Ende weckt. Insofern zu verstehen als eine Art Brücke zwischen Exposition und Höhepunkt. Oft am Ende des ersten oder zu Beginn des zweiten Aktes.

Erzählte Zeit: Die Zeit, über die sich die erzählten Geschehnisse erstrecken.

Erzählzeit: Die Zeit, die die Darstellung bzw. das Lesen des Erzählten benötigt.

Essay: Bewusst subjektive, kurze Abhandlung über einen wissenschaftlichen Sachverhalt oder eine aktuelle Frage, die auf hohem geistigen Niveau stattfindet, ohne dabei den Anspruch einer wissenschaftlich-systematischen und objektiven Analyse zu erheben.

Euphemismus: Sprachlicher Ausdruck, welcher negative Dinge, Sachverhalte oder Verhaltensweisen verharmlost und beschönigt, wie >> **„vollschlank" statt „fett", „dahinscheiden" statt „sterben".**

Exposition: Erster Handlungsabschnitt im Drama, der der Einführung des Zuschauers in das Geschehen dient. In der Exposition werden die wichtigsten Personen des Stücks, eine potenzielle Vorgeschichte und die relevanten Konflikte vorgestellt.

Fabel: 1. Literaturwissenschaftlicher Terminus zur Bezeichnung des Grundplans im Handlungsverlauf von epischen oder dramatischen Texten.

2. Knappe, pointierte, auf eine lehrhafte, zum Teil auch witzig-satirische Wirkung zielende Textgattung in Vers oder Prosa, in der im Normalfall Tiere in Rede und Gegenrede eine moralische Lehre verdeutlichen. Bisweilen wird diese am Ende konkret formuliert. Bestimmte menschliche Verhaltens- und Handlungsweisen werden analog im tierischen Bereich dargestellt und so stärker veranschaulicht. Hierdurch soll der Mensch zu einer Übertragung der Aussage auf seine eigene Erfahrungswirklichkeit, sein eigenes Tun angehalten werden. Die bekannteste Fabelsammlung, durch die auch die deutsche Tradition beeinflusst wurde, sind unter vielen anderen die Fabeln des wohl nur der Sage nach existierenden Sklaven Äsop (6. Jh. v. Chr.).

Fallende Handlung: Handlungsabschnitt im Drama nach Exposition, steigender Handlung und Höhepunkt/Peripetie. Die Handlung strebt in diesem Abschnitt dem Ende zu, wird jedoch durch das sogenannte retardierende Moment noch einmal aufgehalten, wodurch eine letzte Spannung erzielt wird. Ein Umschlagen der Handlung, eine alternative Lösung des Konflikts scheint doch noch möglich (z. B. Rettung des Helden).

Fallhöhe: Auf das Drama bezogener Begriff, der die sogenannte → Ständeklausel begründet. Demnach kann das Scheitern höhergestellter Figuren, wie z. B. das von Königen oder Fürsten, eine weit intensivere Wirkung auf das Publikum erzielen, da sie von der höheren Position aus äußerlich tiefer stürzen und Hilfe kaum möglich erscheint.

Figura etymologica: Rhetorische Figur, die mit etymologisch verwandten oder gleichen Wörtern spielt. Meist wird ein Verb mit einem Nomen mit demselben Stamm verbunden. >> **Wer andern eine Grube gräbt**. Oft wird auch das Nomen durch ein Attribut noch präzisiert >> **Er spielte ein böses Spiel**.

Fragment: Nicht vollständig überliefertes bzw. nicht abgeschlossenes literarisches Werk.

Frauenliteratur: Von Frauen für Frauen verfasste Schriften, die nicht unbedingt programmatisch feministischen Charakter haben müssen, wobei eine grundsätzliche geschlechtsspezifische Differenzierung von Literatur sowohl thematisch wie auch stilistisch und formal kaum möglich und allenfalls tendenziell zu leisten ist.

Freie Rhythmen: Verse, die an kein festes Metrum gebunden sind, sondern dem inneren Rhythmus der Sprache folgen.

Freytag-Pyramide: Schematisierende und dadurch vereinfachende Darstellung des Aufbaus des klassisch-aristotelischen Dramas durch den Literaturwissenschaftler Gustav Freytag (*Die Technik des Dramas,* 1863). Die Struktur des Dramas wird von Freytag mit der Form einer Pyramide in Verbindung gebracht und seine Handlung in fünf Abschnitte gegliedert: Exposition, steigende Handlung mit erregendem Moment, Höhepunkt oder Peripetie, fallende Handlung mit retardierendem Moment und Katastrophe.

Gedankenlyrik: Lyrik, die im Gegensatz zur Erlebnislyrik mehr oder weniger theoretische Reflexionen und Überlegungen des Autors ausdrückt.

Gemination: Wiederholung eines Wortes oder einer Wortgruppe. >> **mein Gott, mein Gott, warum habt ihr das getan?** Die Gemination signalisert eine pathetische Steigerung.

Genie: Intuitiv und eigenschöpferisch, unabhängig von der Rationalität gestaltender und (kunst-)schaffender Mensch. Das Genie wird vor allem im 18. Jahrhundert zu einem Ideal des Künstlers, der dem aufgeklärten Rationalisten in unterschiedlicher Nuancierung entgegengehalten wird. Namentlich die Dichter des Sturm-und-Drang preisen das Originalgenie, welches seine eigenen Regeln entwirft, als erstrebenswertes Ideal.

Geschlossenes Drama: → aristotelisches Drama

Großstadtdichtung: Dichtung, die sich thematisch mit Erfahrungen, Problemen und anderen Spezifika der Großstadt beschäftigt, wobei es häufig um den Ausdruck von Ängsten und Bedrohungen geht, die mit der anonymen, entfremdenden Welt der Großstadt verbunden sind.

Haufenreim: (auch Reimhäufung) liegt vor, wenn sich mehr als zwei Wörter reimen.

Hendiadyoin: Rhetorische Figur; etwas wird durch zwei gleichbedeutende Wörter zum Ausdruck gebracht. >> **sie stammeln und stottern herum**. Hat verstärkende Wirkung.

Hexameter: Versmaß aus der griechischen Verslehre. Der auf die deutsche Sprache übertragene Hexameter-Vers besteht aus 6 Daktylen, in deren ersten 4 jeweils zwei unbetonte Silben zu einer Silbe zusammengezogen werden können. Der 6. Versfuß wird aus einer betonten und einer unbetonten Silbe gebildet (x́xx x́xx x́xx x́xx x́xx x́xx). Der Hexameter kann zusammen mit dem Pentameter ein Distichon bilden. >> **Aus den Gärten komm' ich zu euch, ihr Söhne des Berges!** (Hölderlin, *Die Eichbäume*)

Historischer Roman: Romanform, die geschichtliche Ereignisse und Personen zum Inhalt hat, ohne dass diese immer exakt mit den tatsächlichen historischen Gegebenheiten übereinstimmen.

Historisches Drama: Unterform des Dramas, zu der alle Dramen gehören, die historische Stoffe und Themen quellentreu oder künstlerisch frei bearbeiten.

Hymne: Form lyrischer Dichtung, feierlicher Lobgesang.

Hyperbaton: Form der → Inversion; künstliche Trennung syntaktisch zusammengehörender Wörter. >> **„Die Freiheit reizte mich und das Vermögen" statt „Die Freiheit und das Vermögen reizten mich"**. (Schiller, *Wallenstein*)

Hyperbel: Übertreibung als Stilmittel >> **Ich hab's jetzt schon hundertmal gesagt**.

Hysteron proteron: Verkehrung der logischen zeitlichen Reihenfolge. >> **Ihr Mann ist tot und lässt Sie grüßen**. (Goethe, *Faust*)

Interjektion: Ausruf, der als Ausdruck körperlicher oder seelischer Empfindungen dient: >> **au!, ach!, oh!, pfui!** Interjektionen stehen vor oder zwischen Sätzen oder werden unverbunden in Sätze eingefügt: >> **Ach! Das ist ja mal was Neues. Die Menschen, pfui, die sind heute ganz schlecht.** Sie stellen kein Satzglied dar und man kann sie nicht erfragen.

Inversion: Rhetorisches Mittel; bezeichnet eine von der üblichen Form abweichende Anordnung der Satzglieder. >> **Und das alles sagt uns was?**

Ironie: Auf den ersten Blick ernsthaftes Sprechen, das aber etwas anderes meint als es sagt. Beim Sprechen kommt die Ironie insbesondere durch die Betonung zum Ausdruck. >> **Na, großartig!**

Jambus: Zweisilbiger Versfuß, der aus einer unbetonten vor einer betonten Silbe besteht (xx́).

Jesuitendrama: Theaterform, die im 16. und 17. Jahrhundert von Mitgliedern des katholischen Jesuitenordens begründet wurde. Die Theaterstücke dienten der christlich-religiösen und moralischen Erziehung und wurden an Schulen und Universitäten aufgeführt.

Kadenz: Begriff der Metrik zur Bezeichnung der Art des Versausgangs, der im Allgemeinen aus weiblichem oder männlichem Reim besteht. Der weibliche Reim besteht aus einem zweisilbigen Reim mit Hebung und Senkung am Ende des Verses (z. B. schlá-gen – sá-gen), der männliche Reim aus einem einsilbigen Reim mit einer Hebung (z. B. Nót - Brót). Unterschieden wird so die stumpfe, männliche Kadenz auf einer Hebung von der klingenden, weiblichen Kadenz auf Hebung und Senkung.

Kalendergeschichte: Kurze Erzählung, die dem Namen gemäß ursprünglich in Kalendern des 16. Jahrhunderts abgedruckt war und volkstümlichen Charakter besaß. Neben dem Zweck der Unterhaltung vermittelte die Kalendergeschichte zumeist einfache (moralische) Lehren für die überwiegend bäuerliche Bevölkerung. Später lösten sich diese Geschichten von der Bindung an den Kalender und wurden bereits im 19. Jahrhundert in eigenen Textsammlungen zusammengefasst (Johann P. Hebel, *Schatzkästlein des rheinischen Hausfreundes*, 1811). Mit Bertolt Brechts *Kalendergeschichten* (1949) bekam die Textgattung eine politisch-programmatische Ausrichtung, jedoch blieb die einfache Gestaltung und die damit verbundene emanzipatorische Absicht erhalten.

Katachrese: 1. verblasste Metapher >> **Tischbein** 2. Bildbruch, Stilblüte >> **Da kräht heute kein Arsch mehr danach.**

Katastrophe: Abschließender Teil der Handlung eines Dramas, der die Auflösung des Konfliktes zeigt. Die Lösung bringt in der Tragödie den Untergang des Helden mit sich, wobei jedoch dessen Tod häufig mit einer Verklärung seiner Einstellung und Haltung verbunden ist und als eigentlicher, innerer Triumph zu sehen ist.

Katharsis: (griechisch *Reinigung*) Aristoteles definierte mit diesem Begriff die Wirkung der Tragödie als Läuterung (Reinigung) durch die Erregung von Mitleid und Furcht.

Kehrreim: Regelmäßig wiederkehrende Formulierungen verschiedenen Umfangs in der strophischen Dichtung, Refrain.

Klimax: Rhetorische Figur der Steigerung auf einen Höhepunkt hin. >> **Freunde, Mitbürger, Römer!**

Knittelvers: Alte Versart, der Füllungsfreiheit folgend, die in den 1770er-Jahren durch Goethe wieder in die deutsche Versdichtung eingeführt wurde. Er kann auftaktlos, mit einfachem oder mit zweisilbigem Auftakt gebildet werden, Senkungen können ein- oder mehrsilbig sein, auch zum Teil ganz ausfallen. Unveränderliche Merkmale sind aber seine Vierhebigkeit und seine Bindung zu Reimpaaren.

Kriminalroman: Romanform, in der ein Verbrechen mit seinen Hintergründen, seiner Ausführung bis hin zu seiner Aufdeckung und der Verurteilung des Verbrechers dargestellt wird.

Lautmalerei: Wortbildung, die dadurch zustande kommt, dass Naturlaute in der Sprache nachgeahmt werden >> **Kuckuck, miau, kikeriki.** In unterschiedlichen Sprachen kann der gleiche Naturlaut unterschiedlich wiedergegeben werden, wie z. B. *kikeriki*, schweizerdeutsch *güggerügü*, französisch *cocorico*. Das Fremdwort für solche Lautmalereien lautet → Onomatopoesie.

Litotes: Hervorhebende oder einschränkende Bejahung durch doppelte Verneinung. >> **Das war nicht einmal unklug von ihm; das war nicht falsch.**

Lyrisches Ich: Jenes „Ich", welches als erlebendes, fühlendes oder sprechendes Subjekt in Gedichten auftritt. Das lyrische Ich kann durchaus die Einstellungen des Gedichtverfassers widerspiegeln, es darf aber keinesfalls automatisch mit ihm gleichgesetzt werden!

Mauerschau: Auch *Teichoskopie.* Dramentechnisches Mittel zur Darstellung von Ereignissen, die auf der Bühne nur sehr schwer umzusetzen sind, wie z. B. große Schlachten. Die Vermittlung dieser Ereignisse geschieht durch eine Figur, die von einer höheren Position auf der Bühne (Hügel, Turm, Mauer) ein Geschehen überblicken und berichten kann, das von den anderen Figuren und damit auch dem Publikum nicht gesehen werden kann.

Metapher: Eine bekannte Wortbedeutung wird in einem übertragenen Sinn gebraucht; oft handelt es sich um einen verkürzten Vergleich, dem das *wie* fehlt. In der Metapher wird Auseinanderliegendes zusammengebracht und Unsagbares im Bild mitteilbar gemacht. >> **Aber bei Ihnen herrschte Funkstille ...**

Metrik: Lehre von den Versmaßen, vom Rhythmus und vom Strophenbau.

Metrum: Versmaß; Folge von langen und kurzen oder betonten und unbetonten Silben in einer bestimmten Regelmäßigkeit.

Neologismus: Wortneubildung, die in den allgemeinen Sprachgebrauch eingegangen ist. Neubildungen bezeichnen einen neuen oder bekannten Inhalt mit einem neuen Wort. Neologismen begegnen heute vermehrt in den Fachwissenschaften.

Ode: Bestimmte Form lyrischer Dichtung mit einem festen, reimlosem Strophenaufbau, deren Ursprung in der antiken griechischen Verslehre liegt. Neben den strengen formalen Kriterien sind Oden meist gekennzeichnet durch einen weihevollen, erhabenen Ton.

Offene Form des Dramas: Dramenform, die sich im Gegensatz zur geschlossenen Form des Dramas nicht an strenge Aufbauprinzipien wie die Drei-Einheiten-Regel hält. Es können im offenen Drama mehrere Handlungsstränge nebeneinanderher laufen. Der Gang der Handlung muss nicht straff und kausal bestimmt sein, d. h. die Einzelszenen müssen in ihrem Ablauf nicht aufeinander aufbauen, sondern können auch relativ unverbunden nebeneinander stehen. So ist es in einigen offenen Dramen möglich, Einzelszenen zu vertauschen, ohne die Aussageabsicht des Dramas zu beeinträchtigen. Zudem ist die Figurenanzahl meist viel höher als bei geschlossenen Dramen und es findet oft ein reger Schauplatzwechsel statt.

Onomatopoesie: Bezeichnung für Formulierungen, deren lautliche Gestaltung an Geräusche und Klänge erinnert. Oft sind diese mit dem Inhalt der jeweiligen Begriffe verbunden. >> **plätschern, Knall**

Oxymoron: Zusammenstellung zweier gegensätzlicher Begriffe bzw. von zwei Elementen oder Vorstellungen, die nicht zueinander passen. >> **dieser stumme Schrei ...**

Paarreim: Ein Paarreim liegt vor, wenn sich zwei unmittelbar aufeinanderfolgende Verse reimen.

Parabel: Lehrhafte Erzählung, die auf einem Vergleich gründet. Im Unterschied zum Gleichnis fehlt der Parabel der direkte Vergleich durch Vergleichspartikeln (so – wie). Der Transfer von der Bildebene zur Sachebene muss daher vom Leser selbst geleistet werden. Dieser schließt auf eine allgemeine Erkenntnis oder Wahrheit. Neben den biblischen Parabeln ist Gotthold E. Lessings Ringparabel im Drama *Nathan der Weise* (1779) sehr bekannt. Im 20. Jahrhundert treten als Verfasser neuzeitlicher P. insbesondere Franz Kafka (*Die Verwandlung,* 1915) und Bertolt Brecht (*Geschichten vom Herrn Keuner,* 1930) in Erscheinung.

Paradoxon: Eine auf den ersten Blick widersinnige Aussage oder Behauptung, die sich bei näherer Betrachtung aber durchaus als richtig erweisen kann >> **Vor lauter Individualismus tragen sie Uniform.**

Parallelismus: Wiederholung des Satzbaus in aufeinanderfolgenden Sätzen oder Satzteilen >> **Wir werden aufmerksam zuhören, wir werden kritisch beobachten, und wir werden immer wieder fragen.**

Parataxe: Nebeneinanderordnung, -reihung von Sätzen. Als Stilmittel eingesetzt bezeichnet P. Texte, die überwiegend die nebenordnende Reihung von Sätzen einsetzen. >> **Wir werden da sein, wir werden kämpfen, wir werden nichts zu verschenken haben**. (Gegenteil: Hypotaxe)

Pars pro toto: Stilfigur, bei welcher ein Teil eines Gegenstandes, einer Person oder eines Sachverhaltes zum Ausdruck des Ganzen benutzt wird. >> **Alle Räder stehen still, wenn dein starker Arm es will ...**

Partes Orationis: Bezeichnung für die Abschnitte einer Rede. Nach der klassischen Einteilung handelt es sich um: Exordium (Einleitung), Propositio (Ankündigung des Redeinhaltes), Narratio (Erzählen des Vorgefallenen), Argumentatio (Ausführung der Argumente), Conclusio (Schlussfolgerung)

Pentameter: Zweigeteilter daktylischer Vers. Jeder der Teile enthält zwei vollständige Daktylen und eine weitere betonte Silbe. Zwischen den beiden Teilen entsteht eine deutliche Zäsur. Zusammen mit dem Hexameter kann der Pentameter ein Distichon bilden. >> **Nicht die eherne Brust rührt es des stygischen Zeus.** (Schiller, *Nänie*)

Peripetie: Plötzlicher Wendepunkt in der Handlung des Dramas (aber auch in der Epik), der zu einem Umschlag des Geschehens ins Gute (Komödie) oder Schlimme (Tragödie) führt.

Periphrase: Umschreibung von Wörtern, die es erlaubt, anstößige, tabuisierte Wörter zu vermeiden und deren Inhalt doch darzustellen. Auch abgegriffene alltägliche Formulierungen lassen sich so vermeiden. >> **Er ging hin, wohin auch der Kaiser von China zu Fuß hinzugehen pflegt.**

Personifikation: Die Ausstattung eines Dinges, eines Sachverhalts oder abstrakten Begriffs mit menschlichen Zügen nennt man Personifikation. >> **Noch träumen Wald und Wiesen, Unheimlich nicket die Föhre.**

Pleonasmus: Rhetorische Figur; übertriebene Anhäufung von Wörtern gleicher oder ähnlicher Bedeutung; oft auch nur unnötige Doppelung >> **weißer Schimmel**. Durch die Anhäufung wird nichts Neues gesagt, es wird vielmehr versucht, dem Gesagten besonderen Nachdruck zu verleihen.

Polysemie: Bezeichnung für die Mehrdeutigkeit eines sprachlichen Ausdruckes, d. h. mit einem sprachlichen Ausdruck sind mehrere Bedeutungen verknüpft: >> **Birne: Leuchtkörper, Frucht; Pferd: Tier, Turngerät, Schachfigur.**

Polysyndeton: Reihung gleichartiger Satzglieder bzw. Sätze, die durch Bindewörter (z. B. *und*) verbunden sind. >> **Plötzlich wollen sie Bäume retten und Flüsse reinigen und das Meer sauber halten und ... und ... und.**

Prolepse: Vorwegnahme eines Satzteiles zur besonderen Kennzeichnung des Vorweggenommenen: >> **Der Kerl, wie er an ihr herumgreift.**

Prolog: Einleitende Worte zu Beginn eines Dramas, vor der eigentlichen Handlung. Der Prolog kann unterschiedliche Funktionen besitzen, wie z. B. die Begrüßung der Zuschauer, die Offenlegung des dichterischen Programms oder die Offenlegung von Informationen zum Stück (Figuren, Ort, Zeit, Inhalt). Ausgeweitete Formen des Prologs hin zum Vorspiel dienen schon der Einführung in die folgende Handlung. Gegenstück: Epilog (Schlussrede, Nachspiel am Ende eines Dramas).

Quartett: Versgruppe, die aus vier inhaltlich und/oder formal zusammengehörenden Versen besteht. Wird v.a. zur Bezeichnung der entsprechenden Versgruppen eines → Sonetts benutzt.

Rahmenhandlung: Handlungsstrang eines literarischen Werks, der einen anderen Handlungsstrang innerhalb desselben Werks umschließt.

Redewendung: Eine feststehende, zusammengehörige, aus mehreren Gliedern (Wörtern) bestehende Wortgruppe mit bestimmter, festgelegter Bedeutung, die nicht der der einzelnen Glieder entspricht, wie >> **auf die Palme bringen**.

Reihung: Rhetorisches Mittel; Aneinanderreihung von drei oder mehr gleichgeordneten Wörtern, Wortgruppen, Satzgliedern oder Sätzen. Im Barock häufig angewandtes Stilmittel, das einzelne Momente anhäuft, um ein Gesamtbild zu entwerfen.

Reim: Gleichklang zweier oder mehrerer Wörter vom letzten betonten Vokal an.

Retardierendes Moment: Handlungsverzögerung innerhalb der fallenden Handlung eines Dramas, die noch einmal eine Lösung des Konfliktes aufscheinen lässt und insofern der Spannungssteigerung dient.

Rezension: Heute vor allem journalistische Form; gibt einen knappen Überblick über ein literarisches Werk, einen Film, eine Theateraufführung u. Ä. und liefert eine kritische Bewertung.

Rhetorische Frage: Der Form nach ein Fragesatz; inhaltlich beantwortet sich die Frage selbst bzw. wird vom Redner beantwortet. >> **Erwarten Sie etwa, dass Ihnen das einer glaubt?**

Rührender Reim: Diese Reimform liegt vor, wenn innerhalb eines Endreims auch die Konsonanten vor der betonten Reimsilbe bei zwei bedeutungsverschiedenen Wörtern übereinstimmen >> **zeigen – erzeigen**. Rührende Reime waren zwar in der mittelhochdeutschen Dichtung verbreitet, gelten aber heute als unschön.

Sarkasmus: Rhetorische Figur im weiteren Sinne; beißender Hohn und Spott wird formuliert; ins Unversöhnliche gesteigerte Ironie.

Satire: Literarische Gattung, deren Ziel es ist, durch Ironie und Übertreibung spöttische Kritik an Personen, Geisteshaltungen und Zuständen zu üben und diese lächerlich zu machen.

Satzbruch: → Anakoluth

Schlüsselliteratur: Literatur, in der nicht rein erfundene Personen, Orte und Geschehnisse dargestellt werden, sondern Personen, Geschehnisse usw., die in der Wirklichkeit existieren. Die „verschlüsselt“ dargestellten Elemente lassen sich „entschlüsseln“ und in der Wirklichkeit wiederfinden.

Schwank: Eine meist lustige Erzählung, die den Zuhörer/Leser unterhalten will; enthält nicht selten auch eine Lehre. Die ins Komische gewendete Darstellung des Geschehens erlaubt es, die Lehre besonders deutlich und lesernah vorzustellen. Die handelnden Figuren sind meist Typen, d. h. auf wenige Eigenschaften reduzierte Figuren. Die Dummheit bzw. Borniertheit einzelner Personen(gruppen), die sich für besonders klug halten, wird oft aufs Korn genommen.

Schweifreim: Reimform, bei der sich in einer Gruppe von sechs Versen der erste und zweite, wie auch der vierte und fünfte paarweise reimen (Paarreim) und der dritte Vers sich mit dem sechsten reimt (Schweifreim). Das Reimschema ist entsprechend *a a b c c b*. Schweifreime finden sich häufig im Minnesang und in Volksliedern.

Sentenz: Knapp formulierte Erkenntnis; leicht verständlich, einprägsam, oft redensartliche oder bildhafte Wendung, oft auch Zitat, das aus seinem ursprünglichen Zusammenhang herausgelöst wurde und auch so verständlich und anwendbar bleibt.

Sonett: Form lyrischer Dichtung, deren Strophen und Verse nach bestimmten festen Schemata gebaut sind. In einer gängigen Bauform begegnet das Sonett zum Beispiel als vierstrophiges Gedicht mit vierzehn fünffüßigen jambischen Versen, welche wiederum in einen Aufgesang von zwei vierzeiligen Strophen (Quartette) und in einen Abgesang von zwei dreizeiligen Strophen (Terzette) gegliedert sind. Die Quartette haben die verbindliche Reimfolge abba, die Terzette können freier gestaltet werden. Im Barock bevorzugte man als Versmaß den → Alexandriner.

Soziales Drama: Etwas unscharfe Bezeichnung für bestimmte Dramen, die sich inhaltlich mit gesellschaftspolitischen Fragen beschäftigen und sich insbesondere kritisch mit sozialen Missständen in der Gesellschaft auseinandersetzen, die z. B. durch die gesellschaftlichen Veränderungen im 19. (Industrielle Revolution) oder 20. Jahrhundert (zunehmende Technisierung und Arbeitslosigkeit als soziales Problem) hervorgerufen wurden.

Spondeus: Zweisilbiger Versfuß, bei dem beide Silben nach dem Schema x́ x́ betont sind.

Sprachgesellschaften: Vereinigung von Dichtern und Adligen im Deutschland des 17. und 18. Jahrhunderts, die sich nach einem italienischen Vorbild für die Reinerhaltung und Förderung der deutschen Sprache einsetzten. Man versuchte, fremde Einflüsse abzuwehren und die poetische Ausdrucksfähigkeit des Deutschen zu erhöhen. Bekanntestes Beispiel dieser Sprachvereine ist die 1617 gegründete „Fruchtbringende Gesellschaft".

Stabreim: → Alliteration

Ständeklausel: Forderung an die figurale Ausgestaltung der Tragödie, dass nur dem Stand entsprechend hohe Persönlichkeiten, also Kaiser, Könige, Fürsten usw., auftreten sollen, während in den Komödien bürgerliche Figuren erlaubt sind.

Steigende Handlung: Begriff zur Kennzeichnung des Handlungsabschnittes im aristotelischen Drama, der der Handlung den entscheidenden Anschub gibt und zur Entwicklung des tragischen Konfliktes beiträgt, z. B. durch die Auslösung einer Intrige oder sonstiger Verwicklungen. Die Handlung wird hierdurch auf den Höhepunkt und die Auflösung am Ende hin gelenkt.

Stream of consciousness: → Bewusstseinsstrom

Strophe: Verbindung mehrerer Verszeilen zu einer – eventuell wiederkehrenden – in sich geschlossenen gliedernden Einheit. Strophen finden sich vor allem in der Lyrik, teilweise auch im Epos. Die Verbindung der einzelnen Verse kann durch das Metrum, die Reime sowie die Versart und -zahl gegeben sein.

Syllogismus: Logischer Schluss; Begriff aus der Rhetorik und der Philosophie zur Bezeichnung logischer Schlussfolgerungen im Sinne einer Definition oder einer Beweisführung: Aus zwei wahren Teilaussagen wird die Wahrheit einer dritten Aussage abgeleitet.

Symbol: Anschauliches Zeichen, das etwas vergegenwärtigt, was gegenwärtig nicht da ist oder das selbst überhaupt nicht Gestalt annehmen kann. >> **Ring als Symbol der Treue**

Synästhesie: Vermischung verschiedener Sinneseindrücke, gleichzeitiges Wahrnehmen mittels verschiedener Sinne. >> **warme Farben**

Synekdoche: Rhetorische Figur im weiteren Sinn; es wird – um eine Wortwiederholung zu vermeiden – ein engerer Begriff an die Stelle eines weiteren gesetzt. Möglich ist auch die Ersetzung des Ganzen durch einen Teil oder die Verwendung der Einzahl statt der Mehrzahl. >> **Edel sei der Mensch** (Goethe, *Das Göttliche*)

Tautologie: Kombination von Wörtern mit gleicher Bedeutung. >> **immer und ewig** oder **einzig und allein**

Terzett: Versgruppe, die aus drei inhaltlich und/oder formal zusammengehörenden Versen besteht. Wird v.a. zur Bezeichnung der entsprechenden Versgruppen eines → Sonetts benutzt.

Tragödie: Gattung des Dramas, bei der im Unterschied zur Komödie das Tragische das wesentliche Kennzeichen ist. Grundstoff ist der dramatische Konflikt, in den der Held aufgrund schicksalhafter Fügung gerät und aus dem er nicht selten nur durch Tod entkommt.

Trikolon: Ein aus drei Teilen bestehender sprachlicher Ausdruck. Trikola werden zumeist mit dem Ziel der Steigerung eingesetzt.

Trilogie: Dreiteiliges literarisches Werk, dessen einzelne Teile zwar meist durch bestimmte Stoff- oder Motivzusammenhänge verbunden sind, trotzdem aber auch für sich als Einzelwerke verständlich bleiben.

Trivialliteratur: Im Unterschied zur sogenannten hohen Literatur inhaltlich, sprachlich und stilistisch als weniger wertvoll eingeschätzte Literatur, welche vorrangig Unterhaltungszwecken dient.

Trochäus: Zweisilbiger Versfuß, bei dem eine unbetonte Silbe einer betonten folgt (x́x).

Tropen (Einzahl: Trope, Tropus): In der Rhetorik Sammelbegriff für alle bildhaften Ausdrücke und alles uneigentliche Sprechen; jeder Ausdruck, der etwas anderes sagt als das, was gemeint ist; zu den Tropen zählen: Allegorie, Euphemismus, Hyperbel, Ironie, Litotes, Metapher, Personifikation.

Umarmender Reim: Zwei im Paar gereimte Verse werden von zwei weiteren, ihrerseits gereimten Versen umschlossen: Schema: *a b b a*.

Unreiner Reim: Reim, bei welchem die gereimten Laute in ihrer Aussprache nicht völlig übereinstimmen. >> **neige / Du Schmerzensreiche** (Goethe)

Verfremdungseffekt: Nach Bertolt Brecht versteht man unter dem Verfremdungseffekt dasjenige Mittel im Drama, welches das Hineinversetzen in die dargestellte Wirklichkeit hemmen soll, um eine Identifikation des Zuschauers mit den Figuren auf der Bühne zu verhindern und eine distanzierte Reflexion zu ermöglichen.

Vers: Wortreihe/Zeile eines Gedichtes, die metrisch gegliedert, formal und optisch als Einheit erscheint. Nicht immer ist der Vers mit der syntaktischen Gliederung des Beschriebenen identisch. Wo ein Satz das Versende überspringt, spricht man von einem → Enjambement oder Zeilensprung.

Volksliedstrophe: Bezeichnung für eine vierzeilige Gedichtstrophe, die aus regelmäßigen drei- oder vierhebigen Versen mit wechselnd männlichem oder weiblichem Reim besteht und die häufig in Volksliedern verwendet wird. In Verbindung mit einprägsamen Melodien ermöglicht die recht einfach gebaute Volksliedstrophe die Übernahme durch das Volk, die weite Verbreitung und die lange mündliche Überlieferung des Volksliedes.

Zäsur: Einschnitt, vor allem im Metrum eines Verses.

Zeugma: Rhetorische Figur; ein Satzteil wird auf mehrere andere Wörter, Satzteile oder gar Sätze bezogen. Dabei passt seinem Hauptsinn nach nur ein Wort so richtig zum Bezugswort und es ergibt sich eine beabsichtigte (oder unbeabsichtigte) komische Wirkung. >> **Er suchte und fand das Weite**.

Stichwortverzeichnis

O

P

Q

R

S

Bildquellenverzeichnis

akg-images GmbH, Berlin: 28.1, 55.1, 61.1, 70.1, 88.1, 89.1, 92.1, 105.1, 267.1; Radzinski, Dirk 151.1. | Alamy Stock Photo (RMB), Abingdon/Oxfordshire: Azoor Photo 143.1. | bpk-Bildagentur, Berlin: 26.1; © Estate of George Grosz, Princeton, N.J./VG Bild-Kunst, Bonn 2024 103.1. | De Gruyter, Berlin: Ferdinand de Saussure: „Grundfragen der allgemeinen Sprachwissenschaft", ISBN 978-3-11-000158-7, 2. Auflage, Berlin 1967 144.1. |f otolia.com, New York: fotomek 12.1. | iStockphoto.com, Calgary: 23.1; ababil12 1.3; Colin_Davis 1.2; Dimension Aesthetic 1.4; Dragon-Images 2.2; Halfpoint 1.1; peshkov 2.1; vgajic Titel. | Picture-Alliance GmbH, Frankfurt a.M.: 123.1; akg-images 98.1; dpa 204.1; dpa/Bernd Weissbrod 156.1. |ullstein bild, Berlin: histopics 69.1.